高校主题出版
中国高铁出版工程——科普系列

大国重器
——高速铁路技术发展纵横

编 著 曲思源

西南交通大学出版社
·成 都·

内容简介

本书是高速铁路技术发展专业性的科普书，共分为 6 章，从理论与方法、技术手段、案例分析的角度出发，详细阐述了世界各国高速铁路技术发展的具体思路、应用技术和方法，组成高速铁路技术发展体系，具有普适性。本书文字严谨、论据充分、涉及面广，集中体现了世界各国高速铁路技术发展方面最新的动态和发展趋势，可供铁路专业人员、技术人员、作业人员以及开设交通运输专业的高等院校的相关人员学习和参考，也可供关注高速铁路事业发展的人士品读。

图书在版编目（CIP）数据

大国重器：高速铁路技术发展纵横 / 曲思源编著. —成都：西南交通大学出版社，2021.4
（中国高铁出版工程. 科普系列）
ISBN 978-7-5643-7859-2

Ⅰ. ①大… Ⅱ. ①曲… Ⅲ. ①高速铁路–技术史–中国 Ⅳ. ①U238

中国版本图书馆 CIP 数据核字（2020）第 243893 号

中国高铁出版工程——科普系列
Daguo Zhongqi——Gaosu Tielu Jishu Fazhan Zongheng

大国重器——高速铁路技术发展纵横

编著 曲思源

出 版 人	王建琼
策 划 编 辑	黄庆斌　周　杨
责 任 编 辑	路远声
封 面 设 计	曹天擎
出 版 发 行	西南交通大学出版社 （四川省成都市金牛区二环路北一段 111 号 西南交通大学创新大厦 21 楼）
发行部电话	028-87600564　028-87600533
邮 政 编 码	610031
网　　　址	http://www.xnjdcbs.com
印　　　刷	四川煤田地质制图印刷厂
成 品 尺 寸	170 mm × 230 mm
印　　　张	20.25
字　　　数	361 千
版　　　次	2021 年 4 月第 1 版
印　　　次	2021 年 4 月第 1 次
书　　　号	ISBN 978-7-5643-7859-2
定　　　价	56.00 元

图书如有印装质量问题　本社负责退换
版权所有　盗版必究　举报电话：028-87600562

序

2021年年初，习近平总书记视察京张智能高铁时指出：中国自主创新的一个成功范例就是高铁，从无到有，从引进、消化、吸收、再创新到自主创新，现在已经领跑世界。要总结经验，继续努力，争取在"十四五"期间有更大发展。

作为一种技术密集、高度集中化的现代交通方式和现代工业文明的崭新成果，高速铁路以安全可靠、快捷舒适、运载量大、低碳环保等特征，成为世界交通运输业发展的趋势。高速铁路发端于日本，发展于欧洲，兴盛于中国。随着高速铁路运营里程的不断跃升，中国高铁在车辆研制、线路建设、智能控制等方面逐步实现了"三级跳"：从引进国外技术的"跟跑"，到消化、吸收先进经验的"并跑"，进而在关键领域自主再创新的"领跑"，走出了一条由中国制造到中国创造的传奇道路，高速铁路已经成为中国最闪亮的名片。从这个意义上讲，21世纪的世界高铁进入了新的时代。

中国是世界上高速铁路发展最快、系统技术最全、集成能力最强、在建规模最大、运营里程最长、运营速度最高、产品性价比最优的国家，已形成完整的高速铁路设计、建设、运营、安全管理标准体系以及铁路装备品牌，拥有高速铁路的自主知识产权，具有领先世界的高速铁路标准体系，包括核心技术、系统集成、成套建造、工业制造、运营维护、人才队伍等。2017年9月，具有完全自主知识产权的中国标准动车组"复兴号"在京沪高铁实现350 km/h的商业运营，树立起世界高速铁路运营的新标杆。

从饮水思源到同舟共济，从知行合一到思行致远，中国铁路上海局集团有限公司正高级工程师曲思源就是这样一位杰出的实践者。他从事铁路运输实践与研究二十多年，曾在北京交通大学、西南交通大学、同济大学三所国内一流的交通运输专业求学；他结合铁路运输岗位多年的实践积累，不断总结国内外高速铁路技术发展的相关规律，笔耕不辍，为普及中国高速铁路科普知识做出了突出的贡献。

如今，中国高铁从国内走向了海外，取得了举世瞩目的成就，让国人为之骄傲！让世人为之惊叹！为了能让专业人士和关注高速铁路发展的社会人士系统地了解中国高铁技术发展的特色，并将中国高铁技术放在全球视野中比较，本书为读者提供了一个崭新的认识视角，希望更多社会人士关注中国高速铁路事业的发展！

同济大学交通运输工程学院

徐行方教授

2021 年 2 月

前　言

"银龙出京一路奔,转瞬之间入津门。齐鲁皖豫须臾过,品茗到沪尚存温。"这是描绘京沪高铁的一首诗,表现了人们对中国高铁的喜爱。高速铁路仿佛一夜间就走进了我们的生活,成为人们出行的首选方式,成为中国快速客运体系的主干,高铁客流量已占铁路客运总发送量的60%以上。中国高铁高品质网络规模的不断扩充,所带来的强劲冲击波逐步改变了传统的交通格局,已经改变了中国人的生活和时空观念,这种改变已融入政治、经济、社会、文化等各领域,催生出一个由中国引领的高速铁路新经济时代。高铁改变了中国!相信您乘坐高铁动车组的时候,会深刻体会到高铁的安全、便捷、绿色、舒适等特征,体验着便捷和快感,一定会对中国速度大大赞叹!面对日益丰富的运营场景,日益复杂、不断增长的多样化的旅客需求,中国高铁一直在持续深化技术创新,不断提高运营管理水平。

知行合一,交融成艺。随着中国高铁的发展,高速铁路技术发展的知识点交织融合在一起推着我进步、促使我成长,我对高速铁路的认识逐步在加深,视野也在不断扩展。十几年来,我将传播高速铁路知识作为生活的一部分,经常给大学生、铁路现场的同事授课培训,有很多心得体会。然而,中国高铁技术发展的科普书籍更新很慢,普及程度也不高,处于一种信息不对称的状态,这就需要从中国高铁技术发展的角度着手进行归类分析、总结提炼,让更多的社会人士了解高速铁路;同时,还需动态跟踪国外先进的高速铁路技术,以便为中国高铁技术发展提供借鉴和参考,进一步取长补短。本书将成为您了解高速铁路技术发展的窗口,让您对中国高铁乃至世界高铁技术发展的思路、理念和过程,对高铁技术有一个整体的认识,体会到高速铁路如何达到提升运营品质的目的。

交通天下,经略八荒。回想起20世纪90年代初期,我在北方交通大学(现北京交通大学)学习时,知道了日本、法国、英国和德国高铁技术在20世纪80年代的竞争故事。例如:日本为何钟情于动力分散式?法、德高铁技术成为"后起之秀"的原因何在?特别是在比利时攻读高铁技术博士学位的韩宝明教授曾告诉我,"中国一定会发展高速铁路的,你要为此做好知识的积累"。他一直鼓励我投入高速铁路运营管理工作中去,我至今难以忘怀!那个时候，我还知道了中国铁路运输学科的首创者和奠基人——金士宣老学长，先生早年从事过铁路史研究，亲身参加过多条铁路的修建与运营工作，并积累了许多第一手材料。"文革"期间，他曾收集的史料几乎散失殆尽。后来，他又着手收拾残稿、重觅断绪，继续投入编纂整理工作，修史之志，坚定不移，编辑出版了《中国铁路简史》，又以翔实的资料和透辟的分析，完成了《中国铁路发展史》。21世纪初期，我在西南交通大学学习时，又了解到世界各国在20世纪90年代高铁竞争的故事，知道了法国、德国和日本高铁技术新的竞争细节。关键技术决定发展，他们在竞争中得到不断发展和强大，高铁技术的"三驾马车"各有优势，都有自己的核心技术。2004年正赶上中国《中长期铁路发展规划》发布，中国要大规模建设高速铁路，杜文和叶怀珍夫妻教授鼓励我到上海铁路地区工作，因为华东地区的高速铁路率先发展，我有机会遇到高铁发展的好平台。到上海铁路部门工作后，我看到了中国高铁从梦想逐渐变成现实。2009年，我又考入同济大学攻读博士学位，此时中国高铁正处于发展初期和过渡阶段，我了解到更多的中国高铁技术的不断发展以及现代高铁技术的竞争故事，中国高铁技术已逐步领先于世界各国。徐行方教授是我的良师益友，我们经常在一起探讨高铁发展的热点问题，他不断地督促我要将中国高铁运营组织体系知识结构提炼出来。当中国高铁遇见"人工智能"，科技感十足的智能高速铁路正加速驶来。2018年5月19日，我在同济大学运输系成立60周年庆典上，做了智能高速铁路现状及发展前景的报告，为中国高铁的发展而感到无比自豪。2020年11月14日，我又在同济大学交通运输工程学院成立二十周年之际，被评为"优秀校友"，我在自豪的同时，也知道自己为中国高铁运营做的事情还需要更加努力。

实际上，高速铁路技术发展道路是艰难的，总体上需要8个技术创新，包括交流传动、转向架、复合制动、密封与气密性、列车控制、头型、受电弓、检测和诊断技术。而且，高铁安全需要考虑的主要问题有：地面信号显示与线路状态辨认难；牵引功率大、动能大、牵引制动难；设备标准高、可靠性高、技术解决难；轮轨系统作用强度大、技术处理难；克服空气阻力；列车密度大，行车组织难；弓网关系复杂，稳定性受电难；隧道活塞效应大与防灾难；设备维护要求高、检修难；障碍物、侵入物对动车组运行影响大；遇有突发事件时应急处置难度大等问题。在突破技术创新和安全发展的过程中，回首半个世纪里世界高铁竞争过程中上演的多幕悲喜剧，真实的感受可能只有参与其中的各国高速铁路界人士自己内心才最清楚，留下的都是辛勤的努力和汗水。而中国高铁博采众长，从"和谐号"开始，不断地强大自己，发展到"复兴号"，其中的一个又一个"突破"和"之最"，一切背后是中国高速铁路从无到有、中国制造震惊世界的逆袭之路。短短几年来，中国铁路人孜孜以求，成功解决了适应多种环境、多种气候下高速铁路安全运行问题，"中国标准"正逐渐超越"欧标"与"日标"，成为世界上独有的核心竞争优势，时速350 km的"复兴号"高速列车也进一步验证了中国标准动车组整体技术性能，标志着中国已全面掌握了高速铁路核心技术，达到世界领先水平，中国高铁已成为一张崭新、靓丽的"中国名片"。当前，中国在高速铁路领域的研究正驶入创新的"无人区"和"未来高速铁路"的"畅想图"，智能铁路技术也在突飞猛进地发展。同时，中国600 km/h磁悬浮也在建设和发展。

放眼世界，在21世纪全球经济一体化的岁月里，世界高速铁路谁主沉浮？法、德目前在最高试验速度、高速运行、运营组织和乘客服务方面具有一定的实力，特别是法国别出心裁的技术创意今后也会是其保持竞争力的有力武器；日本在车辆轻量化技术、大量运输、安全运行技术、正点运行方面优于欧洲；中国高铁的系统集成技术、时速350 km运营实际业绩、时速300 km条件下的车辆动力学现象等相关技术的积累以及大规模的设计制造能力、国家支持力度等又有明显的特征。在21世纪今后相当长的一段时间里，世界将形成以中国、日本为代表的亚洲和以法国、德国为代表的欧洲高铁竞争的局面。中国高铁正由"高速度增长"迈向"高质量发展"，中国高铁的潜力则取决于中国今后的运营业绩以及努力和奋斗。世界高铁技术都在进步，竞争从来没有停止过，未来将更加激烈，更需要我们在新的起跑线上，砥砺前行！本书描述了中国高铁与世界高铁发展技术历史，并将中国高铁放到世界高铁大视野中进行分析，目的是寻找不足，取长补短，使其更好地发展。

写作是一份孤独的差事，也是一份漫长的精细活。当前，市面上类似介绍高铁发展的书籍虽然不少，但报告文学、纪实文学等题材的作品居多，还没有介绍中国高铁与其他国家高铁技术融在一起发展的比较系统的、与时俱进的科普书籍。于是，我又开始收集各类资料，结合当今世界高铁的发展情况，精心设计框架和内容，重新厘清中国高铁技术发展以及世界高铁技术发展脉络和关键细节。作为带有专业性、客观性的科普书，本书从中国高铁技术发展写起，将趣味性、知识性和创新性融合在一起，努力打造精品。我把这本书的写作过程当作是在写长篇散文一样，笔调如何做到轻松，做到形散而神不散，以思路、困境、技术、发展、失败、努力、竞争、创新为主线，中间穿插若干做出突出贡献的高铁人物和高铁知识点，将知识性和趣味性贯穿其中。

纵横结合是一种立体交叉式的情况综合，纵的认识是指对事物历史与发展的完整了解，横的认识是指对一事物与他事物有机联系的了解。纵和横相互交错,奔放自如、笔意纵横是我写这本书的想法。当然,写作的过程也是学习的过程,相关理论和知识点若要用简洁的语言表达,将复杂的技术原理和流程深入浅出地表达清楚,不是一件容易的事情。看到一日千里的高铁发展速度,看到那么多的高铁技术人员为之奋斗,看到高铁车站摩肩接踵的人流,我便来了劲头,边学习、边总结、边分析,要为中国高铁尽自己的微薄之力,要让更多的人了解中国高铁,并且知道世界高铁的发展以及中国高铁的竞争力和发展前景。

本书分为两篇。上篇包括第1~3章:第1、2章主要描述了中国高铁的崛起和技术发展;第3章从运营管理的角度出发,阐明了运营管理也属于高铁技术范畴。下篇包括第4~6章:第4章分析了日本、法国、德国等国家高铁技术的发展历史;第5章主要描述了各国技术之间的相互学习和各补所长的特征,并分析了各国高铁技术"走出去"的情况;第6章描述了后高铁时代高铁技术的发展以及新的竞争。在本书编写过程中,宁波车务段吴达、呼和浩特局集团公司调度所王勇、常州站曹二涛、上海局集团公司运输部荣剑、蚌埠站韦钰、苏州科技大学徐永实等同志分别对本书做了修订、补充和完善,本书的封面照片由新长车务段盛天一提供,在此向他们表示深深的谢意。同时,本书也献给中国共产党建党100周年!

中国高铁营业里程已经超过世界高铁总里程的2/3,中国成为世界上高速铁路里程最长,运输密度最高,成网运营场景最丰富、最复杂的国家。中国高铁动车组已成为中国铁路客运的主渠道,而且安全可靠性和运输效率世界领先。感谢高铁时代,它促使我对高铁技术发展认识不断在加深。但中国高铁发展的场景实在太丰富,我发现自己的高铁知识点怎么去补充和追赶,都难以赶上高铁发展的速度。感谢西南交通大学出版社的编辑为本书做出的贡献,母校的高速铁路底蕴雄厚,西南交通大学因铁路而生、因铁路而兴、因铁路而强。本书的写作过程,恰是我面对母校,轻轻地讲述我多年来在高速铁路运营管理工作方面的经验积累。但本人学识有限,书中不妥之处在所难免,敬请广大读者批评指正。本人电子邮箱:syqu0453@163.com。

复兴号承载着梦想和希望,已迈向新征程。中国高铁发展的明天会更好!

曲思源

2020年12月

目　录

上篇　中国高速铁路的发展

第1章　中国高速铁路的崛起 ………………………… 3
- 1.1　高速铁路的诞生 ………………………………… 3
- 1.2　高速铁路的概念及其主要技术经济特征 ………… 4
  - 1.2.1　高速铁路的概念 …………………………… 4
  - 1.2.2　高速铁路的主要技术经济特征 …………… 5
- 1.3　中国需要高速铁路 ……………………………… 6
  - 1.3.1　高铁发展的酝酿 …………………………… 6
  - 1.3.2　客货分线运输 ……………………………… 7
- 1.4　京沪高铁纷争 …………………………………… 9
  - 1.4.1　初战顺利 …………………………………… 10
  - 1.4.2　缓建和急建 ………………………………… 12
  - 1.4.3　轮轨和磁悬浮 ……………………………… 13
- 1.5　高铁试验田工程 ………………………………… 16
  - 1.5.1　秦沈客运专线 ……………………………… 16
  - 1.5.2　上海浦东磁悬浮 …………………………… 18
- 1.6　高铁前奏曲 ……………………………………… 18
  - 1.6.1　"慢牛"与"瓶颈" ………………………… 18
  - 1.6.2　广深准高速铁路 …………………………… 20
  - 1.6.3　六次大提速 ………………………………… 21
- 1.7　宏伟蓝图——中长期铁路网发展规划 ………… 25
  - 1.7.1　"四纵四横" ………………………………… 25
  - 1.7.2　"八纵八横" ………………………………… 27
- 1.8　动车组技术引进与发展 ………………………… 30
  - 1.8.1　动力集中还是动力分散 …………………… 31
  - 1.8.2　技术引进 …………………………………… 32
  - 1.8.3　中国动车组创新发展阶段 ………………… 34

1.9 开启"高铁时代" ································· 38
 1.9.1 京津高铁闪亮登场 ···················· 38
 1.9.2 京沪高铁千呼万唤始出来 ············ 40
1.10 砥砺前行 ······································· 43
 1.10.1 "7·23"甬台温动车组事故 ········ 43
 1.10.2 高铁发展理性回归 ·················· 45
 1.10.3 挫折后的奋起 ························ 46
1.11 走向"全领域成熟" ······················· 57
 1.11.1 从"追赶者"到"领跑者" ········ 57
 1.11.2 快速发展的中国高铁优势 ········ 59
 1.11.3 成功的主要原因 ···················· 60
1.12 中国台湾高铁 ································· 62
1.13 案例分析：中国高铁品牌
  ——从"和谐号"到"复兴号" ·········· 63

第2章 高速铁路技术 ··························· 72

2.1 当代高新技术的集成 ························ 72
2.2 高速铁路工务工程 ··························· 75
 2.2.1 高速铁路线路 ·························· 78
 2.2.2 高速铁路路基 ·························· 85
 2.2.3 高速铁路隧道 ·························· 85
 2.2.4 高速铁路桥梁 ·························· 87
2.3 高速铁路牵引供电 ··························· 91
 2.3.1 基本概述 ································ 91
 2.3.2 高速铁路牵引供电系统的特点 ···· 92
 2.3.3 电气化铁路供电系统的组成 ······ 94
 2.3.4 高速铁路电力供电系统的特点 ···· 98
2.4 高速铁路信号 ·································· 98
 2.4.1 高速铁路信号系统的特点 ········ 100
 2.4.2 高速铁路信号系统的组成及功能 ··· 101
2.5 高速铁路通信 ·································· 107
 2.5.1 高速铁路通信系统的主要组成 ···· 107

2.5.2 高速铁路通信技术的特点 …………………………… 108
　　　2.5.3 高速铁路通信技术的应用 …………………………… 109
2.6 高速铁路动车组 ……………………………………………… 112
　　　2.6.1 动车组的设备组成 …………………………………… 112
　　　2.6.2 动车组轻量化 ………………………………………… 115
　　　2.6.3 动车组车体及车内设备 ……………………………… 116
　　　2.6.4 转向架技术 …………………………………………… 117
　　　2.6.5 交流传动技术 ………………………………………… 118
　　　2.6.6 制动技术 ……………………………………………… 120
　　　2.6.7 动车组谱系 …………………………………………… 121
2.7 高速铁路运营监测检测系统 ………………………………… 130
　　　2.7.1 高速铁路基础设施运用状态检测 …………………… 130
　　　2.7.2 防灾与异物侵限监测系统 …………………………… 132
　　　2.7.3 动车组列车运行状态监测 …………………………… 135
2.8 综合维修技术 ………………………………………………… 136
　　　2.8.1 国外高速铁路维修概况 ……………………………… 136
　　　2.8.2 综合维修技术概念与内容 …………………………… 136
2.9 智能高铁技术 ………………………………………………… 142
　　　2.9.1 智能高铁的概念 ……………………………………… 143
　　　2.9.2 中国智能高铁技术 …………………………………… 144
2.10 案例分析：中国高铁的自动驾驶技术 ……………………… 150

第3章 高速铁路运营组织与管理 …………………………………… 153
3.1 高速铁路运营组织与管理作用 ……………………………… 153
3.2 高速铁路运输组织模式 ……………………………………… 154
3.3 高速列车运行计划 …………………………………………… 155
　　　3.3.1 高速列车开行方案 …………………………………… 155
　　　3.3.2 高速铁路列车运行图 ………………………………… 157
　　　3.3.3 动车组运用计划 ……………………………………… 159
　　　3.3.4 综合施工维修天窗计划 ……………………………… 159
3.4 高速铁路调度指挥 …………………………………………… 160
　　　3.4.1 国外典型国家调度指挥体系 ………………………… 160

3.4.2　中国高速铁路调度指挥体系⋯⋯⋯⋯⋯⋯⋯⋯　167
　3.5　高速铁路应急管理⋯⋯⋯⋯⋯⋯⋯⋯⋯⋯⋯⋯⋯⋯⋯　176
　　　3.5.1　应急预案⋯⋯⋯⋯⋯⋯⋯⋯⋯⋯⋯⋯⋯⋯⋯⋯　177
　　　3.5.2　应急组织⋯⋯⋯⋯⋯⋯⋯⋯⋯⋯⋯⋯⋯⋯⋯⋯　178
　3.6　高速铁路客运服务⋯⋯⋯⋯⋯⋯⋯⋯⋯⋯⋯⋯⋯⋯⋯　180
　　　3.6.1　高速铁路车站客运服务⋯⋯⋯⋯⋯⋯⋯⋯⋯⋯　180
　　　3.6.2　高速列车客运服务⋯⋯⋯⋯⋯⋯⋯⋯⋯⋯⋯⋯　182
　　　3.6.3　旅客服务系统⋯⋯⋯⋯⋯⋯⋯⋯⋯⋯⋯⋯⋯⋯　182
　　　3.6.4　"12306"客运服务⋯⋯⋯⋯⋯⋯⋯⋯⋯⋯⋯⋯　184
　3.7　案例分析：中国高铁与经济发展的综合分析⋯⋯⋯⋯　186

下篇　世界高速铁路的发展

第4章　世界高速铁路⋯⋯⋯⋯⋯⋯⋯⋯⋯⋯⋯⋯⋯⋯⋯　195
　4.1　为什么世界各国都要发展高速铁路⋯⋯⋯⋯⋯⋯⋯⋯　195
　4.2　世界高速铁路发展阶段⋯⋯⋯⋯⋯⋯⋯⋯⋯⋯⋯⋯⋯　198
　4.3　日本新干线⋯⋯⋯⋯⋯⋯⋯⋯⋯⋯⋯⋯⋯⋯⋯⋯⋯⋯　200
　　　4.3.1　新干线的发展⋯⋯⋯⋯⋯⋯⋯⋯⋯⋯⋯⋯⋯⋯　200
　　　4.3.2　新干线动车组谱系⋯⋯⋯⋯⋯⋯⋯⋯⋯⋯⋯⋯　206
　　　4.3.3　新干线提速⋯⋯⋯⋯⋯⋯⋯⋯⋯⋯⋯⋯⋯⋯⋯　210
　4.4　欧洲的奋起⋯⋯⋯⋯⋯⋯⋯⋯⋯⋯⋯⋯⋯⋯⋯⋯⋯⋯　211
　　　4.4.1　锋芒毕露的法国⋯⋯⋯⋯⋯⋯⋯⋯⋯⋯⋯⋯⋯　211
　　　4.4.2　厚积薄发的德国⋯⋯⋯⋯⋯⋯⋯⋯⋯⋯⋯⋯⋯　220
　　　4.4.3　默默耕耘的意大利、西班牙、瑞典高铁
　　　　　　"三剑客"⋯⋯⋯⋯⋯⋯⋯⋯⋯⋯⋯⋯⋯⋯⋯⋯　226
　　　4.4.4　俄罗斯的高速铁路⋯⋯⋯⋯⋯⋯⋯⋯⋯⋯⋯⋯　237
　　　4.4.5　英国的高速铁路⋯⋯⋯⋯⋯⋯⋯⋯⋯⋯⋯⋯⋯　238
　　　4.4.6　"欧洲之星"⋯⋯⋯⋯⋯⋯⋯⋯⋯⋯⋯⋯⋯⋯⋯　242
　　　4.4.7　欧洲高铁规划⋯⋯⋯⋯⋯⋯⋯⋯⋯⋯⋯⋯⋯⋯　244
　4.5　美国的高速铁路⋯⋯⋯⋯⋯⋯⋯⋯⋯⋯⋯⋯⋯⋯⋯⋯　246
　　　4.5.1　早期的高铁研究⋯⋯⋯⋯⋯⋯⋯⋯⋯⋯⋯⋯⋯　246

  4.5.2 美国为什么不发展高铁 ························ 247
 4.6 亚洲其他国家高铁 ································· 249
  4.6.1 韩国高铁 ···································· 249
  4.6.2 沙特阿拉伯高铁 ···························· 256
 4.7 案例分析：轮轨高铁速度大对决 ················ 258

第5章 "走出去"的高铁技术 ························ 263
 5.1 高铁技术总体设计理念及发展 ··················· 263
  5.1.1 总体设计理念 ······························ 263
  5.1.2 技术理念 ···································· 264
  5.1.3 发展趋势 ···································· 266
 5.2 世界高速铁路技术比较分析 ······················ 267
  5.2.1 世界高速铁路技术之间的联系 ············ 267
  5.2.2 中国与日、法、德技术比较 ··············· 269
 5.3 "走出去"的日本、欧洲高铁技术 ············· 273
  5.3.1 印度高铁项目 ······························ 273
  5.3.2 摩纳哥高铁项目 ···························· 273
  5.3.3 捷克高铁项目 ······························ 274
 5.4 中国高铁"走出去" ······························· 275
  5.4.1 土耳其高铁项目 ···························· 275
  5.4.2 印度尼西亚高铁项目 ······················· 275
  5.4.3 马来西亚高铁项目 ·························· 276
  5.4.4 泰国高铁项目 ······························ 276
  5.4.5 俄罗斯高铁项目 ···························· 276
  5.4.6 匈塞铁路 ···································· 277
 5.5 案例分析：中国高铁"走出去"策略分析 ······ 278

第6章 后高铁时代 ·· 281
 6.1 高速铁路技术分类 ································· 281
 6.2 轮轨技术的极限 ···································· 282
  6.2.1 极限速度 ···································· 282
  6.2.2 影响因素 ···································· 282
  6.2.3 开行 400 km/h 动车组的可行性 ········· 284

6.3 高速磁悬浮技术 ·· 284
　　6.3.1 技术原理 ·· 285
　　6.3.2 技术分类 ·· 286
　　6.3.3 技术特点 ·· 289
6.4 磁悬浮列车的现状及发展 ······································ 290
　　6.4.1 德国的常导磁悬浮列车 ···································· 293
　　6.4.2 日本的超导磁悬浮列车 ···································· 293
　　6.4.3 中国高速磁悬浮技术 ······································ 295
6.5 超级高铁 ·· 298
　　6.5.1 真空管道技术 ·· 299
　　6.5.2 技术性能探析 ·· 300
　　6.5.3 美国的超级高铁 ·· 302
　　6.5.4 中国的超级高铁 ·· 304
6.6 案例分析：中国高速飞行列车 ·································· 305

参考文献 ·· 308

上篇

中国高速铁路的发展

第1章 中国高速铁路的崛起

中国高铁在学习借鉴世界高铁建设经验的基础上,结合自身国情和路情,选择了一个综合的、取各家之长的发展模式。截至目前,中国已成为全世界范围内高速铁路运营里程最长、在建规模最大的国家。中国高铁实施全面自主创新战略,在核心技术、成套建造、产业制造、运维服务、人才支撑五大方面拥有较大优势,总体技术水平迈入世界先进行列。

1.1 高速铁路的诞生

自1825年世界上第一条铁路诞生以来,铁路发展已经走过了大约两百年的历史,几乎贯穿了人类整个近代工业化历程。一条条绵延无尽的钢铁大动脉,以其庞大的运输能力,成为世界各大工业国获取资源的利器,深刻影响着世界政治、经济格局。铁路的兴起和发展又与科学技术和社会的进步密不可分,与此同时,铁路的技术进步和现代化进程,又在深刻影响着整个世界经济的发展,推动着人类社会的不断进步。

20世纪40年代,世界能源紧缺和环境恶化的现实,迫使各国重新认识到发展铁路的重要性,铁路以其独特的技术经济特征,再次进入人们的视野。铁路自身所具有的节能、环保、快捷、安全的优势更加突出。按照完成单位运输周转量造成的环境成本测算,航空、公路客运分别是铁路客运的2.3倍和3.3倍,货运分别是铁路的15.2倍和4.9倍。同时,在完成同样运输任务的情况下,铁路的占地和排放二氧化碳、氮氧化物等污染物的数量远小于航空和公路等交通方式。由于铁路具有降耗和减排的显著优势,许多国家纷纷把发展铁路作为交通产业政策调整的重点。同时,世界各国铁路研究专家、学者,始终在为提高列车的运营速度做不懈的努力。1903年,德国用电力机车牵引,试验速度达到210 km/h;1954年,法国用电力机车牵引,试验速度达到243 km/h;到了20世纪八九十年代,法国、德国、日本用电力机车牵引,试验速度已达到 400 km/h。这些机车车辆技术性能试验,为高速铁路投入商业运营奠定了坚实的技术基础。

1964 年 10 月,世界上第一条高速铁路——东海道新干线在日本诞生,开创了世界铁路的新纪元。高速铁路的诞生和成功,让世界各国重新审视铁路的价值,建设快捷、绿色、节能、安全、便捷的高速铁路已经成为世界性的共识。高速铁路开启了世界铁路史上的一场革命。高速铁路以其速度快、运量大、能耗低、安全、舒适、节能、环保等综合优势,广受世界各国的青睐,并得以迅速发展起来。目前,世界上已有 15 个国家和地区建成高速铁路。国外在建的高速铁路主要集中在西班牙、日本、土耳其、沙特阿拉伯等 10 多个国家和地区,总里程超过 4 000 km,其中亚洲占 43.5%、欧洲占 40.0%。除了中国,还有 30 多个国家规划建设高速铁路,总里程超过 33 000 km,其中亚洲占 39.6%、欧洲占 23.3%。

高速铁路的发展极大地改变了人们的时空观念,提高了铁路在客运市场中的竞争力,也集中反映了一个国家铁路线路结构、列车牵引动力、高速运行控制、运输组织和经营管理等方面的技术进步,体现了一个国家的科技和工业水平。

1.2 高速铁路的概念及其主要技术经济特征

1.2.1 高速铁路的概念

高速铁路的概念具有国际性,其界定是一个动态过程,并随着时代的发展而更新。20 世纪中期,国际铁路联盟(欧洲主导的非政府铁路组织,简称 UIC)把新建速度达到 250 km/h 及其以上的客运专线以及旧线改造速度达到 200 km/h 及其以上的既有铁路定义为高速铁路。中国在 2013 年发布的《铁路主要技术政策》中将高速铁路定义为:新建设计开行 250 km/h (含预留)及以上动车组列车,初期运营速度不小于 200 km/h 的客运专线铁路。

可见,高速铁路的定义并不唯一,因国情不同而不同。随着科技的进步,"高速"的水平还会逐步提高。目前被广泛接受的世界铁路等级划分标准为: 0 ~ 120 km/h 为常速铁路,120 ~ 160 km/h 为中速铁路,160 ~ 200 km/h 为准高速或快速铁路,200 ~ 400 km/h 为高速铁路,400 km/h 以上为超高速铁路,如图 1.1 所示。

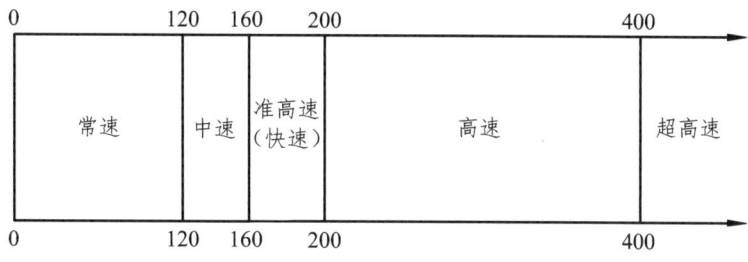

图 1.1 世界铁路速度等级（单位：km/h）

1.2.2 高速铁路的主要技术经济特征

高速铁路促进了地区经济的发展，推进了城镇化进程，对经济发达、人口稠密地区的经济效益和社会发展的贡献尤为突出。高速铁路的主要技术经济特征体现在：

（1）以行车安全性和舒适性为原则。在高速铁路线形选择上，尽可能减少弯道、增大曲线半径，实现线路顺直；在轨道结构上，采用高架长桥，以便于跨越河流、道路、管线，有效保持轨道的平顺性；采用宽大隧道，减少空气动力效应对旅客舒适度和车厢变形的影响，并通过精密控制和沉降控制，确保线形、线位准确。

（2）高速铁路信号系统采用无线闭塞中心、临时限速服务器、列控中心、调度集中等设备，对列车运行速度、运行间隔进行实时监控和超速防护，以保障列车运行安全，提高列车的运行效率。

（3）高速铁路接触网与普速铁路接触网有很大不同，其采用弹性链型悬挂方式、大张力体系，并采用接触网结构软件计算、零部件尺寸工厂化，以适应高速铁路动车组高速运行。

（4）高速动车组采用动力分散式、智能化感知、故障自诊断、统型化设计等技术，提高了动车组的安全可靠性和运行稳定性。

（5）高速铁路对沿线地区经济发展起到了推动作用，促进了沿线城市经济发展和国土开发，沿线企业数量增加使国家税收和地方税收相应增加，同时节约了能源，减少了环境污染。从单位运量的能源消耗、对资源的占用、对环境的保护以及运营安全等方面综合分析，高速铁路的优势更加明显。

（6）高速铁路不仅推动了铁路技术的发展，而且带动了一个国家制造业水平的整体提升，对工业化和城镇化发展起到了非常重要的促进作用。

（7）高速铁路的造价成本和技术要求高、施工建设标准严格苛刻、管理维护复杂，因此，高速铁路的建设前提是充足的需求、雄厚的经济、强大的科技、适宜的地势和先进的管理。

1.3 中国需要高速铁路

1.3.1 高铁发展的酝酿

铁路历来是中国国民经济的大动脉、关键基础设施和重大民生工程，也是综合交通运输体系的骨干，在促进经济社会发展、保障和改善民生、支撑国家重大战略实施、增强中国综合实力和国家影响力等方面发挥了重要作用。

中国关注高铁的时间很早。1956年，新中国全面启动重工业化进程，逐步建立起一套完整的铁道工业体系。1964年，日本东海道新干线建成通车时，中国铁路界就感受到了高铁的巨大魅力。即便是在"文化大革命"期间，铁路部门也组织做了大量资料收集以及研究、酝酿等早期工作。但是，当时无论是技术上，还是经济上，都不具备建设高铁的条件。事实上，连当时已有的铁路，都还不能发挥它们的最大效益。1998年，全国铁路平均速度只有57 km/h，而日本首列高速列车速度就达到210 km/h，之后10年，西方国家运营的高铁速度也一直在250 km/h上下。2008年之前，中国甚至都没有真正意义上的商业化运营的高速铁路。

1978年10月，时任国务院副总理的邓小平对日本进行访问时，乘坐新干线列车从东京前往京都，车厢内显示屏上显示列车时速为210 km，他在回答同行记者的提问时说："快，像风一样快！有催人跑的意思，我们现在正合适坐这样的车。"两个月后，1978年12月18—22日，党的十一届三中全会在北京召开，标志着中国改革开放拉开了序幕。改革开放也孕育了中国的高速铁路，中国高铁应运而生。

从1978年开始，中国高铁经历了十年的准备期，主要通过改革开放，多渠道了解国外情况，分析总结各国经验教训，从理论上提升，形成高速列车大系统动力学，为系统仿真、系统优化、系统控制提供计算方法及软件。同时，通过调查世界各国高速铁路技术的试验情况，为建设高速试验设备做好了充分的准备。1978年12月，在长度131 km的石家庄至保定试验段上，牵引机车由当年从联邦德国进口的NY型内燃机车担任，5辆客车是国产的，在艰苦的环境下，这次冲高试验获得巨大成功，最高时速达到165 km，标志着中国铁路的一项崭新纪录诞生。1988年，国家正式批准建设时速450 km的滚动振动试验台。

改革开放后的中国走过了一段百废待兴的历程，各项事业呈现出蓬勃发展的良好态势，但铁路运输能力不足始终是制约国民经济发展的"瓶颈"。铁路部门认真分析了世界铁路的发展趋势，产生了建设高速铁路的设想，20世纪 80 年代中期，就已提议兴建高速铁路。纵览世界高速铁路的发展，一个国家和地区成功发展高速铁路需要具备两个基本条件：一是城市和地区人口密集，社会经济发展整体水平较高，有充足的客流，人们对运输服务的安全性、时效性、舒适性等有较高的期盼，并能承受相对较高的运输价格；二是科技基础良好，人力资源储备丰富，能够保证高速铁路在技术层面的相关要求。中国人口众多，但人均资源紧缺，人均耕地面积仅为世界平均值的 1/3，能源资源仅为 1/2。另外，生态环境问题也比较突出，而且交通安全形势严峻，高速铁路的优势，可以让这些问题迎刃而解，缓解客运能力严重不足的局面。

20 世纪 90 年代后，中国铁路又开始了十年探索，在铁道部的统一领导下，各工厂纷纷研制高速列车，型号就有二十多种。这十年，中国铁路初试锋芒，获取了经验、培育了人才，为高铁技术攻关打好了基础。1998 年，铁路系统内部开展了采用轮轨技术还是磁悬浮技术的辩论，最终把轮轨高铁纳入国家规划，通过引进、消化、吸收、再创新，并联合设计制造，创造中国品牌，达到了最佳效果。中国高速铁路发展实践证明，发展高铁适合中国国情，其技术、经济优势在中国得到了最充分的发挥。

1.3.2　客货分线运输

中国高铁的技术创新源于客运和货运分工的选择，其目的在于提高铁路运输的总体效率。中国铁路网规划的主要思路之一就是在铁路运输繁忙通道修建第二双线，以便为实现客运高速化和货运重载化创造条件。2008 年版《中长期铁路网规划》调整方案中明确提出："能力紧张的繁忙干线实现客货分线，经济发达的人口密集地区发展城际快速客运系统。"

客货分线运输是多线运输模式中的一种。在铁路客货运需求旺盛国家的主要经济走廊或人口稠密地区，为满足客货运量不断增长的需要，在同一运行方向或径路方向上，往往同时修建多条铁路，称为"多线铁路"。多线铁路在车站之间的区间内以四线（两条双线）为主，在枢纽（大型车站）地区甚至有四线以上的情况。客货分线运输也并不是绝对意义上的客货列车分开运行，而是将速度相近的列车安排在同一条线路上开行，从而提高线路的通过能力并降低建造成本。以比较常见的四线运输为例，其往往是将一条复线供较高速度的客运列车使用，而另一条复线供较低速度的客运列车和货运列车共同使用。另外，在六线及以上的大能力客货通道中，在实践中形成了 3 种

上篇 中国高速铁路的发展

线路类型,即客运专线、货运专线和客货共线。针对客货列车分线运行,德、法、英等国为提高铁路运输能力,在20世纪中期开始从运输能力及运输质量、工程投资、养护维修、施工、路网发展、运输组织等多方面对客货分线运输进行深入研究,综合分析客货分线运输的规律和特征,结论是运输量大的线路客货分线运输应成为发展方向。

当然,客运列车和货运列车所追求的目标及其对轨道的作用力是不同的。客运列车的首项要求是高速,而货运列车的首项要求是重载。由于列车的功能不同,列车对轨道的作用力也大相径庭,动力分散型高速动车组的轴重只有十几吨,而重载列车的轴重高达30吨。而工程结构或机械装置都是按照最大载荷(作用力)进行设计的,若钢轨和轨道都按客车的载荷设计,其强度(用来抵抗拉力和压力)和刚度(用来抵抗变形)就会不够;若都按货车载荷设计,其强度和刚度就会有冗余而造成浪费。

另外,线路曲线的外轨超高设置也很难同时兼顾追求高速的旅客列车和追求重载的货物列车。拐弯时列车会自然地向内侧(转弯半径向心方向)倾斜,速度越快,倾斜得越厉害,所以在线路拐弯处的外侧钢轨必须抬高,以提供拐弯时抵抗离心力所需的向心力。抬高外轨在技术上称为"曲线超高"。但适合高速列车拐弯的超高,低速列车通过时就有可能因超高过多而翻车。此外,列车速度不同,要求线路最小曲线半径也不同,列车速度越快,要求最小曲线半径越大,也就是要求线路越平直。

针对以上这些情况,在既有线提速的基础上,中国在部分繁忙通道上修建了双线或多线铁路。在规划高速铁路建设时,决定采用客货列车分线运输的组织方案。"客运专线"这一概念也就相应地登上历史舞台,进入了人们的视野。但并不是所有高速铁路都是客运专线(如部分高铁兼顾货运),也不是所有客运专线都是高速铁路(如部分城际铁路),两者之间有很大的交集。

客货列车分线运行后,高速铁路开行G、D字头列车,采用本线、跨线旅客列车共线的运输模式;既有干线则采取向"以货为主,兼顾客运"逐步过渡的运输模式。与客货共线运输模式相比,客货列车分线运输有如下优点:

(1)列车速度差异较小。实现不同速度等级的列车分线运行后,各线的列车运行速度差逐步缩小。客货共线运输,既有线有D字头动车组列车、直达特快、特快、快速、普通旅客列车,以及快运、普通货物、摘挂货物列车等多种列车,客货列车速度差较大。实施客货分线运输后,高速铁路开行高、中速列车;既有线上增加货物列车,逐步减少旅客列车且逐步降低其等级。

(2)充分利用运输能力。客货共线运输,客货列车速度差较大,同时旅客列车阶段性集中,运输能力损失严重。实施客货分线运输后,由于高速铁路分流既有线客流，同等级列车向同类条件线路集中，从而使高速铁路和既有线的运输能力均能充分利用。

（3）旅客列车速度大幅提高。既有线受限于线路技术标准，旅客列车提速有一定的限度，高速铁路建成后，可充分发挥其高速度、高密度、高舒适度的优势。

（4）日常运输调度组织难度趋简。由于高速铁路和既有线上运行的列车速度差小、列车种类减少，日常运输调度组织难度减小，但高速铁路应急处置难度增加。

（5）运输安全性提高。客货分线运输，高速铁路开行高、中速旅客列车，既有线开行货物列车和低速普通旅客列车，相对于客货共线模式下的多列车种类、多速度等级，客货分线运输可降低风险，提高安全性和可靠性。

（6）有效提升服务质量。高速铁路承担通道内的大部分旅客运输，既有线承担的是全部货物运输和普速旅客运输，在提高运输能力的同时，能充分发挥高速铁路与既有线各自的优势，最大限度地满足旅客和货主多样化的运输需求。

高速铁路建成后的通道分工、客流细分和客流来源如下：

（1）通道分工：高速铁路承担通道内大部分旅客运输，既有干线主要开行货物列车，兼顾普速旅客列车。

（2）客流细分：高速铁路承担对旅行速度及舒适度要求较高的旅客运输，既有干线主要承担侧重于经济性的旅客运输，从而分别满足不同的需求。

（3）客流来源：高速铁路客源主要来自大部分既有铁路客流、部分航空客流、部分公路客流和诱增客流，既有干线客源主要来自既有铁路沿线客流和部分跨线长途客流。

1.4 京沪高铁纷争

京沪高铁的发展史是中国高铁发展史的一个缩影。当中国人开始计划修建高铁时，第一个念头就是京沪线。20世纪80年代，东部沿海经济腾飞，京沪铁路覆盖的区域面积占到全国国土面积的6.5%，但是沿线覆盖的人口多达3.7亿，约占全国人口总数的26.7%，其中人口超过100万的城市达10个之多。京沪沿线区域生产总值占到全国GDP（国内生产总值）总量的43.3%。与此同时，京沪铁路客货运量猛增，运输能力趋于饱和，京沪间急需打开新通道。京沪铁路虽然线路长度仅占全国铁路的2.8%，却负载了 14.3% 的旅客周转量和 8.8% 的货物周转量，运输密度是全国铁路平均水平的 4 倍。旅客滞留、货物堵塞、乘车难、运货难等问题凸显，各区段能力利用率均趋近 100%。1992 年，京沪铁路双向客运密度已达 3 171 万人次，是全国平均数的 5.4 倍；京沪铁路南下货运密度高达 7 584 万吨，是全路平均水平的 3.7 倍，其中符离集至蚌埠东区段货运密度超过 1 亿吨；既有京沪铁路已经无法满足京沪地区持续增长的运输需求，运能缺口高达 50%。当时预测，到 2000 年京沪铁路双向客运量将达到每年 6 500 万人次，货运量达到每年 9 000 万吨。1993 年，"四委一部"组织 100 多位专家开展了京沪高速铁路的前期研究，中国高铁事业逐渐拉开帷幕，中国步入高铁发展初级阶段。

修建京沪高铁的构想引起了社会的广泛关注，围绕"要不要修""用什么技术修"，社会各界的专家、学者持续争议了十余年。京沪高铁 14 年争论大致可以分为两个阶段：

（1）1990—1998 年（第一阶段）：主要是"建设派"与"缓建派"围绕建与不建、急建与缓建、何时建等问题进行争论。争论的结果是"缓建派"获胜。

（2）1998—2003 年（第二阶段）：主要是"轮轨派"与"磁浮派"的"大战"。该阶段"磁浮派"基本占据上风，但中国当时的经济实力适合建设磁悬浮吗？

"轮轨派"尽管拥有雄厚的实践经验以及大量运营数据支撑，但始终无法突破"缓建派"与"磁浮派"的主张和建议。"轮轨派"此前所做的工作只停留在战术层面，未将高铁规划上升为国家战略，导致京沪高铁建设被推迟到 21 世纪。应该说明和肯定的是，在中国高速铁路发展进程中，不管是"建设派"与"缓建派"之争，还是"轮轨派"与"磁浮派"之争，都是纯粹的技术问题，这些专家充满执着精神和坚定意志，都是出于国家大局和民族大义的考虑，都有强烈的责任感和使命感，是无私的、正直的，都应该受到尊重。十余年的争论，是国家发展进步的一个象征，有助于科学民主决策，避免国家重大战略决策的失误。

1.4.1 初战顺利

1990 年是中国高铁科研的启动年。铁道部提出在人口密集、经济发达、运输能力短缺的京津沪地区建设高速铁路的构思。起初，事情进展得非常顺利，铁道部与国家科学技术委员会（国家科委）、国家计划委员会（国家计委）、国家经济贸易委员会（国家经委）、国家经济体制改革委员会（国家体改委）

等有关部委进行了密切沟通，得到了几部委的大力支持，各项工作全面铺开。同年，铁道部向国务院报送《关于"八五"期间开展高速铁路技术攻关的报告》。

1991 年，铁道部组织第四勘察设计院（以下简称"铁四院"）对京沪高铁沿线进行了现场勘察。同年 4 月，铁四院就完成了两个分段报告，即《北京至南京段高速客运系统规划方案研究报告》和《沪宁段高速客运系统规划研究报告》，也就是说，将京沪高铁拆分成北京到南京和南京到上海两段分开建设。1992 年 6 月，铁四院提交了一份《新建铁路京沪高速铁路南京至上海段可行性研究报告》，这也标志着中国高铁发展史上第一份可行性研究报告正式诞生。根据报告，京沪高铁将按照 250 km/h 建设，预留 300 km/h，远期 350 km/h，其中京沪高铁沪宁段计划在 2000 年建成通车，京沪高铁全线计划在 2010 年建成通车。

1992 年，铁道部向国务院报送《关于尽快修建高速铁路的建议报告》。

1993 年，国家科委、国家计委、国家经贸委、国家体改委和铁道部（四委一部）组织 100 多位专家开展了京沪高速铁路的前期研究，并编写出《京沪高速铁路重大技术经济问题前期研究报告》，结论是：建设京沪高速铁路是迫切需要的，技术上是可行的，经济上是合理的，国力上是能够承受的，建设资金是可以解决的。接着，"四委一部"上报国务院《关于报送建设京沪高速铁路建议的请示》，建议国家尽快批准立项，力争 1995 年开工，2000 年前建成。

1994 年 5 月，国务院总理办公会议听取了有关京沪高速铁路建设的汇报。1994 年 6 月，中央财经领导小组会议上，原则同意铁道部关于修建京沪高速铁路开展预可行性研究的建议。接着，铁道部组织力量深入开展勘测设计工作，并对机车车辆、通信信号、线路桥梁、运输组织等开展专题研究，经过有关单位数百名专家和工程技术人员的努力，1996 年 5 月完成预可行性研究报告，并上报国务院。

1996 年 9 月，国务院总理办公会议再次讨论了京沪高速铁路建设问题。会议认为：建设京沪高速铁路是需要的，可考虑近期完成立项工作。

1997 年 3 月，铁道部将《北京至上海高速铁路项目建议书》上报国家计委。后来，中国国际工程咨询公司评估意见是：建设京沪高速铁路十分必要，建设方案可行，建议尽早立项。与此同时，许多专家学者通过召开研讨会、发表文章等多种形式呼吁京沪高速铁路尽快建设。

1998 年年初，中央把京沪高速铁路列入工作重点，铁道部进一步加速了建设准备工作。

经过十几年反复详细考察分析与可行性论证研究，1998年3月，全国人民代表大会于"十五"计划纲要草案中决定建设京沪高速铁路。

1.4.2 缓建和急建

在京沪高铁"要不要修"的问题上主要有两派：一派是"缓建派"主张中国高铁应"缓建"，其理由是："建设京沪高速铁路，实现客货分线，将导致高铁新线亏损，既有线旅客流失，最终两败俱伤。"1994年1月，《上海交通运输》杂志先后发表两篇文章《新建高速铁路并非当务之急》《再论新建高速铁路并非当务之急》；1994年4月，《科技导报》又发表了题为《京沪高速铁路不宜上马》的文章。另一派是"建设派"，其理由是"京沪铁路是世界上最繁忙的铁路线路，必须抓紧建设新线，修建高铁"。两派曾举行多次会商，争议不断。

"缓建派"主张采用摆式列车，他们积极呼吁中国发展摆式列车，主要用于既有线提速。同时，他们反对新建京沪高铁，认为新建京沪高铁造价太高，若使用摆式列车，不用花很多钱就可以将京沪高铁从时速160 km提速到200 km。实际上，既有京沪铁路运能已经严重不足，采用摆式列车虽然能够让部分旅客列车速度提高，但是无法从根本上解决京沪铁路的运能瓶颈问题。

摆式列车又叫倾斜列车，是一种车体转弯时可以左右倾斜摆动的列车，其最大优点是在曲线半径很小的线路上，可以通过车体倾斜摆动调节重心平衡，从而达到高速通过的目的。通常情况下，在设计时速160 km的线路上，使用摆式列车可以跑到200 km/h；在设计时速200 km的线路上，使用摆式列车可以跑到250 km/h。当然摆式列车也有其缺点，主要是在过弯摆动时，乘客会感觉到不舒服。

1996年，关于京沪高铁的争论迎来了一个高峰。1996年年初，铁道部按既定计划编制完成了《京沪高速铁路预可研性研究报告（送审稿）》。同年2月，铁道部组织召开了论证会，大部分专家都认为，对当时的中国铁路运输而言，京沪高铁越早建越好。

1996年3月17日，第八届全国人民代表大会第四次会议批准通过了《中华人民共和国国民经济和社会发展"九五"计划和2010年远景目标纲要》，明确指出："21世纪前10年，集中力量建设一批对国民经济和社会发展具有全局性、关键性作用的工程……着手建设京沪高速铁路，形成大客运量的现代化运输通道。"这意味着京沪高铁建设工作一下被推到了21世纪，这让"建设派"倍感挫折。同年4月，铁道部再次组织论证会。在这次论证会上，"建设派"代表沈志云院士表示：发展高速铁路是世界铁路的共同趋势，高铁不但能够创造无法衡量的巨大社会综合效益，而且也是能够赢利的，日本新干线就是成功样本；京沪铁路的运量是有实实在在的统计数据支撑的，并没有被低估，建设京沪高铁势在必行。同时，他还提出了几条具体的措施，建议京沪高铁尽快建设。

1.4.3 轮轨和磁悬浮

京沪高铁在"用什么技术修"的问题上存在"轮轨派"和"磁浮派"之争。

20世纪80年代，日本正在开展超导磁悬浮技术研究，并在九州东南部的宫崎县建设了一条7 km长的试验线，试验时速已达500 km。"磁浮派"在学习了日本磁悬浮列车技术后，联合有关单位向国家申请了"磁悬浮关键技术研究"的课题，由中科院电工研究所、国防科技大学、西南交通大学和铁科院四家单位共同开展磁悬浮关键技术研究。

1994年3月，"磁浮派"向全国政协八届二次会议提交了《开展超导磁悬浮高速铁路研究的建议》，建议国家立项推动磁悬浮高铁研究。同年6月，他们又联手组织了中国高铁发展史上一次著名的会议——中国高速铁路技术发展战略讨论会，在会议总结报告中他们指出："高速磁悬浮列车是当前唯一能达到时速500 km运营速度的现实可行的高速地面交通工具，可实现大城市间的高速客运。""轮轨派"认为：磁悬浮是个新技术，应该发展，但磁悬浮技术只是处于试验阶段，同时铁道部已经做了京沪高速铁路的可行性研究，正在国家立项，希望不要影响京沪高铁的建设；直接推动京沪高铁这种世界瞩目的长距离、大运量线路采用磁悬浮，风险不言而喻。

论证工作开始之初，专家之间的意见分歧较大，专家们的发言归纳起来有3种不同意见：不同意建设京沪高铁或者应推迟10～15年，目前只需采用"摆式列车"提高列车速度就行；要尽快建设采用轮轨技术的京沪高速铁路，因为对此已进行了十几年的可行性研究和探索工作；同意建设新的京沪高速通道，但主张采用磁悬浮技术，认为这是高速轨道技术的未来发展方向，中国应该抢占这一技术高地。

经过多次会议研讨，专家们建议由铁道部领导修建一条上海至南京的轮轨高速铁路，由科技部领导修建一条北京机场至天津机场的磁悬浮高速线路。专家们的意见除了在"必须尽早建设京沪高速通道"上取得完全一致外，在具体方案上还存在不少分歧，咨询工作历时半年多，最终形成了《磁悬浮高速列车与轮轨高速列车的技术比较和分析》。中国工程院上报国务院的京沪高速铁路咨询建议，主要结论有：

（1）建设京沪高速铁路是中国发展高速铁路的首选。从国际上看，轮轨高速技术既是成熟技术，又是正在不断发展的高新技术，在京沪线上采用轮轨技术方案是可行的。但由于其技术难度大，中国尚无实践经验，故应统一规划、充分论证、分段实施、加强管理，确保高质量建设。

（2）磁悬浮高速列车有可能成为21世纪地面高速运输新系统，具有明显的技术优势。但由于目前世界上尚未建成商业运营线，因而至少在10年内，不能在京沪全线采用磁悬浮列车方案进行工程建设。但应加强研究开发，组织精干队伍，加大投资力度，突破关键技术，在合适的地段建设一段试验运行线，以取得工程和运行经验，为中国今后发展长距离高速磁悬浮列车商业运营线打下基础。

（3）采用摆式列车对客货运高密度混运的京沪线而言，难以实现提速到200 km/h以上的目标，因而不可取。

可见，建设总长1 318 km的京沪高速铁路是举世瞩目的超级工程，虽然有不同的方案之争，但都充分体现了专家们的敬业和爱国精神。整体来看，京沪高铁争论的第二阶段没有赢家。对"轮轨派"而言，京沪高铁的开工被推后了10年；对"磁浮派"而言，尽管成功建成了磁悬浮试验线，但其造价及巨额的运营成本，让磁悬浮技术在与轮轨技术的竞争中劣势尽显。国务院最终决定京沪高铁采用轮轨方案，2012年之前建成通车。这场大讨论可以说是中国在世纪之交奏响的高铁序曲。

【人物故事】身为中国科学院和工程院的"双院士"，沈志云在机车车辆动力学尤其是轮轨动力学、运动稳定性、曲线通过理论和随机响应等方面研究成绩卓著，创建的轮轨非线性蠕滑力模型，在国际上通称"沈氏理论"并被广泛引用。沈志云院士还主持研制成功了中国第一台迫导向货车转向架，开创了无轮缘磨损新纪录。

沈志云出生在中华民族灾难深重的年代，倭寇侵凌、列强瓜分、国土沦陷、民族不宁、中国贫穷、技术落后，这激发了他为国家的强大而努力掌握科学技术的决心。1945年抗战胜利后，沈志云好学上进的精神得到升华，要为祖国的强盛和民族的兴旺而努力奋攀科技高峰的志向更加坚定，读书更加刻苦了。他在湖南国立师范附中的6年里，有11次学期成绩总评为全校初中和高中的第一名；在唐山工学院读大学期间，每学期成绩都在本专业位居前列。

1949年8月长沙解放，沈志云赴武汉投考大学，以优异成绩被唐山工学院、清华大学、武汉大学同时录取，在武汉大学名列榜首。因当时的唐山工学院在南方声誉很高，他便毅然舍弃清华、武大，直奔被誉为"东方康奈尔"的唐山工学院机械系就读。在唐院"严谨治学""严格要求"优良校风的熏陶中，在学术造诣高深的教授的指导下，沈志云打下了深厚的专业理论功底，学习成绩3年总平均名居前列。1952年7月，因当时国家急需人才，他提前一年结束大学生活。在从事理论力学助教工作期间，他边教学、边工作、边钻研理论力学基础知识，使力学基本概念达到融会贯通，对基础力学的重点、难点问题也能做到耳熟能详。1956年，他考取留苏研究生，到北京外国语学院留苏预备部学习俄语和哲学；1957年赴苏联列宁格勒铁道学院留学，在苏联留学期间，他利用假期冒着严寒跑遍了几十家大工厂，进行调查研究，从几十个研究课题中选择"修理中的尺寸链"作为研究对象，从生产实际问题出发，提到理论高度来分析研究，又回到生产中去试验，最后提出解决问题的具体建议，交生产单位应用。这个实践—理论—实践的全过程，使他形成了一个研究解决问题的思路。经过3年的努力，他完成的副博士论文顺利通过答辩，获得很高的评价，并被发表。他在苏联学到的获取知识的方法、从事科研的思路、探索问题的能力、不畏艰难刻苦攀登的毅力，成为以后成功的绿色通道。

1961年归国后，他回到唐山铁道学院（原唐山工学院）任教，先后开设了"车辆修理"等课程，编写教材和筹办实验室，致力于车辆学科发展，并确定以"车辆动力学"为自己的研究方向。正在准备大干之际，"文化大革命"开始了，业务工作被束之高阁。等到浩劫过去，星移斗转，世界科技突飞猛进，他好像又回到零的起点。虽已年近半百，但他决心从头做起，奋起直追。他从学习算法语言、工程数学等新知识入手，如饥似渴地阅读专业文献，在简陋的实验室通宵达旦，终于在两年时间内完成了"韶山4型电力机车的动力学性能研究及参数优化"课题，并完成论文《两轴转向架式机车的数学模型及数值结果》，于1981年8月在英国剑桥大学召开的第七届国际车辆系统动力学年会上发表。这是中国机车车辆动力学学科在国外发表的第一篇论文，使国际同人刮目相看。英国教授赞扬说："真没想到中国人在这个领域里的研究有这么高水平。"

在机车车辆动力学领域，车轮与钢轨的接触是列车与路轨间唯一的相互作用，车轮在滚动时还有微小的滑动，称为蠕滑。轮轨蠕滑是一个非常复杂的物理现象，如何定量地确定其力学特性，一直是铁道车辆动力学中的难题。为了攻克世界学术前沿的这一难题，沈志云1982年作为访美学者，在美国麻省理工学院夜以继日地进行学习和研究。一年多的时间里，他涉猎了8门研究生课程，完成了两项科研课题。他进一步深入研究了国际轮轨蠕滑理论权威荷兰代尔夫特理工大学卡尔克（Kalker）的轮轨蠕滑理论，在沃尔妙伦-约翰逊方法的基础上考虑自旋蠕滑，定义蠕滑因子和自旋比例系数，分别研究在不同自旋蠕滑的基础上各种蠕滑力模型的比较，得出了新的非线性蠕滑力（适用于车辆动力学计算的）简化方法。他根据这一理论写成的论文，在1983年第八届国际车辆系统动力学年会上宣读后，被卡尔克教授认定是"铁道车辆动力学中能够采用的最好的非线性蠕滑力模型""铁道车辆系统动态仿真最适用的方法"和"1983年世界蠕滑理论新发展的标志"，并将其归纳为三维弹性体滚动接触力学的四大理论之一，这一方法被各国专家称为"沈氏理论"而被广泛应用。1988—1998年的十年间，沈志云主持研制成功了中国第一台无轮缘磨损的货车径向转向架，该转向架达到了接近无轮缘磨损的程度，并在西南交通大学创建了牵引动力国家重点实验室，研制成功了机车车辆整车滚动振动试验台。

1.5 高铁试验田工程

正当京沪高速铁路准备大干之时，磁悬浮技术开始崭露头角，因而在技术路线上产生了一定纷争。虽然德国曾做过大量磁悬浮试验，并做出了若干工程方案，但由于成本过高，加上意见不一，最终未能在本国付诸实践。铁道部经过研究，明确表示不赞成磁悬浮技术应用在京沪高铁上，因为磁悬浮技术投资风险大、造价较高，建成后难以与既有铁路实现互联互通，发展前景存在较大的不确定性。相反，若京沪高铁采用轮轨技术修建，不但技术成本低，还能对周边地区发挥更为广泛的辐射效应，产生更大的效益。几经考虑，铁道部最终采取了折中方案，从两方面开展"试验田工程"。

1.5.1 秦沈客运专线

由于京沪高铁未能开工，1999年开始建设的秦沈客运专线（秦皇岛—沈阳）便成为中国高速铁路的开路先锋。秦沈客运专线起自秦皇岛，东出山海关，终至沈阳北站，全长404.65 km。其与沈山线（沈阳—山海关）共同构成进出关客货运输大通道，与提速改造后的京秦线（北京—秦皇岛）构成京秦沈快速客运通道，最大限度地缩短了北京到沈阳的运行时间。秦沈客运专线线下工程按250 km/h、线上工程按200 km/h设计，并设置了长66 km、速度为 300 km/h 的综合试验段。

作为当时中国铁路建设技术水平的标志性工程，秦沈客运专线选择了技术成熟、安全可靠、经济实用、能与既有铁路兼容成网、国际通用的轮轨技术，工程特点鲜明地体现"三高三新"：运行速度高，规程规范新；技术含量高，技术标准新；质量要求高，施工工艺新。为此，铁道部汇集了路内科研、设计、施工、监理和建设管理的多年成果，借鉴了国外的先进技术和经验，更新理念，在路基、桥梁、轨道、"四电"工程和机车车辆研制等方面，进行了全方位技术创新，创造了中国铁路的众多"率先"和"第一"：

（1）路基率先按全新概念设计和施工，对填料压实、沉降变形的规定比普通铁路严格；同时开发了新型钢轨、大号码道岔，铺设了超长无缝线路。

（2）桥梁设计施工实现创新，率先在中国铁路建设中大范围采用双线混凝土箱型梁、混凝土结构连梁；研制了具有国际水平的 6001 架桥机，其运架能力和效率创造了当时国内新纪录。

（3）接触网首次在国内采用铜镁合金导线，受流性能明显改善；牵引变电所具有远动控制和自诊断功能。

（4）信号系统取得突破，以车载速度显示作为信号，是中国第一条取消地面通过信号机的铁路。

为探索和积累高速铁路的修建技术，铁道部在山海关至绥中北区间设置了 68 km 的综合试验段，采用时速 300 km 高速铁路标准，进行了三次综合试验。

2001 年 12 月，国产"神舟号"内燃动车组驶上线路，进行了第一次综合试验，最高时速为 210 km。

2002 年 9 月进行第二次综合试验，国产"先锋号"电力动车组最高时速达 292 km。

2002 年 11 月进行第三次综合试验，国产"中华之星"电力动车组最高时速达 321.5 km，创造了当时的"中国铁路第一速"，随后又以 200~250 km 的时速进行了山海关至沈阳北的全程贯通试验，比原沈山线通过的特快旅客列车运行时间缩短近一半。

秦沈客运专线是中国铁路自主研究、设计、施工的第一条铁路客运专线，在中国铁路发展史上具有里程碑意义，标志着中国初步拥有了自主知识产权的时速 200 km 以上铁路设计、建造以及成套装备制造和综合系统集成的能力，为中国高铁发展提供了丰厚的技术储备和坚实的基础。无可否认，这些国产动车组集中了当时国内优势科研力量，在转向架设计、铝合金车体、空气动力学试验、牵引与制动及列车网络系统方面都取得了开创性的研究成果。

1.5.2　上海浦东磁悬浮

世界上第一条商业运营的磁悬浮高铁在中国上马。在科技部的主导下，磁悬浮试验线项目获得了快速推进。2000年，科技部正式成立了磁悬浮可行性研究小组。北京、上海、深圳三个经济强市为此展开了激励竞争，在最终的比选中上海胜出。上海磁悬浮建设踏上了快车道。2001年3月1日，上海磁悬浮项目正式开建。2002年12月31日，全线开通试运营。2003年1月4日，上海磁悬浮正式商业运营，线路全长29.863 km，运营时速430 km，全程仅需8 min。

上海磁悬浮项目的开通运营，标志着京沪高铁争论第二阶段的结束。在巨大成功的背后，也暴露出磁悬浮不小的弊端：前期建设造价高、后期运营维护费用高。而且，与高速轮轨技术相比，磁悬浮技术在稳定性方面还有较大的差距。高昂的造价和运营成本，以及难以掌握的核心技术，最终也使得磁悬浮技术在对比轮轨技术时劣势尽显，失去了竞争力。

1.6　高铁前奏曲

1.6.1　"慢牛"与"瓶颈"

与世界其他国家相比，中国铁路的发展有更加广阔的空间。中国国土东西跨度约5 200 km，南北相距约5 500 km，这决定了中长距离客货运量需求巨大，而铁路作为快捷的交通运输方式，一直在中国综合交通体系中发挥着骨干作用，大力发展铁路是推动中国经济发展、加快城镇化进程的重要条件和必然选择。

从中华人民共和国成立到1991年，中国的铁路建设和发展虽然取得了巨大的成就，但是长期以来，在有着巨大市场需求、有着良好的发展环境的情况下，中国铁路却一直处在一种缓慢的发展状态。数据显示，中国铁路网规模的扩展严重滞后于国家经济总量的增长，铁路客货运量的增长远远低于交通运输全行业运量的攀升，铁路供给能力严重不适应社会运输需求。"一五"至"四五"期间，铁路建设发展较快，铁路建设投资占全国基建投资的10%左右，每年平均修建新线1 000 km左右。但是"五五"到"七五"期间铁路建设投资比重逐年下降，占比为6.7%，每年建设新线平均不到500 km，1991年只有197.5 km。在此期间，中国工农业总产值增长了40倍，铁路完成客货周转量增长了近43倍，而铁路营业里程仅增长了1.4倍。

铁路建设长期滞后的原因在于铁路建设资金紧缺，造成新线建设和旧线改造迟缓，运输能力严重不足。从20世纪80年代中期开始，中国铁路运输进入全面短缺时代。从货运方面看，全社会需要铁路装运的物资始终保持在日均30多万车，而每天实际只能装运14万车，有大量货物不能及时承运。从客运方面看，全国铁路开行的旅客列车，每天提供的座席仅有240多万，而实际运送旅客达到日均300万人，许多列车处于常年拥挤的状态。特别在春运、暑运和"五一""十一"期间，"一票难求"的问题十分突出。铁路运输生产力不适应经济社会日益增长的运输需求的矛盾越来越明显，对国民经济和社会发展的制约越来越突出。国民经济和社会发展的需要，要求铁路必须尽快改变路网规模不足、建设资金短缺、列车运行速度较低、生产力布局不合理、运输能力不足、技术装备水平不高的状况。

中国铁路长期在低速中徘徊，20世纪90年代初期，中国铁路客车平均旅行速度为48.3 km/h，最高时速只有80~100 km。就在这时，迅猛发展的公路、航空却大步赶了上来，加入了国内运输市场的竞争行列。公路发挥方便、快捷和门到门运输的特点，在短途运输市场上占据了优势；航空运输在长途运输中发挥了重要作用，铁路市场份额明显下降，经营面临严峻挑战。1990年，铁路、公路、民航在交通运输中所占的客运周转量市场份额分别为46.4%、46.6%、4.1%，到1995年三者市场份额已变为39.4%、51.1%、7.6%。几年间，公路、航空迅速占据了运输业的半壁江山。

就在中国铁路如"慢牛"般爬行的同时，国外发达国家的铁路既有线提速改造却闯出了成功之路。从20世纪60年代起，西欧一些国家率先采用先进的科技手段，对运输繁忙的既有干线进行电气化改造，将列车时速提高到140~160 km；瑞典、德国、意大利等国家采用摆式列车，时速达到200 km。1994年，世界上已有25个国家的列车最高时速达到或超过了140 km。

如何破解"瓶颈"，中国铁路选择了一条可持续发展的道路：进行外延式扩大再生产，加快推进大规模铁路建设，扩大路网规模，提高路网质量，实现主要运输通道的客货分线，兴建高速铁路，加快推进铁路技术装备现代化，这是从根本上解决问题的长远之路。但新线建设对运输能力的形成是一个缓慢渐进的过程，在短期内不能形成现实运输生产力。1994年6月，铁道部提出"大力提高列车质量，积极增加行车密度，努力提高行车速度"的技术政策。与后来中国高铁在争论中起步，在争议中发展壮大不同，在既有铁路提速的问题上，中国铁路上下认识基本一致，达成了共识。

1.6.2 广深准高速铁路

时速 160 km 的铁路又被称为准高速铁路,是时速 120 km 的普速铁路迈向时速 200 km 的高速铁路所必须征服的一个"瓶颈"。

早在 20 世纪 80 年代末期,铁道部就从当时国情出发,决定选一段既有线路进行技术改造,力争用最少的时间、花最少的费用,达到开行 160 km/h 准高速列车的目标,以便为将来的高速铁路建设与运营积累经验。准高速列车的示范线最终选择了广深铁路。

广深铁路位于中国的南大门,是改革开放最早的窗口,又紧邻香港和澳门,是沟通珠港澳的重要纽带,也是港澳台同胞和国际友人来往频繁的重要通道。因其位于中国铁路网的尽头,进行改造、试验对整个路网运输影响很小,加上该线全长 147.3 km,长度适中,且以客运为主,白天开行旅客列车,晚上开行货物列车,行车组织比较简单,集合上述因素进行考量,广深铁路就成为这次准高速试验的不二选择。

1990 年,铁道部决定将长度约 150 km 的广深线作为试点进行提速改造。最高时速从 100 km 提高到 160 km(其中设有长 26 km 时速为 200 km 的试验段)。1994 年广深线开通后,运行时间从原来的 2 h 48 min 缩短至 1 h 12 min。广深线作为中国第一条提速铁路(或称准高速铁路),所研发的新技术(大功率机车、新型客车、动车组及可动心道岔等)、制定的新标准和规范,为日后的铁路大提速奠定了基础。

1994 年 12 月 22 日,广深准高速铁路投入运营,获得了社会的广泛好评,同时也取得了良好的经济效益。在广深交通走廊上,提速后的铁路开始扭转竞争力下滑的态势,展现了巨大的竞争力,成为中国铁路的标杆。与此同时,全国铁路客运却在与高速公路和航空的竞争中陷入下滑的泥潭之中。1995 年,广深准高速铁路开通第二年,中国铁路客运量开始了连续 3 年的同比负增长。

1996 年,广深铁路股份有限公司在香港、纽约上市。1997 年 2 月,广深线高速电气化工程全面开工。电气化改造完成后,广深铁路石牌至平湖段 108.5 km 可以满足 200 km/h 的运行条件,其中下元至茶山段 27.14 km 设有 250 km/h 的试验段。1998 年 5 月,广深铁路电气化提速改造完成,设计最高时速为 200 km。为了研究通过摆式列车在中国铁路既有线实现提速至高速铁路的可行性,同年 8 月,广深铁路率先使用 X2000 摆式高速动车组。由于全线采用了众多国际先进水平的技术和设备,当时广深铁路被视为中国由既有线改造踏入快速铁路和高速铁路的开端。1998 年 6 月,韶山 8 型电力机车于京广铁路的区段试验中达到了时速 240 km 的速度,创下了当时的"中国铁路第一速",成为中国第一种预备型高速铁路机车。

1.6.3 六次大提速

中国进入高铁时代,看似是从 2008 年开始,实际上在这之前就进行了大量的技术储备。在 1997 年、1998 年、2000 年、2001 年、2004 年、2007 年,铁路进行了六次大提速,这六次大提速为高铁的成功打下了坚实的基础。

20 世纪 80 年代,中国旅客列车平均速度仅 48 km/h,铁路市场份额持续下滑。不提高列车速度,铁路将失去竞争能力。按照国外经验,铁路提高速度的主要途径是修建客运专线,然而那时国家拨给铁路的投资额年均只有 100 亿元左右,显然无力建设高铁。唯一可行的方案就是实施既有铁路技术改造。

中国铁路该向何处去?中国铁路必须往前走,这是对中国铁路运输行业发展负责,也是对中国发展负责。既有繁忙干线提速是一种多快好省的办法,选择既有线条件较好的区段稍加改造,加强线路养护,更换提速道岔,道口改为立交,两侧线路封闭,即可把列车的速度提高到 140~160 km/h。这种做法既可以收到立竿见影的效果,又可以节约投资。

1995 年是中国铁路实施提速战略的重要决策年。1995 年 6 月 23 日,铁道部成立了提速领导小组,迅速组织全路大力实施提速战略。中国铁路提速的主攻方向在既有繁忙干线上,战略重点是京沪、京广、京哈线,这三大干线总里程 5 046 km,占当时中国铁路营业里程的 9.5%,但完成的客货周转量却占中国铁路的 39.4% 和 34.4%,其地位可谓举足轻重。1995 年 6 月 28 日,铁道部面对当时的铁路经营形势及市场要求,面向科技进步,做出了在全国铁路繁忙干线进行提速的重大决策。这次会议还确定了几条提速的原则:投资不能太大;兼顾速度、密度与重量,既要实现旅客列车运行时速达到 140~160 km 的目标,又要保证 5 000 t 货物重载列车正常开行,还要提高行车密度;保证安全,没有安全就没有一切。

1997 年 4 月 1 日起,中国铁路正式实施既有线铁路大面积提速战略,并全面调整列车运行图,开发适应市场要求的运输新产品。中国铁路是客、货并线运行,不同速度等级列车混跑,运输强度高居世界之首。在这种运输组织模式下,列车的速度、密度、重量三者相互影响、相互制约,其对运输组织、轨道结构、信号系统和牵引动力等技术要求相互矛盾,甚至截然相反。在中国特殊复杂的运输条件下,实施大面积提速必须从技术改造

上篇　中国高速铁路的发展

与提速试验入手,在立足自主创新的基础上,开拓出一条既有线实现列车速度、密度、重量最佳匹配的提速挖潜改造之路。第一次大面积提速是一次历史性的突破,在中国铁路发展史上具有里程碑的意义。其主要贡献有如下两点:

(1) 78 列"夕发朝至"列车正式上线,这是中国铁路客运产品的重大创新,一经推出立即成为当时最受欢迎的客运产品,被誉为"移动宾馆",成为中国铁路的招牌产品。

(2) 在前期试验的基础上,40 对快速客运列车批量上线,将中国铁路既有线最高运营时速提高到了 140 km,平均运营时速也由 48.1 km 提高到了 54.9 km。

第一次大提速大获成功,成为中国铁路命运的转折点。从提速第二年开始,中国铁路一改客运量连续 3 年同比下滑的状况,实现了同比大幅增长。此后,除了 2003 年因"非典"疫情导致旅客出行大幅减少的特殊情况外,中国铁路客运量再没出现过同比下降的情况。

1998 年 10 月 1 日,中国铁路实施了既有线第二次大提速。这次大提速仍围绕京沪、京广、京哈三大铁路干线,主要是对第一次大提速的补充与完善,取得了以下几方面的突破:

(1) 三大干线快速列车最高运营时速由 140 km 提高到 160 km,非提速区段快速列车最高运营时速提高到 120 km。

(2) 广深准高速铁路通过使用瑞典摆式列车 X2000,开行了最高运营时速达 200 km 的旅客列车。按照国际铁路联盟的定义,既有线改造时速达 200 km 即为高速铁路。虽然只有一个班次,算是一个特例,信号系统还是老式的,但从某种意义上说,1998 年 10 月 1 日之后的广深铁路已经算是高速铁路了。

(3) 快速列车在第一次大提速 40 对的基础上增加了一倍,达到 80 对;"夕发朝至"列车因为大受欢迎,由 78 列增加到 228 列。

2000 年,中国正式实施西部大开发战略,中国东西部间人员、物资的交流迅速增加,铁路第三次大提速正是在这样的背景下实施的。2000 年 10 月 21 日,中国铁路第三次大提速开始实施。与前两次大提速不同,这次大提速主要针对陇海、兰新、浙赣等东西向铁路,同时纳入了京九这条南北大通道。经过这次提速,北京到乌鲁木齐的 T69/70 次列车旅行时间比 1997 年压缩了 19 h 36 min;上海到乌鲁木齐的 T53/54 次列车旅行时间比 1997 年压缩了 22 h 58 min。第三次大提速除了在硬件上取得突破外,在软件上也有一个对乘客出行体验有重大影响的变化,就是全国铁路首次实现联网售票,首批有 400 个车站获得了异地售票资格,极大地方便了旅客的出行。

经过三次提速改造,中国铁路提速线路总里程已经接近 1 万千米,初步形成了覆盖全国主要地区的"四纵两横"提速网络。为了总结前三次提速的经验,2001 年 7 月 2 日,铁道部还专门在北京组织召开了座谈会,并根据座谈会的精神制定了一个既有线提速的纲领性文件——《铁路"十五"提速计划及实施意见》。文件指出,要在 2001 年、2003 年和 2005 年再分别进行 3 次大规模提速,形成覆盖全国主要城市的 1.6 万千米提速铁路网,并为中国铁路描绘了一个美好的未来,提出客运专线旅客列车最高时速要达到 200 km,繁忙干线旅客列车时速要达到 160 km,部分干线旅客列车时速要达到 120 km。主要干线城市,距离 500 km 以内要实现"朝发夕至",距离在 1 200 km 左右的要实现"夕发朝至",距离在 2 000 km 左右的要实现"一日到达"。

2001 年 10 月 21 日,铁道部又组织了第四次大提速。这次大提速主要是对前几次大提速的进一步延伸和完善,铁路提速线路延展里程达到 1.3 万千米。

2004 年 4 月 18 日,铁道部开启了中国铁路第五次大提速。第五次大提速也有很多亮点和突破,概括起来包括以下几点:

(1)首次开行了 19 对"Z"字头的直达特快列车,主要在京沪、京广、京哈等干线铁路上运营,其中上海铁路局就有 11 趟。直达特快列车平均运行时速达到 119.2 km,特快列车的平均运营时速也达到了 92.8 km。为了开行直达特快列车,铁道部专门要求中车戚墅堰公司研制了东风 11G 型客运内燃机车。直达特快列车对牵引机车提出了更高的要求:一是长交路、一站直达,"长交路"是指机车运行交路突破 1 000 km,例如北京至杭州的交路超过 1 600 km,中途不更换机车;二是单司机操纵,不再配备副司机,仅由一个司机完成全程运行。所以,铁道部提出"三个一"的要求,即以时速 160 km 的最高速度一次运行超过 1 600 km、由一个司机进行操作控制、一次装车试验成功。东风 11G 型客运内燃机车采用的是双机重联,截至 2010 年 10 月停产,共生产了 184 台(92 组)。

(2)京沪、京广、京哈少部分路段最高运营时速能够达到 200 km,实际上这已经符合国际铁路联盟对高速铁路的定义了。

(3)25T 型铁路客车上线运营。25T 型铁路客车构造时速为 210 km,最高运营时速为 160 km,能够满足以时速 160 km 持续运行 20 h 不停站,主要部件满足 200 万千米内无须换修的要求。这是当时中国铁路最高端的铁路客车型号,采用蓝白相间涂装,与红白相间涂装的 25G 型铁路客车及墨绿色涂装的 22 型或 25B 型铁路客车相区分，备受广大乘客喜爱。2013 年后，包括 25T 型列车在内的大部分铁路旅客列车被统一换成墨绿色涂装。

2007 年 4 月 18 日，中国铁路实施了第六次大面积提速，主要在京哈、京沪、京广、陇海、兰新、胶济、武九、浙赣等线路实施。历经 3 年多精心准备，铁路改造平面的线路延展长度有 840 多千米，拨移线间距长度 440 多千米，更换提速道岔 1 193 组，完成了时速 200 km 动车组的配套通信信号设备改造。此时中国铁路时速 120 km 以上线路延展 2.4 万千米，其中时速 160 km 以上的线路延展里程达到 16 万千米，时速 200 km 及以上线路延展里程达到 6 451 km，时速 250 km 的线路延展里程达到 1 207 km，并首次实现在现有提速干线上同时开行时速 200 km 动车组和时速 120 km、载重 5 000 t 货运重载列车。时速 200 km 的高速列车"和谐号"动车组（CRH）正式载客运营，标志着中国开始进入高速时代。

中国铁路十年六次大提速，取得的突破和成就举世瞩目。第六次大提速后，快速路网规模进一步扩大，时速 160 km 及以上提速线路延展里程达到 1.4 万千米，时速 250 km 的线路延展里程达到 846 km，铁路客、货运输能力分别增长 18.5% 和 12%。时速 200 km 及以上的动车组担当快速客运的主力车型，在全路范围大面积使用，主要城市间旅行时间总体压缩了 20% 以上。四大客运产品初具雏形，即高密度城际动车组列车、中心城市间动车组快速列车、夕发朝至列车和一站直达特快旅客列车。普通旅客列车运行时刻持续优化，装备质量和服务水平全面提高，技术、施工、制造、试验、运营、管理和维修等配套技术走向成熟，形成了既有线时速 200 km 等级提速技术体系，内容涵盖铁路技术管理规程、既有线时速 200～250 km 技术管理办法，以及 200～250 km 提速相关技术条件、技术规范、施工组织、养护维修等相关标准和规则。

经过六次大提速，中国既有铁路提速成套技术已跨入世界先进行列，主要表现在以下 4 个方面：

（1）时速 200～250 km 列车运行控制技术。依靠原始创新和集成创新，中国铁路成功研发了具有中国特色、拥有自主知识产权的 CTCS-2 列车控制系统，有效解决了不同速度值列车高密度混合运行、动车组跨线运行、系统设备互联互通等技术难题。经过提速试验验证，CTCS-2 系统成熟可靠、安全实用，是中国铁路在列车运行控制方面所取得的一项重要技术成果。

（2）工务工程主要技术。在既有提速干线大面积使用了自主研发的 PD3 钢轨、重型轨枕、高强度耐磨一级道砟、18 号有砟道岔等新装备及新技术；

正线全部采用超长无缝线路，轨道技术达到世界先进水平；配备了世界先进的非接触式光摄像轨道检查车，实现了养路机械化；设置了 1.2 m 高站台及无站台柱雨棚，为提高旅客服务质量创造了条件。

（3）大功率机车核心技术。通过技术引进、消化、吸收、再创新，中国铁路已基本掌握了世界最先进的大功率电力机车、内燃机车核心技术，实现了传统的交直传动向先进的交直交传动方式的跨越。国产化单轴功率 1 200 kW 的和谐型 6 轴和 8 轴大功率电力机车在实际运行过程中充分展示了其牵引功率大、黏着性能好、电制动功能强的特点，成为中国铁路干线的主力机型，彻底改变了中国铁路货物运输牵引动力落后的状况。

（4）符合中国铁路技术要求的牵引供电技术。此次提速区段牵引供电系统由中国独立自主设计，既能满足重联动车组时速 200 km 和货物列车时速 120 km 客货共线，又能满足开行双层集装箱列车的运行要求，创建了中国既有线时速 200 km 提速改造的牵引供电系统。同时，中国铁路还掌握了高速弓网受流性能综合测试技术，填补了世界高速电气化铁路的技术空白。

1.7 宏伟蓝图——中长期铁路网发展规划

1.7.1 "四纵四横"

2004 年是中国高铁建设厉兵秣马的备战年。新的建设目标要有新的质量标准，铁道部修订了《铁路主要技术政策》，制定了《铁路工程建设标准管理办法》《新建时速 200～250 km 客运专线铁路设计暂行规定》等，完成了京沪高速铁路和时速 200～250 km 客运专线铁路桥跨结构标准设计，初步建立起客运专线和客货共线分级标准设计体系。

2004 年 1 月，国务院常务会议讨论并原则通过中国铁路史上第一个《中长期铁路网规划》，以大气魄绘就了超过 1.2 万千米的"四纵四横"快速客运专线网。3 个月后，国务院又召开会议专题研究铁路机车车辆装备有关问题，明确提出"引进先进技术、联合设计生产、打造中国品牌"的基本方针，确定了引进少量原装、国内散件组装和国内生产的项目运作模式；明确铁路网要扩大规模，完善结构，提高质量，快速扩充运输能力，迅速提高装备水平；明确到 2020 年，全国铁路营业里程达到 10 万千米，主要繁忙干线实现客货分线，复线率和电化率均达到 50%，

上篇　中国高速铁路的发展

运输能力满足国民经济和社会发展需要，主要技术装备达到或接近国际先进水平。2004年7月29日，国家发改委与铁道部联合印发《大功率交流传动电力机车技术引进与国产化实施方案》和《时速200 km动车组技术引进与国产化实施方案》。从提出目标到做出决策再到确定具体实施方案，从国务院领导到国家发改委、铁道部，其中经过了许多次论证研究，经历了许多个环节程序，仅仅用了一年时间，中国高速铁路建设就驶上了发展"快车道"。

高速铁路作为一种高效的运输方式，在区域间大通道干线运输、区域内城际间运输中扮演着重要角色，支撑着国家战略的发展。铁道部先后与31个省、市、自治区政府签订了铁路建设战略合作协议，充分发挥了地方政府建设铁路的积极性，为加快铁路建设创造了良好环境。为填补高铁建设带来的巨额资金缺口，铁道部推进融资体制改革，于2004年11月组建了中国铁路建设投资公司，确定了"政府主导、多元化投资、市场化运作"的铁路投融资改革思路，在铁路建设中实行投资主体多元化，规范组建合资铁路公司，高铁新建项目均采用项目法人制。

根据国务院确定的铁路装备现代化总体要求，铁道部经过研究论证和反复比选，确定了具体实施方案：坚持"先进、成熟、经济、适用、可靠"的技术标准，以铁道部为主导，以国内企业为主体，以掌握核心技术为目标，利用中国铁路巨大市场，联合国内科研、设计、制造企业，通过引进、消化、吸收、再创新，实现本土化生产，用3～5年的时间打造出中国品牌的高速铁路列车。

2008年10月，国家批准《中长期铁路网规划（2008年调整）》，确定到2020年全国铁路营业里程达到12万千米以上，其中客运专线达到1.6万千米以上，复线率和电化率分别达到50%和60%以上，基本形成布局合理、结构清晰、功能完善、衔接顺畅的铁路网络，运输能力满足国民经济和社会发展需要，主要技术装备达到或接近国际先进水平。其中，重点规划"四纵四横"等客运专线以及经济发达和人口稠密地区城际客运系统。

"四纵"客运专线，即北京—上海客运专线，包括蚌埠—合肥、南京—杭州客运专线，贯通京津至长江三角洲东部沿海经济发达地区；北京—武汉—广州—深圳客运专线，连接华北和华南地区；北京—沈阳—哈尔滨（大连）客运专线，包括锦州—营口客运专线，连接东北和关内地区；上海—杭州—宁波—福州—深圳客运专线，连接长江、珠江三角洲和东南沿海地区。

"四横"客运专线,即徐州—郑州—兰州客运专线,连接西北和华东地区;杭州—南昌—长沙—贵阳—昆明客运专线,连接西南、华中和华东地区;青岛—石家庄—太原客运专线,连接华北和华东地区;南京—武汉—重庆—成都客运专线,连接西南和华东地区。

同时,指出要建设南昌—九江、柳州—南宁、绵阳—成都—乐山、哈尔滨—齐齐哈尔、哈尔滨—牡丹江、长春—吉林、沈阳—丹东等客运专线,扩大客运专线的覆盖面。在环渤海、长江三角洲、珠江三角洲、长株潭、成渝以及中原城市群、武汉城市圈、关中城镇群、海峡西岸城镇群等经济发达和人口稠密地区建设城际客运系统,覆盖区域内主要城镇。

2011年《"十二五"规划》提出,建成"四纵四横"客运专线,建设城市群城际轨道交通干线,建设兰新铁路第二双线、郑州至重庆等区际干线,基本建成快速铁路网,营业里程达到4.5万千米,基本覆盖50万以上人口城市。

1.7.2 "八纵八横"

2016年7月,国家发改委、交通运输部、中国铁路总公司联合发布了《中长期铁路网规划》(简称《规划》),勾画了新时期"八纵八横"高速铁路网的宏大蓝图。《规划》提出:到2020年,中国高铁线路里程达到3万千米;到2025年,高铁线路里程达到3.8万千米;到2030年,高铁网基本连接省会城市和其他50万人口以上的大中城市,实现相邻大中城市之间$1 \sim 4 \mathrm{~h}$到达的城市圈。《规划》主要包含以下内容:

一是构筑"八纵八横"高速铁路主通道;二是拓展区域铁路连接线,规划建设上海—湖州、南昌—景德镇—黄山等高速铁路区域连接线,进一步完善路网扩大覆盖;三是发展城际客运铁路,在优化利用高速铁路、普速铁路开行城际列车服务城际功能的同时,规划建设支撑和引领新型城镇化发展、有效连接大中城市与中心城镇、服务通勤功能的城市群城际客运铁路。

相对于已经基本建成的"四纵四横"高速铁路网,未来的"八纵八横"高速铁路网途经更多山区或复杂地质环境的地区,建设成本更高,沿途人口密度也相对较低,实现盈利的压力更大,意味着铁路发展在经济效益和社会效益之间逐渐实现平衡。中国高铁"八纵八横"网络如表1.1和表1.2所示。

表 1.1 中国高铁的"八纵通道"

序号	通道名称	包含线路	连接地区	贯通城市群
一纵	沿海通道	大连(丹东)—秦皇岛—天津—东营—潍坊—青岛(烟台)—连云港—盐城—南通—上海—宁波—福州—厦门—深圳—湛江—北海(防城港)高速铁路	东部沿海地区	京津冀、辽中南、山东半岛、东陇海、长三角、海峡西岸、珠三角、北部湾等城市群
二纵	京沪通道	北京—天津—济南—南京—上海(杭州)高速铁路,包括南京—杭州、蚌埠—合肥—杭州高速铁路,同时通过北京—天津—东营—潍坊—临沂—淮安—扬州—南通—上海高速铁路	华北、华东地区	京津冀、长三角等城市群
三纵	京港(台)通道	北京—衡水—菏泽—商丘—阜阳—合肥(黄冈)—九江—南昌—赣州—深圳—香港(九龙)高速铁路;另一支线为合肥—福州—台北高速铁路,包括南昌—福州(莆田)铁路	华北、华中、华东、华南地区	京津冀、长江中游、海峡西岸、珠三角等城市群
四纵	京哈—京港澳通道	哈尔滨—长春—沈阳—北京—石家庄—郑州—武汉—长沙—广州—深圳—香港高速铁路,包括广州—珠海—澳门高速铁路	东北、华北、华中、华南、港澳地区	哈长、辽中南、京津冀、中原、长江中游、珠三角等城市群
五纵	呼南通道	呼和浩特—大同—太原—长治—晋城—焦作—郑州—襄阳—常德—益阳—娄底—邵阳—永州—桂林—南宁高速铁路	华北、中原、华中、华南地区	呼包鄂榆、山西中部、中原、长江中游、北部湾等城市群
六纵	京昆通道	北京—石家庄—太原—西安—成都(重庆)—昆明高速铁路,包括北京—张家口—大同—太原高速铁路	华北、西北、西南地区	京津冀、太原、关中平原、成渝、滇中等城市群
七纵	包(银)海通道	包头—延安—西安—重庆—贵阳—南宁—湛江—海口(三亚)高速铁路,包括银川—西安以及海南环岛高速铁路	西北、西南、华南地区	呼包鄂、宁夏沿黄、关中平原、成渝、黔中、北部湾等城市群
八纵	兰(西)广通道	兰州(西宁)—成都(重庆)—贵阳—广州高速铁路	西北、西南、华南地区	兰西、成渝、黔中、珠三角等城市群

表 1.2 中国高铁的"八横通道"

序号	通道名称	包含线路	连接地区	贯通城市群
一横	绥满通道	绥芬河—牡丹江—哈尔滨—齐齐哈尔—海拉尔—满洲里高速铁路	黑龙江及蒙东地区	
二横	京兰通道	北京—呼和浩特—银川—兰州高速铁路	华北、西北地区	京津冀、呼包鄂、宁夏沿黄、兰西等城市群
三横	青银通道	青岛—济南—石家庄—太原—银川高速铁路	华东、华北、西北地区	山东半岛、京津冀、太原、宁夏沿黄等城市群
四横	陆桥通道	连云港—徐州—郑州—西安—兰州—西宁—乌鲁木齐高速铁路	华东、华中、西北地区	东陇海、中原、关中平原、兰西、天山北坡等城市群
五横	沿江通道	上海—南京—合肥—武汉—重庆—成都高速铁路	华东、华中、西南地区	长三角、长江中游、成渝等城市群
六横	沪昆通道	上海—杭州—南昌—长沙—贵阳—昆明高速铁路	华东、华中、西南地区	长三角、长江中游、黔中、滇中等城市群
七横	厦渝通道	厦门—龙岩—赣州—长沙—常德—张家界—黔江—重庆高速铁路	海峡西岸、中南、西南地区	海峡西岸、长江中游、成渝等城市群
八横	广昆通道	广州—南宁—昆明高速铁路	华南、西南地区	珠三角、北部湾、滇中等城市群

2017年11月，国家发改委、交通运输部、国家铁路局、中国铁路总公司联合颁布《铁路"十三五"发展规划》，明确在全面贯通"四纵四横"高速铁路主骨架的基础上，推进"八纵八横"主通道建设，实施一批客流支撑、发展需要、条件成熟的高速铁路项目，构建便捷、高效的高速铁路网络，拓展服务覆盖范围，缩短区域间的时空距离。

2018年11月18日，"八纵八横"高铁网中最北"一横"的重要组成部分哈牡高铁正式进入运行试验阶段，与其连接的牡绥铁路提速运行试验同步进行。伴随着如火如荼的"八纵八横"高铁网建设，中国高铁迎来生机勃勃的新纪元。

图 1.2 为中国高速铁路实际营业里程和历年规划建设里程。

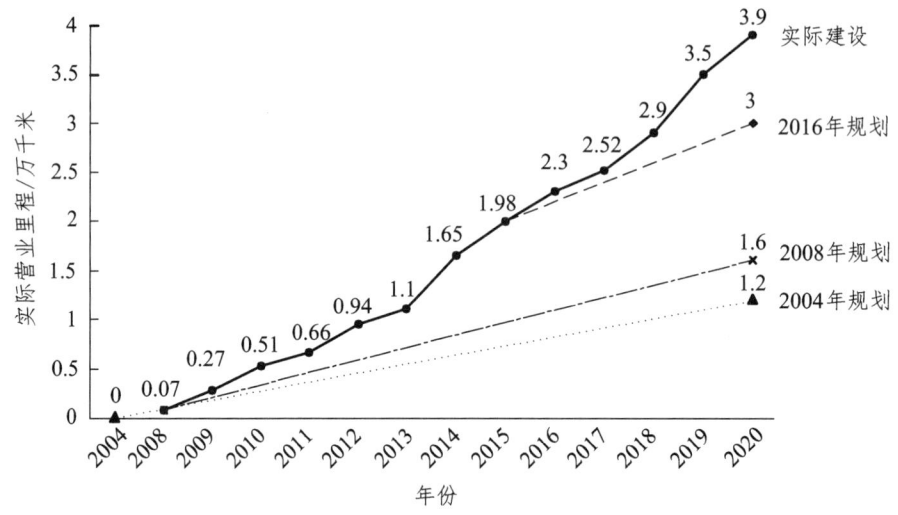

图 1.2　中国高速铁路实际营业里程和历年规划建设里程
（2004—2020 年）

【小知识】 中国民主革命的伟大先行者孙中山先生在考察世界强国的经济和交通后得出一个结论："交通乃实业之母，铁路又为交通之母""铁路常为国家兴盛之先驱，人民幸福之源泉"。孙中山先生在 1912 年辞去临时大总统后，接任"全国铁路督办"，后又被推举为"中华民国铁道协会"会长，提出"振兴中国经济首先要从修建铁路入手"，并制定规划和发出要在中国建设 10 万英里（约合 16 万千米）铁路的口号。百年后的今天，孙中山先生在当年《建国方略》中提出的建议目标将成为现实。

根据"十四五"规划，到 2025 年，中国铁路营业里程将达到 17 万千米左右，其中高铁（含城际铁路）5 万千米左右，铁路基本覆盖城区人口 20 万以上城市，高铁 98% 覆盖城区人口 50 万以上城市。

1.8　动车组技术引进与发展

2004 年，铁道部委托中技国际招标公司为铁路第六次大提速进行时速 200 km 动车组招标。这次招标，铁路主管部门强势整合国内市场，促进了国内企业与国际最先进技术平台的高水平对接，为中国高铁高起点自主创新奠定了扎实基础。

1.8.1 动力集中还是动力分散

《中长期铁路网规划》描绘的"四纵四横"客运专线网络，是世界上从来没有过的高铁大市场。中国高铁技术的形成至少有三个来源：一是国外先进技术；二是本国的开发能力和技术积累；三是生产能力形成过程中的多种技术融合。当时，法国 TGV 整体技术比较先进，德国 ICE 技术传动部分比较先进，日本新干线的运营和管理经验比较成熟，中国在学习探索的过程中，将自身的技术和国外先进技术融合发展，在学习借鉴消化吸收的过程中掌握了核心技术，并通过整合形成新的技术和知识产权，产生自主的新技术标准，最终保持了技术的持续领先。

动车组可以分为两种不同的类型，即动力集中型和动力分散型。日本高铁一开始就采用动力分散方式，而法国和德国的早期高铁动车组，都采用动力集中方式。在高铁发展历程中，动力集中方式与动力分散方式在竞争中显示了各自的特点。动力集中方式为大家所熟知，列车靠火车头（机车）拉动是普通铁路的常例（其特例是前面一节火车头拉、后面一节火车头顶），这就是动力集中方式。可见，"火车头"是动力集中方式的关键词，其优点主要有两条：一是动力装置少，维护工作量少，因此成本相对低廉。例如，动力集中方式的"欧洲之星"高铁列车为 20 辆编组，列车两头各有一台动车，中间为 18 辆拖车，牵引总功率为 12 000 kW，但它使用的牵引电机却只有 12 台。而采用动力分散方式的日本 0 系列车，16 辆编组的牵引总功率为 11 840 kW，与"欧洲之星"接近，但要使用 64 台牵引电机。牵引电机少的优点在直流传动（采用直流电机作为牵引电机）年代很有意义，因为直流电机的维修工作量大；但随着传动技术的进步，在采用交流电机作为牵引电机后，这一优势就不那么明显了。二是车厢里没有动力装置所引起的振动和噪声，乘客在其中会比较舒适。但动力集中方式的缺点是机车的轴重（列车通过轮轴和轮对传递给钢轨的作用力）较大。由于牵引电机集中在机车上，机车下部的车轴要承担更大的重量，因而运行时列车对轨道的作用力和冲击力更大，也要求钢轨具有更大的强度与刚度，这样造价就会增加。

动力分散方式的优点主要有两项：一是轴重比动力集中方式小而且分散，因此可以降低对轨道的强度和刚度要求，还可以增加载客量。例如，动力集中方式的法国 TGV-A 的轴重均大于 17 t，德国 ICE1 的轴重高达 19.5 t；而采用动力分散方式的日本 300 系的轴重仅为 11.4 t、500 系的轴重为 11.1 t。二是动车组编组相对灵活，在终到站也不需要调换头车方向。经过几轮博弈，高速动车组的动力集中方式渐渐转向动力分散方式。

在高铁技术发展的过程中，法国和德国高铁长期采用动力集中方式，法国的动力集中方式一般是 4~6 节车，坡度甚至可超过 20%；德国开始时向法国学习动力集中方式，后来发现动力集中方式不太适合本国，又发展了动力分散方式。而日本高铁采用动力分散方式，双方在关键技术上互相竞争：20 世纪 60 年代，日本的动力分散方式一枝独秀；20 世纪 80 年代，法国的 TGV 动力集中方式占据了优势地位；到 20 世纪 90 年代，两者并驾齐驱。

在学习借鉴的过程中，中国铁路部门做出了一个正确决策：重点发展动力分散型高速动车组。动力集中方式的维修成本很高，而且在高速 200 km/h 以上连续运行时，磨损非常大，各部件融合程度差，经常发生故障。在动力分散方式技术成熟后，2018 年，铁路部门又对动力集中方式全盘试验，标志着中国动车组谱系得到成熟发展。

1.8.2 技术引进

在世界高速铁路竞技场上，多年来一直是日本和欧洲双雄并行。日、法、德等发达国家高速铁路经过多年发展，整体运输设施基本成型，装备制造市场处于基本饱和的状态，逐渐形成以本国原创技术为代表，基于各自国情，各自独立、各具特点的技术体系。当时正谋划建设高速铁路的中国，正成为世界铁路发展的最大新兴市场。除了掌握高速动车组设计和制造技术的三大巨头——德国西门子、法国阿尔斯通、日本川崎重工外，加拿大庞巴迪等跨国集团都看中了中国铁路的巨大市场，提出希望以合资公司为主体进行投标。

2004—2006 年，通过两次招标，在铁道部的统筹下，从四个外国企业引进四个车型及相应的技术，具体可分为四个 CRH 系列：

"1" 型车，即 CRH1，是从加拿大庞巴迪公司购买的 40 列车，这批列车由庞巴迪在中国的合资企业生产。

"2" 型车，即 CRH2，以新干线 E2-1000 为原型车，时速 200 km，由日本川崎重工业株式会社和南车集团所属青岛四方机车车辆股份有限公司（简称四方）合作生产，共订购 60 列。

"3" 型车，即 CRH3，时速 300 km，是 2006 年第二轮招标后，从德国西门子公司引进的 60 列车。

"5" 型车，即 CRH5，时速 250 km，由法国阿尔斯通和北车集团所属长春轨道客车股份有限公司（简称长客）合作生产，共订购60列。

后来，中国高铁研发在不到6年的时间内，跨越了三个台阶：第一个台阶，通过引进、消化、吸收、再创新，掌握了时速200~250 km高速列车制造技术；第二个台阶，自主研制生产了时速300~350 km高速列车；第三个台阶，中国铁路以时速350 km高速列车技术平台为基础，成功研制生产出新一代CRH380型高速动车组。

2008年2月26日，中国铁道部和科技部签署计划，共同研发运营时速380 km的新一代高速列车。

2010年12月3日，CRH380AL高速动车组在京沪高铁枣庄至蚌埠段，试验运行最高时速达486.1 km，再次刷新此前在沪杭高铁创下的时速416.6 km的世界运营铁路最高纪录。虽然早在2007年4月3日，法国高速列车V150在行驶试验中时速达574.8 km，但需指出的是，中国创造的486.1 km最高时速，是用正常运行的动车组CRH380A在日常运营线路上跑出的，运行后列车完好无损。而法国创造最高时速574.8 km的列车，是经过特殊试验改装而成，机车采用并列4座的窄车体设计，运行线路也是特意建造的花岗岩特级道砟。

随后几年，一条条客运专线相继建成通车，各个型号动车组奔跑在这些高速铁路线路上，创造着中国速度和奇迹。CRH1、CRH2、CRH3和CRH5动车组技术分别来自不同的国家，它们各有各的特点。当然，这些基于国外技术平台的动车组或多或少存在着一些不符合中国铁路市场的缺点。其中，对于中国铁路总公司而言，最头痛的事情莫过于不同型号的动车组定员数量不同、司机驾驶操作不同、不能相互直接救援和关键零部件不能互相替换。这些问题在很大程度上提高了中国铁路总公司的运营成本和维护成本。因此，2013年12月，根据中国铁路总公司的需求，由中国铁道科学研究院牵头，与各厂家共同进行统型动车组顶层技术指标和技术条件的编制。随后，统型动车组相继上线运营。统型动车组是指在各型动车组技术平台上，对列车的定员、旅客服务设施、司机操作设施、列车的主要性能进行统一而设计出来的动车组。这样一来，乘客在乘坐不同厂家的动车组时，座位、卫生间、开水炉、大件行李的位置都是完全相同的，非常方便。司机操作不同动车组时，操作手把、按钮、显示屏也是基本相同的。各厂家制造的动车组定员及连挂接口完全一致，可互相备用、救援，大大提高了列车使用率。同时，不同型号动车组的关键零部件可以相互替换使用。

1.8.3 中国动车组创新发展阶段

中国高铁一路走来，从无到有、从弱变强，从积累、引进到自主创新，从国内走向国外，都堪称世界奇迹。以技术路线、技术系统和技术来源的选择以及相应设计生产的产品为标记，可以将迄今为止的中国高速列车创新划分为四个阶段：

1. 自我探索与技术积累阶段（改革开放后到 2003 年）

20 世纪 80 年代，中国就要不要建设高速铁路、如何建设高速铁路、以什么样的标准建设高速铁路等问题达成了初步共识，并于 1990 年年底完成了《京沪高速铁路线路方案构想报告》，开启了建设京沪高铁的预研。此后，中国不仅开展了如广深准高速铁路、第六次铁路大提速以及秦沈客运专线三大线路试验与运营实践，也研发制造了"先锋""蓝剑""中华之星"等国产高速列车。其中最具代表性的即为"中华之星"，其在京沪高铁"轮轨"与"磁悬浮"路线之争的背景下于 2000 年立项，最高运营时速达到 270 km，在 2002 年秦沈客运专线的冲高试验中更是创造了 321.5 km/h 的速度纪录。通过该项目，中国不仅积累了动车组制造的系统集成能力，更在动力系统、高速制动系统、转向架等方面取得了很大的技术突破。然而，"中华之星"在试验和运行中故障频率不少，故在 2003 年召开的高速动车组专家研讨会上，一致认为该型列车与国外先进水平在技术水平、产品成熟度和可靠性方面存在比较明显的差距，其动力集中方式布局的技术路线也与国外分散方式布局的主流路线相悖。产品上的差距体现了中国高铁装备领域在技术、材料、工艺等方面的全面落后。

2. 国外技术引进和消化吸收阶段（2004—2007 年）

2003 年，铁道部提出了跨越式发展理念，明确了以较短的时间、较少的环节和较小的代价，实现与发达国家原先走过发展历程相同的目标，整体引进技术，消化吸收，逐步实现国产化，力争达到国际先进水平的技术路线。国务院在 2004 年召开的专题会议上也确定了引进少量原装、国内散件组装和国内生产的项目运作模式。2004 年 6 月，铁道部为第六次大提速进行时速 200 km 动车组招标，庞巴迪、川崎和阿尔斯通分别与各自的中方合作企业中标，研发出 CRH1、CRH2、CRH5 三类车型。之后，经过铁道部的协调组织，中国南车与中国北车作为两家主导高速动车组开发的创新主体，与四家国际高速动车制造企业开展了联合创新，如表 1.3 所示。

表 1.3　中国与四家国际高速动车制造企业联合创新项目

高速动车组（国内主体）	协同创新主体	合作模式	高速动车组系列
和谐号动车组 CRH1（中国南车）	中国南车青岛四方-加拿大庞巴迪-鲍尔铁路运输设备有限公司	中外合资公司	CRH1A、CRH1B、CRH1E
和谐号动车组 CRH2（中国南车）	中国南车与日本川崎重工联合体	联合开发	CRH2A、CRH2B、CRH2C、CRH2E、CRH2G
和谐号动车组 CRH3（中国北车）	中国北车唐山机车车辆公司与德国西门子	联合开发	CRH3C
和谐号动车组 CRH5（中国北车）	中国北车长春轨道客车公司与法国阿尔斯通	联合开发	CRH5A、CRH5G、CRH5E

3. 自主创新阶段（2008—2012 年）

为确保筹备已久的京沪高铁能用上中国自主产品，2008 年铁道部与科技部签署了《中国高速列车自主创新联合行动计划》，提出研制新一代时速 350 km 及以上高速列车，形成完全自主的中国高速列车技术、装备、产业化能力和运行服务能力。与技术引进不同，该"计划"的出台标志着中国高铁装备正式进入自主创新阶段。一方面，通过确定顶层速度指标，层层分解明确各子系统指标，再确定详细技术方案；另一方面，京沪高铁要求最高运营时速 380 km，持续运营时速 350 km，而南车四方对原有引进平台的挖潜已到极限，仍不能满足要求，只有根据以往的积累进行全新设计。为实现这样的宏伟目标，中国充分发挥了举国体制优势，将企业、高校、科研院所、重点实验室和工程研究中心通过国家科技支撑计划项目组织起来，突破关键技术，生产重点产品和零部件，最终成果就是 CRH380 系列动车组，该动车组成为中国高铁运营的主力车型。

该系列中自主化程度最高的为南车四方生产的 CRH380A 型动车组，其高自主率得益于南车四方对自我创新连续、不间断的追求和努力：第一轮招标时对日系时速 200～250 km 动车组技术扎扎实实的学习和消化吸收；第二轮，承担了巨大风险独立投标时速 300 km 动车组，立足引进技术进行改进和生产，积累了独立研发经验；第三轮，在铁道部、科技部牵头科技计划项目的支持下，总体设计有了质的提升。在产品领域也承前而来，从CRH2A、CRH2C到CRH380A，进行了脱胎换骨的转变，拥有了自主知识产权。

在该系列中，北车集团也开发出诸多车型：一是CRH380BL，其是在CRH3C的基础上通过创新发展起来；二是CRH380B，为北车集团长春轨道客车股份有限公司针对东北地区研发的高寒型动车组，能够适应-40 ℃气温下的运营，是中国高铁装备领域的一项重大突破，它克服了气候条件对高铁运营的制约，拓展了高铁列车的运行地域，完善了中国高速动车组谱系。随后，在前两款车型基础上又研制了CRH380C新型动车组，实现了车头、牵引传统系统两个方面的重大突破。

围绕CRH380型动车组自主创新的目标，国家层面也发布了一系列科技研究项目，其涵盖了国内高铁产业的主要参与者，包括25所大学、11个研究机构、51个国家实验室、68名院士以及超过700名教授。2010年，中国第一个自主创新的350 km/h高铁动车组CRH380投入运营，其所使用的9项核心技术（如动车组系统集成、车体、转向架、牵引变压器、主变流器、牵引电机、牵引传动控制系统、列车控制网络系统、制动系统）与10项辅助技术（如空调系统、集便装置、车门、车窗、风挡、钩缓装置、受流装置、辅助供电系统、车内装饰材料和座椅）均实现了自主化。

4. 新一代技术研发与"走出去"阶段（2012年至今）

中国高铁要处于国际先进水平，实现高铁领域的完全自主化，必须要在关键领域、技术、产品上努力追赶，对最新一代技术趋势进行探索和研发。例如，对下一代电力牵引领域——永磁同步牵引系统的研究，中国企业虽起步稍晚，但奋力追赶，2012年科技部出台的《高速列车科技"十二五"专项规划》中也明确提出了要发展"基于永磁电机的新兴牵引传动技术、标准和装备体系"以及"适应并引领世界高速列车牵引传动模式的技术和装备战略转型"，通过国家、企业等各方努力，目前在该领域已经逐渐赶上了国外先进水平。国家层面，也开展了颇具前瞻性、技术性、理论性的研究，为具有战略意义的高铁装备产业的发展做好技术储备。国家"973计划"中设立了"时速500 km条件下的高速列车基础力学问题研究"项目，以实现研制时速500 km及更高速度的试验列车，探索轨道交通轮轨、流固、弓网三大基础关系，对关键系统可靠性以及对新材料、新技术进行研究。

2014年年底，中国南车和中国北车合并组建中国中车，成为全球高铁行业最具竞争力的企业。此后，中车开始在世界各地输出自主技术、高铁动车产品、高铁管理解决方案和铁路制造能力，并通过平衡国内外业务来实现企业与产业的可持续发展。作为对全球竞争优势的支撑，中国中车在发展过程中高度重视企业创新体系的建设，建立了足以支持高速铁路技术链、产品链和创新链全面发展的组织、资源、决策和管理系统，如图1.3所示。

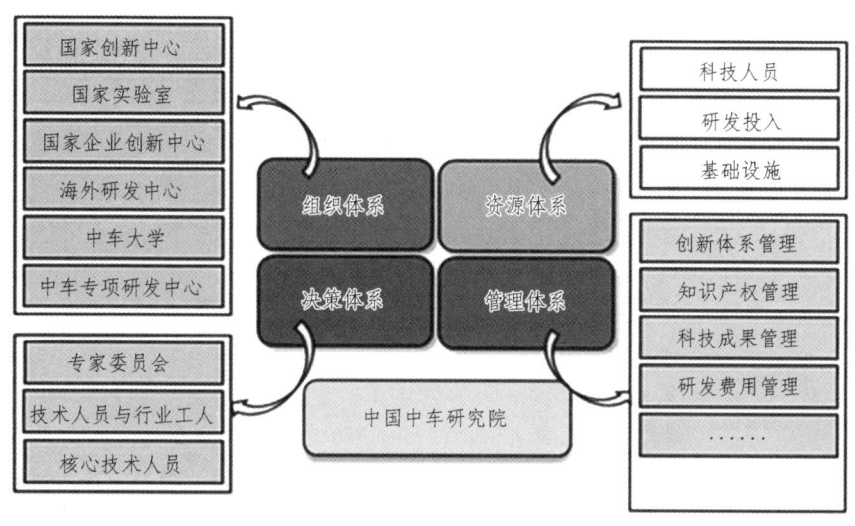

图1.3 中国中车技术创新体系

经过多年的自主研发、引进消化吸收、自主创新等方面的努力，中国已经完成了高铁产业体系的完整建设，不仅有能力将完全自主化的中国高铁技术及其中国高铁标准动车组输出到国内与国际市场，而且实现了世界全球覆盖面最广的高速铁路网络建设，完成了国内本土80%以上大中城市的高铁运行联结。此外，中国高铁产业的核心参与者中国中车正在进一步提升其公司的全球竞争力，并在全球范围内输出高速动车产品及服务项目。

2015年6月，新一代自主研发阶段的成果就是下线的中国标准动车组，这不仅实现了对动力、变流、网络控制等关键系统部件的自主化，更有标志性意义的是建立了中国标准。该车型采用的中国国家标准、行业标准以及技术标准，涵盖了动车组基础通用、车体、走行装置、司机室布置及设备、牵引电气、制动及供风、列车网络标准、运用维修等几个大方面。

中国高铁产业经历了自主研发、引进消化吸收再创新、自主创新、全球化与走出去的演化过程，已成为大国重器与国家竞争优势的典型示范。表1.4总结了中国高铁发展演化的基本过程与关键事件。

表 1.4 中国高铁发展演化的基本过程与关键事件

发展阶段	典型事件
2004 年以前	高铁产业的发展主要依赖自主研发
	中国自主研发了具有代表性的高速列车,如"蓝剑""春城""大白鲨""中华之星"等
	第一条高速铁路运营专线"秦沈客运专线"开通
	推动实施既有铁路网提速
2004—2007 年	2004 年 1 月,国务院常务会议通过了《中长期铁路网规划》并启动了"四纵四横"铁路网规划
	铁道部制定了中国高铁产业发展方针:引进先进技术、联合设计生产、打造中国品牌
	推动两轮全球范围内的高速动车组招标计划,分别覆盖 200 km/h 和 300 km/h 速度等级动车组
	设计了以中国南车和中国北车为基础的竞争产业结构
2008—2012 年	2008 年 2 月,科技部和铁道部发布《中国高速列车自主创新联合行动计划》,并启动中国高速动车组自主创新计划
	聚焦 350 km/h 高速动车设计与开发目标
	成功打造中国自主创新的 CRH380 型高速动车组
2012 年至今	中国南车和中国北车合并为中国中车,打造中国高铁产业企业国际竞争优势
	推动中国高端装备制造业"走出去"计划与"一带一路"倡议
	发布《中长期铁路规划》,即"八纵八横"铁路网规划

1.9 开启"高铁时代"

1.9.1 京津高铁闪亮登场

京津城际铁路被认作是中国第一条完全新建的高速铁路,如图 1.4 所示。

图 1.4 京津城际铁路

2005 年 7 月 4 日，京津城际铁路破土动工，在当年开工的 11 条高铁中，它并未引起人们的关注。但当中国铁路人仅用 1 123 天的时间，就将宏伟蓝图变成现实的时候，整个世界为之巨震。作为世界上第一条设计时速 350 km 的高速铁路，在一无样板、二无经验、三无模式可借鉴的情况下，中国铁路敢为天下先，创造了前所未有的"京津标准"，为中国高铁的发展打造了第一个样板，总结出第一套高铁建设经验以及全新的运营管理模式。3 年里，中国铁路通过引进、消化、吸收、再创新的建设实践，系统掌握了中国高速铁路路基、桥梁、无砟轨道、测量控制、环境保护、减振降噪等关键技术，建立了包括线路基础、通信信号、牵引供电、调度指挥、旅客服务等技术成果的"京津标准"，并以此为基础构建起中国高速铁路技术标准体系。

在建设线路基础时，通过引进、吸收与创新，首次应用了无砟轨道系统，轨道沉降误差达到毫米级，标准比 F1 赛车跑道还要高。由于京津沿线为松软地质，为解决地质沉降问题，工程技术人员采用松软土路基设计、施工技术，通过"以桥代路"，全面掌握高速整孔箱梁设计、制造、运输、架设等成套技术，有效控制了工后沉降。为确保高铁"高平顺"性能，京津高铁全线铺设无缝钢轨，运用先进的国产 500 m 长钢轨工地焊接施工工艺，充分满足高速列车安全平稳运行的要求，提高了列车的舒适度。

2007 年 12 月 16 日，京津城际高铁全线胜利铺通，2008 年 1 月底完成全部工程安装。2008 年 2 月至 7 月，中国铁道科学研究院（简称铁科院）作为测试技术总负责单位，联合北京铁路局共同开展了长达 5 个月的联调联试和 1 个月的运行试验。这是一场对京津高铁各子系统功能、整体运行性能与安全性的全试验评估和运行考验，是对中国高铁系统集成效果的全面检验。京津高铁联调联试的内容涵盖工务工程、牵引供电、通信信号、动车组、运营调度和客运服务六大系统，包括 15 大类，测试参数达 2 000 余项。

铁科院在制订联调联试方案时，就确立了要赶超世界高铁先进水平的目标。在京津高铁联调联试的 180 个日夜里，250 多名铁科院参试人员按照"科学、准确、及时、完整"的要求，坚守在测试岗位。2008 年 6 月 24 日，京津城际高铁在联调联试中，动车组试验速度达到时速 394.3 km，创造了当时中国列车试验的最高速度。6 个月苦战，通过系统集成与联调联试，科研人员对京津高铁的轮轨关系、弓网关系、机电耦合、列车控制等方面进行检测、调试、优化，使整体系统的功能达到最优，实现了高速度、高密度、高安全性、高平稳性的设计目标。

2008 年 8 月 1 日，京津城际高铁如期通车，这项北京奥运会配套工程兑现了一个发展中国家对奥林匹克的承诺。京津城际高铁开通一年，美国、英国、俄罗斯、日本等来自世界五大洲30多个国家的政要、国际组织领导共200多批上万人次前来考察京津城际高铁。京津城际铁路开通后,从北京前往天津旅游的人次比高铁开通前增加了30%。2008年,从外地到津旅游者消费超过750亿元,其中高铁的贡献率占35%。京津城际高铁不仅承载着千千万万的中外乘客,更重要的是它叩开了高速铁路之门,坚定了国人对铁路发展路线的信心,为构建中国高速铁路体系奠定了良好的技术平台和基础。

京津城际铁路作为中国高铁发展的一个窗口,回顾其10多年发展,一组数据佐证了它的"人气"——开行列车从最初的47对增加至136对,安全运送旅客2.5亿人次,共接待65个国家的政要乘车观光,现在每天有92 000余人乘高铁往来京津两地,其中通勤流就达到了6 700余人。从开行之初的和谐号到如今运营的复兴号,北京、天津之间的"高铁旅程"已缩短至半小时。京津城际铁路打造的"半小时经济圈",不仅为两市居民往来提供便利,更助力区域协同发展,串起富裕链,联结文化带。而这种模式,也随着沪宁高铁、宁杭甬高铁、大西高铁、郑开城际、成渝高铁、武黄城际、广珠城际等高铁线路的开通运营,陆续推广到各地,形成了以高铁为纽带,以北京、上海、广州、武汉、西安、成都等城市为中心的城市圈,连接了中国主要的大中城市和经济区。京津城际铁路在距北京2008年奥运会开幕还有7天时开通运营,与第29届奥运会精彩相逢。十年来,京津城际铁路还开通延伸线(天津至于家堡),推出同城优惠卡,通过高铁的公交化运行,实现了京津两地同城化,为京津冀协同发展提供了交通一体化先行保障。

1.9.2 京沪高铁千呼万唤始出来

京沪高铁的前期准备工作从1990年项目孕育期,至2008年4月18日全线开工,历经18年磨砺,铁道部举全路之力,组织设计精英与各专业科研人员,围绕现场调研、前期论证、科研攻关、勘测设计、方案比选、装备制造、施工组织、国内外咨询等方面做了大量工作,集思广益、精益求精,制订了科学的设计、施工方案,完成了400多项科研实验,全面突破了高速铁路建设和运营管理的一系列关键重大技术,可谓厚积而薄发。

2011年6月30日,举世瞩目的京沪高速铁路正式通车运营。京沪高铁全长1 318 km,设计时速350 km,是世界上一次建成线路最长、标准最高的高速铁路。它贯穿北京、天津、河北、山东、安徽、江苏、上海7省市,连接环渤海和长三角两大经济区,京沪高铁项目总投资22 094亿元,是新中国成立以来一次投资规模最大的建设项目,也是继三峡电站、南水北调、西气东输、青藏铁路之后中国基础设施建设领域一项历史性宏伟工程。2017年9月21日，京沪高铁运行的复兴号列车，最高时速可达350 km，这也是目前世界上商业运营速度最快的高铁（高铁发展比较成熟的国家中，日本和法国高铁的最快速度为320 km/h，西班牙为310 km/h，德国和意大利为300 km/h）。

京沪高铁技术难度和复杂性较大，堪称"世界高铁技术博物馆"。因为没有先例，京沪高铁建设的许多难题在全世界都没有现成答案，主要体现在：京沪高铁全线采用无砟轨道技术，不再是传统的枕木下面铺石砟，而是钢轨下面铺一块块CRTSⅡ型轨道板，全线共铺40多万块，在国内首次使用。轨道板以混凝土为原材料，要求混凝土在16 h内需达到48 MPa的脱模强度，初期采用超细水泥或特殊掺合料，成本高，质量难控制。科研人员通过大量试验研究，研制出以国内硅酸盐水泥、粉煤灰、矿粉、非缓凝型减水剂构成的轨道板材料体系，不仅轨道板成本减少，而且技术成熟。在轨道板铺设中，铁道部汇集全路科研力量，研究攻克了CA砂浆形成机理，提高了砂浆的稳定性。施工中每一千块板揭两块板抽查，砂浆表面和断面质量全部合格。

路基不再被认为是简单的填土工程，而是作为结构物来设计及施工，各种坚实的桩基支撑着它，成为深埋在地下的"根"。正是这一行行、一列列深达数米乃至数十米、数以万计包括CFG桩（水泥、粉煤灰、碎尺桩）在内的各种柱群纵队，组成一条"地下长城"，确保了京沪高铁铺轨后零沉降的实现。中国铁路也由此全面掌握了高铁建设软土地基沉降控制技术。

京沪高铁跨越海河、黄河、淮河、长江四大水系，并跨越既有铁路、高等级公路和通航河流215处，全线桥梁比例达到80.4%，最长的丹阳至昆山特大桥164 km，包括244座长桥、30多万根桩基、32万个桥墩、387处特殊结构桥梁。为了满足高平顺性的要求，高铁桥梁面的平整度标准极高，必须满足4 m范围内不平整度小于3 mm的要求，一座座桥梁成为支撑高速列车的笔直脊梁。

京沪高铁整体客运量不断上升，如表1.5所示。2011年，京沪高铁时速300 km的列车占比为63.81%，2016年年底时速300 km的列车占比达到98%。京沪高铁开行的本线列车已经实现了"全高速"。2017年9月，7对"复兴号"动车组在京沪高铁按时速350 km运行，运行一年后，复兴号增加至23对，其中15对按照时速350 km的速度运行。2019年1月，京沪高铁首次投入运营17辆超长版"复兴号"动车组。超长版"复兴号"全长439.9 m，载客定员1 283人，载客能力较16辆编组提升了7.5%。财报数据显示，2019年，京沪高铁全线运送旅客2.15亿人次，占全国铁路旅客发送量的6.0%；

客运周转量完成 956.1 亿人千米,占全国铁路客运周转量的 6.58%。随着京沪高铁沿线经济的不断增长以及人们出行需求的增加,京沪高铁旅客运输量将进一步提升。

表 1.5　2011—2019 年京沪高铁历年列车等级开行情况

时　间	速度等级/（km/h）	日均开行数量/（列/d）	占　比
2011 年	300	134	63.81%
	250	76	36.19%
2012 年	300	158	75.24%
	250	52	24.76%
2013 年	300	222	83.15%
	250	45	16.85%
2014 年	300	245	91.42%
	250	23	8.58%
2015 年	300	322	93.06%
	250	24	6.94%
2016 年	300	441	97.78%
	250	10	2.22%
2017 年 7 月 1 日	300	489	98%
	250	10	2%
2017 年 9 月 21 日	350	7	7 对复兴号
2018 年 9 月 21 日	350	23	23 对复兴号
2019 年 1 月 5 日	350	17 辆超长版 350 km/h 复兴号,单车运能增加 7.5%	

京沪高铁在中国高铁发展中具有里程碑式的意义和作用。正是依托京沪高铁工程建设和运营维护实践,中国建立了由工程建设、高速动车组、列车控制、牵引供电、系统集成、运营管理、风险防控等组成的具有完全自主知识产权的高铁技术体系。在 1 000 余项科技项目的支撑下,京沪高铁建设团

队创新了中国高铁技术发展和建设管理模式,形成了以《高速铁路设计规范》为核心,涵盖149项建设标准、22项技术规范、768项产品技术标准和运营维护标准的高铁标准体系,使中国具有设计、建造和运营维护时速250 km和350 km速度等级高速铁路的强大能力。

作为中国高铁发展成就的典型代表,京沪高铁注定要在中国铁路发展史上留下浓重的一笔。没有一条铁路像京沪高铁一样,几经波折,终成大业,它记录着建设者的传奇与功绩,承载着中国人的梦想与骄傲,演绎着新时代的速度与激情。在中国铁路设计集团有限公司的档案馆中,从上到下有12列陈列柜珍藏着京沪高铁当初设计的文件档案,见证着京沪高铁诞生、成长的记录,存档文件有2 500多卷,图纸6.7万多张,质量以吨计。在这些历史资料中,仅设计文件中的初步设计总说明书就有400多页、40多万字。作为中国的第一座高铁站,北京南站最终的设计图经过了几十次修改。一次次修改,一次次推翻,设计者在挑战中一点一点填补着中国高铁的空白。不管是确保京沪高铁不失毫厘的精密工程控制测量技术、解决深厚松软地基沉降控制技术难题的精细化地质勘查技术,还是适合中国国情的现代化车站设计,这些凝聚着中国铁路设计人智慧结晶的成套关键技术设计,使京沪高铁成为中国高铁建设的标杆和典范。

1.10 砥砺前行

1.10.1 "7·23"甬台温动车组事故

正当高铁蓬勃发展之际,2011年中国高铁产业遭遇了重大挫折。

2011年7月23日晚上8点30分左右,北京南站开往福州站的D301次动车组列车运行至甬温线永嘉站至温州南站间双屿路段,与前行的杭州站开往福州南站的D3115次动车组列车发生追尾事故,D301次列车司机当场死亡,后车四节车厢从高架桥上坠下。事故造成40人死亡、192人受伤,中断行车32 h 35 min,直接经济损失19 371.65万元,这是迄今为止发生在中国最严重的一次高速铁路事故。这起惨痛事故教训让人们对高速铁路安全系数产生怀疑的同时,也对高速铁路安全管理的关注达到一个新的高度。事故相关图片如图1.5所示。

上篇　中国高速铁路的发展

图1.5　"7·23"中国高速铁路事故场景图片

国务院随即成立了事故调查组，对事故调查工作提出明确要求：不仅要查清直接原因，还要追根溯源，查清设计、制造、管理等方面的源头性问题，给人民群众一个真诚、负责任的交代。事故调查组由有关部门单位和地方负责人组成，聘请了铁路运输、电力、电气、自动化、通信、信号、安全管理、建筑等领域专家，并邀请最高人民检察院派员参加。调查组按照科学严谨、依法依规和实事求是的原则，认真开展现场勘查、检验测试、技术鉴定、调查取证、综合分析和专家论证，查明了事故发生的经过、原因、应急处置、人员伤亡和直接经济损失情况，认定了事故性质和责任。

经调查认定，"7·23"甬温线特别重大铁路交通事故是一起因列控中心设备存在严重设计缺陷、上道使用审查把关不严、雷击导致设备故障后应急处置不力等因素造成的责任事故。同时在事故抢险救援过程中，存在处置不当、信息发布不及时、对社会关切回应不准确等问题，在社会上造成了不良影响。自"7·23"甬温线动车组追尾特别重大事故以来，高速铁路行车安全引发了社会各界的广泛关注，如何保障高速铁路行车安全、预防高速铁路行车事故成为当时亟待解决的问题。

事物的发展历程并非一条上升的直线，而可能经历波峰与波谷交错的各种起伏，呈现螺旋式上升的轨迹，中国高铁事业也不例外。这次挫折是中国高铁发展中的一个低谷，也是为跨越式发展付出的代价。一方面，任何科学、技术都有其自身的发展规律，几年时间我们不可能完全获得国外通过几十年时间研发出技术的所有积累，更是缺少技术研发背后的试错经验；另一方面，高铁发展不仅是高速动车组等新装备的应用，更是一个复杂、系统的工程，还需要长时间、稳定、可靠的运行经验支撑，信号、控制等方面管理经验以及面对突发事件的应急处理机制，这些都需要在高铁的长期运营中建立并逐步完善。随后通过各方努力，中国高铁克服了艰难的内外部环境继续向前，扭转了广大群众的印象，获得了充分的认可和声誉，在国际上也重新赢回了尊重。

1.10.2 高铁发展理性回归

相比日本、法国等发达国家在建成第一条高速铁路后，8年左右开始修建第二条规模不大的高速铁路的历程，中国高速铁路选择了"全面推进"的节奏模式，即在国家确定"引进先进技术、联合设计生产、打造中国品牌"的发展方针后1年左右的时间内，便开始了大范围、大规模、快节奏、高标准地全面推进高速铁路建设。不可否认，"全面推进"的节奏模式对中国高速铁路快速成网，尽快发挥规模经济、网络经济效应等具有积极作用，同时也在一定程度上节约了一定的建设成本。但客观而言，短时期的"全面推进"也为中国高速铁路发展埋下了诸多隐患：一方面，高速铁路"硬件"设施设备的快速推进，进一步显露出"软件"配套方面的相对滞后，突出表现为运营管理能力滞后于运营服务要求；另一方面，由于观察、检验、调整时间不足，使得作为新兴事物的高速铁路，在中国的实际运行中还缺乏足够的稳定性，而且对突发事件的应急处置能力也较为薄弱，这一问题在"7·23"动车组事故中暴露无遗。

2011年是中国高铁劫难年，中国高铁也因此开始"刹车"，回归理性。6月30日，设计时速380 km的京沪高铁按照时速300 km开通运营。7月1日，武广高铁、郑西高铁、沪宁城际高铁降速至时速300 km运营。高铁降速时代全面来临。22天后的7月23日，震惊中外的甬温线动车组事故发生。此后，中国高铁所有在建项目全部停止，京津城际高铁降速至时速300 km，时速300 km的高铁降速至时速250 km，时速250 km的高铁降速至200 km，既有线时速200 km动车组降速至160 km，中国高铁降速之路全面开启。

2011年"7·23"甬温线重大伤亡事故发生后，社会上质疑之声一时间铺天盖地，可是铁路人却没有停下脚步，仍然坚持前行。铁道部深入分析之前铁路建设中存在的不科学、不规范、不可持续等问题，调整了发展思路，即以保证建设质量为前提，不再急忙抢进度；把握需求与可能，兼顾社会效益和经济效益,安排建设规模;建设标准要与所在地区的发展水平相匹配,充分考虑群众多层次需求和对票价的承受能力;按 300~350 km/h 建设"四纵四横"主通高速铁路;按 200~250 km/h 建设高速铁路延伸线、连接线及城际铁路等。几年来,中国高铁在强管理、稳价格、保安全等方面取得了明显成效,在技术进步、实现装备自主化方面取得了显著进展。

2013 年 8 月,中国铁路总公司首次开始向高速列车制造企业下订单。同年 10 月开始,中国也开始主动向国外推销中国高铁。2014 年成为高铁建设恢复势头的一年——中国铁路总公司在年初的全路工作会议上,安排当年固定资产投资为 6 300 亿元,此后的实际投资额被数次调高,到年底再次突破 8 000 亿元,高铁的发展之路终于踏回正轨。

1.10.3　挫折后的奋起

经过几年的调整和发展,中国积累了寒带、热带、大风、沙漠、冻土等不同气候和地质条件下高速铁路建设的丰富经验,掌握了高速铁路工务工程、动车组、通信信号、牵引供电、运营管理、安全防控技术,形成了先进的高速铁路技术体系,成为世界上少数能够提供包括基础设施、移动装备、运营管理等高速铁路成套技术的国家。

如果说 2011 年中国高铁建设的亮点是京沪高铁开通运营,那么 2012 年的亮点则是北通哈大(哈尔滨—大连)与中贯京广(北京—广州)。2012 年 12 月 1 日,哈尔滨至大连的高速铁路(哈大高铁)建成运营,这是世界上第一条穿越高寒季节性冻土地区的高铁线路,全长 921 km,设计时速 350 km;同月 26 日,全长 2 240 km 的京广高铁全线开通,成为世界上运营里程最长的高速铁路。

1. 哈大高铁

哈大高铁是中国乃至世界首条新建高寒地区长大高速铁路,是"四纵四横"中京哈高铁的重要组成部分,营业里程长达 921 km,全线共设 23 个车站,南起海滨城市大连,北至冰城哈尔滨,纵贯辽宁、吉林、黑龙江三省。在它之前,世界上只有俄罗斯和北欧国家拥有在零下 40 ℃ 以下的气候条件下运行的高寒铁路,总里程不足 700 km。

2007 年 8 月 23 日,哈大高铁正式开工建设。7 万名建设大军众志成城,迎风斗雪,以桥梁、轨道、站房和"四电"集成施工为主线,以破解高寒高铁施工难题为重点,展开了一场新时期的战役。针对路基冻胀顽疾,施工中采取了路基冻结深度范围内填筑非冻性填料、低路堤地段设置防冻胀护道、路基间排水采取在轨道板底座内设置钢管外排等一系列强化措施。为解决道岔融雪难题,哈大高铁沿线车站、线路所、动车所全部设置了道岔融雪装置,由室内和室外两部分组成。调度中心和各车站装有远程和车站两级控制终端设备,既可以自动启动,也可以手动操作,保证高铁在风雪严寒条件下运营安全。哈大高铁全线线桥比例大、数量多、结构新、质量高,全线中桥以上桥梁162座、总长662.7 km,占线路总长的73.3%,其中普兰店海湾特大桥长4.96 km,横跨渤海的普兰店海湾,施工单位针对周围有虾圈、海参养殖场等情况,制定了《环境保护管理办法》,专门采购了防水布并铺设了隔离带,防止生产施工中的废料、废渣对养殖池水质造成污染。哈大高铁开行的时速300 km 国产 CRH380B 型高寒动车组列车,也是专为满足沿线低温多雪、温差大、长距离等运输需求而开发设计的,技术指标、经济指标均达到世界领先水平。

2012年12月1日,哈大高铁开通运营,从哈尔滨到大连全程921 km 仅需4 h 左右,实现了东北亚经济圈核心地带与环渤海经济圈的"无缝对接"。哈大高铁将以冬季时速 200 km 的"中国速度"行驶在高寒地区,打造一道靓丽的高铁风景线。

2. 京广高铁

京广高铁全长2 298 km,全线36个车站,是中国中长期铁路网规划中"四纵四横"高速铁路的重要"一纵",北起北京,经石家庄、郑州、武汉、长沙等地,南至广州,全线设计时速350 km,初期运营时速300 km,将首都北京与广州2 298 km 的时空距离浓缩在陆上交通8 h 以内,被誉为中国高铁网的南北"铁脊梁"。

这条世界运营里程最长的高速铁路分三段建设与开通运营:武汉至广州段运营里程1 079 km,于2005年6月23日率先开工,2009年12月26日建成运营,将武汉至广州旅客列车运行时间缩短到3 h;郑州至武汉段营业里程526 km,于2008年10月15日开工建设,2012年9月28日开通运营,郑州至武汉间列车运行时间缩短至1 h 56 min;北京至石家庄段于2008年10月7日开工建设,石家庄至郑州段于2008年10月15日开工建设,开工日期仅相隔8天,这两段线路同时于2012年12月26日开通运营,这一点睛之笔,将2 298 km 的京广高铁全线贯通,一举激活了高铁运营版图上这条蓄势待发的巨龙。

京广高铁连接华北、华中和华南地区,跨越温带、亚热带气候分布区域和海河、黄河、淮河、长江、珠江等众多水系，穿越平原、低山丘陵、崇山峻岭，面临软土、松软土、膨胀土和岩溶等多种不良地质，是中国目前建设标准最高的高速铁路之一。为解决京广高铁沿线地质条件复杂、工程难度巨大和运营面临的各项技术难题，铁路部门共安排了43项科研课题，系统开展技术创新工作。

在工程技术方面，研究解决了软土、松软土、膨胀土等不良地质条件下路基设计施工技术难题，研究解决了跨越长江、黄河等大江大河桥梁技术难题。武汉天兴洲长江大桥，正桥全长4 657 m，主跨504 m，大桥路面铺设4条铁路线，是中国首座四线公路铁路两用斜拉索桥，创下了跨度、荷载、速度、宽度4项世界第一。汀泗河特大桥主跨140 m，跨越京珠高速公路，是目前世界上跨度最大的钢箱系杆拱桥。株洲特大桥全长4 380 m，主跨是140根钢筋系钢拱，也是世界上独一无二的。

京广高铁还攻克了大断面隧道设计施工技术难题。其隧道主要集中在华南崇山峻岭地段，武广高铁全线共有隧道226座，约占线路总长的19%，长度3 km以上的长隧道就有12座，最长隧道为大瑶山一号隧道，全长10 080 m。此后，中国铁路隧道建造水平有了长足的进步。

京广高铁在战略上为中国中部挺起了"铁脊梁"，推进沿线主要城市间城市化、城镇化、工业化、信息化进一步提速，有力带动着沿线近4亿人口向全面建成小康社会快速迈进。

3. 快速发展

2013年3月10日，铁道部实行铁路政企分开。国务院将铁道部拟定铁路发展规划和政策的行政职责划入交通运输部；组建国家铁路局，由交通运输部管理，承担铁道部的其他行政职责；组建中国铁路总公司，承担铁道部的企业职责。2018年11月，中国铁路总公司批准了各铁路局集团公司内设机构改革优化方案，铁路局称号取消。2019年6月18日，经国务院批准同意，中国铁路总公司改制成立中国国家铁路集团有限公司，简称国铁集团。

2013年以来，随着宁杭、杭甬、盘营高铁以及向莆铁路的相继开通，高铁新增运营里程1 107 km，中国铁路总公司里程达到12 000 km，"四纵"干线基本成型。

2014年，贵阳至广州、沪昆高铁杭州至南昌段和长沙至怀化段、兰新等一批高铁新线相继开通。

2014年11月25日，装载"中国创造"牵引电传动系统和网络控制系统的中国北车CRH5A型动车组进入"5 000 km正线试验"的最后阶段。这是国内首列实现牵引电传动系统和网络控制系统完全自主创新的高速动车组，标志着中国高铁列车核心技术正实现由"国产化"向"自主化"的转变，中国高铁列车实现由"中国制造"向"中国创造"的跨越，中国高铁列车的核心创造能力大幅提升，夯实了中国高铁"走出去"的底气。

2014年4月3日，完全自主化的中国北车CRH5型动车组牵引电传动系统通过了中国铁路总公司组织的行业专家评审。同年10月22日，完全自主化的中国北车CRH5型动车组列车网络控制系统（"高铁之脑"）通过中国铁路总公司组织的技术评审，获准批量装车，成为国内首个获准批量装车运行的动车组列车网络控制系统。随后，装载中国北车自主化牵引系统的CRH5A型动车组在哈尔滨铁路局开展正线试验。

2014年12月26日，兰新高铁全线贯通。全长1 776 km的兰新铁路是世界上一次性建成通车里程最长的高铁。除此之外，它还享有不少"第一"：一是途经烟墩、百里、三十里及达阪城四大风区，同时沿线有塔克拉玛干、古尔班通固特等几处沙漠，是首条穿越沙漠大风区的高铁；二是横穿中国海拔最低的吐鲁番盆地和海拔最高的祁连山高铁隧道，16.3 km的祁连山隧道中的最高轨面海拔为3 607.4 m，被誉为"世界高铁第一高隧"。

2016年7月15日上午8时30分，代表着中国标准动车组试验任务的最高最新成果，一列中国标准动车组列车从郑州东站出发，开始全新"试跑"。这是由中国自行设计研制、全面拥有自主知识产权的中国标准动车组，11时19分两辆动车组以时速420 km在郑徐高铁河南省商丘市民权县境内交会，新的动车交会速度世界纪录就此诞生。此次中国标准动车组在郑徐高铁上进行的综合试验，成功获取了中国标准动车组运行能耗数据、振动噪声特性，探索了时速400 km及以上高速铁路系统关键技术参数变化规律，为深化中国高速铁路轮轨关系、弓网关系、空气动力学等理论研究和高速铁路核心技术攻关、运营管理提供了有力的技术支撑。

2016年8月15日6时10分，G8041次列车驶出大连北站，沿着哈大高铁开往沈阳站。这是中国自行设计研制、拥有全面自主知识产权的中国标准动车组首次载客运行。2016年9月10日，连接京广高铁与京沪高铁两大干线设计时速350 km的郑徐高铁开通运营。

2017年9月21日，"复兴号"中国标准动车组按时速350 km在京沪高速铁路上正式运营，迈出了从追赶到领跑的关键一步。而随着京沪高铁、京津城际换装的"复兴号"动车组先后按照350 km的时速运行，国内其他高速铁路是否会全面达速运行，成为外界关注的焦点。2017年9月起，京沪高铁运行的"复兴号"列车已按 350 km/h 的速度达速运行。为何只有"复兴号"提速？"复兴号"共有三个级别，分别为 CR400、CR300、CR200，此次达速运行的为 CR400 系列，即最高速度可达 400 km/h，按时速 350 km 运行时拥有更多的安全冗余。由于采用全新低阻力流线型头型和车体平顺化设计，列车阻力比"和谐号"CRH380 系列降低 7.5%～12.3%，列车在时速 350 km 下运行，人均百公里能耗下降 17% 左右，车内噪声明显下降。此外，"复兴号"动车组增设碰撞吸能装置、防脱轨装置、防车厢与车架分离装置等，能在极端情况起到缓冲保护作用。高铁是否全面达速运行，需要综合考虑经济和社会效益等。在客流量较大、对时间比较敏感的线路上，可以按照当时的设计标准时速运行。对于客流量一般、旅客出行时间不是非常敏感的区域，则不一定非要按最高设计时速运行。

2017 年年底，中国第一条民营控股高铁——杭绍台铁路全线开工建设，预计 2021 年年底完工，总工期 4 年。杭绍台铁路总投资 448.9 亿元人民币，其中民营联合体占股 51%，中国铁路总公司占比 15%，浙江省政府占比 13.6%，绍兴和台州市政府合计占比 20.4%。杭绍台铁路是中国铁路史上的一个里程碑，意味着中国有了第一条民营控股高铁。杭绍台高铁由民营资本控股 51%，将获得 30 年的特许经营权。作为中国首条民资控股、特许经营的高速铁路。杭绍台高铁全长 269 km，设计时速 350 km，并在绍兴北站东侧的镜湖线路和温岭站分别与杭甬高铁、甬台温铁路接轨。杭绍台高铁线路设绍兴北站（既有站）、东关站、三界站、嵊州新昌站、天台站、临海站（既有站）、台州中心站及温岭站（既有站）8 个车站。其中，东关站、嵊州新昌站、天台站和台州中心站 4 个站点为新建。该线路建成后，浙江嵊州、新昌和天台三县市将结束不通铁路的历史。杭绍台铁路是社会主义市场经济制度优势下，尤其是改革开放 40 年来，民营企业试水垄断行业的积极探索，也是时代赋予杭绍台铁路公司的重要使命。2019 年 7 月，杭绍台铁路公司与中国铁路旗下国铁吉讯公司在上海签约，双方将共同把国内首条民营控股高速铁路打造成智慧铁路。根据协议，双方将通过全面深化在铁路运营、建设、渠道、技术、资源、信息化等方面的合作，共同把杭绍台铁路打造成智慧铁路。双方表示，合作开发的铁路运营"操作系统"将共享知识产权，便于分享后续发展和推广带来的成果。双方还将构建以高铁为核心的多种交通协同服务生态圈，促进智慧铁路与智慧城市融合发展的新业态，推动高铁沿线社会经济和站车周边社区共建、商圈共营、文化旅游等产业的升级。

2018 年 6 月 7 日，中国铁路总公司在京沈高铁启动高速动车组自动驾驶系统（CTCS3+ATO 列控系统）现场试验，标志着中国铁路在智能高铁关键核心技术自主创新上取得重要阶段成果，中国高铁整体技术持续领跑世界。

2018 年 9 月 23 日 7：00，随着 G5736 次列车驶出香港西九龙站，广深港高速铁路香港段开通运营，香港迎来"高铁时代"，从香港坐高铁可直通北京、上海、深圳、汕头、厦门、福州、南昌、杭州、长沙、武汉、郑州、石家庄、贵阳、桂林、昆明等几十座城市，中国内地的高铁网络进入了特别行政区。广深港高速铁路香港段全长 26 km，起于香港西九龙站，最后经过皇岗进入中国内地。2019 年 7 月 10 日，内地与香港联通的高铁站增至 58 个。由香港西九龙站开出的"动感号"列车，就是在"和谐号" CRH380A 高速动车组的技术平台基础上，保留原有技术特色并在性能上进一步提升的新型高铁列车，并针对香港提出来的要求、香港人文环境和相应的约束规范进行了适当的设计改造。香港是一个色彩丰富的城市，因此"动感号"车身以灰色作底色，配上红色和橘色，让人感到欢快愉悦，车身的飘带是龙的形象，包含着中国传统文化概念。"动感号"列车为 8 节编组，共 579 个座位和 2 个轮椅位，其中第一和第八节为一等座车，其余为二等座车。由于目前"动感号"只在广州南至西九龙间运行，因此不设餐车、特等座车和商务座车。车内有内地及香港制式的插座，一等座车还有脚踏板、耳机接口和阅读灯，车身内的标识和显示屏为中文简体、繁体及英文对照。

京哈高速铁路沈哈段是中国首条，同时也是世界上第一条投入运营的新建高寒地区长大高速铁路。京哈高速铁路是一条连接中国北京市、辽宁省沈阳市与黑龙江省哈尔滨市的高速铁路，是北京连接环渤海和东北工业基地两个经济区域的重要轨道交通设施，也是 2022 年北京冬奥会的重要交通保障设施。京哈高速铁路京沈段由北京朝阳站至沈阳站，全长 696 km，设 20 座车站，设计速度 350 km/h；京哈高速铁路沈哈段由沈阳北站至哈尔滨站，全长 545 km，设 12 座车站，设计速度 350 km/h。京哈高速铁路由北京至沈阳段、沈阳至哈尔滨段组成。2007 年 8 月 23 日，京哈高速铁路沈哈段开工建设；2012 年 12 月 1 日，京哈高速铁路沈哈段开通运营；2014 年 2 月 28 日，京哈高速铁路京沈段开工建设；2018 年 12 月 29 日，京哈高速铁路承沈段开通运营；2021 年 1 月 22 日，京哈高速铁路京承段开通运营。

2019 年 12 月，智能京张高铁开通，京张高铁是国家《中长期铁路网规划》中"八纵八横"京兰通道的重要组成部分，是京津冀协同发展的重要

上篇　中国高速铁路的发展

基础工程,是2022年北京冬奥会的重要交通保障设施。京张高铁全线共设10个车站,起自北京北站,途经清河站、昌平站、八达岭长城站、东花园北站、怀来站、下花园北站、宣化北站、张家口站,全长174 km;新建崇礼铁路位于河北省张家口市,南起京张高铁下花园北站,向北至太子城站,全长52.2 km,主要服务于冬奥会崇礼赛区,将与京张高铁同步开通运营。通车后,乘高铁从北京到张家口的时间将缩短到1 h内,并与呼张和大张两条高铁线路相连,京张高铁对促进京津冀协同发展、连通西部地区具有十分重要的意义。

【人物故事】 詹天佑是我国近代科学技术界的先驱,伟大的爱国主义者,杰出的铁路工程技术专家。作为中国铁路事业的先驱者,詹天佑被人们称作中国铁路之父、中国近代工程之父。他主持修建的京张铁路,被后人称为第一条中国自主修建的铁路,在当时落后于1825年英国修建的世界第一条铁路(斯托克顿—达林顿铁路)80年。从北京到张家口的铁路长200 km,是连接华北和西北的交通要道,这一段铁路,最早是在他的主持下修筑成功的。这是第一条完全由我国的工程技术人员设计施工的铁路干线。当时,清政府刚提出修筑的计划,一些帝国主义国家就出来阻挠,他们都要争夺这条铁路的修筑权,想进一步控制我国的北部。帝国主义者谁也不肯让谁,事情争持了好久得不到解决。他们最后提出一个条件:清政府如果用本国的工程师来修筑铁路,他们就不再过问。他们以为这样一要挟,铁路就没法动工,最后还得求助于他们。1905年,清政府任命詹天佑为总工程师,修筑从北京到张家口的铁路。消息一传出来,全国轰动,大家说这一回咱们可争了一口气。帝国主义者却认为这是个笑话。从南口往北过居庸关到八达岭,一路都是高山深涧、悬崖峭壁。有一家外国报纸轻蔑地说:"能在南口以北修筑铁路的中国工程师还没有出世呢。"他们认为,这样艰巨的工程,外国著名的工程师也不敢轻易尝试,至于中国人,是无论如何也完成不了的。詹天佑毅然接受了任务,并亲自带着学生和工人,扛着标杆,背着经纬仪勘测线路。詹天佑经常勉励工作人员说:"我们的工作首先要精密,不能有一点儿马虎。'大概''差不多'这类说法不应该出自工程人员之口。"白天,他攀山越岭,在峭壁上定点,勘测线路,塞外常常狂风怒号,黄沙满天,一不小心还有坠入深谷的危险。晚上,他就在油灯下绘图、计算。为了寻找一条合适的线路,他常常请教当地的农民。铁路要经过很多高山,不得不开凿隧道,其中数居庸关和八达岭两条隧道的工程最艰巨。居庸关山势高,岩层厚,詹天佑决定采用从两端同时向中间凿进的办法。山顶的泉水往下渗,隧道里满是泥浆。工地上没有抽水机，詹天佑就带头挑着水桶去排水。他常常跟工人们同吃同住，不离开工地。八达岭隧道长 1 100 多米，是居庸关隧道的三倍长。他跟老工人一起商量，决定采用中部凿井法，先从山顶往下打一口竖井，再分别向两头开凿，外面两端也同时施工，把工期缩短了一半。铁路经过青龙桥附近，坡度特别大。火车怎样才能爬上这样的陡坡呢？詹天佑顺着山势，设计了一种"人"字形线路。北上的列车到了南口就用两个火车头，一个在前边拉，一个在后边推。过青龙桥，列车向东北前进，过了"人"字形线路的岔道口就倒过来，原先推的火车头拉，原先拉的火车头推，使列车折向西北前进。这样一来，火车上山就容易得多了。京张铁路不满 4 年就全线竣工了，比计划提早了两年。詹天佑先生领导修建京张铁路的卓越成就，为当时深受侮辱的中国人民争了一口大气，表现了我国人民伟大的精神和智慧，昭示着我国人民伟大的将来。今天，我们乘火车去八达岭，过青龙桥车站，可以看到一座铜像，那就是詹天佑的塑像。詹天佑出身于平民之家，他将终生奉献给中国交通事业，他是铁路事业的科技骄子。詹天佑是清末和民国前期最具国际知名度的中国人之一，至今他仍是最具世界影响力的中国历史人物之一。他的成长史，他的家国情，无不映照着他生活的那个年代的多彩画卷。

2020 年 4 月 10 日，中国首条跨省高铁"川渝贵"省际环线动车组列车正式载客运营，列车途经成渝高铁渝贵铁路、成贵高铁，走完一圈用时 8 小时 09 分。成贵高铁线路主要是以坡道陡、隧道多、海拔落差大等特点著称，列车风险最大区段为威信旧城至威信成贵场之间，线路坡道近 30‰，海拔落差达 2 000 m 左右。司机操纵列车时既要防止超速，又要保证旅客的乘坐舒适，还要防止因列车频繁进出隧道造成视觉盲区而影响安全的问题。渝贵铁路沿线山势险峻、河流纵横、气候多雨，在列车操纵上主要考验司机的预判能力和行车经验。为避免可能出现的险情，司机在驾驶中精力必须高度集中，时刻关注线路前方及周边的情况，对司机的精神状态有很高的要求。与其他环线动车组相比，川渝贵省际环线动车组不局限于单一省份，而是将贵阳、重庆、成都以动车组串联，构成了成渝间 1.5 小时、渝贵间 2 小时、成贵间 3 小时的快速交通网络，满足了四川、重庆、贵州等地区旅客出行需求，服务沿线经济社会发展，如图 1.6 所示。

中国首条跨省高铁环线

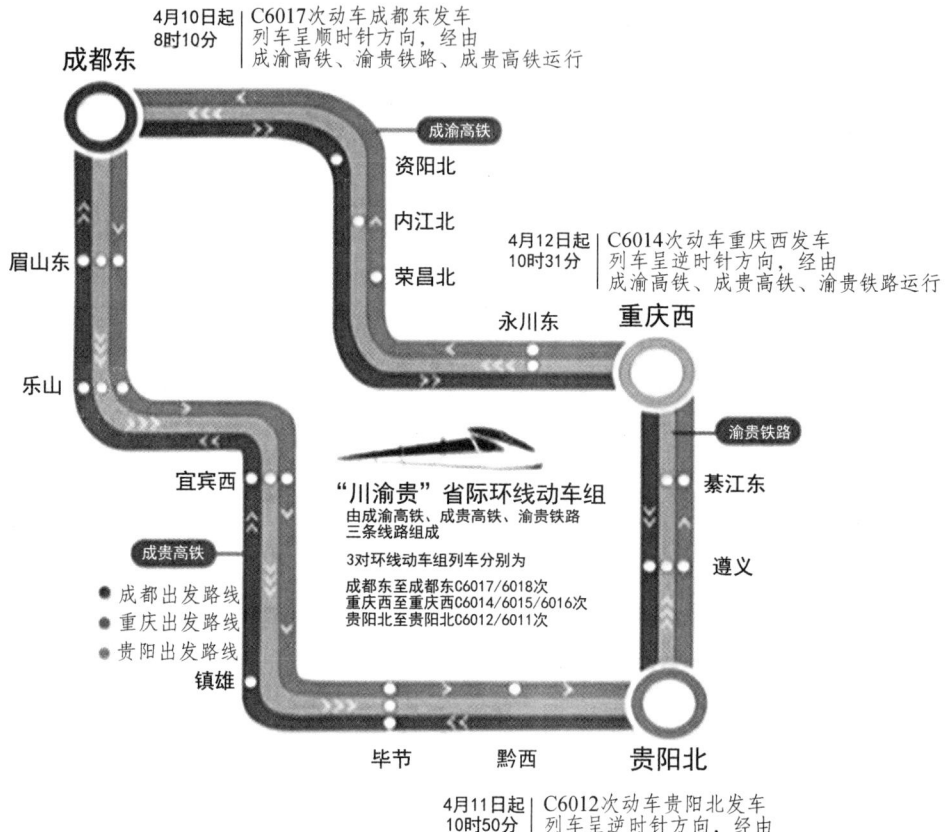

图 1.6 中国首条跨省高速铁路环线示意

2020年12月27日，京雄城际高铁开通运营，该线自北京西站引出，经过既有京九铁路至李营站，接入新建高速铁路线路，向南途经北京市大兴区，河北省廊坊市、霸州市至雄安新区，线路全长 91 km，最高设计时速 350 km（其中，北京西至大兴机场段已于 2019 年 9 月 26 日开通运营），此次开通的大兴机场至雄安新区段长 59 km，设大兴机场、固安东、霸州北、雄安 4 座车站。北京西站至雄安新区最快旅行时间 50 min，大兴机场至雄安新区最快 19 min。京雄城际铁路是中国建设的又一条智能高铁，在多项智能关键技术上取得了新突破：在智能建造方面，大力推进 BIM（建筑信息模型）技术应用，首次实现设计、施工到运营三维数字化智能管理；在智能装备方面，运用先进的列车控制系统，采用智能控制、大数据、云计算等技术，广泛应用新一代移动通信、牵引供电等设备；在智能运营方面，建设智能高铁车站，能够实现旅客精准定位、路径规划、位置搜索等智能服务，高铁设备采用电子标签管理，实现了智能运维，并运用地震预警、综合视频一体化等智能技术，提升了高铁防灾能力。

【小知识】新的起点——川藏铁路 川藏铁路连接四川成都和西藏拉萨，是继青藏铁路后的第二条进藏铁路大动脉（后续还有滇藏铁路），全长约 1 580 km，项目总投资 2 700 亿元。川藏铁路为国铁Ⅰ级双线电气化规格，设计时速 200 km，局部地段根据实际情况适当降低，最小曲线半径一般 3 500 m、困难 2 800 m，限制坡度 30‰，到发线有效长 650 m，普速货车牵引质量 2 100 t。考虑价差预备费后全线预估算投资总额为 3 045 亿元，全线建成通车后从成都到拉萨的铁路通行时间将从 36 h 缩短到 12 h 左右。

川藏铁路建设分为三段，成都至雅安段已开通运营，林芝到拉萨段在建，位于中间部分的雅安至林芝段是公认的铁路建设"最难段"。这一段的开工，意味着川藏铁路将全线开建。曾有西方工程师认为建造川藏铁路在 100 年内也难以实现，但从目前的进度来看，不出 10 年我国就能实现川藏铁路通车。届时，乘坐这条线路就能途经亚洲最大 360°观景平台的牛背山、世界上海拔最高的城市理塘、最深的峡谷雅鲁藏布大峡谷、最美冰川之乡波密、世外桃源徒步天堂墨脱等著名景点。

川藏铁路工程的主要特点和挑战主要包括：

（1）工程环境复杂。线路依次经过四川盆地、川西高山峡谷区、川西高山原区、藏东南横断山区、藏南谷地区 5 个地貌单元，平均海拔 3 800 m，地形起伏剧烈；线路"穿七江过八山"，沿线天气气候变化剧烈，水系分布复杂，内外动力地质作用强烈，地球板块活动仍在继续，地震活动高发，不良地质和特殊岩土发育，工程地质条件极其复杂，自然灾害频发。线路经过区域国家级保护区数 10 处、大熊猫等珍稀动植物近百种，生态环境敏感，环境保护任务艰巨。

（2）重难点工程多。全线有千米级跨度悬索桥 3 座；200 m 跨度以上的钢桁梁、拱桥和刚构桥 7 座；长度 15 km 以上隧道 23 座，最长的易贡隧道长达 42.5 km；深埋隧道众多，最大埋深 2 100 m。工程结构复杂、技术难度巨大，还受制于桥址隧址地质、水文、气候和交通条件等工程环境，安全风险因素众多，施工条件艰难。

（3）建设管理难度大。线路位于高海拔地区，山高谷深、人迹罕至，高寒缺氧工效低，有效作业期短；区域工业基础薄弱，沿线交通运输能力不足，钢材、水泥、砂石料等建筑材料匮乏，电网和通信网络覆盖面不足；单体控制性工程多，建设周期10年左右，施工组织难度大。总体而言，川藏铁路全线复杂结构桥梁、超长深埋隧道众多，具有地形起伏剧烈、工程地质复杂、生态环境敏感、气候条件恶劣、自然灾害频发、施工条件艰难等特点，面临着"极端地质灾害、工程异常艰巨"两大挑战，给工程建设和运营带来极高的安全风险。

川藏铁路建设难点对策主要有：

（1）管理组织方面，可以强化组织保障，成立川藏铁路工程建设指挥部，全面负责建设工作的组织实施；组织调集国内最优秀的勘察设计和科研力量，采用世界先进的勘察设计技术，克服高寒缺氧、交通条件恶劣等重重困难，确保地质勘察工作的质量和进度。

（2）技术设备方面，在通信勘察设计和临时工程建设阶段，充分利用北斗卫星通信，同时建设或完善建立川藏铁路沿线的4G无线通信网络工程，正式开工时实现公网全覆盖；隧道内通信要研究新的信号传输技术，目前已提出使用无线骨干网与无线接入网两级架构，实现隧道内信号全覆盖的方案，但还应进行多方案比较确定；对于隧道内地质灾害的监测，除目前已使用的围岩量测信息系统外，还可以通过使用手机App控制现场全站仪、智能终端数据录入、介入盾构机关键掘进参数、识别卡读入等数据采集方式，收集现场数据，判识地质灾害发生的可能性；同时，隧道施工需要采用智能化隧道掘进机（TBM）、智能化凿岩台车、衬砌台车、湿喷机械手等，还需要研制隧道施工机械人，桥梁施工采用智能化起重机、打桩机等。只有保证以上技术设备以及技术手段，才能更好地适应高山、高原的地质环境。

川藏铁路前期勘察设计采用了"空、天、地"一体综合勘察，以"减灾选线"理念确定线路走向。在穿越复杂艰险山区铁路建设领域形成的高墩大跨桥梁、复杂环境隧道、路基变形控制及灾害防治、牵引供电系统和监测预警等科研成果，也将运用于川藏铁路。川藏铁路建设虽艰苦卓绝，但以祖国之强大，工程人之用命，川藏铁路势必达成，且前程似锦。

2020年4月，川藏铁路拉林段全线47座216.5 km隧道全部贯通，标志着川藏铁路拉林段工程建设取得决定性进展，为该段线路按期开通运营奠定了坚实基础。其中米林隧道位于西藏自治区林芝市米林县境内，是全线施工难度最大的6座万米长隧道之一，平均海拔3 100 m，全长11 560 m，最大埋深约 1 200 m，被铁路建设者称为最难啃的"硬骨头"、最凶险的"拦路虎"。川藏铁路拉林段是西藏自治区首条电气化铁路，位于中国地壳运动最强烈地区之一的青藏高原东南部，全长约 435 km，设计时速 160 km。线路沿青藏高原冈底斯板块与喜马拉雅板块之间的雅鲁藏布江缝合带行进，90% 以上位于海拔 3 000 m 以上的高原，先后 16 次跨越雅鲁藏布江，沿线山势险峻，沟谷深切，环境复杂，施工难度极大。自 2014 年 12 月开工建设以来，2 万名铁路建设者不畏艰险，日夜奋战，克服高原缺氧、气候恶劣、环境艰苦等不利因素，加强工程质量安全管理，优化施工组织，强化科技创新，优质高效推进工程建设。全线 47 座隧道已全部贯通，120 座桥梁已建成 119 座，线路铺轨完成 115.11 km，预计 2021 年开通运营。川藏铁路拉林段开通后，将结束藏东南地区没有铁路的历史，对推动沿线脱贫攻坚，助力旅游业发展和矿产资源开发，促进西藏经济社会发展，具有十分重要的意义。广大铁路建设者在川藏铁路拉林段建设中针对高原特殊地质环境，加大科技攻关力度，探索创新工艺方法，攻克了风积沙、有毒有害气体、高地应力、高地温、冰碛层等世界级隧道施工难题，研发应用了防风固沙、综合降温、突水突泥防治、岩爆综合控制等一系列施工技术，形成了许多成熟施工技术和管理经验。

可以说，从掌握复杂地质及气候条件下高铁建造的成套技术，到攻克铁路工程建造领域一系列世界性技术难题；从全面掌握 200～250 km/h、300～350 km/h 动车组制造技术，到构建涵盖不同速度等级、成熟完备的高铁技术体系，中国高铁"金名片"越擦越亮。

1.11 走向"全领域成熟"

1.11.1 从"追赶者"到"领跑者"

中国是世界上高铁运营里程最长、在建规模最大、运营动车组最多、商业运营速度最高的国家。经过十几年的"引进、消化、吸收、再创新"，中国已经掌握了不同气候和复杂地质条件下高速铁路轨道技术，线路、桥涵建设达到国际一流水平；掌握了牵引供电、动车组、通信信号等研发、建造、运营维修技术，高速技术、通信信号技术进入国际第一方阵；形成了中国标准的高铁技术综合体系，中国高铁技术正在全面走向成熟。十几年的实践证明，中国铁路在重大历史转折关头做出了重大历史性的正确选择！

通过自主创新，中国高铁建立了涵盖线路站场、高速列车、列车控制、牵引供电、运营管理、风险防控、系统集成七个方面较为完备的高铁技术体系，高铁技术水平步入世界先进行列，部分领域技术达到世界领先水平。

（1）工程建造技术世界领先。系统掌握了先进的路基、大跨度桥梁、长大隧道、轨道、大型客运站等工程建造技术，攻克了大量关键技术难题，建成了一大批适应特殊气候环境和复杂地质条件的铁路；创立了路基沉降和冻胀控制技术，形成了中国隧道建造理论，成功研制了中国高速铁路标准板式无砟轨道、40 m 跨度简支梁；修建了南京大胜关长江大桥、武汉天兴洲长江大桥等一大批跨越大江大河的大跨度桥梁，其中有 7 座位列世界前 10 名；建成了狮子洋海底隧道、秦岭隧道群等一大批大断面、复杂地质隧道，建成高铁隧道总长约 4 000 km。

（2）装备技术世界领先。构建了中国动车组标准体系，成功研制了具有完全自主知识产权、达到世界先进水平的复兴号中国标准动车组，创造了在运营线路上速度 420 km/h 交会和重联运行的世界纪录。16 辆加长版、17 辆超长版、运行速度 250 km/h 8 辆编组、运行速度 160 km/h 动力集中复兴号系列动车组相继问世。全面掌握了列车控制系统核心技术，能够满足不同速度等级列车共线跨线运行控制需求；成功研制了大张力接触网、高强度接触导线和远程监控等成套供电装备，建成了世界上规模最大的高速铁路数据采集与监视控制系统（SCADA）、高铁供电调度系统，实现高效智能化远程数据采集、控制；成功研制了世界轴重最大、单轴牵引力最大的重载电力机车，系统掌握了 25 t、30 t 轴重重载铁路成套技术，货运牵引速度、运输能力大幅提升。

（3）运营管理世界领先。掌握了复杂路网条件下的高铁运营调度技术，建立了适应大客流、高密度的客运服务系统，构建了高铁安全风险防控体系，为高铁安全运营提供了技术保障。中国高铁在运营过程中，不仅构建了闭环管理的安全保障体系，各种移动设备和固定设施的信息实时采集、实时分析，还建造了庞大的铁路调度指挥系统，有力地保障了列车大密度开行。目前，每天全路运行旅客列车 7 000 多列，其中动车组 3 000 多列。

目前，中国高铁产品已出口全球六大洲近百个国家和地区，出口产品实现了从中低端到高端的升级，出口市场实现了从亚非拉到欧美的飞跃，出口形式实现了从产品出口到产品、资本、技术、服务等多种形式的组合出口。高铁紧紧抓住国家实施"一带一路"倡议的难得机遇，大力实施国际化经营战略，积极拓展海外经营业务，品牌价值和国际影响力逐年攀升，以高铁为代表的现代轨道交通装备，正成为中国高端装备"走出去"的靓丽名片。

1.11.2 快速发展的中国高铁优势

中国高铁的优势主要体现在：

（1）普适性强。中国国土辽阔，覆盖了世界上几乎所有种类的自然地理环境，中国铁路也是世界上路网最复杂、运营与服务需求最复杂的高速铁路网络。中国的国情、环境、需求和运营管理的复杂性，决定了满足中国的需求就能够满足世界其他任何地区的需求。

（2）兼容性好。中国高铁在工程建设、动车组、列控、牵引供电等主要领域，不仅融合了UIC（国际铁路联盟标准）、IEC（国际电工委员会标准）、ISO（国际标准化组织标准）、EN（欧洲标准）、JIS（日本工业标准）等国际先进标准，也融合了德国西门子（Velaro-E）、日本川崎重工（E2-1000）、法国阿尔斯通（SM3）、加拿大庞巴迪（Regina）等一流企业的技术标准，与世界先进技术具有良好的兼容性。

（3）安全可靠。经过多年的运营实践，中国高铁形成了基础设施、移动装备、综合检测、防灾减灾、应急救援为一体的安全风险管理体系，确保了高速列车的安全运行。中国高速动车组已经投入运营12年，实现了平均故障率低于每百万千米0.43件，远低于世界通用的安全标准故障率每运行百万千米2件，纵向稳定性、横向稳定性、垂向稳定性3个衡量高铁运行稳定性的指标均已达到世界领先水平，列车的安全性、可靠性等得到了充分验证。同时，中国高速动车组采用减振性良好的高速转向架以降低车厢振动，车内采用舒适的软座椅，车窗大、采光好、视野开阔，全自动恒温空调系统能够为旅客提供适宜的车内温度、湿度和清新空气，并设有轮椅存放区、婴儿护理桌、残障人卫生间等，以满足不同旅客的需要。

（4）性价比高。中国高铁性价比高，首先体现在建设工期和质量上，通过创新施工组织动态管理模式，以工厂化、机械化等为支撑，实现施工方案、资源配置与控制目标的最佳匹配，大大提高了建设效率，确保了工期和质量。其次，根据世界银行2014年7月的研究报告，中国高铁每千米建设成本约为发达国家的2/3。新研发的列车采用镁合金、碳纤维等先进的轻量化材料，运用含有"中国元素"的低阻力设计，采用高效的牵引制动系统，关注最易损耗的每个零部件，整车寿命可达30年。

（5）节能环保。"复兴号"动车组以速度350 km/h运行时，人均百公里能耗仅为3.64 kW·h，相当于客运飞机的1/4、小轿车的1/6，凸显了轨道交通装备产品节能环保的优势。

（6）运力强大。中国投入运营的高速动车组有8辆和16辆固定编组，还有17辆临时编组,具有强大的旅客运输能力,同时通过高密度、公交化的开行方式,极大方便了旅客出行。2008年以来,中国高铁累计运送旅客已超过100亿人次。

(7)技术体系完整。中国高铁技术和产品实现了从速度200 km/h到速度400 km/h全覆盖,形成了完善的、配套的、体系完整的科技创新能力体系,为中国高铁向前发展提供了不竭的创新动能。

(8)自主化程度高。目前,在中国高铁动车组上,除了极少数关键零部件仍然需要进口,几乎所有的配套设备都能在中国国内解决。通过持续推进自主创新,中国高铁机车车辆装备制造领域一批核心关键技术实现重大突破:牵引变流技术、微机网络技术、制动技术等核心技术,打破了国外技术和产业垄断;开发研制了以高铁为代表的一系列技术先进、安全可靠、具有价格优势的各类高端轨道交通装备产品;形成了较为完善的轨道交通装备的创新平台、产品开发平台和生产制造平台;以中国标准研制成功的动车组,成为突破动车组核心技术、掌握自主知识产权的国家战略体现。

1.11.3 成功的主要原因

中国拥有的工业体系、工业量级、工业潜力及研发综合能力,为高铁的持续腾飞提供了以我为主的稳定主导,以此为基础,中国高铁才能持续创新,挑战各种气候、地理等环境,建立全新的高铁创新体系,拥有各种环境下修建高速铁路自主知识产权的成套技术,最终建成京沪、京广、哈大、兰新、沪昆、西成等一批具有世界领先水平的标志性工程,创建世界上第一条智能高铁,发起川藏高铁建设的世纪新挑战等,稳步助推中国高铁走在世界前列。

中国高铁从无到有再到步入世界领先者行列,首先应归功于改革开放。正是由于改革开放,中国和其他发达国家之间的交流变得更加紧密。如果没有改革开放,如果没有解放思想,我们也就无法借鉴全球积累的先进经验。改革开放以来,中国社会经济飞速发展,形成了对高速铁路的大规模的、紧迫的、持续的需求。在需求牵引下,中国政府进行了大规模的投入,形成了全球最大的高铁市场。同时,中国特色社会主义具有能够集中力量办大事的体制优势,针对高速铁路这一重大科技产业,国家科技主管部门和产业主管部门能够集中全国优势力量来协同联合攻关。在把高铁搞好的使命感召下,参与高铁科技创新、建设、运营的队伍不断奋斗,共同铸就了中国高铁的跨越式发展。其中,有四种力量发挥了关键作用:

(1)政府主导的制度力量。作为高速铁路后发型国家,中国政府基于国情路情审时度势，及时做好顶层设计和有效的产业整体规划，超前布局，明确自主创新技术路线。2004年国务院批准下发的《中长期铁路网规划》和《研究铁路机车车辆装备有关问题的会议纪要》，从国家战略层面上绘制了中国高速铁路"四纵四横"的发展蓝图，明确了"以全面转让技术为前提，以引进核心和关键技术为重点，以国内企业为主体，以国产化为最终目的"的行动方案。2008年以《中国高速列车自主创新联合行动计划》签署为标志，从制度上进一步推动中国高速铁路由跟随模仿向自主创新快速转变。

（2）企业主体的市场力量。企业是市场主体和产业主体，更是技术创新的主体。十年间，以原南北车两大企业、三大技术平台为代表，高速铁路企业的开发、试验和制造能力得到全面提升，自主创新的能力、效率和强度得到全面增强，满足中国复杂地质气候条件催生的高速铁路多类型技术适应性改造需求，长距离、高密度、不同速度等级共线跨线运行的运营技术需求，引进技术实现消化吸收过程中引致的多样性试验验证需求，以及高综合性系统集成产生的多层次集成技术研发需求。中国大规模的高速铁路建设带给高速铁路企业庞大市场需求和稳定市场预期的同时，企业通过"发现和解决问题"循环往复式的创新经验积累，这就为企业创新提供了重要技术应用机会和庞大的试验市场。同时，利用产业协同之力围绕产业链部署创新链，使技术引进、消化吸收与国产化在整条产业链上同步展开，进而各个击破核心技术与主要配套技术难点，促进高铁全产业链的创新发展与整体升级。

（3）产学研"三位一体"的科技力量。中国特色社会主义具有能够集中力量办大事的体制优势。针对高速铁路这一重大科技产业，国家科技主管部门和产业主管部门能够集中全国优势力量来协同联合攻关。注重发挥科研院所、高等院校、企业（产业）各自在基础研究、应用研究和开发研究的比较优势，构建产、学、研"三位一体"相结合的开放式创新平台。同时，科技同经济对接，创新成果同产业对接，创新项目同现实生产力对接，加速了科研创新成果的产业化。这样的创新模式促使三者既立足当前，着力突破重大关键技术和共性技术，支撑高速铁路产业迅速发展，又着眼长远，超前部署前沿技术和基础研究，引领未来高速铁路产业持续协调发展。中国高铁事业发展至今，已孕育形成独具特色的"高铁文化"——产业报国、锲而不舍、改革创新、拥抱世界。针对高铁形象建设等议题，专家建议以"高铁文化"为内涵推动文化品牌建设，擦亮"中国创造"金名片，为经济社会发展注入新的精神动力。中国高铁在列车、线路工程、信息化控制、运营管理与维保四大体系取得成就，除了硬投入，还在于拥有一支规模百万、有"十年磨一剑"精神的高铁人队伍。

（4）博采众长的文化力量。中国高速铁路从引进伊始，便确立了"引进先进技术、联合设计生产、打造中国品牌"的基本方针，不仅帮助中国高速铁路产业建立起现代化的制造体系，还获得了完整的产品生产与运营经验，进而内化提升了高速铁路企业的自主创新能力。博采众长，不仅使中国高铁在工程建设、动车组、列控、牵引供电等主要领域与世界先进技术具有良好的兼容性，更重要的是实现了后来居上的集成创新和后发优势。

1.12 中国台湾高铁

台湾高铁是连接台湾的台北市与高雄市之间的高速铁路系统，如图 1.7 所示。以南港为起点，经台北、板桥、桃园、新竹、台中、彰化、云林、嘉义、台南至左营（高雄市区），共 11 个车站，全长 345 km。采用日本新干线技术，最高运营速度 300 km/h。往返台北高雄两市的时间仅需 1.5 h。1998 年，台湾启动台湾高速铁路兴建计划。2007 年 1 月 5 日正式建成通车，贯通了台湾西海岸的交通大动脉，建设总成本约新台币 4 806 亿元。台湾高速铁路股份有限公司负责兴建、运营阶段的工作。台湾高速铁路也是世界规模最大，采取 BOT 模式（兴建、运营、移转）的公共工程。台湾高铁自通车以来，因其快捷、舒适，已成为台湾西部民众往来的主要交通工具。台湾高铁的建设也是日本首次向海外输出新干线技术。

图 1.7 台湾高铁

1.13 案例分析：中国高铁品牌——从"和谐号"到"复兴号"

1."和谐号"

2004年，我国开始尝试从国外引进高铁技术，并加以吸收和转化。经过长达6年的试验和改进，2010年，时速超过380 km的国产"和谐号"CRH380A高速动车组列车正式亮相，中国从此正式步入了高铁时代。通过引进国外技术、联合设计生产的CRH动车组车辆均命名为"和谐号"，其最早可追溯到2007年中国铁路第六次大提速调图后开行的CRH动车组列车。"CRH"（China Railways High-speed）是中国高速铁路的英文简称，是中国铁道部对中国高速铁路系统建立的品牌名称，广泛应用于中国高铁产业链的各个领域，包括CRH1、CRH2、CRH3、CRH5、CRH6、CRH380A/B/C/D等几大型号，列车运行速度区间为160~380 km/h。

中国高速列车的标志如图1.8所示。整体上采用五条并行的列车轨道进行变形，用弯曲的弧形表示列车通过弯道时的速度与力量，具有强烈的动感，展现中国铁路部门创新求变、勇往直前的精神；最左侧的钢轨弯曲的形式是一个透镜的字母"C"，是CRH的第一个字母，代表着中国（China），又仿佛一头怒吼的雄狮，寓意东方的睡狮已经觉醒，展现中国高铁的力量感；图案中间的图形外圆内方，整体上圆润而有秩序，既体现了中国传统的哲学与美学，也寓意着中国铁路部门"对内管理要方正，对外服务要周到"的经营理念；在色彩上，采用蓝色的渐变色系，给人感觉深邃而冷静，体现了中国高速列车的科技感与速度感。整个标志稳重厚实，节奏富于变化，静中有动、稳中求变，视觉冲击力强，韵律现代，寓意丰富，便于传播。

图1.8 和谐号动车组标志

2. "复兴号"

1)"复兴号"特征

2017年1月中国标准动车组获得了制造许可证,同时,中国标准动车组也正式获得新型号命名"CR"。2017年1月3日,中国铁路总公司正式向四方和长客颁发了中国标准动车组"型号合格证"和"制造许可证",中国标准动车组也正式获得型号命名。2017年6月25日,中国标准动车组有了一个响亮的名号——复兴号动车组,"复兴号"倒过来念就是"好幸福",以祝愿祖国永远繁荣昌盛。结合"复兴号"品牌战略的实施,一个崭新且极富潜力的中国高铁品牌冉冉升起。"复兴号"Logo 设计样式如图 1.9 所示。

由路徽及CR组合,Logo组合纵横比:长289 mm,高95/55 mm

图 1.9 "复兴号"Logo 设计样式

复兴号的颜色搭配选用了中国国旗的红黄颜色组,早期的两个型号是红神龙 CR400AF 和金凤凰 CR400BF。其中 CR 是"China Railway"的缩写,即中国铁路;"A"和"B"为企业标识代码,代表生产厂家;"F"代表技术类型代码,表示动力分散式机车,区别于:"J"代表动力集中电动车组,"N"代表动力集中内燃动车组;数字代表最高速度,例如,400 代表最高速度可达 400 km/h 及以上,持续运行速度为 350 km/h。新的命名规则在 2016 年 11 月底由中国铁路总公司党组会议确定,未来中国动车组将采用 CR200/300/400 命名,分别对应 160、250 和 350(km/h)三种持续速度等级,以满足不同的市场需求。中国高速铁路主要是时速 350、250 km 两种,中国快速铁路主要是时速 200、160 km 两种,三种时速的列车可以满足这四种时速需求,由 CR200 兼容快速铁路的两种不同时速。

"复兴号"中国标准动车组构建了体系完整、结构合理、科学先进的技术标准体系,动车组基础通用、车体、走行装置、司机室布置及设备、牵引电气、制动及供风、列车网络标准、运用维修等十余个方面均达到国际先进水平。"复兴号"中国标准动车组大量采用中国国家标准、行业标准、中国铁路总公司企业标准等技术标准,同时采用了一批国际标准和国外先进标准,具有良好的兼容性能，在254项重要标准中，中国标准占84%。更为重要的是，中国标准动车组整体设计以及车体、转向架、牵引、制动、网络等关键技术都是中国自主研发，具有完全自主知识产权。其技术创新及成果主要体现在：

（1）安全保障技术更先进。"复兴号"中国标准动车组设有智能化感知系统，并配置强大的安全监测系统，全车部署了2500余项监测点，能够对走行部状态、轴承温度、冷却系统温度、制动系统状态、客室环境进行全方位实时监测。"复兴号"中国标准动车组还增设了碰撞吸能装置，以提高动车组被动防护能力。为适应中国地域广阔、温度横跨±40 ℃、长距离高强度等运行需求，"复兴号"进行了60万千米运用考核，超出欧洲标准20余万千米，整车性能指标实现较大提升，"复兴号"的设计寿命达到30年，高于"和谐号"的20年。

（2）乘坐体验更良好。"复兴号"中国标准动车组车厢内实现Wi-Fi网络全覆盖，设置不间断的旅客用220 V电源插座；空调系统充分考虑减小车外压力波的影响，通过隧道或交会时减小耳部不适感；列车设有多种照明控制模式，可根据旅客需求提供不同的光线环境。"复兴号"中国标准动车组还采取了多种减振降噪措施，改进了洗漱设施，设置有无障碍设施等，能够为旅客提供更良好的乘坐体验。

（3）感知系统更智能。"复兴号"中国标准动车组采集各种车辆状态信息多达1500余项，能够全面监测列车运行状况，实时感知列车状态，包括安全性能、环境信息（如温度）等，并记录各部件运用工况，为全方位、多维度故障诊断、维修提供支持。列车出现异常时，可自动报警或预警，并能根据安全策略自动采取限速或停车措施。此外，"复兴号"中国标准动车组还采用远程数据传输，可在地面实时获取车辆状态信息，提升地面同步监测、远程维护能力。

（4）车体设计更优。采用全新低阻力流线型头型和平顺化设计，不仅能耗大大降低，车内噪声也明显下降。坐过"和谐号"的朋友都会发现，动车组车顶有个"鼓包"，那其实是受电弓和空调系统。"复兴号"将受电弓和空调系统下沉到了车顶下的风道系统中，使得列车不仅看起来更美观，运行阻力也比既有CRH380系列动车组降低7.5%～12.3%，在350 km/h速度下运行，人均百公里能耗能够下降17%左右。在车体断面增加、空间增大的情况下，"复兴号"中国标准动车组按速度350 km/h试验运行时，列车运行阻力、人均百公里能耗和车内噪声明显下降，表现出良好的节能环保性能。

2）"复兴号"设计

2004年，动车组的牵引控制系统还依赖于引进国外的整套系统，经过中国科研人员多年来的引进消化吸收和不断再创新,精选最优的芯片做成板集、模块集直到组合筹建成系统,实现了从设计采购一直到芯片的试验、组建、结构设计全部自主完成,实现高速动车组从"中国制造"到"中国创造"的飞跃。从"先锋号"和"中华之星"到"和谐号",再到"复兴号",中国高铁技术经过了"独立研发—中外合作—自主创新"3个阶段,最终把核心技术牢牢掌握在自己手中。

"复兴号"中国标准动车组最具特色的亮点是它的互联互通性能。所谓互联互通,就是要把两个不同生产厂家,按不同技术规范和图纸生产的动车组进行重联运行,并且能够进行完全一致的控制操作,例如能够控制同时开关门、控制空调等。此外,中国标准动车组还统一了零部件标准,实现了零部件可以互换,从而节省大量的费用。这些技术在国际上都是首创。

2014年,时速350 km的中国标准动车组牵引和辅助变流器自主研制成功,2015年完成装车考核,成为复兴号的"心脏"。与和谐号相比,复兴号牵引变流器功率从8 000多千瓦提升到1万多千瓦,启动加速能力更强、效率更高。

"复兴号"的车头造型很有特色。中国人长一张中国的脸孔,中国车也要长一张"中国范"的脸孔。"复兴号"在头型设计中,融入了中国文化中"龙"的形象,如图1.10所示。车头的两条红飘带演变自龙的"髯",整体造型十分飘逸,又气势如虹。研发人员最初设计了46个概念头型,通过综合评估选出23个头型方案进入工业设计,再从中挑选出7个头型,进行精细化的仿真计算。之后,全部制作成1∶8的缩比模型,前往风洞实验室进行气动力学和气动噪声的风洞试验。通过循环优化、反复评估,最终遴选出"复兴号"的头型方案——"飞龙"。"飞龙"在技术上也独具一格,采用修长的流线型设计,头型的形状叫"单拱椭圆",即水平断面型线为长椭圆形,纵断面型线由双拱变为单拱,有利于降低阻力;鼻锥部分设计为宽扁形,增加向下的引流作用。

 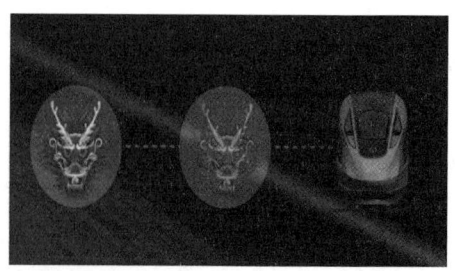

图1.10 复兴号装饰

3)"复兴号"运营投入过程

为全面提升中国高速铁路动车组设计、软件开发、制造技术水平,打造适合中国国情、路情的高速动车组设计制造平台,实现中国高速铁路动车组自主化、标准化和系列化,促进动车组由"中国制造"到"中国创造"的跨越,2012年以来,铁道部主导,集合国内有关企业、科研院所及高校,开展了时速350 km中国标准动车组的研制工作。

2016年7月15日,两列中国标准动车组在郑徐高铁上分别以420 km的时速交会和重联运行,成功完成了世界最高速度的动车组交会试验,验证了"复兴号"整体技术性能的可靠性,中国首次实现了高速动车组牵引、制动、网络控制等关键技术的全面自主化。

2017年6月25日,中国标准动车组被正式命名为"复兴号",并于26日在京沪高铁两端的北京南站和上海虹桥站双向首发,如图1.11所示。

图1.11 复兴号开通图片

2017年8月21日,"复兴号"中国标准动车组在京津城际上线运行,通达北京南、武清、天津、北京西等10个车站。

2017年9月21日,新列车运行图实施,7对"复兴号"动车组列车在京沪高铁率先以时速350 km运营,京沪两地间运行时间压缩至4个半小时,标志着中国成为世界上高速铁路商业运营速度最高的国家。

2017年12月28日,"复兴号"在西南地区登场"首秀",从昆明南开往上海虹桥的G1372次列车成为首列在中国西南地区载客运营的"复兴号"动车组。

2018年4月10日,运行图调整后,"复兴号"动车组开行数量增加,北京始发新增复兴号列车39对,其中,京沪高铁新增8对,京津城际新增31对,调整2对,北京复兴号列车共计达到81.5对。其中北京南站京津城际方向复兴号列车达到64.5对,约占京津城际图定列车90.5对的71%,至此,京津城际也成为全国开行复兴号列车最密集的高铁线路,更多的旅客能够享受"复兴号"高速列车的优质服务。

2018年6月26日,"复兴号"动车组上线运营满1周年,累计发送旅客4 130万人次。

2018年7月1日,中国自主研制的全球最长高铁列车——16辆长编组"复兴号"正式上线运营。相比之前8辆编组的"复兴号"列车,新款列车的最高时速不变,增加了可调节灯光及USB充电接口等功能,商务座席位和整列定员也有所增加。

2018年8月1日,京津城际运营满十年,线上全部更换为"复兴号"动车组列车,旅客可在列车上全程享受Wi-Fi网络等服务。

2018年9月23日,由CRH380A改造而成的"动感号动车组"在广深港高铁上线运营,此前在该线运营的动车组列车悉数退役。

2018年10月,复兴号家族迎来新成员,17辆编组超长版时速350 km复兴号、时速160 km动力集中复兴号登场亮相,全国日开行复兴号列车350余对,通达23个省会城市和香港特别行政区。

2018年12月24日,"蓝暖男"复兴号亮相,这列时速250 km的CR300BF型复兴号动车组,适用于不同基础设施、不同客流量的运营线路,以低能耗、高性价比的优势,满足多样化的运输服务需求。

2019年1月5日,时速160 km"绿巨人"复兴号投入运营,普速铁路踏入动车时代。"绿巨人"在不改造原有普速铁路线路的条件下提高了运营速度,并大幅度提高既有车辆的舒适度,车厢内Wi-Fi全覆盖、卧铺配备USB电源接口,还有残疾人专用座椅和卫生间,让乘客享受高铁般的乘车体验。

2019年1月5日12时,北京南开往上海虹桥站的G9次列车准时出发,这也是调图后全国首发的17辆超长版"复兴号"。

2019年12月30日,智能型复兴号高速列车率先在京张高铁投入运营。

到今天,复兴号已经为我们的生活带来了天翻地覆的变化,而随着科技的发展和进步,更多的新系列、新产品、新设备,也将呈现在世人面前。

4)科技创新看"复兴"

复兴号以其安全快捷、平稳舒适、高品质的运营服务赢得社会广泛赞誉,成为展示中国高铁发展成就的标志性产品。复兴号展现出良好的技术先进性、安全可靠性和乘坐舒适性。为了让更多人民群众享受到安全可靠、方便快捷、温馨美好的旅行生活,中国铁路总公司以复兴号投入运营为契机,全面落实客运提质计划,努力打造复兴号服务品牌。2018年以来,中国铁路总公司陆续推出了网上订餐、智能导航、刷脸进站、在线选座、中转接续换乘、微信支付、常旅客会员等一系列服务新举措，方便旅客出行。

中国铁路总公司主动承担复兴号创新发展"领跑者"的责任，高速列车最核心的牵引、制动、网络三大系统，均由中国铁路总公司牵头组织制造企业、科研院所、高校开展技术创新，确保中国动车组技术领跑世界，更好满足人民群众高品质出行需求。"复兴号"每秒钟前行近 100 m，仅靠人工无法及时判断运行风险并控制列车速度，必须靠设备自动控制列车。列车网络控制系统常常被称为高速列车的"大脑"和"中枢神经"。从更适应中国长大高铁线路客流需求的长编组复兴号开始，中国铁道科学研究院及中车集团不断根据市场需求及科技发展趋势，研制不同速度等级、适应不同环境需求的复兴号中国标准动车组系列产品。复兴号要实现智能化发展，硬件装备智能和软件技术智能缺一不可。中国铁路总公司在高铁装备智能化上早有布局。目前，已研发工作状态自感知、运行故障自诊断、导向安全自决策的智能型动车组，全面掌握时速 350 km 自动驾驶技术，进一步改善高速列车振动、噪声等指标，形成复兴号系列产品。复兴号跑得又快又稳，离不开智能技术对维修养护的支持。未来，中国铁路总公司（现更名为中国国家铁路集团有限公司，简称国铁集团）将广泛运用物联网技术，构建安全数据共享平台，研发高铁装备服役状态监测、设备故障预测和健康管理等技术，实现科学化、精准化、集约化。

在上线运营之前，复兴号中国标准动车组经历了迄今为止试验周期最长、试验项目最多的高速动车组列车综合试验。试验历时 16 个月，依次在环形铁道试验基地、长吉高铁、大西高铁综合试验段、郑徐高铁、哈大高铁进行，其间在中国标准动车组列车上布置测点近 3 000 个，在地面 60 个工点布置测点上千个。复兴号运用考核、试验考核里程更是超过 60 万千米，远超欧洲、日本 40 万千米的考核指标。

"十三五"期间，复兴号动车组在安全性、经济性、节能环保等方面展现出优异性能，已经形成涵盖 160~350 km/h 速度等级的复兴号系列化动车组，深受市场和广大旅客欢迎，客座率较动车组平均客座率高出 0.7 个百分点。在深化复兴号高速列车自主创新方面,今后几年准备组织几项重点工作：2021 年 7 月 1 日前将复兴号高原内电双源动力集中动车组开进西藏、开到拉萨，适应拉林铁路运营需要；自主研制复兴号高原内电双源动力集中动车组，将大功率内燃、电力动力系统在动车组上集成应用，以适应高海拔、西部山区、多隧道等各类复杂运行环境，届时，复兴号动车组将实现对 31 个省（区、市）的全覆盖；2021 年 7 月 1 日前在京沪、京哈、京广、成渝等线路集中投放一批复兴号智能动车组，扩大运营体验范围，让更多的老百姓享受到更高品质

上篇 中国高速铁路的发展

的旅行生活,同时,复兴号动车组的智能行车、智能服务、智能运维等特点进一步强化,列车运行中的能耗、噪声等指标也进一步改善;启动"CR450科技创新工程",研发新一代更高速度、安全、环保、节能、智能的复兴号动车组新产品,实现中国高铁更高商业运营速度,持续巩固中国高铁领跑优势。

中国标准逐渐成为国际标准。复兴号核心部件从无到有的过程,是中国工业快速赶超世界先进水平的缩影,是基础工业和生产水平不断升级结出的硕果。复兴号的诞生也带动了国内大批企业的发展。例如,曾经高铁制动盘只能从国外进口,而在两年的时间内,从寻找合作企业,到一次次试验、检验,经过无数次失败,反复改善配方、改进工艺,制动盘最终试制成功,如今复兴号制动盘完全实现国产。而为复兴号生产产品的几个合作厂家也因此提高了技术工艺,企业发展迈上新台阶。又如,在和谐号列车上,仅一个橡胶部件的采购周期就需要6个月,而且价格高昂,随着复兴号中国标准动车组的诞生,列车上的橡胶件和弹簧完全实现了自主研制,采购成本大大降低。复兴号还解决了长期存在的不同厂家生产的动车组列车不能够重联运行的问题,在国际上开创了两个厂家基于不同电气系统设计的动车组列车重联的先例,使运营组织更加灵活高效,大幅降低了运营维护成本。

从"和谐号"到"复兴号",体现了中国科技的日新月异,展现了中国铁路工作者的汗水与勤劳。如今,"复兴号"采用的多项技术已经领跑世界舞台,中国工程师创造的"标准"正成为世界追逐的新目标。

【人物故事】 多年探索,经手几十万个零件,郭鹞从高铁"门外汉"转变为复兴号总体设计师。1998年,郭鹞考入中国人民解放军西安通信学院。2002年,他前往乌克兰航空大学学习航空无线电技术。归国后的郭鹞进入唐山机车车辆有限公司。从航空转行到铁路,郭鹞还是个"门外汉",入职半年,他被要求绘制高速检测列车研发过程中的电气平面图。郭鹞除了频繁地请教前辈,还找出了许多历史图纸,一条一条地研究其中的设计标准,学习使用以前从未接触过的绘图软件。"这个图是整个设计的基础。如果我画的有错误,就会影响其他设计师的工作。"郭鹞陆续参与到和谐号动车组设计的各个方面,包括电气系统的设计、实验测试和现场问题的解决。从设计、生产、实验到最后交付客户,他一个环节都没落下。"后来,我又参加了CRH380B和谐号以及CRH380BL和谐号等车型的设计。经过这些锻炼,然后接手了复兴号的设计工作。"不论纸上的设计图纸多么精准,实验时总会有各种问题。每一个可能影响列车安全的设计变动,郭鹞和团队都要反复测试几千几万次,在验证与修改后再上车运营，以保证最终的方案可靠、安全。"因为复兴号对语音、视频、摄像头记录等数据传输的要求更高，我们在复兴号上使用了工业以太网，这在动车上是第一次。但是，我们在实验过程中发现，通信质量不佳。"为了解决这个问题，他们反复钻进狭窄的导流罩接线、检线，在不同的车内检测信号质量。最终，发现连接器针脚的排序就是"元凶"，通信故障的问题解决了。复兴号上各式各样的零部件有几十万个，每一个都不能出问题。"一个螺栓丢失了，可能造成高速情况下设备的脱落；电缆破损了，可能造成整个列车的接地故障或者短路。有很多细节需要斟酌。"大国重器的背后，是郭鹞这样的工程师们的冥思苦想以及轨道上成千上万次的测试与运营。

上篇　中国高速铁路的发展

第 2 章　高速铁路技术

高速铁路的诞生是继航天业之后，世界上最庞大、最复杂的现代系统工程。它涉及的学科之多、专业之广，已充分反映了其系统的综合性和复杂性。

2.1　当代高新技术的集成

高铁技术的发展以基础专业技术的发展为支撑，是当代高新技术的集成。20 世纪后期科学技术蓬勃发展，以此为代表的新技术迅速转化为生产力，即计算机技术及其应用，微电子技术、电力电子器件的实用化与遥控技术的成熟，新材料、复合材料的推广应用。高速铁路技术除了具备普速铁路的基本特征外，还体现在其广泛吸收应用当今机械、化工、材料、工艺、电子、信息、控制、空气动力学、环境保护等领域高新技术的多学科、多专业的综合技术，集中体现了铁路机车车辆、牵引供电、工务工程、通信信号等专业的巨大技术进步，综合利用了电子计算机、信息传输、机械制造、电力电子元件等多种新材料、新工艺、新产品等。高速铁路技术全面突破普速铁路的理论、概念、技术以及控制手段和方式，是高稳定的基础设施、性能优越的高速列车、先进可靠的列车运行控制系统、高效的运输组织与运营管理体系等的综合集成。各系统围绕整体统一的经营管理目标，彼此兼容，完整结合。

例如，高速铁路突破了前人关于轮轨极限速度理论的设想；通过交-直-交电传动方式的技术突破，解决了大功率牵引电机在有限空间和质量下难以实现的技术难题；通过采用新结构和新材料，实现了流线型的高速列车车体外形、动力性能优良的高速转向架的制造，有效减轻了列车质量和运行阻力；航天航空技术的移植，机电一体化向更高程度的发展，列车高速运行轮轨黏着、弓网规律探索研究的提升，为研制牵引和制动功率大、运行阻力小、环境噪声低的高速动车组提供了条件；融现代计算机、通信技术、信号技术和遥感技术于一体的列车运行自动控制系统和行车调度指挥系统的变革，以及轨道线路、桥隧工程技术和监测、养护技术的发展和进步等，为高速列车的安全、舒适运营创造了前提；高速铁路以外部供电作为动力，可广泛利用各种新型能源，原始的排放可在电厂进行集中处理，有效减少了对沿线环境的污染。

随着列车运行速度的提高，不同功能的各个子系统之间的联系愈加紧密，高速铁路已经成为庞大复杂的现代化系统工程。它既要依靠各个学科、专业技术的进步和发展，由此提高各子系统的技术水平，更依赖于各个子系统间的协调、配合、集成创新。高速铁路系统需要高可靠和高性能的高速列车、高质量和高稳定的铁路基础设施、高安全可靠性和先进性的列车运行控制系统、高可靠性的大功率牵引供电系统、高效的运输组织与运营管理系统。速度的提高使子系统间的相互作用发生了质的变化，各个子系统相互制约、相互依赖，只有共同的集成创新合力提高，才能保证高速铁路大系统高水平运转。高速铁路子系统之间的关系远比普速铁路复杂，在筹划高铁之初，必须从整体上认真研究并协调各子系统主要技术参数变异的合理范围，重视新系统的强耦联特性。高铁从可行性研究、规划、设计、施工、制造到运营管理，都要超前、系统地进行研究才能付诸实施。铁路实现"高速"梦想的背后，是一次从基础理论到铁路行业各系统及其相互关系的质变。

提高列车的运行速度是一项复杂的系统工程，列车的性能非常关键，但这不仅仅只是列车性能优劣的问题，还取决于线路设计建造水平、配套设施完善程度、行车组织及运营管理能力等。速度重新定义了铁路各子系统间的相互作用及变化规律。高铁不仅要求每个子系统都具有卓越的性能，还要求系统有强大的集成能力。如果系统中某项参数或标准选择不慎，都将引发连锁反应，造成严重后果。例如，线路参数、路基密实度或桥梁刚度选择不合理，引起的不仅是线路质量问题，还将影响列车运行的平稳性及可靠性，甚至可能干扰运输组织、行车指挥。反之，确定列车主要参数及性能也必须考虑线路参数与控制系统方案，否则最终都会制约整个系统效能的发挥。

随着列车速度的大幅提升，最直接的影响是更为突出的系统动力学问题。系统动力学问题根据动力学理论，列车在线路上运行时，在空气阻力的作用下，车辆与线路、桥梁之间存在振动与冲击。列车在起动、制动及转弯过程中，惯性力巨大。同时，因为高速运行下的振动与冲击动力响应加剧，高铁的空气动力学问题、惯性问题也更为突出，直接影响着列车运行速度以及安全性和平稳性。传统车辆动力学、轨道动力学理论体系，通常是将车辆或轨道子系统作为单一考察对象，分别从各自振动与冲击问题进行研究，不能完全解决高铁复杂的列车与线路动态相互作用等问题。科学家们进行了深入研究分析和基础理论创新，从列车与线路耦合进行动力学的系统研究。

高速列车在线路上行驶时速度越高，车-线-桥系统发生的振动与冲击越强，致振的敏感因素越宽。振动与冲击的频响函数关系，主要取决于参振系统各自的动力学特性，它包括其内在的物理力学参量、相互间发生接触或约束的几何参量与物理参量。很明显，相互接触的物体相对速度越高，可能发生的强作用点就越多。因此，高速铁路的基础设施及运载装备要具有优良的固有特性，还必须有均匀、平顺、光滑的界面特征，这是建立高速铁路各子系统都必须遵守的共性准则。

系统振动与冲击力学分析最主要的目的是协调各子系统组成部分的特性参数，保证系统功能优化。对于高速铁路来说，最重要的是确保列车持续、安全、平稳运行。因此，必须预见在各种速度工况下系统的动力响应问题。例如，轮轨间接触力的变化，将直接影响列车牵引与制动的实现、轮轨的磨损与疲劳、运行的安全指标等；车-线-桥系统的动力反应，影响着结构功能与列车平稳运行；弓网系统的振动，影响着受电性能及行车安全。由此可见，动力响应是涉及高速行车技术的最基本问题之一。

高速铁路正是建立在这些相关领域高新技术基础之上，综合协调、集成创新的成果。高铁技术集成既包括通过结构化的综合布线系统和计算机网络技术将各个分离的设备、功能、信息等集成到相互关联、统一、协调的系统之中，使资源达到充分共享，实现集中、高效、便利的管理，也包括解决各类设备和子系统间的接口、协议、系统平台、应用软件等与子系统、建筑环境、施工配合、组织管理和人员配备相关的一切面向集成的问题；还包括协调匹配高速铁路土建工程、牵引供电、列车运行控制、高速列车、运营调度及客运服务等不同子系统，保证各子系统间标准匹配协调、接口设计协调、固定和移动设施匹配兼容，实现系统优化和目标功能。比如高铁的信号与控制系统是集计算机控制与数据传输于一体的综合控制管理系统，高速铁路通信信号一体化和智能化技术，实现了列车安全运行和调度指挥功能。高速列车又是运送旅客的动力设备，集机械、材料、电子、计算机、网络通信等领域的最新技术于一体，且具有机车车辆一体化的特征。高速列车系统、高速列车运行控制系统和运营调度系统之间的整体性和系统性功能，必须通过硬件和软件上的连接来实现。

可见，高速铁路也是复杂的系统工程，是当今许多前沿科学技术，即信息技术、自动控制、新材料、新工艺等多种技术门类、多专业综合的高新技术的创新和集成。高速铁路运营系统主要由六大核心系统构成，分别是工务工程、动车组、牵引供电、通信信号、运营调度及客运服务系统。各系统之间既自成体系，又相互关联、相互影响、相互匹配、协调运转，在高速铁路运营组织与管理中发挥着关键作用。高速铁路运营六大核心系统关系如图 2.1 所示。

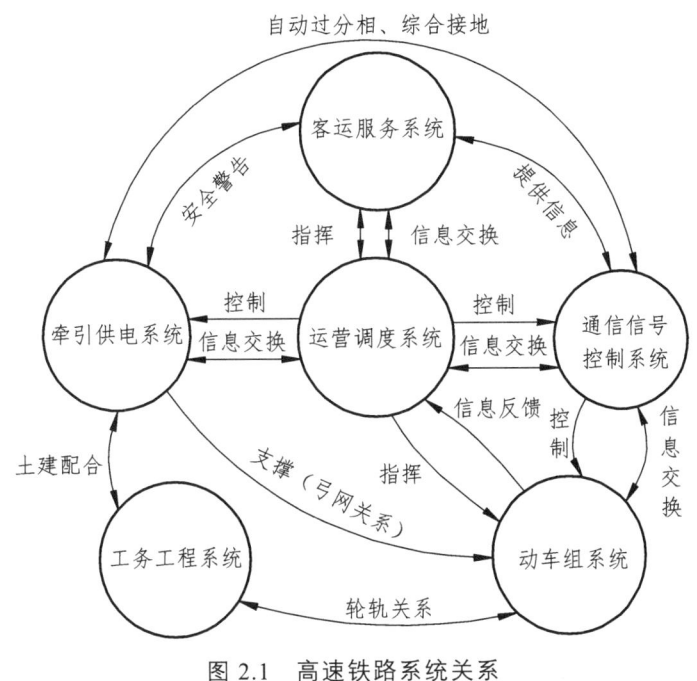

图 2.1 高速铁路系统关系

2.2 高速铁路工务工程

高速铁路与普速铁路相比，最大的特点是高速度、高舒适性、高安全性和高密度。高速铁路的基础设施既要为高速列车提供高平顺性与高稳定性的轨面条件，又要保证线路各组成部分具有一定的坚固性与耐久性，使其在运营条件下保持良好状态。占投资 80% 以上的高铁土建工程，其技术主要源于中国长期的实践。中国气候与地质条件复杂为世界罕见，没有也不可能有现成的国外经验可以借鉴。超长大纵断面隧道、结构新颖的桥梁、高平顺度的轨道等建造技术之所以领跑世界，主要是自主创新的结晶。

中国幅员辽阔，地质复杂，自然气候多样。高速铁路要经过东部地区的软土、南方地区的松软土、西南地区的岩溶黄土、东北地区的冻土等复杂地质，还面临着最低零下 40 ℃、最高 47 ℃ 和西北地区的湿陷性温度的气温条件，以及大风、海水、干旱等环境。在软土、松软土、黄土地上如何修建高速铁路？如何能经受住天寒地冻和雨水冲刷等恶劣气候考验，保证线路长期稳定安全？其难度世界少有，连高速铁路的原创国也极少遇到。

要实现"高铁上立硬币"，就要保持线路的高平稳性，概括起来就五个字：稳、顺、平、检、修。"稳"是指路基、桥梁、隧道、涵洞等基础要稳，要严格控制工后沉降。"顺"是指桥梁、隧道、涵洞与路基不同结构物之间设置过渡段，实现"软、硬"平顺过渡。"平"是指轨面平，500 m 长钢轨焊接成的无缝线路，让大家坐高铁时再也听不到"咔哒"声。"检"是采用综合检测列车、探伤车、轨检车等先进的检测设备，定期对线路状态进行检测、诊断。"修"是根据检测与分析结果，对存在问题的地段，利用每晚列车停运天窗时间进行养护维修。中国高铁采取以上综合技术措施，使平顺性达到了世界领先水平，所以才有了"高铁上立硬币"的奇迹。

高速铁路工务设施具有无砟轨道、新型桥梁、高架长桥、宽大隧道、刚度均匀、沉降控制、精密控制、动态优化、灾害预防、环境友好十大技术特点。高速铁路工务设备要满足高可靠性、高稳定性和高平顺性的要求。高可靠性是指工务设备适应高速度、高密度的行车要求，能保证高速列车行车安全和有序，具有更高的抵御自然灾害和突发事件的能力。高稳定性是指强化线桥设备结构，降低设备故障率，延长维修周期，减少维修工作量。高平顺性是指轨道几何尺寸精度高，轨道结构经常处于良好状态，以保证高速列车运行的安全、平稳、舒适。

中国高铁工务工程由轨道、路基、桥涵、隧道及其他建筑物构成，其技术发展历程大致可分为 4 个阶段。其中，技术积累阶段（20 世纪 90 年代初—2002 年）：铁道部组织开展了铁路列车荷载等基础理论、京沪高速铁路关键技术的科研攻关；进行了广深铁路的提速改造，编制了《既有线提速技术条件（试行）》。2002 年 12 月，中国自主研究、设计、施工的第一条时速 200 km（预留 250 km/h）客运专线秦皇岛—沈阳客运专线投入运营，标志着我国形成了时速 200 km 的铁路技术体系。积极推进阶段（2002—2012 年）：自 2004 年以来，在引进国外高速铁路先进技术的基础上，全面开展高速铁路技术国产化，并开展了既有线铁路六次大提速，编制了《既有线提速 200 km/h 技术条件（试行）》；2007 年建成了设计时速 250 km 的合宁客运专线，系统掌握了时速 250 km 的铁路整套技术；自 2008 年以来，深入推进高速铁路技术创新，自主研发了高速铁路轨道扣件、道岔、900 t 级 32 m 常用跨度简支箱梁等，建成了京津、京沪等一批设计时速 350 km 具有世界先进水平的高速铁路。自主提升阶段（2012—2017 年）：自主研发了 CRTS Ⅲ 型板式无砟轨道系统、跨度 40 m 简支箱梁、装配式隧道与路基结构、聚氨酯固化道床、地震预警系统等，进一步完善了中国高速铁路线路工程技术体系。智能化阶段（2017年至今）：在全面自主化的基础上，深入推进信息化、数字化、智能化铁路建设，通过 BIM、大数据等新一代信息技术和高速铁路线路工程技术的集成融合，在基于 BIM 全生命周期建设管理、基于云计算和大数据的全路工程建设智能管理平台等方面取得显著成绩，全面提升了中国高速铁路的技术水平。

【小知识】高铁线路选线、选址设计。高速铁路主要以城市间旅客运输为服务对象，在进行线路规划时首先要考虑线路所经过城市的经济发展情况，同时规划设计应以快速、方便、安全、舒适及减少环境干扰为主要思路，兼有为既有线分流客运、扩大货运能力的功能，又具有牵引功率大、列车质量小、地形高程障碍一般不突出、线路较顺直等特点。高速铁路规划和建设时要符合环境保护、水土保持、土地节约及文物保护的要求。避绕各类不良地质体，无法避绕时应在详细地质勘察的基础上结合特殊岩土、不良地质的特性，做好工程整治措施，保证运营安全。高速铁路规划和建设时要结合地形地质条件，优化线路平面、纵断面，减少拆迁工程量，合理确定工程类型，统筹考虑边坡及排水工程，做好工程方案比较。高速铁路规划和建设时要考虑既有交通走廊、高压电力线、重要地下管线、军用设施及易燃、易爆或者放射性物品等危险物品的影响。除此之外，高速铁路在建设之前还要做好线路的总体规划，考虑与其他线路的衔接和配合。高速铁路线路的规划要符合铁路网总体规划，与城市总体规划及其他交通方式、农田水利和其他工程建设相协调，做到布局合理。

高速铁路定线设计的自然条件与工程条件总体要求：线路空间曲线按列车运行速度及速差设计；车站分布应根据城市分布、客运量、运输组织、设计输送能力及养护维修、救援等技术作业要求，结合工程条件等因素综合研究确定，站间距离宜为 30~60 km；逐步形成"客货分线、客内货外"的总格局；综合研究确定客运站数量，客运站站址选择结合城市总体规划和引入方向，形成综合交通枢纽；路基、桥涵及隧道等工程类型选择应进行技术经济分析后确定；路基与桥梁的分界高度应根据地质条件及地基处理措施、填料性质及运输距离、当地土地资源、建筑物拆迁、城镇交通要求等情况进行技术经济分析后确定；选线、桥梁、轨道设计应统筹考虑，减少钢轨伸缩调节器的设置；平面曲线和竖曲线地段应避免设置钢轨伸缩调节器；引入枢纽引起的既有线改建应符合相应技术标准规定。

高速铁路与其他铁路、公路以桥梁方式交叉跨越的总体要求：宜采用高速铁路上跨的方式;困难条件下经技术经济分析后采用高速铁路下穿方式时,应按有关规定采取可靠的安全防护措施。

2.2.1 高速铁路线路

高速铁路线路的组成与普速铁路基本相同,但由于高速铁路要求高速度、高舒适性、高安全性等,为了达到以上要求,在线路技术方面,采用道床和路基强化技术、无砟轨道技术、跨区间超长无缝线路技术等,提高了轨道平顺性、刚度均匀性,减少了维修工作量,保证了高速行车安全,满足了旅客舒适度的要求。同时,为了解决与既有公路、道路立体交叉,节约宝贵的土地资源,减少拆迁工程量,控制无砟轨道铺设完成后的沉降,视地形、地貌、地质情况,采用高架线,以桥代路。

1. 平纵断面

高速铁路线路采用全封闭、全立交,线路两侧按标准进行栅栏封闭。最小曲线半径根据不同的区间,因地制宜、合理选用:200 km/h 客运专线,一般为 2 200 m;250 km/h 区间,有砟轨道一般为 3 500 m,无砟轨道一般为 3 200 m;300 km/h 区间,有砟轨道和无砟轨道均为 5 000 m;350 km/h 区间,一般要求 7 000 m,最大曲线半径为 12 000 m。高速铁路由于具有功率高、速度快的特点,运营时可以为动车组爬坡提供强劲的动能,所以允许采用较大的坡度值。高速铁路区间正线的最大坡度为 20‰,困难地段达到 30‰,动车组走行线的最大坡度可达 35‰。高速铁路线路的相邻坡度差大于 1‰,应设置竖曲线。竖曲线一般采用圆曲线形,且竖曲线最小长度不小于 25 m,竖曲线半径不得小于 15 000 m,允许速度大于 200 km/h 的地段,竖曲线半径不得小于 20 000 m,但最大不大于 40 000 m。

2. 轨道结构要求

高速铁路轨道结构和普速铁路轨道结构一样,是由钢轨、轨枕、扣件、道床等组成的。由于列车对轨道结构的作用力与速度密切相关,所以要求高速铁路的结构具有足够的强度和稳定性。中国高速铁路正线及到发线轨道采用一次铺设跨区间无缝线路,正线钢轨采用 100 m 长定尺的 60 kg/m 钢轨,并焊成无缝线路。高速铁路有砟轨道使用钢筋混凝土轨。为减少轨道变形,增大强度,高速铁路有砟轨道还采用双块式钢筋混凝土轨。双块式钢筋混凝土轨的要点是横向有 4 个受力点(单块只有 2 个),增加了稳定性,而造价却比单块式减少 20%。中国高速铁路有砟轨道采用弹条型扣件，无砟轨道使用 W-7 型、W-8 型扣件。高速铁路道岔按通过道岔的股道方向可分为直向高速道岔、直向和侧向均可高速通过的高速道岔两类。其中，直向高速道岔与普通单开道岔的长度及叉角没有大的差别。为保证列车直向通过道岔的速度与区间线路一致，只是从局部改善道岔的几何形状、强化结构的强度、增强稳定性，以延长使用寿命。按《铁路技术管理规程》（高速铁路部分）规定，正向的直向通过速度不小于路段设计行车速度。直向和侧向均可高速通过的高速道岔应用于新建高速铁路线路上，可满足高速列车侧向通过时对运行的安全性和舒适性的要求，一般在区间的单渡线和高速联络线上使用。高速铁路道床分为有砟轨道和无砟轨道两种。新建 300 km/h 及以上铁路、长度超过 1 km 的隧道及隧道群地段，可采用无砟轨道。其中，高速铁路有砟轨道正线应采用特级碎石道砟。道床应有足够的厚度，以减少路基所受的压力和振动，保证路基顶面不发生永久性变形；无砟轨道是以混凝土或沥青混合料等取代散粒道砟道床而组成的轨道结构形式，其具有平顺性高、刚度均匀性好、轨道几何形位能长久保持、维修工作量显著减少等特点。

3. 中国高速铁路线路的技术创新

在高铁路基施工中，中国铁路攻克了地基处理、路基填筑、边坡防护、沉降变形观测评估等关键技术难题，研发了施工装备，形成了成套施工工艺。针对不同的地质条件，选用了强夯、搅拌桩、旋喷桩、岩溶注浆、挤密桩、CFG 桩（水泥粉煤灰碎石柱）筏板复合地基等不同方法，相继解决了武广高铁岩溶、郑西高铁湿陷性黄土、哈大高铁防冻胀等技术难题，地面沉降得到有效控制。

钢轨和道岔轨件是通过扣件系统与轨枕相连的。扣件系统一般由弹条、螺栓、绝缘块、橡胶垫板等零部件组成。扣件除了固定钢轨、约束其纵横向位移的作用外，还有小幅度调整钢轨空间位置、恢复线路平直度和平顺性的作用。对无砟轨道而言，由于用混凝土或沥青混合料等整体道床取代传统散粒道砟道床，这使得原本由"道砟+扣件"提供的轨道弹性基本上全都由扣件提供。所以无砟轨道扣件系统的另一主要功能是提供系统的弹性，弹性是通过橡胶垫板来实现的。

高速列车除了在区间运行，还要根据运营需求实现停站交会、超车等功能，这就需要设置线路的另一关键设备——道岔。道岔是列车从一线路转入或越过另一线路的线路交叉设备。高速道岔是指直向允许通过速度为

250 km/h 及以上的铁路道岔,其中侧向允许通过速度为 160 km/h 及以上的高速道岔被称为侧向高速道岔。高速道岔由尖轨和转辙器、连接、辙叉和护轨三部分组成。高速道岔采用可动心辙叉,通过扣件系统、限位器、间隔铁等坚实的纵向力传递结构,满足跨区间无缝线路铺设需要。采取缩短轮载过渡段长度和合理设置尖轨、心轨顶面降低值等方式,可以保证列车过岔时轮对的平稳过渡。在生产过程中采用全数控高精度铣床,对钢轨件进行机加工,大幅度提高了钢轨件的平直度,并通过将铁垫板和橡胶垫板的硫化,实现了两者的有效结合,消除了轨下支撑铁件和弹性元件间的空隙,使轨道刚度得到了更加精确的控制。中国的高速道岔研究采取自主创新与技术引进相结合的方式进行,按技术类型分为中国自主研发的高速道岔系列(客运专线系列)、中德合资生产的高速道岔系列(CN 系列高速道岔)、引进法国技术的高速道岔系列(CZ 系列高速道岔)。高速铁路选型上采用大号码道岔,如 18 号、42 号、62 号等。这里的道岔号数是指道岔的辙叉号数。辙叉号数由辙叉尖端夹角余切值来表示,即辙叉跟端长度与跟端支距的比值,辙叉转向角度越小,侧向通过列车的速度就越高。道岔号数越大,尺寸越大,过渡越平顺。为提高列车车轮通过辙叉部分的平顺性,高速道岔的辙叉普遍采用可动心轨辙叉。为防止冬季线路积雪影响道岔正常工作,高速道岔设有专门的监测系统及道岔融雪装置。

　　道床是轨道框架的基础。中国设计 300 km/h 及以上高速铁路主要采用无砟轨道,设计 200～250 km/h 的高速铁路主要采用有砟轨道。有砟轨道是铁路的传统结构,随着行车速度的提高,维修工作量显著增加,维修周期明显缩短。据德国高速铁路统计资料,当行车速度达到 250～300 km/h 时,其线路维修费用约为行车速度 160～200 km/h 时的 2 倍。日本对高速铁路桥上的有砟轨道与无砟轨道维修费用进行的统计分析表明,有砟轨道线路维修费用比无砟轨道高 111%。无砟轨道初期造价高,但它具有使用寿命长、保持线路稳定状况好、维修工作量小等优点,因此在高速铁路发展进程中获得了越来越广泛的应用。

　　普速铁路为有砟轨道,道床采用枕木下面垫碎石,其优点是建设费用低、建设周期短,容易修复;缺点是随着列车速度的提高,有砟轨道会不断出现轨道变形、道砟磨损粉化以及道砟飞散,导致线路维修频繁。

　　针对有砟轨道的缺点,伴随着高速铁路的兴起,无砟轨道应运而生。无砟轨道顾名思义即不用道砟,它是混凝土或沥青混合料。无砟轨道——整体混凝土结构是"精髓"。要保障铁路高速、平稳、安全地运营,无砟轨道成为一种理性的选择。德国、日本等国家的高速线路都以无砟轨道为主,日本新建铁路的无砟轨道铺轨里程已超过 80%，德国新建高速铁路的无砟轨道也占据了线路总长的 70% 以上。所以，中国新建时速 300 km 以上的高铁客运专线时，基本全部采用板式无砟轨道。无砟轨道是用整体混凝土结构代替轨枕和碎石道床的结构，钢轨直接铺在钢筋混凝土板上，通过高强度的弹条扣件与轨道板衔接，将它们"扣"在一起，这样就可以减少维修次数，使用寿命长达 60 年。无砟轨道其实很早就出现了，早在 1840 年的英国大西铁路上就开始使用。在漫长的历史沿革中，无砟轨道家族先后出现过连续钢筋混凝土轨道、预应力钢筋混凝土轨道、梯形轨道、连续纵向支撑轨道、内嵌式板式轨道等多种类型。德国在 1959 年便开始了无砟轨道的研究，首先在希尔赛德站试铺了 3 种轨道结构，1977 年又在慕尼黑试验线试铺 6 种。日本在 1968 年开始研发 RA 型板式轨道并大规模推广应用。英国从 1969 年开始研发无砟轨道，1973 年开始推广应用，主要品牌是整体浇筑式无砟轨道（PACT）。法国研发的产品主要是弹性支撑块式无砟轨道。

中国早在 1965 年就在长大山岭隧道内大量试用混凝土整体道床，主要有支承块式、短木枕式等，20 世纪 80 年代又被有砟轨道取而代之。到了 20 世纪 90 年代，针对高速铁路，工程师们提出了板式等无砟轨道结构形式，并进行试铺试验。2004 年，中国在遂渝铁路开展了成区段的无砟轨道综合试验，研究解决不同类型无砟轨道结构、扣件、道岔、施工工艺等关键技术问题，取得了可喜的科研成果。从 2006 年开始引进消化吸收再创新国外先进的无砟轨道技术，经过十多年的研发，逐渐形成了具有自主知识产权的板式无砟轨道（CRTS）系列品牌，如图 2.2 所示。中国的无砟轨道可以按照"地段"进行区分，比如在高铁正线使用的是 CRTS 系列板式无砟轨道；在道岔区，就用岔枕埋入式无砟轨道；进入车站站线，就用双块式无砟轨道（早期客专正线也采用双块式无砟轨道，如郑西高铁）。无砟轨道看起来很简单，就是将钢轨铺在一个高强度混凝土板上。其难点与核心技术在于轨道板生产要求精确度极高，打磨精度为 0.2 mm。轨道板从工厂预制到打磨，再到现场浇筑混凝土底座，精确定位铺设轨道板。通过特殊配置的水泥砂浆将轨道板与底座粘合，最后用扣件将钢轨固定在轨道板上，每个环节都要求严格控制各部件的精确度和制造质量，形成平顺、稳定、安全、耐久的高速铁路无砟轨道。京沪高铁全线共计铺设了 407 万块 Ⅱ 型轨道板，为了保障高速列车平稳运行，每块轨道板都编有"身份证"，在工厂内预制时编号都对应特定的线路平面及高程信息。现场施工时根据每块板的"身份证"号，实现轨道板的精确铺设。

图 2.2　无砟轨道

无砟轨道单元式结构受温度影响较小，一般轨道板长度为 5~7 m，底座为 15~20 m，轨道结构裂缝控制相对较好。而纵连式结构，因受温度影响较大，设计时温度荷载是它的主要荷载。它的结构整体性相对较好，需要解决单元轨道板间连接、连续结构端部纵向限位等关键设计，不过它后期出现"病害"的可能性相对较大。无砟轨道是采用混凝土沥青混合料等整体基础取代散粒碎石道床的轨道结构，轨枕和道床融入一体，结构整体性和稳定性大大提升，视觉上也更整洁美观。中国高速铁路无砟轨道结构总体上分为两大类，即预制板式无砟轨道和现浇混凝土式无砟轨道。其中预制板式无砟轨道分为 CRTSⅠ型、CRTSⅡ型、CRTSⅢ型和道岔区板式 4 种；现浇混凝土式无砟轨道分为 CRTSⅠ型、CRTSⅡ型双块式和道岔区轨枕埋入式 3 种。

CRTSⅢ型板式无砟轨道——中国高铁轨道建设的"大方向"。CRTS Ⅲ型板式无砟轨道是中国自主研发具有完全知识产权的新型无砟轨道结构，也是今后高速铁路建设的主要无砟轨道结构形式。CRTSⅢ型板式无砟轨道具有较高的稳定性和耐久性，建成后维修工作量小。CRTSⅢ型板式无砟轨道是单元分块式结构；路基地段底座采用纵连结构，并在每块轨道板对应的板中位置伸缩假缝；在桥梁和隧道地段，底座板为分块结构。底座板在每块轨道板范围内设置两个限位挡台（凹槽结构），底座板与自密实混凝土层间设置中间隔离层。在中国 500 km 以上长距离高铁中，京哈高铁承沈段首次铺设中国具有完全自主知识产权的新型无砟轨道板——CRTSⅢ型板式无砟轨道板。这种轨道板不仅可以将铺设精度精确到 0.5 mm 以内，更在内部埋入了可识别电子标签，使轨道板第一次拥有了"身份证"。如此一来，不仅提高了生产效率，更加强了质量管理，所有轨道板的设计、生产、铺设、精调运维等全过程都以物联网链接，实现了全生命周期管理。铺设完毕的 CRTS Ⅲ 型板式无砟轨道板如图 2.3 所示。

图 2.3　铺设完毕的 CRTS Ⅲ 型板式无砟轨道板

中国铁路还建立了高速铁路勘测设计、施工、运营维护"三网合一"的精密测量控制网，实现了无砟轨道工程化、规模化、标准化应用；研制了高速钢轨、扣件、道岔和钢轨伸缩调节器以及轨道施工成套装备，形成了具有中国特色的高铁无砟轨道设计、制造与施工成套技术。

中国高铁为无缝线路，即把钢轨焊接成没有缝隙的长轨条。以京沪高铁为例，1 318 km 长的钢轨没有一个接缝。施工时首先将生产的 100 m 定尺长钢轨焊接成 500 m，运到现场后焊接为 2 km 长，最后再将相邻 2 km 长的钢轨焊连起来，形成无缝线路。普速铁路主要采用标准长度为 25 m 的钢轨，留有十几毫米的轨缝，以防止钢轨热胀冷缩。无缝线路采用能承受气温变化的高强度钢轨，并用高标准扣件锁定钢轨，避免钢轨热胀冷缩。高速列车运行在无缝线路的钢轨顶面，保证了行进的平顺，减少了对轨道部件的伤损，大幅减少了养护维修。无缝线路能节省 15% 的维修费用，延长 25% 的钢轨使用寿命，旅客乘车中不再有车轮通过钢轨缝隙时发生的"咔哒"噪声。

【小知识】 高铁建设对钢轨的安全性能、钢质纯净度、平直度等要求高，而国产钢轨由于生产设备和工艺落后，钢质不够洁净，平直度差，定尺长度仅 25 m，难以满足高铁高平顺的要求，与法国进口钢轨比，存在较大的差距。进口国外钢轨不仅价格高，而且运输困难。铁科院周清跃研究员 2001 年主持完成的《秦沈客运专线综合试验段进口及国产钢轨试验研究》，提出了高铁钢轨自主研发的系统方案。周清跃率领创新团队历时 7 年，展开了一场国产高铁钢轨成套技术自主创新的攻坚战。他深入钢厂推进钢厂技术改造，采用精炼、精轧、精整、长尺化等现代化生产技术。在铁路与冶金行业的共同努力下，攀钢于2004年12月生产出中国第一根百米定尺钢轨，鞍钢、包钢、武钢也相继完成技术改造，钢轨生产质量与设备工艺，均达到国际先进水平。周清跃率领团队科研攻关，攻克钢轨焊接难题，优化了钢轨焊后热处理工艺，成功解决了高铁钢轨的自主研发、生产及相关配套技术问题。高铁建设全部使用具有完全自主知识产权的国产钢轨，大幅度节约了建设资金。

无缝长钢轨是由5根100 m长的钢轨在焊轨基地焊接成一根500 m长的钢轨，运到铺设现场后再焊接而成。长钢轨的焊接工艺复杂，科技含量高。焊接一根500 m长的钢轨，首先要对钢轨母材几何尺寸、表面伤损进行检测，然后经过除湿除锈、焊接、粗磨、正火、钢轨时效、精校直、精铣、接头探伤、接头平直度检测等10多道工序，最后经检测合格后才能出厂。

钢轨在焊接前存放在堆场上，它们都有独一无二的条形码，这是钢轨的"身份证"。检测：焊接之前，要对钢轨进行十多项检查，合格后才能焊接；配轨：钢轨有不同的焊接参数，只有配轨到参数相同才能焊接；焊接：焊接机将两根钢轨迅速融为一体，最高温度超过1 000 ℃；打磨：焊接后的钢轨还要进行打磨；正火：打磨好后，要进行正火处理，增加韧性；精校直：正火处理后，还要上下左右精校直，再利用数控机床对焊缝精铣；探伤：对焊缝进行探伤，查看有没有伤损；成品：500 m的长钢轨堆放在成品场，等待运出焊轨基地。这些成为高铁列车平稳运行的"基石"。

500 m长的钢轨是如何运输到施工现场的？起吊一根长500 m、重30 t的长轨，需要36台龙门吊一齐出动，耗时10多分钟。运输长轨的车辆，由36节长度为12.5 m的平板车组合而成，500 m长轨挂靠在货车上运往铺设现场。

无缝线路如何应对热胀冷缩？普速线路设置轨缝主要是为了避免在温度升降时，钢轨伸缩在轨道中产生温度力，如果温度变化50 ℃，没有轨缝的钢轨，就将承受高达100 kN的力，足以将钢轨顶得七扭八歪。

无缝线路为啥不怕热胀冷缩呢？原来，无缝线路主要利用强大的线路阻力来锁定轨道，限制钢轨的自由伸缩，通过合理确定锁定温度，采用高标准的扣件、轨枕和道床等轨道部件对钢轨进行约束，并用高强度钢轨来承受温度力。无缝钢轨的一个扣件需通过6万小时疲劳试验，能圆满应对轨道应力的难题。一根无缝钢轨应对的气候温差极大，极端情况下，一天之内高铁列车，要穿越雪山和沙漠，温差达80 ℃，钢轨产生的应力惊人。铁路部门在施工中采取合理的工艺，运营过程中开展定期巡检、应力放散等手段，确保了无缝线路的使用安全。

2.2.2 高速铁路路基

路基是经开挖或填筑而形成的土构筑物,与桥涵、隧道连接成贯通坚实的轨下基础。路基由路基基床、基床以下路基本体,以及路基防排水、边坡防护和支挡工程等组成。

高速铁路路基排水设施分为地面、地下两部分。地面排水设施的主要作用是将有可能停滞在路基范围以内的地面水迅速排出到路基以外,如横向排水槽、侧沟、排水沟、天沟、边坡骨架截水等。对不具备横向直排条件的纵联板式无砟轨道地段,则在线间设置集水井,线下设置横向排水管。地下排水设施的主要作用是根据水文和地质条件修筑于地面以下一定深度,用来截断、疏干、引出地下水或降低地下水位,以使路基及边坡保持干燥状态,提高土的稳固能力,如排水槽、渗水暗沟、渗井、边坡渗沟、暗管等。

坡面防护工程以防冲刷、防渗、有利于水土保持和环境保护为目的。对于土质边坡,防护采用固土植草土工网垫护坡、菱形立体植被网护坡以及骨架护坡、锚杆框架梁护坡、框架梁打锚杆挂钢丝网护坡,并在坡面骨架内种植植物,在起防护作用的同时,又有绿化、美观的环保作用,是绿色高速铁路的象征。

边坡支挡结构是用来支撑、加固填土或山体土坡,防止其坍塌以保持稳定的一种建筑物,主要用于承受土体侧向土压力。在铁路路基工程中,支挡结构被广泛应用于稳定路堤、路堑、隧道洞口以及桥梁两段的路基边坡等,主要包括挡土墙、支挡墙、支柱等。当工程或其他岩土工程遇到滑坡、崩塌、泥石流等不良地质灾害时,支挡结构主要用于加固或挡拦不良地质体。

路基承受着轨道结构重量和列车荷载,路基的变形,自然会引起轨道的几何不平顺。特别是有砟轨道,其轨下基础是散体材料组成的道床与路基,它是整个线路结构中最薄弱、最不稳定的环节,是轨道变形的主要来源。它在多次重复荷载作用下所产生的累积永久变形将造成轨道不平顺,同时其刚度对轨道面的弹性变形也起关键性的作用,因而对列车的高速运行有重要影响。因此,高速铁路路基除了应具备一般铁路路基基本功能外,还需要满足高速铁路轨道对基础的性能要求,满足静态平顺和高速列车运行状态下的动态平顺。

2.2.3 高速铁路隧道

高速铁路隧道数量多,长度大。这是因为高速铁路要求"高平顺度"。如果"随山就势"小半径,线路弯曲不直,势必影响行车速度,因此高速铁路需要穿山越岭,修建顺直的山岭隧道。高铁隧道标准高,隧道断面面积比普

上篇　中国高速铁路的发展

速铁路大得多。高速列车进入隧道时会产生压力波,在隧道中列车交会时的表面压力波会剧烈变动,使旅客耳膜压感不适,实测最大值为 10 kPa。根据空气动力学效应研究,增加隧道断面可以降低会车压力波,满足旅客舒适度要求,还可减小列车和隧道壁受力,为此高铁隧道要求宽为 13 m,高达 9 m,其净空断面达到 100 m² 左右。

针对复杂的地层条件,高铁隧道施工研制出了各种有针对性的施工办法:一类是用机械化程度较高的隧道挖进机法或盾构法,通过刀具切割岩体全断面整体向前推进;另一类是采用炸药爆破开挖施工的钻爆法、新奥法,先分部开挖,再将各开挖部分连起来。随着科技的进步,隧道挖进机、盾构法、多功能钻机、机械喷锚手、三臂凿岩台车等先进的大型机械设备在施工中大显神威,替代了传统的"打眼、放炮、出砟、进料"的施工模式。

在建设实践中,中国铁路攻克了大断面黄土隧道、江河水下隧道、高压富水岩溶隧道等复杂地质条件下的隧道设计和施工技术难题,掌握了高铁隧道设计、风险防控、安全施工等成套安全施工方法,并成功建造了一批具有代表性的高铁隧道工程:

最长的高铁隧道——石太客运专线太行山隧道。隧道全长 27.8 km,最大埋深 445 m,设计为双洞单线隧道,两线间距离 35 m,于 2005 年开工,2009 年 4 月 1 日开通运营。隧道设置了运营通风和发生火灾时的防灾通风设施。

最复杂的高铁隧道——浏阳河隧道。京广高铁浏阳河隧道位于长沙市境内,长 10.11 km,穿越城市、河流、高速公路。

最密集的高铁隧道群——大瑶山隧道群。京广高铁大瑶山隧道群由大瑶山 1、2、3 号道组成,隧道长度分别为 108 km、602 km、8 km,其中 1、2 号之间距离为 167 m,2、3 号之间为 47 m,三座隧道均为双线隧道。隧道群设置了疏散定点、洞口消防、事故通风等设施。

中国第一座水下高铁隧道——狮子洋隧道。广深港高速铁路狮子洋隧道全长 1 049 km,其中盾构段长 9.34 km,盾构内径 9.8 m,穿越珠江口狮子洋河段,水深流急,隧道水压高,地层渗透性大。中铁隧道局集团采用水底"地中对接、洞内解体"的盾构施工方法,为国内首创,展现了盾构施工的专业优势与技术实力。

强大的桥梁与隧道工程能力是中国高速铁路网覆盖山区、沙漠、丘陵、平原、盆地等各类复杂地质地形条件的基础,而中国在桥梁与隧道工程建设上的领先能力极大程度上助力了高铁产业的发展与成功。表 2.1 列举了中国高速铁路网建设过程中代表性的桥梁与隧道工程项目。

表 2.1 中国高速铁路的主要桥梁与隧道工程

工程类别	代表性项目	描述
桥梁工程	大胜关长江大桥	京沪高铁的重要组成部分,是穿越长江的重要通道
		总长 9 273 m,采用六跨连续钢桁拱桥设计
		主墩之间的最大跨度为 336 m,是世界上支持 300 km/h 高速运输桥梁的最大主墩跨度
		建造桥梁需要耗费 30 万吨钢材和 126 万平方米的混凝土
		2012 年该工程被授予国际桥梁协会颁发的"乔治·理查德森奖",其为全球桥梁工程领域的最高奖项
	北盘江大桥	沪昆高铁第一座桥梁
		主跨度为 445 m
		世界钢筋混凝土拱桥最大跨度和高铁桥最大跨度,实现了大跨度桥梁刚性控制的世界纪录
		2015 年 11 月 19 日完工并投入运营
隧道工程	西成隧道	连接西安至成都的高速铁路
		穿越 135 km 的秦岭,隧道全长 127 km,覆盖 6 条长度超过 10 km 的特殊隧道,其中包含最长的天华山隧道
	大独山隧道	连接沪昆高铁
		全长 12 km,穿越特殊地质区,如喀斯特地质区
		隧道穿越石灰岩、泥灰岩、砂岩等各类地层,包括 7 个主要地质断层、8 个断裂带和 4 个可溶性和非可溶性岩石接触点,克服 44 个洞穴和 1 条地下河的建筑难题

2.2.4 高速铁路桥梁

桥梁是跨越河流、山谷、线路及各种障碍物的架空结构。高速铁路大量采用"以桥代路"的高架桥方案,桥梁结构占线路里程的半数以上。高速铁路桥梁除满足限界、通航、立交净空、渡洪、抗震和国土规划等基本要求外,基于少维修、易维修的目的,桥梁结构在构造上特别注意改善结构的耐久性和使结构便于检查、养护及更换部件。因此,高速铁路桥梁主型采用预应力混凝土简支箱梁形式。

中国高速铁路桥隧、路基等轨下土建工程已具备国际领先水平;轨道结构技术同样处于国际领先水平;高速动车组技术已处于国际先进水平;高速铁路的总体设计、施工、运营、快速建设技术,从安全、可靠、适用、经济、

上篇　中国高速铁路的发展

先进五大指标进行对比，总体技术已处于国际领先水平。截至 2020 年 11 月，中国高铁桥梁数量已超过 3 万座，总长度突破 1.6 万千米。

据统计，桥隧工程占高速铁路线路长度的比例：日本东海道新干线为 47%，东北、山阳、北陆、上越新干线分别为 95%、89%、83%、99%；法国 TGV 东南线为 6%，大西洋线、北方线巴黎环线、里昂—郎斯线分别为 18%、22%、29%、37%；德国曼海姆—斯图加特、法兰克福—科隆、汉诺威—威尔茨堡线分别为 34%、22%、49%。

桥梁堪称高铁线上的"皇冠"。中国高铁快速延伸，高铁桥梁吸引着人们的目光：京津城际铁路的桥梁累计长度占正线总长的 86.6%；京沪高铁的桥梁占线路总长的 80.5%；武广高铁桥梁占线路总长的 42.14%，整体超过 50%；沪杭高铁桥梁占线路总长的 92%……高铁发展对桥梁提出了更高的要求，高铁桥梁的突破则促进了高铁速度、质量、舒适度的提升，促进了高铁的发展。

在中国高铁建设中，桥梁占线路总长达一半以上，有的达到 80%。而以往的普速铁路桥梁所占的比例通常不超过 10%。为什么中国高铁桥梁多？这是因为修建桥梁可以少占地，能有效解决铁路与道路交叉问题，桥梁基桩长，便于有效控制沉降，于是在设计时采用了"以桥代路"的新思路。桥梁建造是高铁工程建设的重要组成部分，它代表了一个国家的科学技术水平及综合国力。高铁桥梁必须有足够的强度、刚度、稳定性和耐久性，对桥梁各结构的变形严格控制。高铁无砟轨道桥梁要求沉降不得超过 20 mm，相邻墩台沉降量差不得超过 5 mm。中国高铁桥梁结构新颖，千姿百态，是科技发展的结晶。其中，京沪高铁丹阳昆山特大桥长度达 164.7 km，为当今世界第一铁路长桥。高铁桥梁和普通桥梁相比有如下特点：

（1）高速铁路桥梁多以中小跨度为主。高铁对线路、桥隧等土建工程的刚度要求严格。因此，高铁桥梁的跨度不宜过大，应以中小跨度为主。国外高速铁路的最大跨度一般在 100 m 及以上，一些采用 25 m、44 m、50 m、58 m 等；中国一般采用 24～40 m，经常以 32 m 为主。

（2）限制桥梁的纵向位移，避免受力出现过大附加应力。高速铁路要求依次铺设跨区间无缝线路，而桥上无缝线路钢轨的受力状态不同于路基，结构的温度变化、列车制动、桥梁挠曲会使桥梁在纵向产生一定位移，引起桥上钢轨产生附加应力。过大的附加应力会造成桥上无缝线路失稳，影响行车安全。因此，墩台基础要有足够的纵向刚度，以尽量减少钢轨附加应力和梁轨间的相对位移。

（3）桥梁需格外重视结构的耐久性，同时便于检查、维修。高速铁路桥梁一方面要尽量减少维修，另一方面要便于日常检查，使其具有长久的寿命和高可靠性。

（4）桥梁建设需注意结构与环境的协调。高速铁路应强调结构与环境的协调，重视生态环境保护，桥梁造型应与周围环境保持一致，并注重结构的外观和色彩，而且在居民点附近的桥梁要有降噪措施，同时避免桥面污水对生态环境的损害等。

南京大胜关长江大桥为世界上首座设计时速 300 km 的 6 线铁路大桥。全长 9.27 km，是京沪高铁、沪汉蓉（上海—成都）铁路和南京地铁共用的过江通道。它在桥梁史上创下"三大高"的四项世界纪录。钢材总用量 82 万吨，一个桥墩的承台面积有 7 个篮球场跨度大。这座巨大"米"形六跨连续钢桁拱桥主跨为 36 m，为世界同类级别跨度最大的高速铁路大桥。南京大胜关长江大桥在施工中自主研发的 Q420qE 新一代桥梁结构钢，首创三片主桁与整体桥面板相结合的共同受力体系，无导向船重锚精确定位技术等新材料、新结构。桥梁由上部的梁或（和）拱、支座、墩（台）、基础组成。为确保高速铁路正常行车和减少维修量，墩台大量采用桩基础，以严格控制墩台基础工后沉降。常用跨度简支梁，根据墩高及地质条件采用直径 1.0 m 或 1.25 m 桩基础；大跨度连续梁及其他特殊形式的桥梁采用直径 1.5 ~ 3.4 m 的桩基础。高速铁路桥梁支座多采用盆式橡胶支座。由于高速铁路桥梁受力较普通小，所以桥台大量采用一字形、空心新型桥台。2012 年 6 月 10 日，第 29 届国际桥梁大会在美国桥城匹兹堡举行。中国京沪高铁南京大胜关长江大桥在会上被授予国际桥梁界影响最大的乔治·查理德森大奖。颁奖嘉宾盛赞该桥是"世界上独一无二的桥梁，是项无与伦比的创举"。

沪苏通长江公铁大桥全长 11 072 m，其中正桥长 5 827 m，南北岸引桥长 5 245 m，主跨 1 092 m，在世界上首创了千米级斜拉桥设计建造技术，首创了 2 000 MPa 级强度斜拉索制造技术、1 800 t 钢梁架设成套装备技术、1.5 万吨巨型沉井精确定位施工技术和基于实船-实桥原位撞击试验的桥墩防撞技术，在我国乃至世界铁路桥梁建设史上具有里程碑意义。

中国高速铁路桥梁已经形成了设计、施工、制造、运维等成套技术，其中，制运架一体化的预制箱梁建造技术、大跨度斜拉桥和悬索桥成套建造技术、深海桥梁成套建造技术等位居世界前列。先后建成了以武汉天兴洲长江大桥、京沪高铁大胜关长江大桥、合福高铁铜陵长江大桥等为代表的一批大跨度高速铁路桥梁，目前在建的世界首座跨度超千米的公铁两用斜拉桥——沪通铁路长江大桥和首座跨度超千米的公铁两用悬索桥——连镇铁路五峰山长江大桥的工程技术和施工难度创造了桥梁建造多个世界之最，取得了多项技术创新成果。另外，高速铁路桥梁要有较强的抗挠和抗扭刚度，不应采用柔

上篇　中国高速铁路的发展

性结构。采用钢结构和框架结构，既可减少维修工作量，而且在有局部损伤时也不会影响整体。同时常采用多跨连续的钢筋混凝土梁桥，使受力安全可靠。在建设高铁桥梁过程中，中国又有很多首创，例如，京广高铁郑州黄河公铁两用桥，全长 2.89 km，公铁合建部分全长 9.17 km，是目前世界上最长的公铁两用桥。大桥采用上下层结构，上层为设计时速 100 km 的双向 6 车道公路，下层为设计时速 350 km 的高速铁路，创下当今世界特大型桥梁通行速度的新纪录类级。未来，将更注重技术创新、桥梁的结构创新、桥梁新材料的研究和工程应用、桥梁施工装备与施工工艺的创新和融合、在桥梁工程中贯彻绿色环保理念、桥梁的精细化设计和施工、桥梁耐久性的设计和维护、既有桥梁的安全性评估和安全使用研究。

【人物故事】在介绍桥梁过程中，很多人都会想到一个人，土木工程学家、桥梁专家茅以升。他主持修建的中国人自己设计并建造的第一座公路铁路兼用现代化大型桥梁——钱塘江大桥，成为中国铁路桥梁史上的一块里程碑。他采用"射水法""沉箱法""浮运法"等，解决了建桥中的一个个技术难题。经过 5 年的努力，茅以升终于将现代化的钱塘江大桥建成。

茅以升先生少年立志于桥梁事业，后又赴美国康奈尔大学和卡内基梅隆大学工学院专攻桥梁专业并获博士学位。他看到祖国江河上的钢铁大桥均为外国人所建，决心为中国人争气，架设中国人自己的大桥。钱塘江大桥开工于 1934 年，要与沪杭铁路衔接。他亲自任桥工处处长，请康奈尔大学的同学罗英任总工程师，寝馈于斯，志在必得。钱塘江乃著名的险恶之江，水文地质条件极为复杂。其水势不仅受上游山洪暴发之影响，还受下游海潮涨落的约束，若遇台风袭击，江面常逞汹涌翻腾之势。钱塘江底的流沙厚达 41 m，变化莫测，素有"钱塘江无底"之说。

建桥遇到的第一个困难是打桩。为使桥基稳固，需要穿越 41 m 厚的泥沙，在 9 个桥墩位置打入 1 440 根木桩，木桩立于石层之上。沙层又厚又硬，打轻了下不去，打重了断桩。茅以升从浇花壶水把土冲出小洞中受到启发，采用抽江水在厚硬泥沙上冲出深洞再打桩的"射水法"，使原来一昼夜只打 1 根桩，提高到可以打 30 根桩，大大加快了工程进度。遇到的第二个困难是水流湍急，难以施工。茅以升发明了"沉箱法"，将钢筋混凝土做成的箱子口朝下沉入水中罩在江底，再用高压气挤走箱里的水，工人在箱里挖沙作业，使沉箱与木桩逐步结为一体。沉箱上再筑桥墩。放置沉箱很不容易，开始时，一只沉箱，一会儿被江水冲向下游，一会儿被潮水顶到上游，上下乱窜。后来把 3 t 重的铁锚改为 10 t 重，沉箱问题才得以解决。第三个困难是架设钢

90

梁。茅以升巧妙采用了自然力的"浮运法"，潮涨时用船将钢梁运至两墩之间，潮落时钢梁便落在两墩之上，省省时，进度大大加快。他们还创造性地解决了施工中 80 多个重大难题。

建桥末期，淞沪抗战正紧，冒着敌人的轰炸，1937 年 9 月 26 日，历时两年半，长 1 453 m、高 71 m 的铁路、公路两用双层的钱塘江桥终于建成通车，打破了外国桥梁专家所谓"中国人无法在钱塘江上建桥"的断言，为抗日战争做出了杰出贡献。1937 年 12 月 23 日，敌骑将临，为了阻断敌人，茅以升受命炸断了亲手建造的大桥，这是何等悲壮的义举。抗战胜利后，茅以升又主持修复了大桥。建桥、炸桥、复桥，茅以升先生始终其事，克尽厥职。钱塘江大桥使沪杭与浙赣两条铁路相连接，使钱塘江两岸由天堑变通途。钱塘江大桥向全世界展示了中国科技工作者的聪明才智，展示了中华民族有自立于世界民族之林的能力。2019 年起，将每年的 9 月 26 日设立为"工匠日"，作为尊重工匠、关爱工匠、学习工匠、弘扬工匠精神的重要载体。杭州也成为全国首个设立"工匠日"的城市。9 月 26 日是钱塘江大桥建成通车的纪念日，选定该日是为了体现对工匠精神的传承和致敬，充分体现了工匠精神的时代性、历史性、民族性、传承性，既是对杭州历史上工匠精神的致敬，更是对杭州"世代匠心"传承的激励。

2.3 高速铁路牵引供电

2.3.1 基本概述

可以形象地将牵引动力称为高铁获得能力的源泉。世界各国的高速铁路，无一例外地采用了电力牵引方式。高速铁路是中国为加大区域间旅客运输能力而大力发展的新型交通形式，相比较于普通的电气化铁路，高速铁路的电力牵引供电系统有其特殊性。目前供电制式，世界各国大都以单相、工频 50 Hz、25 kV 供电制式为主。牵引供电方式除德国以外（德国高速铁路采用直供电方式），各国 300 ~ 350 km/h 高速铁路建设和运营，均采用 AT 供电方式（自耦变压器供电方式）。AT 供电方式在供电能力和减少牵引供电系统的薄弱环节——电分相方面更适应高速铁路旅客列车的需要，同时可明显改善沿线电磁环境并降低建设成本。

从第一条电气化铁路修建至今，中国已完成了从普速电气化铁路至高速铁路供电系统的跨越式发展，取得了高速电气化铁路领跑世界的不菲成就。

1958年，中国开始修建电气化铁路，最初便直接采用了最先进的电压等级为25 kV的单相工频交流电，为中国大规模发展电气化铁路奠定了良好的基础。1961年8月15日，中国第一条干线电气化铁路试验区段宝鸡至凤州段建成通车，揭开了中国电气化铁路发展的序幕。1975年7月1日，宝成电气化铁路全线建成通车，在中国铁路建设史上产生了重大影响。20世纪80年代，中国的电气化铁路飞速发展，电气化改造和建设除了在运煤通道上进行外，又开始在客货运输繁忙的陇海和京广两大干线及通往沿海经济特区的鹰厦线上进行；同时还修建了中国第一条以运煤为主开行万吨重载单元列车的大秦双线电气化铁路。20世纪90年代是中国铁路发展的重要时期，共有鹰厦线鹰潭至来舟段、漳平至厦门段等10条电气化铁路建成。20世纪最后五年，中国建设电气化铁路的步伐加快，建成开通了干武线、京郑线等10条电气化铁路。2002年12月31日建成秦沈客运专线，在此基础上通过总结经验和引进国外先进技术，中国开始了规模化的高速客运专线建设。目前，中国电气化铁路已建成了最发达、场景最复杂、运输最繁忙的铁路网，电气化率世界第一。

通过京津城际、武广、京沪、郑西等高速铁路的成功建设和运行，经过原始创新、集成创新和引进消化吸收再创新，目前在设计、装备制造、施工安装、联调联试、运营管理等技术方面，中国逐步建立和形成具有自主知识产权、国际一流水平的高速铁路牵引供电技术体系和标准体系，系统掌握了高速铁路牵引供电系统设计、施工、高速检测和主要装备等关键技术，攻克了大容量供电及高速度、双弓受流技术难题，基本构建了高速铁路牵引供电系统设计施工、装备制造的成套技术平台。

2.3.2 高速铁路牵引供电系统的特点

（1）动车组的负载率高、受电时间长。列车在运行中，牵引力主要克服轮轨摩擦力、线路坡道阻力和空气阻力三大逆向力。传统的电力机车在运行中主要克服前两项阻力。但是随着速度的增加，空气阻力也呈几何级数增长。因此，对于高速铁路动车组来说，空气阻力成为列车驱动首要考虑的因素。其负载率基本保持平稳，受电时间也较长，从系统取流的时间与取流的大小将大大增加，所以整个牵引系统的负载率将增加。

（2）牵引负荷具有显著的时段特征。短时集中负荷特征明显，在早晚时段和节假日的高峰客流期，根据客流量实际需要，可能组织大编组高密度的客运方案，甚至在短时间内形成密集追踪的行车态势。电力牵引供电系统应具有应对各种集中负荷供电的能力和条件。

（3）需要较高的系统供电能力。以国产高速动车组 CRH3 为例，在 350 km/h 速度下，8 辆编组时，动车总功率为 8 800 kW，加之高速铁路的行车密度大，因此，要求电力牵引供电系统应具备更大的供电能力，即必须对牵引变压器容量、牵引网的电流传输能力进行大幅度提高与加强。

（4）需要较强的越区供电能力。由于高速铁路的重要性以及正点率、动车组本身特点的需求，电力牵引供电系统应具备应对各种异常条件下的供电能力。在出现某牵引变电所解列退出运行的情况下，需通过相邻牵引变电所进行越区供电。对于高速铁路而言，此项功能较之传统的电气化铁道供电系统显得更为重要。

（5）需要采用较高等级的外电系统。由于高速铁路电力牵引供电系统对外电系统的可靠性、系统短路容量要求高，目前高速铁路电力牵引供电系统的受电电压等级均采用 220 kV。普速铁路电力牵引供电系统一般均采用 110 kV 供电。

（6）对弓网间受流提出了更高的要求。高速铁路受电弓——接触网系统是动车组获取电能的唯一途径。弓网系统服役形态直接关乎中国 2.5 万千米高速铁路的运营安全。围绕高速铁路弓网系统在复杂环境下服役形态的检测监测，诊断评估与养护、维护、修护等技术问题开展系统研究，对保障高铁安全运营与效能提升具有重大意义。接触网是电气化铁路电力牵引供电系统的重要组成部分之一，其与电力系统输电线路的最大区别在于：电力系统的输电线路是向静止的负荷供电，而接触网的用电负荷是移动的。移动的速度即为高速列车的运行速度，目前在中国高速铁路的运行速度已达 350 km/h，列车通过受电弓弓头在接触线下的滑动来实现受流。所以，良好的受流要求弓头在接触线下平稳滑动，这在低速运行工况下是易于实现的。随着列车速度的提高，接触网的运行条件变得越来越复杂、恶劣。在高速受电弓的激励下，接触悬挂的振动频率、幅度都在加剧，尤其在双弓或多弓运行模式下，由于后弓受流条件的恶化，在加剧接触悬挂振动的同时，也恶化了弓网间牵引电流的传输，严重影响着高速列车的正常运行。因此，在接触网设计中要充分考虑列车运行速度、受电弓性能、同时工作数量以及空气动力学的影响等因素，正确选择接触网的悬挂方式、线材、张力配置以及主要的技术参数，以满足高速动车组的取流要求。

（7）对设备的安全可靠性提出了更高的要求。高速铁路牵引网正常牵引电流及短路电流均有较大的提高，其流经钢轨产生的钢轨电位也将大幅度提高，因此，牵引回流通道的安全问题更加凸显，即牵引回流网络在安全上对人、轨旁设备的影响及与其他系统的电磁兼容问题更加突出。高速铁路牵引变电所、AT 所、分区所及开闭所采用无人值班的运营管理模式，这对牵引变电设备的安全可靠性、设备及其运行环境的监控以及相关系统的联动均提出了更高的要求。接触网应保证在一定的环境条件下能安全、可靠地全天候运行,这要求接触网在高速运行和恶劣的气候条件下,能保证受电弓的正常取流;接触网线材及零部件应具有足够的抗振动、抗疲劳、抗腐蚀和耐磨性能,并有较长的使用寿命,紧固用零部件要具有良好的抗振能力并要采取有效的防松措施。

(8)对设备系统的互通提出了更高的要求。在高速铁路电力牵引供电系统中,内外部设备系统间的互联及互操性越来越多,这就要求开放各设备系统,统一规划系统间信息交换的标准和传输技术,并对各子系统产生的大量信息进行统一加工、发掘与共享,为电力牵引供电系统正常运营和事故抢修提供决策依据。

2.3.3 电气化铁路供电系统的组成

电气化铁路是以电能作为牵引动力的一种现代化交通运输工具。它与内燃机车牵引不同的地方,是电力机车或动车组本身不带能源,必须由外部供给电能,专门给电力机车或动车组供给电能的装置称作牵引供电系统。同时,牵引供电系统本身并不产生电能,而是将电力系统的电能通过牵引变电所、馈电线、接触网、钢轨、吸上线及回流线供给电力机车(对于直接供电加回流线供电方式而言)。电气化铁路供电系统主要由牵引变电设备、接触网设备、电力供电设备构成。高速铁路牵引供电系统如图2.4所示。

图2.4 高速铁路牵引供电系统

1. 牵引变电设备

（1）牵引变电所。牵引变电所是电气化铁路的心脏。它的功能是将电力系统输送来的 110 kV 或 220 kV 等级的工频交流高压电，通过一定接线形式的牵引变压器变成适合电力机车使用的 27.5 kV 等级的单相工频交流电，再通过不同的馈电线将电能送到相应方向的电气化铁路（接触网）上，满足来自不同方向电力机车的供电需要。牵引变电所一般设在车站的一端，在车站和区间分界处与另一端不同相位的供电臂通过分相绝缘器或电分段锚段关节相连。同一方向馈出回路的高压开关具备旁路备用开关，可满足不间断可靠供电要求和检修的需要。

（2）分区所。分区所的作用是将电气化铁路上下行接触网通过分区所并联起来，以提高供电臂末端接触网上的电压水平，均衡上下行供电臂的电流，降低电能损失，在较重车方向和线路有较大坡道情况下效果更为明显；在一个牵引变电所故障情况下，通过分区所可以由相邻牵引变电所实行越区供电。

（3）开闭所。开闭所的主要作用是在大的编组站和客运站实现分束、分段供电，提高供电的可靠性，缩小停电范围，减少事故对铁路运行的影响。如果开闭所在供电臂末端，通常将其与分区所合建。同样，不同馈出回路的高压开关具备共用旁路备用开关，可满足不间断可靠供电要求和检修的需要。

（4）馈电线。馈电线是牵引变电所与接触网之间的连接线，它的功能是从牵引变电所向接触网供电。它由馈出开关引出，在分相装置的两侧连接到接触网上，使之获得 27.5 kV 的电源。

高速铁路牵引变电设备包括牵引变电所、分区所、AT 所、开闭所、接触网开关控制站等。牵引变电各所亭的接线形式应满足可靠、安全、简捷的原则，馈线接线方式应满足上、下行分别供电及全并联供电的要求。牵引变电设备应尽量满足免维护、少维修的原则，并满足无人值班的需要。

牵引变电所进线电源和牵引变压器、开闭所进线、分区所、AT 所自耦变压器设置备用自投入装置；牵引变电所馈线设一次自动重合闸装置。分区所、AT 所馈线设检压合闸装置。牵引变电所、分区所、AT 所馈线设故障测距装置。牵引变电所、分区所、自耦变压器设基于吸上电流比原理的故障测距装置。分区所、AT 所的吸上电流值通过通信通道上传至同一供电臂的牵引变电所，并与其牵引变电所的馈线所测得的电流值通过接触网故障测距装置进行计算，得出接触网故障点的距离。

牵引变电所一般按无人值班、有人值守方式设计，开闭所、分区所、AT 所按无人值班、有人巡视方式设计。牵引变电所、开闭所、分区所、AT 所的继电保护及自动装置均采用微机型综合自动化系统，系统采用多层分布式结构，采用集中组盘安装方式。牵引变电所、开闭所、分区所、AT所综合自动化系统均由站级管理层、通信层、间隔层三部分设备组成。综合自动化系统完成就地的运行管理（保护、控制、测量、通信等功能），并可通过远动通道与调度端设备接口实现远动功能。为了满足无人值守的要求，各所的防灾安全监控系统及交、直流自用系统的操作、监控、直流绝缘监视等装置接入综合自动化系统。

2. 接触网设备

接触网是电气化铁路上的主要供电装置，它通过钢筋混凝土方柱或等径圆支柱及软横跨、硬横跨，以一定的悬挂形式将接触线直接架设在铁路线路的上方。它的功能是通过与电力机车顶部受电弓的滑动接触将电能供给电力机车或电动车组。从结构形式上看，接触网由接触悬挂部分、支持装置、定位装置、支柱和基础组成。

（1）接触悬挂部分。接触悬挂部分包括承力索、整体吊弦、接触线、中心锚结绳及各种线夹、全补偿下锚装置等。承力索承受接触线的重力，并将整个接触悬挂的重力和拉力（或压力）传给支持装置，同时通过吊弦悬挂使接触线保持在规定的高度，电力机车受电弓滑板同接触线相接触取得机车所需的电能。

（2）支持装置。支持装置包括腕臂、棒式绝缘子、固定底座、腕臂支撑、斜拉线、承力索座等，用于支持接触悬挂部分，并将其负荷传给支柱。

（3）定位装置。定位装置包括定位管、定位器、定位线夹、定位支撑等，用于固定接触线的水平位置。定位器处于受拉状态，使接触线沿铁路线路均匀分布在机车受电弓中心运行轨迹两侧，保证受电弓不脱离接触线而发生弓网事故，并将接触线的水平负荷传给支持装置。

（4）支柱和基础。支柱和基础包括钢筋混凝土方支柱和等径圆支柱、钢柱、软横跨、硬横跨、杯形基础、拉线基础、横卧板、底板等。它用于承受接触网的全部负荷，包括上部结构的重力、垂直线路方向的拉力（或压力）、顺线路方向的拉力。支柱和基础施工质量的好坏直接影响到接触网能否长期稳定运行。

（5）钢轨和吸上线。在电气化铁路上，电力机车是利用钢轨作为牵引电流回路的，大部分牵引电流经过与之相连的吸上线（绝缘电缆）直接回到变电所。由于轨道与大地之间是不绝缘的，所以牵引电流的一部分要流经大地，从埋设在牵引变电所下面的接地网回到变压器。同时钢轨和吸上线不是直接相连，而是在轨道电路绝缘节处增设扼流变压器,二者分别与变压器的接线柱和中性点牢固连接,从而使牵引电流回路和轨道信号回路各自形成导通回路,互不干扰。

(6)回流线。回流线是轨道回路与牵引变电所之间的连接线,它的作用是将流经吸上线的牵引电流直接回送变电所内的牵引变压器,一方面减少电能损失,另一方面降低了对电气化铁路沿线通信、信号线路和装置的电磁谐波干扰。通常回流线与接触网线路同杆架设,每隔一定的区段通过吸上线与钢轨相连。

3. 电力供电设备

电气化铁路电力供电系统是为调度指挥、通信信号、旅客服务等业务提供可靠电力保障的系统。铁路电力供电系统优先从国家(或地方)电网取得可靠电源,通过沿铁路线架设的输配电网络分配给铁路用户。电气化铁路电力供电系统平均每 60 km 建设一座配电所,一般采用双电源供电进线,在铁路沿线架设两条贯通线(高速铁路称为一级贯通线、综合贯通线,普速铁路一般称为自闭线、贯通线)将配电所相互连接形成输配电网络,并向铁路沿线车站及区间负荷供电。相邻两变配电所之间的贯通线称为供电臂,每个供电臂均具备双端供电条件,并可以失压自投。

电气化铁路电力供电系统中进线电压与出线电压不同,经过变压器的称为变电站;进线电压与出线电压相同,一进多出称为配电所,包括 10 kV 变电所(10 kV 降压为 0.4 kV)、10 kV 配电所(进出线都是 10 kV)、10 kV 交配电所(10 kV 变电所和 10 kV 配电所合建)。与地方电力系统相比,铁路变配电所规模相对较小,出线一般只有几回到十几回。

铁路沿线电力负荷既有对供电可靠性要求很高的一级负荷,也有对可靠性要求一般的二级和三级负荷。以铁路沿线信号基站为例,铁路信号基站的可靠运行关乎铁路行车安全,对基站的供电电源可靠性有着严格要求。为了保证铁路沿线信号基站可靠供电,每个基站分别以两条贯通线各取一路电源,形成主备互供。

由此可见,铁路供电可靠性主要取决于变配电所和贯通线的运行水平。随着铁路行车向着高速、大密度迅速发展,对与行车安全密切相关的铁路电力系统供电可靠性的要求越来越高。传统上是依靠人员值班、沿线布置值班检修工区等方式监视控制供电网络运行,如人工调度、电话调度等方式,这已经不能满足行车安全的要求。采用先进的电力自动化技术,实施远程自动监控和调度管理,是铁路电力系统必然的发展趋势。

2.3.4 高速铁路电力供电系统的特点

（1）中小负荷多且广泛分布于铁路沿线。其中分布最广、最重要的中小负荷是信号和通信负荷。它们是行车安全的重要保障，对供电可靠性的要求最高，全线供电方案的确定一般受其影响最大。多数情况下，信号负荷平均每 10 km 就有一处；通信负荷在时速 200 km 以下铁路中一般与信号负荷分布在相同位置，也是平均每 10 km 一处；在时速 200 km 及以上高速铁路中，通信系统成为行车信号的载体，为了实现无线通信信号无缝覆盖，平均每 2.5~3 km 就有一处通信负荷点。每个通信信号用电点的容量在几千伏安到几十千伏安不等。

（2）配电线路采用单芯电缆线路。电力供电系统配电线路的电压一般采用交流 10 kV、交配电所供电距离一般为 30~50 km，故障越区供电时可能超过 60 km。高速铁路由于双回电力贯通线路采用单芯交联聚乙烯绝缘铜芯电力电缆，系统的容性电流增加，带来了供电臂末端电压虚高和功率因素降低等问题。因此，高速铁路电力供电系统的关键问题之一就是如何解决配电线路中的电缆容性电流的补偿问题。

（3）区间采用箱式变电站。由于采用箱式变电站可以做到集中在工厂进行模块化的建造、室内装修、室内设备安装、设备调试，节省房建施工量和现场安装时间，目前在高速铁路区间，均采用箱式变电站向通信、信号负荷供电，箱式变电站的间距一般为 1~3 km。箱式设备集约化程度高、空间小，因此，对设备的几何尺寸、机电性能及与环境的兼容性均提出了很高的要求，同时，对箱体的总成设计，在结构布局、机械强度、密封性能、保温通风、机电控制、使用寿命等方面也提出了很高的要求。

（4）远程监控的范围增大。由于高速铁路电力供电系统采用箱式变电站、无人值班配电所，对设备的安全可靠性提出了很高的要求。同时，为了提高系统运行的灵活性，目前包括主要的低压供电回路开关在内的控制设备均纳入远程监控范围，由于电力供电系统的低压回路数量多，对远程监控系统的系统配置、性能及造价有较大影响。

2.4 高速铁路信号

在传统的铁路运营中，由实际瞭望地面信号机显示，人工完成列车运行控制，但在线路存在曲线、隧道灯地形时，司机瞭望地面信号机的显示存在现实困难，特别是在雨雪、风沙、大雾等恶劣天气下，地面信号更难以看清。而且随着高速列车的出现，列车速度不断提高，当时速达 160 km 以上时，地面信号难以辨认，观察距离 1 km 的信号机，已经很难有充足的时间使司机从容采取措施。如果司机发现红色停车信号，即使立即制动，列车在巨大惯性的推动下，也会越过信号机，单独依赖地面信号机显示是极其危险的，为此必须引入新的列控设备，以新的技术控制列车安全运行。

铁路通信信号设备是严格遵循故障导向安全原则的基础设施，是保证铁路运输行车安全，提高运输效率和运营管理水平的重要装备。铁路通信、信号的发展与国家铁路的发展密切相关，与科技进步紧密相关。铁路通信、信号的发展水平是铁路现代化的一个重要标志。

2006—2010 年，中国铁路改革发展取得了显著成绩，为经济社会发展提供了坚强的铁路运输保障。2008 年开通运营的合宁（合肥—南京）铁路是中国第一条运用客运专线 CTCS-2 级列控系统技术标准体系建造的高速铁路。2009 年开通运营的武广客运专线是中国第一条运用 CTCS-3 级列控系统的高速铁路。大规模铁路建设加快推进，铁路运营里程跃居世界前列，一批速度 200～250 km/h 和 300～350 km/h 的客运专线相继通车运营。中国铁路加大通信信号的技术攻关力量，推进铁路技术创新，一批核心关键技术取得突破性进展，达到世界先进水平。

2010 年至 2018 年是中国铁路信号发展的重要历史时期，这期间 CTCS-2 级列车运行控制系统日趋成熟，CTCS-3 级列车运行控制系统研发成功，为高速铁路的发展提供了可靠的技术支持，铁路通信信号技术达到世界先进水平。中国通信信号在高速铁路列控系统关键技术产业化方面取得了突破，成功研制自主化高速铁路列控系统，在大西客专和京沈客专开展了上道试验和工程示范应用，自主化率达到 100%，可彻底摆脱对国外垄断技术的依赖，而且全部实现产业化，为中国高速铁路列控系统自主研发及技术进步奠定了坚实的基础。2011 年开通的京沪高铁进一步完善了 CTCS-3 级列控系统的功能，并于 2017 年率先完成全路首次标准示范线创建，高铁通信信号技术装备水平得到了显著提升。国产 CTCS-3 级列控系统，自主化 RBC（无线闭塞中心）产品通过 SIL4 级安全认证，2016 年在中国铁路总公司组织的大西高速综合试验段完成上道试验，并于 2017 年 1 月圆满完成不同厂家 RBC 的现场互联互通试验，最终顺利通过欧盟 TSI 认证，获得走出国门的"签证"。2018 年，中国铁路总公司在京沈高铁率先组织全面的智能高铁技术装备测试检验，进行了自主化列控、自动驾驶、铁路下一代移动通信等通信信号关键技术的试验验证，进一步推进了高铁铁路通信信号技术水平的发展。经过十几年的发展，中国铁路通信、信号的技术进步取得重大进展。随着计算机技术、通信技术、自动控制技术、信息技术、网络技术的发展，铁路通信、信号技术的发展正由开环控制向闭环控制发展，由孤立分散的控制向网络化、区域化控制发展，由继电设备控制为主向计算机控制为主发展，由单一的信号向通信信号一体化发展。

2.4.1 高速铁路信号系统的特点

传统的信号系统以地面信号为主，主要职责是实现"信号、联锁和区间闭塞"功能的检查，司机根据地面信号显示行车，只适用于 160 km/h 以下的线路。高速铁路信号系统为满足高速铁路列车运行速度高、密度大和高安全性的特点，增加了一系列功能需求，主要特点表现在以下 4 个方面。

1. 列车运行以车载信号为行车凭证

高速铁路采用列车运行控制系统，包括车载设备和地面设备两部分。在动车组驾驶台设置有车载设备人机交互装置（DMI），司机通过 DMI 可进行列车数据、车次号、司机号的输入、删除和修改，进行列控系统等级、上下行和运行模式选择；列车运行过程中，DMI 实时向司机提供运行前方目标距离、目标速度、运行里程位置、地面机车信号显示等，当列车运行前方为禁止信号时，车载设备能够自动将列车目标点定位在禁止信号前方，防止列车冒进信号；DMI 实时向司机提示列车实际运行速度、报警干预速度、临时限速等信息，以及线路坡度、制动输出与报警提示等信息，正常条件下，由车载设备根据速度监控曲线自动监控列车运行速度，当列车实际运行速度超出报警值后，车载设备自动输出最大常用制动或紧急制动，防止列车超速运行。

2. 列控车载设备根据自动生成的速度监控曲线来监控列车安全运行

高速铁路列控系统是一个高安全等级系统，列控车载设备正常工作所依赖的基础数据必须依赖于地面实时地向其提供。这些数据包括线路坡度、线路静态最大允许通过速度、进路上道岔最大允许通过速度、线路临时限速、轨道区段长度、信号机里程位置、自然灾害防护信息、进路条件信息等。列控车载设备接收到这些信息后，结合车载设备制动模型和动车组的制动性能等因素，自动生成速度监控曲线，监控列车运行。

3. 利用计算机网络完成信号系统内部和外部接口的连接

信号系统是一个结构庞大、接口关系和功能需求复杂的系统。在信号系统内部，由安全数据网连接 RBC（无线闭塞中心）、TSRS（临时限速服务器）、

CBI（计算机联锁系统），传输列控安全信息；在信号系统外部，由计算机网络来完成信号系统与自然灾害及异物侵限监测系统、接触网与供变电、通信、站场、动车组等系统或专业的接口连接。可见计算机网络在高速铁路信号系统中的重要作用。

4. 行车指挥信息化和智能化

高速铁路普遍采用分散自律调度集中（CTC）系统，通过设置在调度所的 CTC 中心设备，实现列车运行进路的自动触发、列车运行计划自动生成与调整、车次号追踪，实时监督调度区段内所有列车的运行位置、运行状态，指挥列车运行。通过 CTC 系统与列控系统的接口，CTC 中心可以实时监测列车运行位置、轨道区段占用/空闲状态、道岔位置、进路状态、信号显示状态，以及装备 CTCS-3 级列控车载设备动车组的实时运行状态、设置、下达或取消临时限速等。通过 CTC 系统与相邻调度台的信息交互，可以实时掌握通过调度管辖边界或局界列车的运行信息。通过设置在调度所的大风监测及异物监测报警系统终端，调度员还可以实时掌握沿线自然灾害发生情况，为行车指挥提供足够的信息支持。

2.4.2 高速铁路信号系统的组成及功能

高速铁路信号系统主要由列车运行控制系统（CTCS）、调度集中系统（CTC）、车站计算机联锁系统（CBI）以及相应的光电缆等高铁信号基础设备及其子系统组成。

1. 列车运行控制系统（CTCS）

为了适应中国高速铁路、客运专线的迅速发展和保证铁路运输安全的需要，铁道部研制成功了"CTCS 系统"（Chinese Train Control System，即中国铁路列车控制系统）。CTCS 体系的构建原则是以地面设备为基础，车载与地面设备统一设计。

1）高速铁路信号与控制系统的发展过程

高速铁路的信号与控制系统，是高速列车安全、高密度运行的基本保证。因此，世界各国发展高速铁路，都十分重视行车安全及其相关支持系统的研究和开发。高速铁路的信号与控制系统是集计算机控制与数据传输于一体的综合控制与管理系统，是当代铁路适应高速运营、控制与管理而采用的最新综合性高技术系统，一般通称为先进列车控制系统（Advanced Train Control System，ATCS）。典型的高速铁路列车控制系统如欧洲列车控制系统（ETCS）、法国的实时追踪自动化系统（ASTREE）、日本的计算机和无线列车控制系统（CARAT）等。

近年来，许多国家为先进列车控制系统研制了多种基础技术设备，如列车自动防护系统、卫星定位系统、车载智能控制系统、列车调度决策支持系统、分散式计算机联锁安全系统、列车微机自动监测与诊断系统等。世界上许多国家如美国、加拿大、日本等国都已逐步推广应用这些新技术。

高速铁路发展较快的日本、法国和德国等国，在地面信号设备及区间设备都采用了符合本国国情的可靠性高、信息量大、抗干扰能力强的微电子化或计算机化的不同形式的自动闭塞制式；车站联锁正向计算机集中控制方向发展；为了实现高速铁路道岔转换的安全，转辙装置也向大功率多牵引点方向发展，同时开发研究了道岔装置的安全监测系统。在列车上，世界各国的高速铁路都积极安装了列车超速防护和列车自动控制系统。

目前，世界高速铁路列车自动控制系统的控制方式主要分为两类：一类是以设备为主、人控为辅的控制方式，这种方式以日本为代表；另一类是人机共用、人控为主的控制方式，以法国为代表。高速铁路的信号与控制设备，分为行车指挥自动化与列车运行自动化两大部分，信号显示应以机车自动信号为主，车站与区间的地面信号为辅。

信息技术沿着信息化、自动化、最优化与智能化 4 个层次发展。信息化是把各物理概念进行数字化，便于计算机处理，这是最初层次；自动化是按某一固定规则重复处理，达到预期的目的；最优化是按某种预定指标，在一定约束条件下求最优解；智能化是信息处理的最高层次，包括理解、推理、分析、判断等步骤。

2）基本功能

CTCS 列控系统是为了保证列车安全运行，并以分级形式满足不同线路运输需求的列车运行控制系统，在不干扰机车乘务员正常驾驶的前提下有效地保证列车运行安全。它的基本功能包括：

① 安全防护：防止列车无行车许可运行，防止列车超过进路允许速度、线路结构规定的速度、机车车辆构造速度、临时限速和紧急限速以及铁路有关运行设备的限速运行，防止列车溜逸。测速环节应保证，一定范围内的车轮滑行和空转不影响车载设备的功能，并具有轮径修正能力。

② 人机交互：为机车乘务员提供必需的显示、数据输入及操作装置。能够以字符、数字及图形等方式显示列车运行速度、允许速度、目标速度和目标距离。能够实时给出列车超速、制动等表示以及设备故障状态的报警。机车乘务员输入装置配置必要的开关、按钮和有关数据输入装置。具有标准的

列车数据输入界面,可根据运营和安全控制要求对输入数据进行有效性检查。

③ 设备制动优先:设备制动优先的列控系统当列车减速时,在闭塞分区入口处,设备自动实施制动,低于目标速度后自动缓解。当列车速度超过紧急制动曲线时,则实施紧急制动。列车的减速制动完全由列车运行控制系统自动完成,不必司机人工介入。设备制动优先的列控系统可以适当缩短列车运行间隔时间,保证列车按时刻表运行。

④ 检测功能:具有开机自检和动态检查功能,具有关键数据和关键动作的记录功能及监测接口。

3)系统组成

地面子系统可由以下部分组成:应答器、轨道电路、无线通信网络(GSM-R)、列车控制中心(TCC)、无线闭塞中心(RBC)。

应答器是一种能向车载子系统发送报文信息的传输设备,既可以传送固定信息,也可连接轨旁单元传送可变信息。目前,中国高铁列控系统技术已实现核心技术和产品的100%国产化,有力地保证中国高铁路网的安全有序运营。

轨道电路具有轨道占用检查、沿轨道连续传送地车信息功能,应采用UM系列轨道电路或数字轨道电路。

无线通信网络(GSM-R)是用于车载子系统和列车控制中心进行双向信息传输的车地通信系统。

列车控制中心是基于安全计算机的控制系统,根据地面子系统或来自外部地面系统的信息,如轨道占用信息、联锁状态等产生列车行车许可命令,并通过车地信息传输系统传输给车载子系统,保证列车控制中心所管辖列车的运行安全。

车载子系统由以下部分组成:CTCS车载设备、无线系统车载模块。CTCS车载设备是基于安全的计算机控制系统,通过与地面子系统交换信息来控制列车运行。

无线系统车载模块用于车载子系统和列车控制中心进行双向信息交换。

4)CTCS的应用等级划分

各应用等级是根据设备配置来划分的,其主要差别在于地对车信息传输的方式和线路数据的来源。线路数据存储于车载数据库,靠逻辑推算来提取相应数据的方式,用于较低等级列控系统;点式信息设备传输线路数据的方式,增加了线路数据的实时性,用于中等级列控系统;至于采用存储电子地图和点式信息设备,提供闭塞区段地址码的方式,将在技术发展中比选;无线通信连续、双向信息传输,有大信息量和实时性的优势,用于高等级列控系统,如表2.2所示。

表 2.2 CTCS 不同等级对照表

应用等级	CTCS-0	CTCS-1	CTCS-2	CTCS-3	CTCS-4
控制模式	目标距离	目标距离	目标距离	目标距离	目标距离
闭塞方式	固定闭塞或准移动闭塞	准移动闭塞	准移动闭塞	准移动闭塞	移动闭塞或虚拟闭塞
制动方式	分级式	分级式	一次连续	一次连续	一次连续
轨道占用检查	轨道电路	轨道电路	轨道电路	轨道电路	无线定位，应答器校正
地对车信息传输	多信息轨道电路+点式设备	多信息轨道电路+点式设备	多信息轨道电路+点式设备或数字轨道电路	无线通信双向信息传输	无线通信双向信息传输
列车间隔时间	按固定闭塞运行，大于对照值 L	L	L	L	小于 L
线路数据来源	存储于车载数据库	存储于车载数据库	应答器提供或由数字轨道电路提供	无线通信提供	无线通信提供

中国列车运行控制系统（CTCS）是中国高速铁路保证列车行车安全、提高列车运行效率的重要技术装备，以有效的技术手段对列车运行速度、运行间隔进行实时监控和超速防护；同时能够减轻司机劳动强度，改善工作条件，提高乘客舒适度。

CTCS 标准体系的建立始于 2004 年。为满足高速铁路建设需求，通过对 ETCS 标准的引进、消化、吸收，并结合中国铁路六次大提速的成功经验，中国构建了具有自主知识产权的 CTCS 列控系统标准。CTCS 是在保证列车安全运行的前提下，以分级形式满足不同线路运输需求的列车运行控制系统。CTCS 根据功能要求和设备配置划分为 CTCS-0～4 五个应用等级。

CTCS-0 级（简称 C0 级）：由通用机车信号和列车运行监控装置（LKJ）组成，为既有系统，适用于列车最高运行速度为 120 km/h 以下的区段。

CTCS-1 级（简称 C1 级）：由主体机车信号和安全型列车运行监控装置（LKJ）组成，点式信息作为连续信息的补充，可实现点连式超速防护功能，适用于列车最高运行速度为 160 km/h 以下的区段。

CTCS-2 级（简称 C2 级）：CTCS-2 级列控系统利用轨道电路实现列车占用检查并向列车连续传送前方空闲闭塞分区数目信息，利用应答器向列车传送线路数据、临时限速等信息，ATP（列车自动防护）车载设备根据轨道电路信息和应答器信息,采用目标距离连续速度控制模式自动计算控车曲线,监控列车运行。CTCS-2 级面向提速干线和客运专线,满足 200~250 km/h 的高速铁路运用,地面可不设通过信号机。2008 年开通运营的合宁线是中国第一条运用客专 CTCS-2 级列控系统技术标准体系建造的高速铁路。

CTCS-3 级(简称 C3 级):CTCS-3 级列控系统是基于铁路数字移动通信系统(GSM-R),实现车地信息双向传输,由无线闭塞中心生成行车许可,轨道电路实现列车占用检查,应答器实现列车定位,并向下兼容 CTCS-2 级功能,如图 2.5 所示。C3 级列控系统可以叠加在 C2 级列控系统上。运用在速度 300 km/h 以上的高速铁路上。CTCS-3 和 CTCS-2 这两个系统的区别就在于,前者在地面设备上增加了无线闭塞中心(RBC)和无线通信网络(GSM-R);车载设备上增加了无线通信单元及天线;车载设备根据 RBC 的行车许可,生成连续速度控制模式曲线,实时监控列车安全运行。2009 年开通运营的武广客运专线是中国第一条运用 CTCS-3 级列控系统的高速铁路。列控中心实现了区间三点检查功能,当出现分路不良时,可有效防止列车追尾的事故,提高了列车运行速度,提高了列车密度。CTCS-3 级列控系统可实现最小追踪间隔 3 min,旅客运输能力得到很大提高。CTCS-3 级实现了由地面固定信号显示的控制到面向列车移动体直接控制的转变;实现了由只是对信号显示控制而不能控制列车执行与否的开环控制到列车按照要求执行信号指令闭环控制的转变;实现了由车站分散控制到调度集中统一指挥控制的转变。

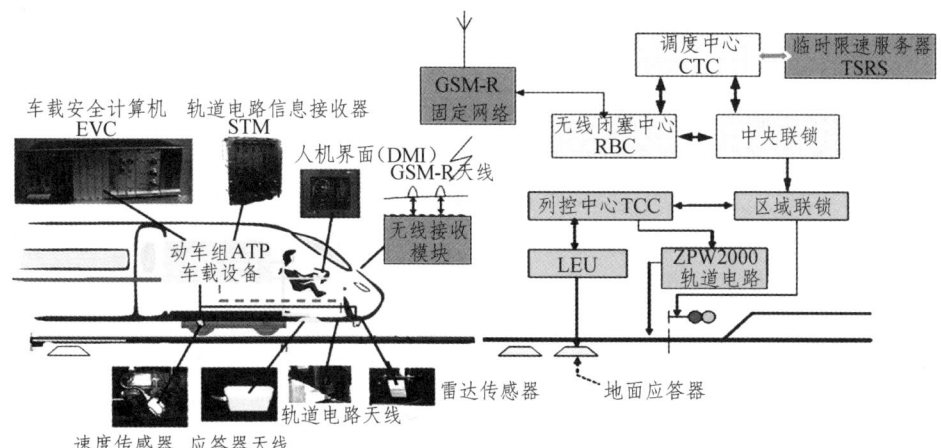

图 2.5 CTCS-3 级列车运行控制系统

CTCS-2/3 是以地面控制为主的固定闭塞系统,列车占用检查由轨道电路实现，地面控制系统根据联锁进路和列车位置生成列车移动授权，并通过轨道电路/无线通信发送给列车，由车载进行列车运行安全防护控制。其主要设备组成、功能及信息流如图 2.6 所示。

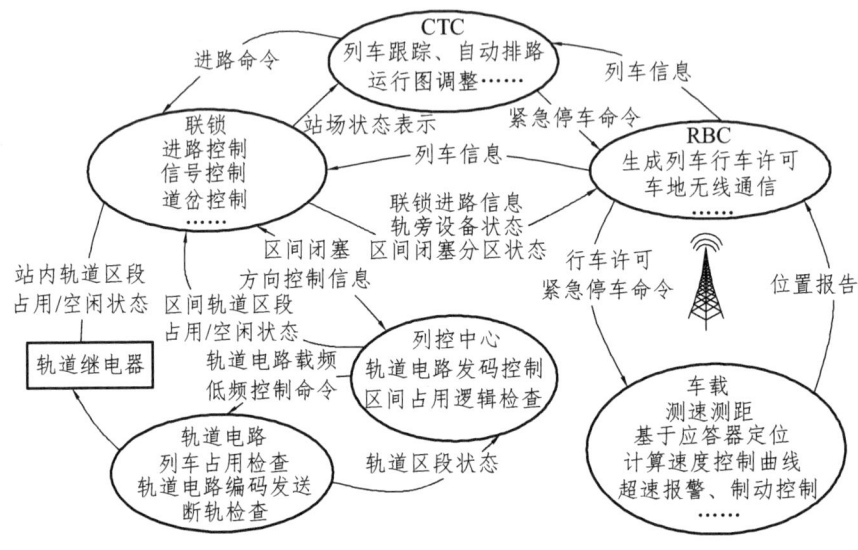

图 2.6　CTCS-2/3 设备构成、功能及信息流

CTCS-4 级（简称 C4 级）：完全基于无线传输信息的列车运行控制系统。地面可取消轨道电路，由无线闭塞中心（RBC）和列控车载设备共同完成列车定位和完整性检查，实现虚拟闭塞或移动闭塞。CTCS-4 级列控系统目前处于理论研究探索阶段。

CTCS-4 是完全基于无线通信（如 GSM-R）的列车运行控制系统，由地面无线闭塞中心（RBC）和车载设备完成列车占用检测及完整性检查，点式信息设备提供列车用于测距修正的定位基准信息。CTCS-4 级列控系统采用目标距离控制模式，列车按移动闭塞或虚拟闭塞方式运行。虚拟闭塞是准移动闭塞的一种特殊方式，它不设轨道占用检查设备，采取无线定位方式，实现列车定位和占用轨道的检查功能，闭塞分区是以计算机技术虚拟设定的。移动闭塞的追踪目标点是前行列车的尾部，留有一定的安全距离，后行列车从最高速开始制动的计算点是根据目标距离、目标速度及列车本身的性能计算决定的。目标点是前行列车的尾部，与前行列车的走行和速度有关，是随时变化的；而制动的起始点是随线路参数和列车本身性能的不同而变化的。空间间隔的长度是不固定的，所以称为移动闭塞。其追踪运行间隔时间要比准移动闭塞更小一些。

2. 调度集中系统（CTC）

CTC 系统由 CTC 调度中心子系统、车站子系统和网络子系统组成。其中，CTC 中心子系统是 CTC 的核心，由中心机房及各调度台应用终端组成。车站子系统主要包括车站自律机、车务终端、综合维修终端、电务维护终端、网络设备、电源设备、防雷设备、联锁系统接口设备和无线系统接口设备等。网络设备主要包括路由器、交换机、协议转换器等。调度集中系统（CTC）见第 3 章相关内容。

3. 计算机联锁系统（CBI）

计算机联锁系统一般由控制台子系统、联锁子系统、输入输出子系统三部分组成。

（1）控制台子系统。该系统也称为上位机子系统，主要由上位机、显示器、上位机转换箱（也称倒机机箱）组成。它主要有操作和表示两个主要功能。它接收车站值班员的有效操作命令，向主控系统发出相应的执行命令；它接收主控系统提供的站场表示信息，向值班员提供站场图像的实时显示。

（2）联锁子系统。联锁子系统是 CBI 的核心，由并列两重系组成，每系都具有两套通信接口，分别完成与输入输出系统的接口及与上位机子系统的接口。它的功能主要有：根据接收来自上位机子系统的进路操作命令和来自输入输出子系统的现场设备的状态信息，进行联锁运算，并根据运算结果进行相应的控制。

（3）输入输出子系统。输入输出子系统由电子电路（驱动、采集电路）和继电电路组成。其主要功能是接收来自联锁子系统的控制道岔和信号机的命令，完成对实际道岔和信号机的控制；同时采集室外道岔、信号机和轨道电路的状态信息，发送给联锁子系统。

2.5 高速铁路通信

2.5.1 高速铁路通信系统的主要组成

铁路专用通信业务是指铁路运输组织、客货营销、经营管理等活动所使用的通信业务，一般包括语音通信业务、数据通信业务、图像通信业务和其他业务。铁路专业通信业务包括干局线通信、区段通信、站场通信、无线专用通信、应急通信和列车通信。其中干局通信以调度通信和电视会议为主，区段通信以电信和信号控制信息为通信手段，站场通信以广播、电话等通信手段为主，无线专用通信以调度电话、防护报警、移动通信系统、对讲为主，应急通信和列车通信以电话指挥系统、图像数据传输为主。随着现代铁路通信技术的不断发展，铁路通信新技术已经应用在铁路运输中，其中以高速铁路信号系统为代表的通信技术，运用了先进的通信技术，提高了铁路安全稳定的运行效率，用现代化计算机技术和通信技术来准确、及时地完成运行信息的采集、处理、传输、反馈和信息资料共享等功能，确保铁路安全和高效运行。

铁路专用通信业务按照通达地区和通信范围一般分为长途通信、地区通信、区段通话和站内通信 4 种，按照通信业务性质可以分为公用通信和专用通信。

高速铁路通信基础设备共包括 14 个子系统，按系统功能可分为基础承载网、支撑网、业务网三类。其中基础承载网包括通信线路、接入网、传输网、数据通信网 4 个子系统；支撑网包括时钟同步网、时间同步网、通信电源 3 个子系统；业务网包括电话交换、调度通信、会议通信、应急通信、综合视频监控、铁路数字移动通信系统（GSM-R）、移动通信终端 7 个子系统。

2.5.2 高速铁路通信技术的特点

高铁铁路通信技术的特点主要有：通信技术与行车安全相融合，彼此渗透，提高安全运输的目的；有效地实施以铁路调度中心为中枢的质量保证和安全管理；整个通信系统设计贯彻了集散控制和综合集成的设计思想；采用了现代化人机交互、优势互补的管理决策方法。高速铁路通信技术是现代铁路通信技术的代表，它是一个从构思、实施到运行管理不断完善的过程，也是人在铁路安全保障体系中核心作用和主导作用的集中体现。

高速铁路通信具有以下几种作用：保证调度指挥命令信息及时、准确、可靠地传输；为旅客提供各种服务的媒介；为设备维修、运营管理进行信息传输。

传输系统作为铁路所有系统信息的基础承载平台，主要承载了语音业务、数据业务和图像业务的传送，主要为高速铁路信号、供电、信息等专业如 CTC、SCADA（数据采集与监视控制系统）、客票等业务提供端到端的透明传输通道。

数据通信网系统是铁路 IP 数据业务的综合承载网络，是铁路通信及信息等系统共用的数据通信基础网络平台，主要为高速铁路信号、供电、信息等专业如列车进路预告、调度命令、视频监控、动态监控、微机监测等业务提供端到端的透明传送通道。

调度通信系统是铁路可实现区段调度、站场内、站间、区间等与高速铁路运输指挥有关的调度通信业务。它主要提供给各调度员、车站值班员使用。

应急通信是在发生高速铁路突发事件时，临时在救援现场内部、现场与救援指挥中心之间以及各相关救援中心之间建立的语音、图像等通信系统。它主要提供给应急指挥中心使用。

铁路数字移动通信系统（GSM-R）是原有 450 MHz 无线列调的升级替代技术，是在 GSM 系统的基础上增加了调度通信功能和适合高速环境下使用的要素，能满足国际铁路联盟要求的铁路专用无线通信系统，使用国家无线电管理委员会核批的 900 MHz 频段。它主要由移动台、无线网子系统、核心网子系统和操作维护子系统四部分组成。除了能支持语音、短消息、语音组呼、广播业务外，还支持基于功能的寻址、基于位置的寻址、铁路紧急呼叫等具有铁路特色的补充业务。它主要提供给动车组司机、随车机械师、列车长、助理值班员以及工务、电务、供电、客运等专业的运维人员使用，该系统同时还负责提供 C3 列控系统的车地信息传送业务的承载通道。

2.5.3 高速铁路通信技术的应用

（1）列车定位技术。信息时代的今天，计算机技术、通信技术和控制技术得到飞速发展，在现代的铁路通信技术上，综合利用 3 种技术代替了轨道电路、计轴闭塞技术。卫星定位技术和无线定位技术就是运用这 3 种技术进行位置检测的一个典型代表。列车定位技术利用全球导航卫星系统能准确地提供列车所在位置、运行状况、运行指数，进行不间断地跟踪，其中车载测速设备和计时装置的无线定位在一些发达国家已经使用。列车定位技术的使用，能高精度缩小现有的闭塞区间长度，提高线路运输能力，改善运输业绩，优化制动曲线，确保精确制动，提高运行安全，降低运行成本，提高铁路经济效益。

（2）网络化技术。随着高速铁路在中国全面铺开，铁路大提速也达到一个质的飞跃，铁路控制系统也不断更新设备，如今的高铁信号系统已经不是传统意义上各种信号设备的简单组合，而是一个层次分明、相互关联、功能强大的一个控制系统。而支持这种控制系统的就是计算机网络化，铁路通信网络化能使指挥者全面了解辖区内的各种情况，灵活配置系统资源，保证铁

上篇　中国高速铁路的发展

路运输的高效性和安全性。在网络化信息系统中，能够及时、方便地检测预防行车中的危及因素，一旦发现险情能通过网络及时告知司机或列车控制系统，以便采取应急措施。网络化通信系统还能够实施信号系统和控制设备智能化，借助先进的计算机技术来合理规划列车运行，优化运输生产系统，提高运输能力；控制系统智能化，能使各级指挥、调度准确、及时地获取、掌握运输信息，进而通过智能来指挥和控制列车的运行，降低了人为因素的干扰。另外，在中国近十年来的通信网络化建设，运输管理信息系统已经覆盖全国，该系统能将铁路通信实现网络化，使国家的铁路运输水平和能力提升到一个新的层次。

（3）铁路数字移动通信技术。铁路数字移动通信技术是最新的铁路专用通信技术，它是在数字蜂窝移动通信技术上加上调度通信功能，能满足现代铁路专用调度通信的要求，目前在欧洲已经广泛使用，为铁路运输管理和列车控制系统提供了强大的信息传输手段，中国在大秦铁路和青藏铁路率先使用这种技术。数字移动通信技术是有线网络和无线网络的结合体，基站与移动台之间是无线连接，基站与交换机之间，交换机与交换机之间都是有线连接，这种技术实现了组呼通话和平面调车数据的同步传输，拓展了铁路无线数字通信系统的应用范围。这种铁路数字移动通信技术的使用，能为列车提供无线上网、运行信息传输、话音以及图像交换等高质量的信息传输通道。

中国铁路通信技术是随着网络技术的不断发展而发展的，以上提到的列车定位技术、网络化技术和铁路数字移动通信技术都是目前世界上最为先进的铁路通信技术。虽然中国铁路通信技术相对发达国家落后，但是，近年来中国在铁路通信技术上也得到飞速发展。目前GSM-R技术已经广泛应用，并达到世界先进水平，铁路通信技术向着网络信息化方向发展，从铁路信号系统发展看，中国铁路通信技术必将向自动化控制方向发展，实现集运输计划、维护工作管理、设备管理、运行管理、集中信息管理、车辆管理、站内管理、电力系统控制、站内工作管理和通信信号于一体化管理系统，实现低成本、高性能的列车运行控制系统。铁路通信网未来的趋势应该与公共网相结合，最终使铁路通信网相统一于公用网，在无线数字网络技术上要向新一代的CDMA（码分多址）的方向发展，形成强大的铁路网络通信技术。

【小知识】5G是跨时代的技术，除了更极致的体验和更大的容量，它将开启物联网时代，并进入各个行业。5G相对于4G有新频谱、新空口、新业务、新架构、新场景五大创新点。车站里能体验什么 5G 活动？4G 的人均速率为 5~10 MB/s，5G 的速度将提升 10 倍。目前，5G 网络峰值速率能达到 1.2 GB/s，下载一个 2 GB 的高清电影，最快 20 s 就可以完成。这样的带宽和网速能满足包括智能服务机器人在内的大量物联网设备的接入。5G 低时延的特点可以让室内导航精度更高，可以在高峰期精确监控疏导人流。另外，5G 技术具有超高带宽、超低时延和海量连接等特征，充分弥补了用户的多样化需求，在自动驾驶、智能制造等众多垂直行业具有广阔的应用空间。但由于 5G 频段较高、单基站覆盖范围较小等特点，5G 网络建设成本为 4G 的 2~3 倍。对于大型楼宇、高铁、矿山等相对封闭场景，5G 基站很难进行无缝覆盖，Wi-Fi 将会是 5G 的最好补充，而高铁 Wi-Fi 与 5G 技术的融合也将创造更大的社会效益和经济效益。

上海虹桥车站是亚洲最大的火车站之一，每年发送旅客超过 6 000 万人次，高峰期间单日旅客发送量超过 33 万人次。据上海移动统计，在 2019 年春运期间，虹桥火车站单日移动通信流量突破 7 000 GB，是 2018 年春运期间的 2.3 倍。2019 年 2 月 18 日上海虹桥站正式启动 5G 网络建设，成为全球首个用 5G 室内数字系统建设的火车站，并在 2019 年 9 月完成 5G 网络深度覆盖。广大旅客将享受到高速、便捷的各类 5G 网络服务。在虹桥火车站的 5G 体验区可以看到许多方方正正的小盒子，它们是 5G 室内小基站。这些 5G 室内小基站能够均匀辐射 5G 信号，适用于人流量大、室内结构不规则的火车站，而且安装十分便捷。由于 5G 手机还未普及，5G 小基站还需要配上这个圆柱形设备才能让现有的 4G 手机连上 5G 网络，这个叫 CPE（客户前置设备）的圆柱形设备，把 5G 转化成 Wi-Fi 信号，让我们不用换手机也能体验 5G 网络。

2019 年 3 月，位于白洋淀高铁站的雄安新区移动 5G 智慧车站体验展区吸引了广大出行旅客的关注和积极参与，展区现场提供了基于 5G 的高清视频及下载速率等各项业务演示。体验展区的 5G 用户体验速率可达到 800 MB/s~1 GB/s，这意味着，用户下载一部大小为 1 GB 的高清电影最快只需几秒钟。此前，雄安新区移动已成功实现了白洋淀高铁站 5G 覆盖。本次智慧车站试点在完成 5G 网络覆盖的基础上，充分利用 5G 低时延的特性，通过利用 5G 大带宽优势，将车站现场视频实时回传到监控中心，可远程实时监控 5G 客流，做好远程安保工作。随着 5G 应用场景的多样化，未来的 5G 车站除了可以满足大量人群的高速上网需求，还可以支持 4K 高清视频通话、超高清多路视频回传等业务。

2.6 高速铁路动车组

当前，国外高速铁路动车组列车已普遍采用了轻量化铝合金车体、大功率交直交牵引传动、高可靠性无摇枕转向架、微机控制电空联合制动、基于计算机和网络技术的列车控制及旅客信息系统等技术。在动力配置方式方面，日本采用独立式动力分散型动车组，法国采用铰接式动力集中式动车组，德国兼有独立式动力分散和动力集中两种动车组。由于动力分散型动车组比动力集中式动车组在高速运用条件下具有相对明显的优点，原采用动力集中技术的国家在开发时速 300 km 及以上高速铁路动车组时，也选择了动力分散技术。在当前技术条件下，动力分散型动车组成为高速铁路动车组的发展趋势。中国铁路坚持原始创新、集成创新和引进消化吸收再创新相结合，系统掌握了 250 km/h 和 350 km/h 及以上速度等级的高速铁路成套技术，构建了具有自主知识产权和世界先进水平的高速铁路技术体系。

高速列车是高新技术的系统化集成，涉及包括机械、材料、电子计算机、网络通信、工程仿真等领域的最新技术，采用了诸如大功率牵引、制动控制、列车运行控制、空气动力学工程、减振降噪技术、可靠性与安全性技术等铁路专业领域的最新重大成果，是高速铁路的标志性移动装备。

动车组是铁路旅客运输的高速运载工具，由若干动力车和拖车（或全部由动力车）长期固定连挂在一起组成的车组。传统的机车牵引形式就是牵引动力集中配置，列车由一台或几台机车集中于一端来牵引，由于机车总功率受到限制，难以满足进一步提高速度的要求。

动力分散方式动车组的动力配置有两种模式：一种是完全分散模式，即动车组中的车辆全部为动力车；另一种是相对分散模式，即高速列车编组中部分是动力车，部分为无动力的拖车，如目前中国普遍运用的各型动车组。动力集中式动车组在中国还没有得到广泛应用，目前正处于研究试制阶段。

2.6.1 动车组的设备组成

高速动车组总成技术包括总体技术条件、系统匹配、设备布置、参数优化、工艺性能、组装调试和试验验证。在总体设计技术条件下，对动车组车体、转向架、牵引传动系统、制动系统、列车控制网络系统、辅助供电系统和车端连接装置等元素按照有关参数进行合理选择设计和优化，确定各子系统间的接口关系。最后经历生产、组装、测试、调整和试验等过程，完成动车组整体集成。

动车组组成技术中包含"九大关键技术""十项配套技术"。九大关键技术是指系统集成、车体、网络控制系统、牵引控制系统、转向架、牵引电机、牵引变流器、主变压器、制动系统;"十项配套技术"是指受电弓、空调系统、车钩及缓冲装置、车门、车窗、集便装置、车内装饰、座椅、车端连接及风挡装置、车内电器。"九大关键技术"和"十项配套技术"中,转向架、牵引传动装置、制动系统、车钩及缓冲装置、网络控制系统、受电弓、主变压器、蓄电池等系统(部件)发生故障的占比较大,对动车组运行安全风险的影响较大。

(1)转向架。转向架是动车组车辆系统中最重要的组成部件之一,主要包括轮对和轴箱、弹簧悬挂装置、构架、牵引驱动装置、基础制动装置。主要功能:承载车体、乘客重量,使轴重均匀分配;转向,保证车辆顺利通过曲线;缓冲,缓和线路不平顺对车辆的冲击,保证车辆具有良好的运行平稳性;牵引(动力转向架),保证必要的轮轨黏着,并把轮轨接触处产生的轮周牵引力传递给车体、车钩,牵引列车前进;制动,产生必要的制动力,使车辆在规定的距离内减速或停车。

(2)牵引传动装置。牵引传动装置包括牵引电机、联轴节、齿轮箱。牵引电机通过牵引变流器输出的三相交流电工作,内部转子转动输出牵引力矩。联轴节是过渡部件,将牵引力矩传动至齿轮箱,由齿轮箱将牵引力矩传动至动车组轮对,带动轮对转动,使动车组前进运动。

(3)制动系统。制动是利用制动力使列车减速、停车、阻止其运动或加速的统称。动车组采用复合制动模式,包括电制动和空气制动。电制动是将牵引电机转换成发电机形式工作,所发出的电能反馈到接触网产生制动效果;空气制动是将电指令转换成空气指令送入制动缸,将制动缸内的压缩空气传送至制动夹钳,使制动夹钳的闸片夹紧制动盘产生摩擦来实现制动。

(4)车钩及缓冲装置。车钩包括列车两个头车的自动车钩、连接动车组本身车辆之间的车钩。车钩缓冲装置安装于车辆底架上,该装置传递列车运行过程中的牵引力和制动力,缓和列车的纵向冲动。

(5)网络控制系统。动车组的网络控制系统是实现整个动车组功能的关键,同时也是其监控和诊断的核心,主要由主处理单元、列车信息显示装置、车内信息显示装置、网关、远程输入输出模块等组成。其主要功能是牵引控制、制动控制、设备状态监测与控制、辅助设备控制等,同时可以记录、存储车内设备的数据信息,便于进行故障分析与排除。

(6)受电弓。受电弓是将电能从接触网引入动车组的设备,由炭滑板、上框架、下臂杆、底架、升弓气囊、支撑绝缘子等部件组成。受电弓升弓时，压缩空气经过控制阀板进入升弓气囊，升弓气囊使下臂杆转动，抬起上框架和炭滑板，接触接触网进行受流；受电弓降弓时，受电弓内的压缩空气经过快速降弓阀（ADD 阀）迅速排向大气，受电弓由于自重原因降下。

（7）主变压器和蓄电池。主变压器是将受电弓引入的高压电能进行整流逆变成牵引系统、空调系统及其他辅助系统所需要的电压的设备，同时通过充电机对蓄电池进行充电。主变压器采用冷却油循环和风冷的冷却模式。蓄电池电压为 110 V，提供司机室激活所需的电能，用来升起受电弓，并为动车组各网络模块、各监测安全环路和应急照明供电。

中国高速列车的关键技术代表着高速列车总体技术的发展水平，而且随着速度的进一步提升，高速列车的开发必须在这些关键技术上取得创新和突破。

（1）动车组整体集成技术。动车组整体集成技术是对动车组车体、转向架及牵引变流、制动、网络控制、辅助供电、车辆连接等元素按有关参数进行合理选择设计，进而生产、组装、测试、试验的过程。通过集成使动车组达到牵引、制动、车辆动力学、列车空气动力学、舒适性、安全性等性能要求。

（2）车体技术。动车组由于运行高速化需要对车体进行流线化设计并对车体减重，动力分散使得车体承载了众多设备，车体保证强度、刚度与轻量化上要达到一种平衡。车体技术包括铝合金/不锈钢车体焊接制造技术，车门、车窗的整体加工技术等。

（3）高速动车组转向架技术。转向架是列车高速运行最重要的基础条件之一，作为执行机构，转向架在保证列车高速稳定运行时承担列车的减振降噪作用；作为承载结构，转向架在各种振动工况下确保结构的强度安全可靠。

（4）牵引传动与控制技术。牵引传动系统包括牵引电机、牵引变压器、牵引与辅助变流器、牵引控制系统。列车网络控制系统采用双绞屏蔽线和光纤为传输介质的网络通信技术；硬件与软件相结合的系统冗余控制技术；具有自诊断功能的系统监视与诊断智能技术。

（5）制动技术。列车速度不断提高的同时，还必须能在规定距离和时间内停车，依靠传统的摩擦制动方法已经不能实现有效制动，也不能确保安全。因此，高速动车组要综合利用多种制动技术实现动车组的制动。

动车组的控制是模块化、智能化的。模块化、智能化系统是靠分布式计算机系统实现的。要使全车需要控制的装置均受到监控，如牵引系统、制动系统、压缩空气供给系统、通信系统、车钩系统、列车安全和自动保护系统、旅客信息系统、车内环境调节系统、门系统等。相关软硬件设计模块化、智能化程度高，为列车安全、高速运行提供了可靠保证。

动车组整列车分为多个基本单元，每个单元有相对独立的高压系统、牵引系统和辅助动力供给系统，单元之间采用多功能车辆总线相连。牵引控制系统是一个基于现场总线的分布式控制系统，各列车基本单元独立运行，受列车主控制器的协调与监控。每台动力转向架上的两个牵引电机并联到一个计算机控制的变压器上，可实现牵引、再生制动工况的灵活转换。两者的优化匹配设计，减小了波形畸变和转矩波动，噪声小、损耗少，最大限度减少了牵引电机零部件数量，减少了维修时间，提高了系统可靠性。牵引电机变流器功率器件采用模块化设计，开关频率高，抗干扰及短路保护能力强，性能好，工作可靠。变流器采用微机控制，具有自检、自诊断和保护功能，模块化程度高，冷却系统效率高，控制系统协调性好。

2.6.2 动车组轻量化

对于高速动车组列车来说，笨重的车体一直是限制其高速行驶的难题，要实现车的高速运行，在确保车体强度、刚度的前提下，减轻列车质量势在必行。车体车内设备及走行部（转向架）质量的减轻实现了列车的轻量化，不仅可以减少材料的消耗，降低牵引功率，提高列车运行速度，改善列车起动和制动性能，而且可有效减小轮轨间的动力作用，减小振动和噪声，增加机车和线路的使用寿命，达到节能和环保的要求。

车体轻量化的主要目标：节能，主要体现在牵引和制动消耗的能量上，质量轻，所需牵引和制动功率就小；减小对轨道的破坏，主要是列车越重，对轨道的动冲击越严重，易造成轨道的破坏；改善振动噪声引起的环境问题，质量越大，动噪声越大。列车轻量化是一个综合工程，需要从材料、结构、工艺等多方面进行考虑，直观体现在轴重的变轻上。具体可分为车体结构轻量化，转向架轻量化，车内设备、变电系统的轻量化，这些反映一个国家的综合设计及制造水平。由于轴重的增加，列车在高速运行时钢轨承受轮载而产生的轮轨接触应力、轨头部的剪切应力、局部应力和弯曲应力将相应增加，同时疲劳荷载作用下的应力水平也将随之提高，从而大大缩短了钢轨的使用寿命。减轻轴重能有效降低对地基的振动，减少线路的破坏和维修工作量，进而减少钢轨的损伤和提高其使用寿命。

线路上的钢轨头部损伤几乎全是疲劳损伤，钢轨折损率随轴重的增加而增加。而接触理论表明，轮轨面上的接触应力和轨头内部的剪切应力与轴载荷成正比，且与车轮直径及踏面外形有关。所以减小轴重可减少钢轨的损伤和提高其使用寿命。牵引动力集中配置的动车组，动力车的轴重最大。显然，降低轴重受机车车辆结构设计、制造水平的限制。但从降低对线路的损伤和动力作用出发，还是应该要求机车车辆适应线路，实现车辆的轻量化。

车体轻量化技术的主要措施是采用铝合金车体。而铝合金结构由最初的以铝代钢的原钢结构，经过铝型材结构、铝蜂窝结构、大型铝挤压型材，发展到中空双表面大型铝合金挤压型材。"和谐号"系列车型的一个共同特点就是车体轻，速度快。在首列国产化高速列车上，四方股份采用的铝合金车体，质量比欧洲同类车体轻20%以上。车体如此之轻使列车在节能上的表现极为优越。铝合金车体的优势可综合为以下几点：① 制造工艺简单，加工费用节省；② 减重效果好；③ 良好的运行品质；④ 耐腐蚀，可降低维修费。此外，铝合金车体还具有外表平滑美观的优点。中国系列动车组车体经优化设计，可以满高速、安全、乘坐舒适、车辆自重及经济等方面的技术要求。

2.6.3 动车组车体及车内设备

高速铁路动车组车体设计考虑了高速、经济性、碰撞安全性、乘坐舒适性、车辆自重等要求，采用了单层外壳内部构架结构，列车固有频率高，满足高速运行要求。不锈钢车体寿命周期成本低，防腐、防火性能好，CRH系列动车组采用了不锈钢车体。动车组铝合金车体一般采用大型中空铝合金挤压型材双面焊接结构（即双定构），上下为整体铝壳板，采用交叉斜筋支撑，形成中空状。动车组双壳结构铝合金车体具有许多优点：制造成本低，质量好；质量轻，降低轴重，减少运营成本；隔音效果好，提高乘坐舒适度；整体刚性好；维护小，寿命周期成本低；防腐性好等。动车组头型采用纵向双曲面拱面，横向采用五曲面拱面，具有良好的气动特性，完全满足高速行驶要求。动车组的侧窗和盲窗采用高强度聚氨酯密封胶粘贴的防寒中空玻璃窗，与侧墙外表面平齐，以满足美学和空气动力学的要求。因侧窗强度高，不易击碎，故在车辆上设置了一定数量的逃生窗并配有小锤，以保证10~20 s内能击破窗户进行逃生。动车组车钩包括自动车钩、半永久车钩和过渡车钩。自动车钩能保证列车间的自动连挂，同时实现空气管路和电气的对接。不连挂状态时可将车钩收回至车钩外罩内，从而保护车钩，保证车头的流线型，改善空气动力学性能。半永久车钩连接编组内车辆，具有缓冲装置和吸振装置，并装有横向减振器，能增加乘坐舒适度，减少脱轨系数，增强安全性。

动车组外门采用了先进的电动塞拉门,门页周围采用膨胀式密封,能抵挡出隧道时产生的压力波引起的剧烈振动,可有效抵挡压力波造成的影响,避免乘客的耳朵受到损害。门的开闭由微机控制,具有障碍探测功能。

动车组为了减轻质量,在内装方面采用了许多新材料和新技术,如地板、侧墙、端墙、天花板等采用了复合材料、铝板、树脂板等,能满足质量轻、强度高、抗振、防火等性能要求。动车组车内具有压力保护功能的车内空气调节系统。动车组采用分体式空调系统,具有压力保护功能,在车外空气压力发生剧变的瞬间(如列车交会或过隧道),保持车内压力不发生较大变化,以提高舒适性。空调系统还采用多种温度传感器传递各处的温度信号至微机系统,从而进行最优化控制。

动车组卫生间采用模块化设计,内部设备都预先安装完成后再整体安装到车上。内部设备包括集便器系统、洗漱设备、加热器系统、照明系统、扬声器系统、温控系统、火警探测器系统等。真空集便系统由微机控制,能以较小耗水量实现良好的清洗效果。

2.6.4 转向架技术

动车组转向架的质量是影响转向架动力学性能的重要参数,其质量分为簧下质量和簧间质量。簧下质量是影响轮轨动作用力的重要因素。高速列车转向架须尽量降低簧下质量。为此,高速列车转向架采用整体辗钢小轮径车轮、空心车轴、轻金属轴箱体、轻量化轴箱轴承和电动机架悬或体悬的悬挂技术,以全面降低簧下质量。

动车组转向架采用两系悬挂。一系弹簧较硬,二系弹簧较软;一系并联垂向液压减振器;二系采用高圆钢弹簧或空气弹簧,并适当匹配液压减振器,以实现垂向和横向软特性。二系特性将构架振动与车体有效地隔离,使车辆能够获得良好的运行平稳性。转向架一系悬挂参数的纵横向匹配对转向架运行稳定性具有显著作用,并影响转向架的曲线通过能力和轮轨的横向动作用力。高速列车转向架设计十分重视一系纵横刚度参数匹配。为了获得准确和稳定的参数匹配值,转向架在结构设计时,须控制参数的准确性。高速列车驱动技术是高速列车转向架首先需要解决的问题。高速列车转向架驱动机构由牵引电动机、齿轮传动系统和联轴器构成。驱动系统须满足足够大的牵引功率、高的运转速度、轻的质量和小的体积空间等要求。为此须解决以下技术问题:

(1)交流传动技术。大功率牵引是高速列车遇到的首要问题。功率大、质量轻、体积小的交流电动机对改善高速列车转向架的动力性能起到了关键性作用,同时使高速列车转向架有可能采用大功率电机实现高速牵引的需要。此外,交流传动技术结合先进的黏着利用控制技术可以提高黏着利用率。

（2）高速齿轮系统传动技术。牵引电机的功率是通过高速齿轮箱传递给轮对的。高速齿轮箱设计须充分估计其工作环境和载荷强度,解决好减重、齿轮高速的问题,并解决好轴承润滑和齿轮箱密封的技术难点。

为了保证高速列车安全可靠,高速动车组转向架主要解决以下问题：轮轴的状态问题,尤其是要监控车轮的情况,关注车轴材料对裂纹敏感性和轮座的微动磨损；吊挂部件的防落问题,防止发生因部件坠落的事故；轴承润滑问题,运用中应定期更换润滑油,加强油面的控制,杜绝在缺油的情况下运行,丰富轴温监控的内涵,强化故障诊断功能,预防故障的出现；强度和疲劳问题,对关键受力螺栓进行监控,定期掌控构架等承载件的强度；关键件的防护问题,保护转向架下部的制动管路、制动缸、齿轮箱和托架箱体,防止因飞石打击造成部件损坏。

2.6.5 交流传动技术

现代高速列车和动车组几乎全都采用了先进成熟的交流传动技术。交流传动电力牵引列车一般来说主要由受电弓从接触网上将单相交流电引入列车,经过主变压器进行变压后向主变流器输入,变成需要的直流电,再经过逆变器逆变成牵引电机所需的三相交流电,简称交-直-交传动。

（1）变流传动的优越性。三相交流牵引传动系统的优越性在于它集成了简单可靠的三相交流电动机、先进的电子技术和半导体技术,是牵引电传动发展史上的重大突破。三相交流传动系统在机车车辆上的应用已成为主流,也是列车先进技术的代表。

（2）具有良好的牵引和制动性能。由于三相交流电机容量大,一般不会受发热条件的限制,而直流电机常受到最大启动电流和最大磁场削弱的限制。交流电机采用四象限变流器,可以很方便实现牵引与再生能量的转换,为高速列车再生制动创造了条件,节能显著。

（3）具有良好的黏着利用和防空转性能。由于三相交流电机采用平滑调频、调速,牵引力的变化是无极平稳的。同时,调节是采用电子系统依据给定牵引力和转差自动进行,因此启动时可获得较大的黏着力。而且电机的容量是根据启动电流和高速时的最大电压选择的,正常运行时不存在启动过电流的时间限制,这有利于充分利用黏着力和牵引重载列车。

（4）电机功率大、质量轻、体积小。三相交流电机功率大、质量轻、体积小，可以获得较高的功率质量比，而且有利于减轻转向架质量，降低转向架冲击振动对轨道的破坏作用，提高运行速度和运行平稳性，且谐波干扰小。四象限控制器作为网侧变流器，可使机车和动车在较大负载范围内电网侧的功率因数接近1，电流的波形接近于正弦曲线，从而大大提高了功率利用率，提高了供电能力。交流电机无整流子和电刷，转子无须绝缘，无裸露导电部分，因此电机运行安全可靠，几乎无须维修。列车大量使用电子和电气元件，替代了各种机械式设备，大大减少了设备的磨损，避免了复杂的维修。大量自动控制系统的采用，使得司机的操作更加简便。一般情况下，司机通过操纵台显示器可阅读列车的运行信息。

　　动车组受电弓属于车顶高压系统之一，从高压接触网上引入列车所需的电流（受流），并在制动时作为反馈线将多余的电流馈回至接触网。高速列车的行驶速度较常速列车高得多，因而受电弓接触导线移动的速度大大加快，这就使接触网与受电弓的波动特性发生变化，从而对受电产生影响。高速列车所需的牵引功率较常速列车大得多，若备用多弓受电必然会增加阻力和加大噪声，并引起接触网的波动干扰，因而受电弓的数量不能太多，这就需要解决受电弓从接触网大功率受电问题。

　　高速列车的受电是通过受电弓与接触网的接触导线紧密接触而实现的，因而受电是否正常直接取决于接触网-受电弓系统的技术状态。接触网-受电弓系统工作可靠是确保高速动力良好取流的根本条件。

　　接触网-受电弓系统的受流过程是受电弓在接触网下以动车组运行速度在运动过程中完成的，受流过程是一个动态过程，这一动态过程包括了多种机械运动形式和电气状态变化：受电弓相对于接触导线的滑动摩擦；受电弓因轨道激励引起的车体上下振动，导致受电弓的上下振动；受电弓由于车体横向摆动而形成的横向振动；接触网波浪形上下振动，并沿着接触网传播；受电弓和接触导线之间发生的水平和垂直方向撞击；弓网离线时产生的电弧；受电弓受流过程中，电流发生剧烈变化等。所以，弓网受流过程是一个非常复杂的过程。随着列车速度的提高，这些运动加剧，要保持受电弓与接触网之间的良好接触性能就越来越困难，受流质量也会随之下降。当列车运行速度超过受流系统的允许范围时，受流质量将严重恶化，影响列车取流和正常运行。在列车高速运行条件下，受流系统的性能与常规电气化铁路的受流质量是不同的，系统所需解决的问题也不尽相同，高速受流技术是高速铁路的关键技术之一。

2.6.6 制动技术

（1）闸瓦踏面制动。这是最原始的一种制动方式。制动时列车中压缩空气推动制动杠杆将闸瓦压在车轮踏面产生摩擦以进行制动。制动过程中，列车的动能转换成闸瓦与踏面之间的摩擦热能。

（2）电阻制动。电阻制动指的是列车制动时，牵引电动机作为发电机工作，将运行的动能转变为电能，在制动电阻上变为热能消耗掉，这种制动方式没有摩擦件，具有维修工作量小，可反复使用的优点。

（3）盘形制动。盘形制动指的是在转向架车轴或车轮上安装制动盘（分别叫轴盘制动和轮盘制动），由摩擦材料夹紧这些制动盘产生摩擦进行制动。因盘形制动是两侧夹紧，所以摩擦面积比闸瓦踏面制动要大；又因为是平面摩擦，所以制动容量大。另外，盘形制动直径较大，散热好。

（4）涡流盘制动。涡流盘制动指的是旋转的制动盘切割通电涡流线圈产生与制动盘旋转方向相反的电磁力矩，从而产生制动力的制动方式。涡流制动盘安装在车轴上，涡流制动线圈安装在制动盘的两侧。制动时，涡流制动线圈通以电流，涡流线圈便成为电磁铁，制动盘随车轴转动，根据电磁感应原理，制动盘上就有涡流产生。产生的涡流在电磁铁磁场的作用下，会产生和车轴转动方向相反的电磁制动力矩，从而使车轮减速。涡流制动的优点是没有摩擦，无须日常维修，缺点是在低速时制动力下降很快，而且装置结构复杂、质量大。

（5）磁轨制动。磁轨制动也称轨道电磁制动，它是靠安装在转向架下面的电磁铁与钢轨之间产生的吸引作用，使车辆减速或停车的一种制动方式。由于车轮与钢轨之间不产生摩擦，所以它是非黏着的制动方式。

（6）再生制动。再生制动指的是列车制动时，将动能转变为电能反馈回接触网的制动方式。它与电阻制动、涡流制动、磁轨制动同样属于电制动，制动时使牵引电动机变为发电机状态工作。自交流传动技术开始采用以来，几乎所有现代先进高速列车都采用再生制动这种制动方式，它也是高速列车先进技术的一个代表。目前，各国动车组列车均采用以上制动方式进行制动，需要注意的是动车组的制动是两种和两种以上制动方式的组合，即高速时采用再生制动或是电阻制动，低速时采用闸瓦制动或是盘形制动。具体制动力的分配，由车载计算机计算确定。

2.6.7 动车组谱系

1. 三代动车组

（1）第一代主要以时速 200~300 km 的"和谐号"动车组为主，编组类型按速度等级、车种车型确定，主要有 4 个系列运营动车组及检测用动车组列车，具体如下：

CRH1 型：CRH1A、CRH1B、CRH1E 动车组为青岛四方庞巴迪铁路运输设备有限公司制造，原型车以庞巴迪为瑞典提供的 Regaina C2008 为基础。

CRH2 型：CRH2A、CRH2B、CRH2C、CRH2E、CRH2G、CRH2J 动车组为中车青岛四方机车车辆股份有限公司制造，以日本川崎重工业新干线 E2-1000 型动车组为基础。其中，CRH2B 为 16 节长大编组动车组，在 CRH2A 基础上扩编至 16 节。CRH2E 为 16 节长大编组的卧铺电力动车组。CRH2C（300 km/h 级别）作为京津城际高速铁路用车在 2008 年 8 月投入使用。

CRH3 型：CRH3A、CRH3C、CRH3D、CRH3G 动车组为中车唐山机车车辆有限公司制造，以西门子 ICE3（Velaro）为基础，作为京津城际高速铁路用车在 2008 年 8 月投入使用。CRH3D 是以 CRH3C 为基础的 16 节车厢的大编组动车组。

CRH5 型：CRH5A、CRH5G、CRH5J 动车组为中车长春轨道客车股份有限公司制造，以法国阿尔斯通的 Pendolino 宽体摆式列车为基础，但取消了装设的摆式功能，而车体以法国阿尔斯通为芬兰国铁提供的 SM3 型动车组为原型。

不同的字母表示了不同速度等级、编组形式等差异，具体如下：

A：时速 200~250 km、8 辆编组、座车；B：时速 200~250 km、16 辆编组、座车；C：时速 300~350 km、8 辆编组、座车；E：时速 200~250 km、16 辆编组、卧车；G：时速 200~250 km、8 辆编组、耐高寒座车动车组；J：综合检测动车组。

（2）第二代主要是设计最高运行速度目标值为 380 km/h 的"和谐号"高速动车组，用字母 A、B、C、D 表示各技术平台的动车组型号，具体如下：

CRH380A、CRH380AL 型代表中车青岛四方机车车辆股份有限公司制造；CRH380B、CRH380BG、CRH380BL 型代表中车长春轨道客车股份有限公司/中车唐山机车车辆有限公司制造；CRH380CL 型代表中车长春轨道客车股份有限公司制造；CRH380D 型代表青岛四方庞巴迪铁路运输设备有限公司制造。其中 G 代表耐高寒动车组，L 代表基本型的 16 辆编组动车组，其余均为 8 辆编组动车组。

上篇　中国高速铁路的发展

在第二代"和谐号"高速动车组列车投入运营期间，为满足国内短途城市间的需求，中车青岛四方机车车辆股份有限公司和中车南京浦镇车辆有限公司制造了更加贴合运行需求的CRH6型动车组并投入运营，解决了短途城际线的铁路运输问题。具体情况如下：

CRH6A型代表时速200 km、8辆编组；CRH6A-A型代表时速200 km、4辆编组；CRH6F型代表时速160 km、8辆编组；CRH6F-A型代表时速160 km、4辆编组。CRH6型车实现了3个覆盖：覆盖时速160～250 km速度等级；覆盖干线铁路和城际铁路的运营需求；覆盖国内和国际城际动车组的运营需求。其技术质量达到国际先进水平，引领世界城际动车组的发展方向。

（3）第三代是指"复兴号"中国标准动车组。中国标准动车组与CRH系列动车组的区别：一是形成了一套中国标准体系，而非欧标、日标；二是自行设计、自主研发，拥有全面自主知识产权。"复兴号"动车组共有3个速度等级，目前投入运营的是设计速度最高为400 km/h动车组，并用字母A、B代表各技术平台的动车组型号。具体如下：400代表设计运行速度为 $300 \text{ km/h} < v \leqslant 400 \text{ km/h}$；300代表设计运行速度为 $200 \text{ km/h} < v \leqslant 300 \text{ km/h}$；200代表设计运行速度为 $100 \text{ km/h} < v \leqslant 200 \text{ km/h}$。其中，CR400AF、CR400AF-A型代表中车青岛四方机车车辆股份有限公司/青岛四方庞巴迪铁路运输设备有限公司制造；CR400BF、CR400BF-A型代表中车长春轨道客车股份有限公司/中车唐山机车车辆有限公司制造；其中，F代表动力分散型电动车组，A代表16辆编组动车组，无A标识的为8辆编组动车组。

【小知识】如何快速区分动车型号呢？最简单的就是看车头，如图2.7～图2.16所示。

图2.7　CRH2A/2B/2E

图2.8　CRH2C

图 2.9 CRH1

图 2.10 CRH380A

图 2.11 CRH380B

图 2.12 CRH380C

图 2.13 CRH380

图 2.14 CRH5A/5G

图 2.15 CRH5E

图 2.16 CR400AF/BF

2. 双层动车组

低重心大容量双层动车也能跑出时速 350 km。德国、法国的下一代高速列车均提倡双层动车组技术，其目标是提高旅客乘坐能力，提高运能，提高经济性。只要车体重心低，在规定的平衡速度下，即离心力和曲线超高的重力横向分量抵消，安全性不仅没有问题，而且会更好。

如何实现车体低重心、大容量？德国下一代高速列车，希望用独立旋转车轮技术，可使整列车实现低地板，以保持良好的双层空间。所谓独立旋转车轮，是将两轮通过滚动轴承安装在车轴上，车轮相对于车轴能够自由转动，而车轴不必转动。与轨道车辆的刚性轮对相比，独立旋转车轮的轮对摇头和横移不再耦合，实现了左右轮的解耦，理论上不存在纵向蠕滑力，因而不会产生蛇行失稳。没有蛇行临界速度的限制，使得采用独立车轮的车辆可以达到较高的运行速度。同时，由于运行时车轴不转动，故可以取消公用车轴，或者将车轴做成下山形，以降低地板面的高度。除低地板技术外，还有车体布置总体技术，包括客室与座位（或卧铺）布置、原来车下设备的上车问题以及除低地板外的大容量车体技术（结构设计与制造）。公开资料显示，在传统的高铁强国，双层动车组技术已经比较成熟。例如，法国的 TGV Duplex 动车组经历了长时间的运行和多次改进，能提升 50% 的客运量，持续运行时速能达到 320 km。日本 20 年前就有了双层的高铁动车组。新干线 E4 系列车于 1997 年就上线运行，时速 240 km，有 16 节车厢、定员 1 634 人，是世界上载客最多的高速车辆。

中国双层高铁动车组研制也在进行。2018 年 11 月，由中车株机研制的动力分散型铝合金双层高铁动车组首次公开亮相，该车采用流线型车头，全车采用模块化设计理念，能够实现 4/6/8 节编组；8 节编组车型全车共有座席 820 个，最大载客量 1 708 人。该双层动车组瞄准国际市场，以时速 160 km 为基础技术平台，车体、转向架等核心部件按照高速动车组的标准设计、验证，可以根据不同需求进行技术升级，达到时速 160 km 以上多种速度等级。同时，整车采用轻量化设计，复合制动控制，安全节能环保。虽然是双层动车组，但其车辆限界与单层一致，现有线路和接触网都适用。

3. 可变动车组编组

由中国中车股份有限公司（简称中国中车）研制的可变（灵活）编组动车组样车将正式下线。该动车组可像普速客车一样，在 2~17 节范围内搭配车厢。可变编组动车组以 3X 为暂定名，最高时速为 350 km。可变编组动车组，编组形式为 1Mc+9~18T+1Mc。

2011年，中国中车可变编组动车组项目启动，2016年该项目在中国铁路总公司科技管理部立项备案。固定编组动车组采用全列动力分散设计，由两部车头、若干动车和若干拖车编组而成。动车就是提供动力的车厢，拖车就是没有动力的车厢。8节车厢动车组叫"标准列"，16节车厢动车组称作"重联"。但这种车由于编组固定、不可拆编，在实际运输中，对高铁运营企业的制约越来越明显。

铁路运输有客流淡旺季之分，春运期间和平时差别巨大；各线路繁忙程度也不同，中西部高铁和东部沿海高铁不能等量齐观。固定编组动车组不能增加车厢应付客流高峰，也不能减少车厢以减少支出或避免运力浪费，运能和客流常常形成冲突。

可变编组动车组面临技术难题，主要集中在集成式牵引动力单元、网络控制系统、通用接口制动系统等方面，关键环节均取得突破并取得自主知识产权。

动车组编组方式如同搭积木，最小编组单元为两节，即两个动力头车相接。如要扩大编组，则根据速度和功率核算出效率最高搭配，在两车头之间加入动车与拖车，动车始终位于列车两端，拖车位于中间。以这样的形式，就可以组成时速 $160 \sim 350$ km、编组数量为 $2 \sim 16$ 辆的任何节数的动车组。

3X 型动车组在旅客界面也有非常大的改进，带货运功能的餐车、双层卧铺等车型已有样车。餐车车厢采用双层设计，上层为餐饮区，下层为 30 m^3 货运舱，可容纳多达 6 t 的物品，且增加了快运服务功能。此外，卧铺车采用铺位纵向布局、商务车座椅可坐卧调节等，均为全新设计。

可变编组动车组完全按照中国动车组标准设计、生产，属于中国标准动车组"大家庭"的成员。可变编组动车组可以实现超过 1 500 人的运能，有利于应对春运、暑运；也可以只用两个车头编组，开出 VIP 专列。可变编组动车组还可以单独抽出故障车进行修理，或者分解后同时在不同车间分别修理头车、动车和拖车，大幅度降低备用率。

可变编组动车组最大的技术突破就是实现了列车牵引动力的单元化集成。传统动力分散的动车组列车，牵引动力设备分布于各节车厢，通过线缆进行连接。而可变编组动车组牵引变流器、辅助变流器、牵引变压器、冷却单元均被集成在一起，完整地置于动力车厢中，如图 2.17 所示。

列车牵引动力经过单元化集成后，可变编组动车组的车厢被简化为动力头车、中间动车、中间拖车三种模块平台，辅以自适应网络、自适应制动等技术，可灵活实现 $2 \sim 20$ 辆编组，如图 2.18 所示。由于动力单元高度集成，可将动力装置仅安装在动车车下，拖车可充分释放车下空间，实现双层布局，如图 2.19 所示。

上篇　中国高速铁路的发展

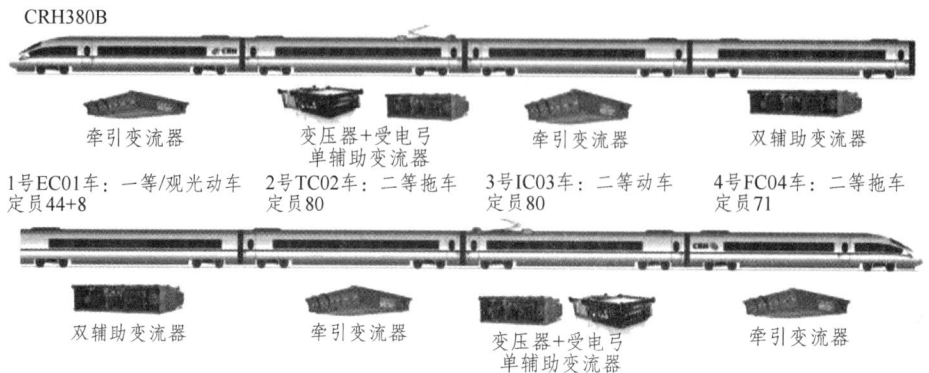

图 2.17　可变动车组

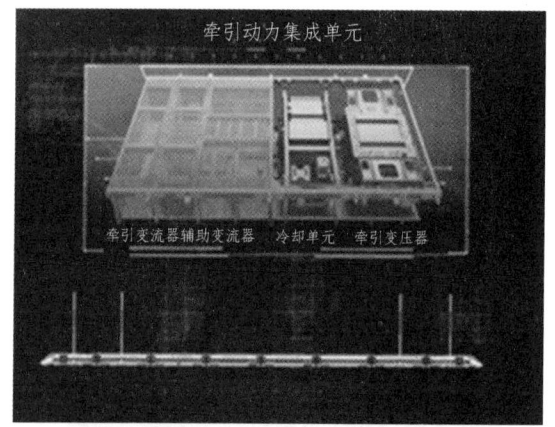

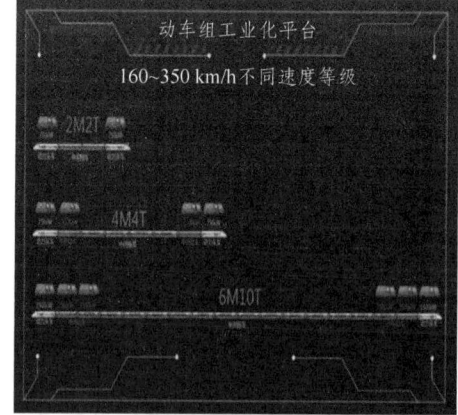

图 2.18　可变编组动车组的牵引设备高度集成

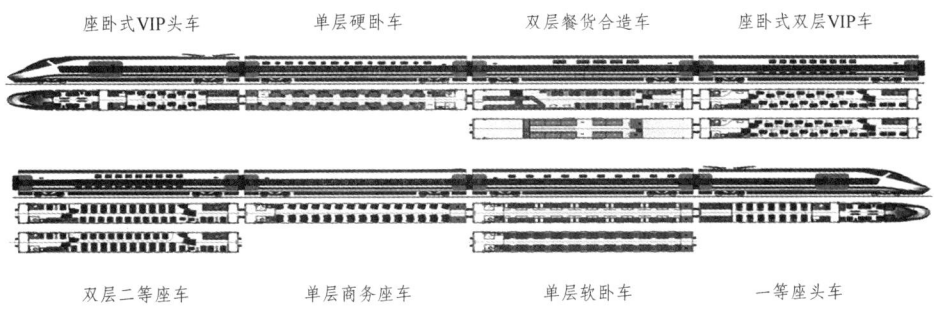

图 2.19　可变编组动车组样车编组展示

西门子也在研制可变编组动车组,定名 ICE4,该车可编组 5~14 节车厢不等的列车,现有 5 种不同类型的车厢,时速 250 km。

4. 17辆编组动车组

自"复兴号"运营以来,热门线路、大长干线特别是京沪高铁的客流一直持续增长,原有的 16 编组动车组定员一定程度上已经不能满足高峰时旅客出行的需要。中车方面接到中国铁路总公司的需求,研发生产了加长版的"复兴号"动车组。事实上,目前国内的高铁车站设计标准中,站台到发线长度是可以容纳 18 编组的高速动车组列车。但是,中国的动车段、动车所的库线,最大容量却达不到 18 编组。所以综合考虑,加长版的"复兴号"只增加一节编组。加长版"复兴号"是在 16 编组标准版"复兴号"的基础上增加编组,在原整列车的一端增加车辆,不会改变原有列车的各种线路布局,改造难度较小,技术上也更加稳妥。而且增加的是拖车而非动车,主要是缘于经济方面的考虑。因为 16 编组的"复兴号"具有较大的牵引功率冗余,增加一节拖车不会对列车的最高运营速度构成影响。同时,列车总体的制造和运营成本,相比增加一节动车来说也会更低。如图 2.20 所示,加长版的"复兴号"是在原有 16 编组标准版"复兴号"的基础上,在原 15 车和 00 车(尾车)之间,加入了一辆拖车。加入的拖车被编定为 16 车,故而原 00 车的编号不变。新加入的这辆车,在连接方式上,与标准版的"复兴号"也没有区别。17 节超长编组"复兴号"动车组,每列定员为 1 283 人(16 节长编组的"复兴号"动车组,每列定员为 1 193 人)。

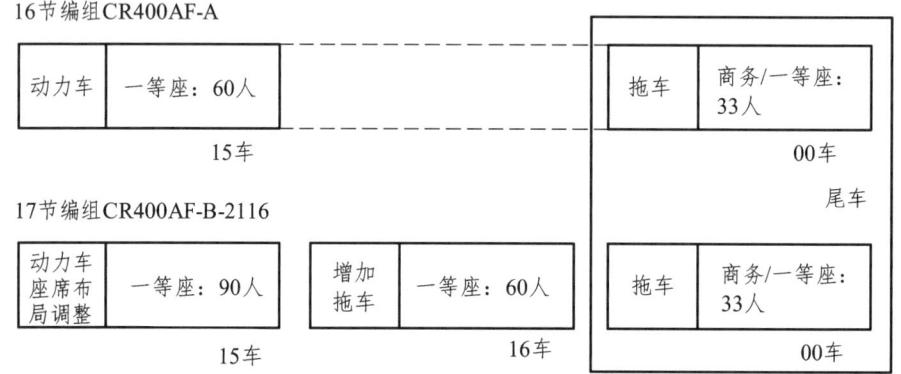

图 2.20　CR400AF-B 的 15/16 车连接处

5. 动力集中式动车组

动力集中式动车组在不需要重新建造新的铁路系统的前提下，成本下降 30%，填补了动车在 250～300 km/h 速度之间的市场空白，为老百姓的出行提供了性价比更高的解决方案，表现出了卓越的行业示范力和社会影响力，在多个维度上都体现出了中国设计制造的先进水平。"新一代动力集中型动车组"具有更智能、更舒适、更灵活、更经济的特点，可适应客运专线要求，也能在现有的普速铁路上运行，从而极大地提升了普速铁路乘客的乘坐体验。

与现有的多节车厢都有动力源的动力分散型动车组相比，动力集中型动车组的动力集中在车头，和传统的"机车拉着火车跑"的机辆式列车相似，因此车体编组更为灵活。新一代动力集中型动车组，外观采用现代造型技术，极具体量感和速度感；引入人工智能设计，实现部件履历电子化，为大数据管理提供基础；实现列车全寿命健康管理，构建完善的神经网络、集成专家系统，提高故障智能诊断能力；具备通风设备在线健康检测、总风管供风监测系统完善自监测、自学习和自诊断系统；乘客信息系统（PIS）提供音频/视频娱乐和 Wi-Fi 上网；借助人-机-环境虚拟仿真和 VR（虚拟现实）技术，在虚拟环境下，进行沉浸式人机系统设计及功效评估，实现全设计过程的虚拟体验；首创无缝拼接的整体照明形式，为旅客提供照明的同时提升乘坐体验；特别设计多用途入口伸缩踏板，满足不同站台高度，既可在既有线路运行，又可适应客运专线要求，如图 2.21 所示。

图 2.21　动力集中式动车组

6. 混合动力型动车组

中国首次研发的混合动力型动车组已在中车长客股份公司完成调试工作，进入淋雨、小曲线通过能力等整车型式试验阶段。该项目作为国家科技支撑计划项目，是国内首次研发集成两种或三种动力源的混合动力动车组，将满足中国铁路从电气化铁路到非电气化铁路跨线运行的现实需求。

7. 货运专用动车组

高铁货运的网络、速度、成本、正常性的优势，将会对当前国内快递和货运的发展格局产生重大影响。相较于航空运输费用高，汽车运输效率慢，时速 250 km 及以上货运动车组以安全、经济、可靠、高效的优质服务，将是未来货运的不二首选，如图 2.22 所示。

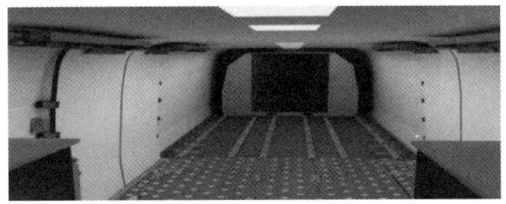

图 2.22　货运专用动车组示意图

250 km/h 以上货运动车组基于成熟可靠的中国标准动车组产品平台，车体、制动、转向架及牵引等主要关键系统技术方案基本不变，主要针对快捷货运的特点进行适应性改进，最高运营速度可达350 km/h，且受环境因素影响较小，不管风霜雨雪，1 500 km的距离5 h之内便可到达。越来越快的物流使铁路货物类型发生了质的变化，除了时鲜果蔬、快递包裹外，名贵的珠宝、高档数码产品、医疗用品等都可以开启"在路上"模式。

货运动车组每节车厢是全开启式，车厢一侧可大幅面打开，叉车可直接装卸货物，并且采用新型标准集装器技术进行集装化装卸、周转、运输及固定。集装化装卸实行之后，人工投入将大大减少，这也是提高车速之外，减少运输时间的关键环节。与此同时，货运动车组采用虚拟装配及在途管理系统，每个集装箱在动车组上都有自己固定的位置，使得运输人员在押运室里就可以准确地巡检车上所有集装器的状态信息，保证了货物运输全程安全可靠。250 km/h以上货运动车组将填补中国在高速货运动车组技术领域的空白，并逐步形成铁路快捷货运网络,建立以铁路为骨干的综合运输一体化平台。

2.7 高速铁路运营监测检测系统

2.7.1 高速铁路基础设施运用状态检测

高速铁路基础设施包括高速铁路线路、桥隧、信号、通信、牵引供电设备等。为了加强高速铁路基础设施运用状态检测管理工作，提高检测、维修和运输效率，预防事故和减少故障，确保铁路运输安全，高速铁路必须采用状态检测技术。

高速铁路状态检测是指依据相关标准或者技术规范，利用动、静态测试手段对高速铁路基础设施运用状态进行的检查、测试、监测及对其运用质量进行的安全评定。高速铁路状态检测工作应当贯彻检修分开、以检定修的理念，遵循安全、准确、高效的指导思想，科学合理利用天窗，实现高速、及时、精确检测。高速铁路状态检测工作应当积极采用新技术、新设备、新方法，运用成熟可靠的高速车载等检测设备，推广实时在线监测技术，提高检测质量和检测效率。

高速铁路线路、桥隧等工务设备运用状态检测的主要项目包括轨道几何状态，轨道结构状态，钢轨伤损，路基沉降及结构状态，防护栅栏、挡风墙和声屏障状态，桥涵结构状态，隧道结构状态。根据检测项目的需要，配置轨道测量仪、轨道检查仪、双轨式钢轨超声波探伤仪、钢轨探伤仪、焊缝探伤仪等静态检测设备和钢轨探伤车、线路检查仪、巡检设备等动态检测设备。2018年9月，由铁科院集团公司完全自主设计研发的轮轨式高速铁路隧道检查车正式下线,并在运营高铁上开展隧道衬砌检测试验。轮轨式高速铁路隧道检查车以国内最先进的 25T 型客车车体为平台,集成地质雷达检测系统、激光断面扫描仪、线阵相机和新型液压控制机械臂等系统装备,实现了检测距离自动保持、障碍物自主识别躲避以及高速高清成像等功能,具备时速 350 km、时速 250 km 的单、双线运营高铁隧道衬砌内部及表面状态质量检测能力。

高速铁路信号、通信设备运用状态检测的主要项目包括联锁、闭塞、列控系统设备,道岔转辙设备、信号机、轨道电路、补偿电容、应答器、电源设备等状态,系统设备接口,铁路数字移动通信系统(GSM-R)网络状态,通信漏缆状态;同时,根据检测项目的需要,装备信号集中监测系统、通信监控监测系统和网管系统。

高速铁路牵引供电设备运用状态检测的主要项目包括接触网几何参数,接触网悬挂状态,接触网平顺性,接触网受流性能,供变电、电力设备;同时,根据检测项目的需要,配置高速弓网综合检测装置、接触网安全巡检装置、车载接触网运行状态检测装置、接触网悬挂状态检测装置、受电弓滑板监测装置、接触网及供电设备地面监测装置等检测设备和检测综合数据处理中心。运用高速综合检测列车对高速铁路基础设施开展周期性状态检测工作,特殊时期可以加大检测频次,并优先利用运用中的动车组开展高速铁路状态检测工作,同时在每日开行的首趟确认列车上和一定比例运用中的动车组上搭载车载式基础设施动态检测装置,实现实时动态检测。另外,加强高速铁路防灾监测,配置监测预警设备,逐步建立风、雨、雪、洪水、地震、地质灾害、异物侵入等方面的智能化监测体系。

建立高速铁路状态检测体系,配齐检测设备及人员,满足设备运用状态高效检测的需要,日常天窗时间一般应当保证 4 h 及以上。体系建设应当充分考虑各专业之间检测技术融合,共用天窗开展高速铁路状态检测工作,科学设置综合检测、维修机构,实施综合检测。

在组织与实施方面:制订年度、月度检测计划和实施方案。制订检测计划和实施方案时,应当坚持质量和效率并重,最大限度实行天窗共用。结合季节变化等影响因素,对故障率高或者状态易发生变化、影响高速铁路正常运行及其他与行车安全直接相关的高速铁路基础设施检测项目进行调整。结合高速铁路基础设施运用状态和变化规律,确定、优化检测周期。建立检测数据平台,加强检测数据综合分析处理,利用分析结果指导日常检查工作,掌握设备运用状态的变化规律,为科学合理地安排设备维修提供支撑。及时处理检测中发现的问题,有安全隐患的,应当立即采取安全保障措施。

2.7.2 防灾与异物侵限监测系统

防灾安全监控系统为列车运行计划调整、控制提供依据，保证列车正常运行。日本、德国、法国等国均开发了高速铁路防灾安全监控系统，并采用了较完善的安全性能保障列车行车安全。例如，日本新干线对风、雨、洪水、雪、地震、异物侵限进行监测，当达到报警控车条件时立即对列车限速，当地报时立即切断接触网电源；法国高速铁路对风、地震、异物侵限进行监测，当风、地震、异物侵限监测达到报警控车条件时立即对列车限速。中国高速铁路也设置了防灾安全监控系统。

1. 大风监测系统

高速铁路与普通铁路相比，一方面列车运行速度要快，另一方面列车轴重要轻。因此，风对高速铁路安全的影响是不容忽视的。强横风作用下，接触网可能引起强烈摆动、翻转；作用于车辆的侧向大风则将影响列车运行的横向稳定性，可能造成列车倾覆。长大桥、车站一般要设风向风速计，风期长、风力强劲的风口也应设置风向风速计，而气象部门只能提供大面积范围内的气候概况，不能满足高速铁路特定点、线和具体数据的实时性要求，所以，高速铁路针对大风灾害所采取的安全对策是建立大风监测子系统（系统还需与气象部门联网，以保证数据的合法性和对未来天气的预测需要）。该系统由风向风速计、发送装置、接收分析记录显示装置组成。大风监测系统在风速达到定值时，自动通知中央控制中心，控制列车减速或停止运行。警报标准根据线路条件、列车抗风性能、周围环境等因素综合考虑。

京津城际高速铁路全线设置了 12 处大风监测点，监测实时风速。当风速超过报警值 3 s 时，自动弹出报警点和建议限速值。此时调度员根据报警点前后两个监测点的里程坐标确定限速区段，并立即向相关列车司机发布调度命令，对来不及发布调度命令的列车，立即通知司机。当大风监控系统发出禁止运行的报警信息后，列车调度员及时关闭相关信号并通知司机停车地点或指示司机立即停车。当大风监测系统报警解除后，列车调度员向相关列车发布恢复正常运行的调度命令。根据规定当风速大于 15 m/s、小于 20 m/s 时，列车限速 300 km/h；风速大于 20 m/s、小于 25 m/s 时，列车限速 200 km/h；风速大于 25 m/s、小于 30 m/s 时，列车限速 120 km/h；风速大于 30 m/s 时，列车禁止进入该区段。

2. 异物侵限系统

为确保高速铁路行车安全，应在公跨铁立交桥上安装异物侵限监控装置，检测机动车、大型货车因故越过护栏（防撞墙）、护网（防抛网）而侵入高速铁路限界。京津城际高速铁路全线设置了 5 处公跨铁立交桥异物侵限监测点，在公跨铁立交桥的两侧均设置防护网，当异物落下砸断防护网侵入铁路限界时，防灾系统向 CTC 系统发送异物侵限报警信息，同时通过列控联锁触发列车自动停车。列车调度员接到落物报警的信息后，应立即呼叫有关列车停车，并通过视频监视系统进行查看，同时汇报给调度所值班主任。值班主任应立即通知工务、电务、供电、公安等部门赶赴现场检查。当视频监视系统不能显示、显示不清或显示无异状时，列车调度员进行相关处理，通知司机改按目视模式行车，以遇到障碍时能随时停车的速度（限速 20 km/h）运行。列车调度员接到现场开通线路的报告后，由助理调度员根据现场请求，点击临时通车按钮恢复行车。不能设置时，列车调度员应向通过该地段的列车同步发布限速运行的调度命令。

3. 雨量监测

铁路雨水灾害不像地震、风灾那样具有突发性，而有积少成多、循序渐进的过程，如京沪高速铁路多处于河流下游的平原地区，沿线地区日最大降雨量均大于 100 m，降雨大多集中于汛期（6—9 月份），铁路桥及线路易受汛期江河灾害、江河决堤、水库溃决等影响，路基常处在淹没状态，造成线路沼坡、沉降、坍塌和路基及桥涵设施等灾害。

为减少洪水对高速铁路带来的灾害，需要建立雨量及洪水监测子系统。该系统根据高速铁路沿线气象、水文、灾害历史及线路的路基、桥梁等设计状况，有针对性地设置监测终端，有效地制订运营及防洪措施。高速铁路受降雨及洪水的破坏，主要表现在路堤、桥梁破坏，以及路堑、边坡破坏三大方面。路堤破坏主要有边坡侵蚀、堤内水位上升、排水不良等；桥梁破坏主要为桥墩台过度冲刷、桥梁撞击、水位过高等；路堑、边坡破坏，很大一部分也是由雨水冲刷造成的。因此，应针对上述情况考虑设计相应的探测及数据采集设备。雨量及洪水监测子系统由数据采集、数据传输、监测终端等设备构成。设置在各地点的雨量计通过各自的带阻滤波器连接在一对芯线上，通过各自对应的频率发生器发送信号，接收记录装置分别接收各自频率的信号，分析、统计各监测点的雨量信息。发布降雨警报的标准是非常复杂的问题，报警、限速虽然保证了灾害发生时的安全，但如果灾害没有发生就会使列车误点或停运，破坏正常运输。为此，设定限速标准时，要确实把握现场情况，既要保证安全，又要使运输损失控制在最低程度，同时还要根据环境的变化，经常予以调整。日本东海道新干线明确规定了降雨警报的发布标准及限速措施,例如连续雨量(24 h的累计)达140 mm或每小时雨量达40 mm,就要实行限速170 km/h运行,且每30 min须报告雨量一次。

4. 地震监测系统

在影响高速铁路运行安全的自然灾害中,地震是一种发生概率相对较少但危害性最大的一种特殊灾害,例如京沪高速铁路沿线将穿越四条较大的地震构造带,历史上发生可能危及高速铁路行车的地震约有20余次。我国借鉴国外地震预警的经验,开发了适用于中国高速铁路线路、构造物特点,并反映历史震灾情况及未来发展趋势的高速铁路地震预警系统:结合智能京张、智能京雄、京津城际等高速铁路地震预警示范应用,加快推进地震预警信息服务能力建设;借鉴国内外已有的实践经验,开展高速铁路地震预警社会风险性分析,推动高速铁路地震预警信息发布与紧急处置等方面的政策法规建设;持续跟踪高速铁路地震监测预警系统的应用情况,深化高速铁路地震预警技术研究和应用,不断提高系统的准确性和可靠性。

高速铁路地震预警系统由高铁地震预警监测系统和车载紧急处置装置组成,可以实现高速铁路沿线地震实时监测。地震台网信息接入生成传输发布,地震警报信息和紧急处置信息通过车地联动的方式,对列车采取紧急处置措施。当地震发生时,高铁沿线的传感器,监测到地震波,信息紧急发送到铁路局集团公司中心系统,铁路局集团公司中心系统结合国家地震台网信息,计算出震源、震级、影响范围,在地震波到达线路前,通过GPRS将信息发送至车载紧急处置装置,对行驶的列车发出预警信号,提前使列车减速或紧急制动,确保车上人员生命安全。

中国地震局与中国铁路总公司就高铁地震预警进行战略合作签约,2018年实现地震速报信息接入,2021年正式为全国高铁提供地震烈度速报与预警信息服务。此次协议签署将推进高速铁路地震预警系统与中国地震台网信息系统互联互通工程实施,实现地震系统和铁路部门之间的信息接入与共享。

5. 雪害监测系统

下雪时积雪对高速铁路的主要危害如下:暴风雪形成的雪堆过高时影响行车安全;高速列车气动力卷起积雪并凝结在列车车体底部,导致车辆绝缘失效;列车从降雪地区行至温暖地区,车下积雪或结冰脱落,砸向道床,使道砟飞起,危害车辆设备及附近建筑物和人员;积雪使道岔转换扳动失灵等。

为应对雪害,应在风口地段设置防雪栅或防护林,防止在线路和设施上形成雪,同时在适当地点设置防雪崩柱,阻止斜坡发生雪崩;降雪路段配备自动喷水器进行融雪;人工或机械清除积雪;车体下部易凝雪的地方加设防护装置和加热融雪装置；道岔处采用融雪装置；设置雪害监测设备等。雪害监测设备包括降雪计、积雪深度计、自动控制部分及除雪（热风融雪、温水喷射融雪）设备等。

2.7.3 动车组列车运行状态监测

运行状态监控系统以信息网络技术为平台，以现场总线、故障诊断、无线传输、专家系统、数据库等技术为手段，以动车组运营安全为目标，实现主要设备的状态监测数据采集、网络传输、故障处理、远程监控、安全防护等功能，确保列车运行安全。

（1）车载监控系统。主要监测动车组性能、功能及主要部件的运用状态，进行故障诊断，显示故障发生的部位和功能，实现动车组运行跟踪监控及故障等。车载监控系统具有信息采集、信息处理、综合判断、故障安全恢复及故障数据存储等功能，提高了动车组的运营安全性，便于运用和维修作业。通过布设于动车组重要部件和关键设备的各类传感器，实时监测速度、压力、应力、电流、电压、温度等参数及列车走行部、牵引传动和制动等系统的运行状态，网络控制系统将列车主要监测设备连为一个整体。根据各类传感器的检测、监测信息进行综合诊断，确定故障等级，提示司机采取排除故障的方式，必要时提示紧急制动、实现故障隔离和故障导向安全的目的。

（2）远程监控系统。车载信息采集设备采集车载网络控制系统中的运行状态数据及故障报警信息，将动车组运行位置、速度、牵引、制动、轴温等安全信息及客服设施信息，利用 GSM-R、GPRS 无线传输网络实现车载信息落地和远程传输，实时掌握动车组状态及故障情况，实现动车组安全状态的远程监控。通过远程监控实现地面中心实时掌握动车组故障情况及工作状态，为故障的应急处置提供技术支持，也为动车组安全运营及高效检修提供技术保障。

（3）地面监控系统。在车载监控和远程监控的基础上，目前正在积极推进动车组运行安全地面监控系统的研究，在高速铁路进出站、动车所进出库等咽喉地段安装地面监控系统，综合识别途经动车组的图像、声音和温度等，判断动车组运行是否正常，确保动车组运行安全。如动车组运行故障动态图像检测系统（TEDS）被称为守护动车组安全的"千里眼"。高速摄像机以每秒 3 000 张图片的速度，第一时间把动车组高速行进中的各部位高清图像传递到 TEDS 监控中心，经由分析员对图像进行检查分析，判断动车组的运行状态，及时发现故障并上报处理。对于随车机械师不能轻易检查到的部位，

上篇 中国高速铁路的发展

如动车组底板、车端连接处、牵引传动装置等相关部件,主要依赖 TEDS 监控系统进行检查确认。再如动车组轮轴探伤。轮轴探伤是动车组检修最为重要的内容之一,车轮主要缺陷分布为径向、周向和斜向。研究表明,径向缺陷扩展速度快,几千到几万千米就可能崩裂;周向缺陷几万千米可形成较大崩裂。目前,中国已建成较为完善的轮对探伤体系,只要严格按周期、按量值要求探伤,就可有效预防缺陷轮对上线运行。

2.8 综合维修技术

2.8.1 国外高速铁路维修概况

日、法、德国高速铁路强国在高速列车维修理念方面各具特色。

(1)日本。日本新干线高速列车维修的基本思想是实行预防修。为控制成本,日本在近年来逐渐趋向于在法定维修中增加基于设备状态的维修,最优化设备更换周期,此外,还将部分设备的定期检修替换为采用状态监测型的预防维修。换件和修理相结合的检修方式,使得日本检修高速列车的用时相对较长。

(2)法国。在产品设计阶段,法国就非常重视高速列车的可靠性和维修性,规定维修后要达到新产品的技术水平。目前,法国主要采取预防修和故障修两种维修方式,以预防性维修为主,兼顾故障修。然而,法国高速列车在检修时,通常需要将整列高速列车同步起架,即使更换轮对也需如此,维修工装设备普遍庞大、结构较复杂,维修用时也较长。

(3)德国。德国的高速列车维修理念是基于可靠性的最经济维修,高度重视计划预防修,注重维修与保养的有效结合。同时,德国非常注重高速列车的状态维修,对发生无规律、工作量难以准确掌握的维修,均纳入状态修理范围。周密细致的计划修、对部件的状态修以及制造商良好的维修技术支持相互融合,构成了德国高速列车独特的维修体系,临修作业更换零部件比较容易,用时也较短。

2.8.2 综合维修技术概念与内容

1. 基本概念

维护和维修是保证高速铁路安全的最基本要素之一。综合维修是指把路基、轨道、桥梁、隧道、电力、牵引供电、通信信号、房屋建筑和给排水设施的施工维修作业内容统一整合起来,实行一元化领导。如果将铁路作为一个整体,其固定设施主要由路基、轨道、桥梁、隧道、电力、牵引供电、通信信号、房屋建筑和给排水设施等组成。在高速铁路中,路基、轨道、桥梁、隧道、电力、牵引供电、通信信号和机车车辆关系密切,其相互影响程度远远大于普速铁路。这一特点直接影响到高速铁路的维护和维修工作。高速铁路使各种维修的关系更加紧密。例如,道岔转辙机的维修,必然涉及线路和供电系统;线路的捣固,要顾及轨道电路等设施;拨道和补砟,直接影响道间关系和接触网高度;接触网的抢修,需要线路、信号的畅通。再如信号专业检查轨道电路,可以发现轨道缺陷;而轨道的结构设计特点也直接影响到轨道电路的性能。线路人员巡检时,可以发现有些明显的接触网误差;接触网人员在执行自己的任务时,也能发现线路、桥梁的问题。按惯例分专业段管理维修,则必须由各自的上级进行协调,然后由各自调度下令执行。这样由下而上反映,再由上而下指示,必然延误时间,影响维修作业。综合维修是尽可能授予基层权利,在组织施工方面发挥基层的主动性,自觉承担运营的责任。

2. 维修理念和方式

维修实践需要一种思想观念作为指导,称之为维修思想。在一定的维修思想指导下,制定出的一套规定与制度(维修计划、维修类型、维修方式、维修等级、维修组织、维修考核等),称之为维修制度。目前世界上的维修思想和制度可分为两大体系:

(1)在"预防为主"维修思想指导下,以磨损理论为基础的计划预防维修制度。计划预防维修制是指对机械设备的修理是有计划进行的,其要点是通过对机械零部件损伤的大量统计资料,进行分析研究后,把机械设备上不同损伤规律和损伤速度的零部件,科学地划分成若干组,并确定出不同零件的损伤极限,从而规定不同修程的修理期限和修理范围。这样,使机械设备在运用中能得到有计划地修理,亦即零件尚未达到极限损伤之前就加以修复或更换,所以是预防性的计划修理。实现计划预防维修制度,需要具备以下条件:通过大量的统计、测定和试验研究,确定出机械设备主要零部件的修理周期;根据主要零部件的修理周期,同时考虑一般零部件的修理,合理地划分修理类别等级和修程;制定出一整套相应的修理技术标准检修限度和修理技术要求;具备按职能分工、合理布局的修理基地。预防性维修的概念最早由西方发达工业国家提出,它以设备诊断技术为基础,结合设备故障的历史和现状，参考运行环境及其他同类设备的运行情况，应用系统工程的方法进行综合判断分析，从而查明设备内部情况、故障和异常，预测隐患的发展趋势，提出防治和治理对策。其关键是依靠先进的故障诊断技术对潜伏故障进行分类和严重性分析。预防性维修主要包含3个方面的关键技术：状态检测、故障诊断和状态预测技术。

（2）在"可靠性为中心"的维修思想指导下，以故障统计理论为基础的预防维修制度。以"可靠性为中心"的维修是在计划预防修制的基础上发展起来的，在实践中人们发现并不是维修越勤，修理范围越大就越能减少故障，相反，会因频繁拆卸安装而出现更多故障。设备的可靠性是由设计制造所确定的，有效的维修只能保持其固有可靠性。

维修方式是指对设备维修时机的控制。也就是说，对维修时机的掌握是通过采用不同的维修方式来实现的。目前的维修方式有3种：定期维修（又称计划修）、视情维修（又称状态修）、事后维修（又称故障修）。

选择维修方式应该从设备发生故障后对安全和经济性的影响来考虑。定期维修和视情维修均属于预防性维修，可以预防渐进性故障的发生，事后维修则是非预防性的，多用于偶然故障或预防维修不经济的部件。定期维修是按时间标准进行送修，视情维修是按实际状况标准，而事后维修则不控制维修时间。3种维修方式各有其适应范围。从这个意义讲，它们本身并没有先进落后之分，然而应用是否恰当，则有优劣之分，问题的关键是应该根据维修的具体情况，正确地选择维修方式。在现代复杂设备上往往3种维修方式并存，相互配合使用，以充分利用各个机件的固有可靠性。

3. 工电供维修体系

铁路局集团公司设置高速铁路维管段，段下辖综合维修车间，综合维修车间下辖综合维修工区，对管辖范围内所有工务、电务、供电设备的安全运行全面负责，按照高速铁路基础设施的技术要求制定维修管理细则，全面落实各项生产任务，综合安排维修天窗，卡控天窗作业的各安全环节，实行周期检查、状态检修，实现安全、稳定、有序可控。该方式改变了原有3个专业工种分别设置专业车间和专业工区的做法，能够充分实现资源统筹共享，安全责任共担，高度融合的一体化目标，维修生产布局经过这一优化，既节约了成本，又提高了劳动生产率。为解决原有接触网维修时的分工合作不协调、各项作业占用时间过长造成的时间浪费、挤压列车运行时间等问题，中国铁路上海局集团有限公司对管辖范围内的高速铁路维修实施"三位一体"模式。这里的"三位一体"是指将承担铁路基础设施养修任务的工务、电务、供电 3 个专业整合到一个管理单位中，3 个组织单元联合组成一个紧密协作的整体，建立一个设备共管、资源共享、天窗共用、责任共担，实行生产生活一体化，破除原有的各专业工种界限的综合维修的组织体制。以上海铁路局集团公司为例，装备在上海高速铁路维修段的综合巡检车，集成了摄像采集、激光扫描、计算机图像处理、RFID（射频识别）精确定位、智能化分析判断等先进技术于一体，一次开行，可同时对工务、电务、供电 3 个专业设备同步进行检测、分析、预警。工务、电务、供电 3 个专业规划实施设备养修作业时，从检修周期的兼顾、检修项目的重组、计划编制的平衡、生产组织的优化、出行方式的统筹等方面进行组合优化，最大限度消除专业间的结合部问题，以最小的成本投入，提供高可靠性的设备质量，实现高速铁路基础设施综合养修的 3 个专业作业计划上的统一平衡、劳动组织上的优化组合、生产资源上的统筹共享、生产效率上显著提高的目的。其中，综合检测列车检测项目内容主要有：

（1）轨道检测。综合检测列车具有轨距、轨向、高低、水平、三角坑等轨道几何参数检测功能；采用捷联式检测系统结构；采用多维惯性基准技术实现了大半径曲线精确测量。

（2）弓网检测。综合检测列车具有接触网几何参数、弓网动态作用、接触线磨耗和受流参数检测功能；通过高速图像处理算法，提出非线性摄像机标定模型；实现接触网几何参数与弓网动态作用参数测量的合成。

（3）轮轨动力学检测。综合检测列车具有车体加速度、轮轨作用力等的检测能力，通过列车动态响应特性评价轨道平顺性。

（4）通信检测。综合检测列车具有 GSM-R 场强覆盖、应用业务服务质量检测及评定功能，以及沿线电磁环境干扰检测和分析功能。

（5）信号检测。综合检测列车具有轨道电路、应答器、车载 ATP 等技术参数检测功能；轨道电路、应答器传输模型，实现轨道电路、应答器信号采集和实时分析；解决了动态无接触方式无砟轨道补偿电容状态检测难题。

（6）综合系统。综合检测列车具有检测列车精确定位和监测信息实时传输等功能；系统利用多种定位技术实现精确定位，实现了各检测系统的空间同步、时空校准、数据交换和集中监控。

4．动车组运用维修

高速列车是高速铁路典型的现代化技术装备，其检修管理的很多方面都体现了现代修思想。随着新车型、新技术和新材料的大量应用，传感器技术、计算机信息处理技术乃至各种自动检测技术正逐步投入使用，车辆

上篇　中国高速铁路的发展

检测技术正在向智能化高科技、自动化方向发展。以往定期、定型及分解的列车检修方式，也正向状态监测、以功能为中心和非分解型的检修方式发展。由于各国高速铁路采用的技术、牵引方式和运营情况不尽相同，在高速列车维修观念和维修制度等方面，我国和日、法、德等国都已形成各自的风格和特点。

中国高铁动车组由国铁集团统一管理，统一调配，实行配属制度。所谓配属制度，就是国铁集团根据高铁运输生产任务的需要和运输条件等因素将动车组配属给各铁路局（动车段）使用和保管的制度。动车组检修修程分为一、二、三、四、五级。一、二级为运用检修修程，以维护保养为主，在动车运用所内进行；三、四、五级为高级检修修程，在具备相应车型检修资质的检修单位（动车段或基地）进行。其中，一级维修以检查为主，包括制动、转向架、受电弓在内的全面检查，还包括厕所排污、清扫保洁等，主要在夜间库停期间完成；二级维修是鉴于动车组各零部件检修周期或寿命不同而提出的专项维修，是一个大的维修工作包，其中包括许多小的维修工作包，每个小工作包的检修周期、内容各不相同；三级维修主要是转向架分解检修，对制动、牵引、空调等系统进行状态检查和功能检查；四级维修主要针对动车组各系统的分解检修，对电机、电器进行性能测试及更换，以及车内设备的检修等；五级维修是对全车进行分解检修，在较大范围内更新零部件，根据需要对动车组进行现代化升级和改造，主要包括动车组全面分解、清洗、检查、修复、更换及车体重新油漆等。

动车组实行预防性维修体系，分定期维修和状态维修两种，对重点设备如轮对进行定期探伤，确保动车组性能和运行安全。在动车组运用维护信息管理系统建设方面，该系统以运用、维修、技术、物流 4 类业务为主线，包括调度、作业、技术、设备、安全、质量管理和动态监控等应用子系统，分为配属、履历、大部件、计划和故障 5 大模块，形成覆盖国铁集团、铁路局集团公司、动车段、动车所及主机厂的四级框架体系。动车组运用维护信息管理系统已在国铁集团、12 个铁路局集团公司、7 个动车（客车）段、31 个动车所及 4 个主机厂实施运用，基本覆盖全路的动车组运用检修信息共享及技术管理平台，实现了动车组全路调配运用和网络化维修管理，为动车组安全运用和维护提供了技术支撑。

经过反复研究，结合高速列车的技术特点以及既有线路检修设备、人员的布局情况，中国已逐步构建起高效、可靠、经济的现代化高速列车运用维修技术体系，在保证安全、稳定运行的前提下，始终遵循"提高车辆运用效率，节约维修成本"的原则。中国高速列车检修仍然是计划预防修为总体框架，基于在运高速列车的设计、运用和维修等方面特点，灵活采用分层次的"定期修、状态修、换件修、均衡修"相结合的检修制度，在到车不解编状态下，以"预防为主、检查为主，换件修为主、组装调试为主"为原则，从而减少在修时间，提升维护可靠性和车辆利用率。近年来，中国高速列车检修正逐渐向"状态修"发展，基于设备状态检测，使设备和部件的更换时期和维修程度达到最佳化，最大限度地避免后维修可能带来的风险和预防维修可能造成的浪费。

为降低车辆维护成本，提高车辆使用效率，中国铁路总公司从2015开始启动了机车车辆修程修制改革。多年来逐步延长包括动车组在内的机车车辆维修里程。之后将在原有基础上，继续延长动车组检修里程，压缩维修时间，以期增运增收，保障运输主业利润。

动车组一、二级检修，也就是"日常修"，往上三、四、五级对应称作"高级修"。CRH380型动车组高级修一次，花费约在2500万元。也就是说仅高级修里程周期延长一项就能节省一半的维修费用，复兴号可以节省20%～30%的维修费用。以上举措如能全部实施，将会压缩40%～50%的动车组维修时间，降低成本效果显著。

从2019年开始，和谐号动车组将进入高级修高峰期，动车组检修成本将大幅攀升。目前国铁集团已经明确要求下属铁路局集团公司在动车组检修能力上要打满用足、大胆实践，找到安全与效益之间的最佳平衡点，实现动车组检修成本降低突破性进展。

在动车组维修领域，国铁集团计划在控制关键质量安全的基础上全面放权，由路局集团自主发挥市场主体作用，根据实际情况自主决定一、二级修检修项目和周期；对于高级修，国铁集团将对关键条款和技术要求进行界定。此外，动车组核心部件，如车轴、齿轮箱、牵引变流器等也将进行检修周期延长或由定期更换改为状态检测试验；除此之外的时速250 km动车组、CRH6型动车组、普速客车、货车均将开展检修周期延长验证。

动车组检修周期延长步入验证阶段，高速复兴号和时速300 km和谐号动车组，高级修里程间隔上限将从132万千米分阶段逐步延长到165万千米和145万千米。动车组检修周期延长是一个具体过程，从145万千米开始，每隔10 km为一次叠加，分批次检查列车，最终到165万千米，通过国铁集团的深度抽查，加大检查范围，来判定是否继续延长周期。除复兴号动车组外，既有和谐号CRH3C/380B/380C/和380D平台动车组高级修里程周期间隔延长10%，由132万千米提高到145万千米；CRH2C/380A平台动车组高级修由60万千米/1.5年延长至120万千米/3年。

为保证动车组运营安全,复兴号修程修制改革验证方案通过系统规划、稳步推进、分阶段实施,具体分为三、四、五级修三个阶段逐次开展可行性评估和验证,提前规划验证方案保障实施。就具体验证阶段方案,第一阶段也就是实施阶段,三级修从 132 万千米延长到 165 万千米;第二、三阶段为规划阶段,四级修将在三级修评估验证基础上开展完善跟踪方案,四级修从上限 372 万千米延长到 495 万千米;同时五级修将根据第一、二阶段验证成果,评估四、五级修差异部件延长可行性。

除动车组高级修延长外,一、二级修也逐步延长。时速 200 km 以下、200~250 km 和 300~350 km 动车组一级修周期延长分别由 4 400 km(48 h)延长至 6 600 km(96 h)、4 400 km(48 h)延长至 6 600 km(72 h)、5 500 km(48 h)延长至 7 700 km(48 h);二级修车轮探伤从现行 25 万千米延长至 35 万千米,车轮镟修由定期改为视情况而定。就修程修制改革目标,在确保动车组质量安全的前提下,通过改革优化检修周期、检修标准和检修范围,避免过度修,防止失修。实现压缩调试停时、降低检修成本,提高检修运用效率。

【小知识】 高速铁路开通前的联调联试。联调联试是为确保动车组列车安全平稳运行,在高速铁路开通前进行的严格试验检测和调整优化。在新线工程静态验收合格后,铁路部门通过综合检测列车动态检测的方式,验证轨道、供电、接触网、通信、信号、预警监测等系统性能,评价综合接地、电磁环境、振动噪声等数据是否符合标准,使各系统和整体系统性能达到设计要求,为开通运营提供重要技术保障。联调联试是指采用检测列车和相关检测设备,对高速铁路各系统的功能、性能、状态和系统间匹配关系进行综合检查和验证,并通过此种方法指导系统进行调整和优化,使得整体系统达到设计要求,提高安全系数。联调联试工作主要包括轨道、路基、桥梁、隧道、电力牵引供电、通信、信号、客运服务系统、自然灾害及异物侵限检测系统等的综合检测和验证。另外,中国在高铁新线开通前,还采取了试运营阶段、应急演练(综合设置高铁基础设施故障场景)、开通运营安全评估机制等环节。

2.9 智能高铁技术

智能高铁技术开启新篇章。智能技术研发取得重大突破,成功研发了时速 350 km 高速列车自动驾驶技术,新一代智能型动车组将在京张高铁、京雄城际上线运行；BIM（建筑信息模型）、CIM（城市信息模型）等技术融合运用，高铁设计水平和建造质量不断提升；广泛运用大数据技术，实施更加精准的运力资源配置，使高铁调度指挥、运营组织更加灵活高效；研发了高铁装备服役状态检测、设备故障预测和健康管理等技术，实现高铁科学化、精准化、集约化养护维修；"高铁网+互联网"双网融合更加深入，新的服务产品迭代加快，旅客出行更加方便、快捷和温馨。

2.9.1 智能高铁的概念

中国高铁的快速发展离不开铁路信息化、智能化建设的持续推进。2017年，中国铁路总公司正式启动智能京张、智能京雄等重大工程建设，并提出建设智能高铁的发展目标。智能高铁广泛应用云计算、大数据、物联网、移动互联、人工智能、北斗导航、BIM等新技术，综合高效利用资源，实现高铁移动装备、固定基础设施及内外部环境信息的全面感知、泛在互联、融合处理、主动学习和科学决策，实现全生命周期一体化管理的新一代智能高速铁路系统。

智能高铁组成可概括为"一核三翼"，即以一个智能高铁大脑平台为核心，包含智能建造、智能装备、智能运营三部分。

智能高铁大脑平台是实现智能建造、智能装备、智能运营3个复杂系统互联互通、协同互动、有机统一的神经中枢，基于智能建造、智能装备、智能运营系统感知获取的数据，开展数据的汇聚、治理，建成智能高铁大数据资源库，支持开展跨专业、跨行业的多维智能分析，为智能诊断、智能预测、智能决策等提供支持。

智能建造以BIM+GIS（地理信息系统）技术为核心，综合应用物联网、云计算、移动互联网、大数据等新一代信息技术，与先进的工程建造技术相融合，通过自动感知、智能诊断、协同互动、主动学习和智能决策等手段，进行工程设计及仿真、数字化工厂、精密测控、自动化安装、动态监测等工程化应用，构建勘察、设计、施工、验收、安质、监督全寿命可追溯的闭环体系，实现建设过程中进度、质量、安全、投资的精细化和智能化管理，推动高速铁路建设从信息化、数字化走向智能化。如京雄城际铁路2标位于北京大兴机场区域，线路全程5 942 m，是京雄城际铁路的重要组成部分，也是配套北京大兴机场建设的轨道交通项目，建成后将实现高铁与机场的"零换乘"，工程项目结构复杂、体量大、工期紧、交叉作业复杂、协调工作量大。京雄城际铁路从设计规划初，就提出"智能京雄"理念，在建设过程中应用智能建造技术（BIM）、大数据等大量智能化手段，显著提高了工程建设效率和质量。通过 BIM 技术运用，破解技术难题，工程实现了三维技术交底，有利于有关人员了解施工内容和顺序，准确理解施工方案。工程实现施工现场三维布置，使现场平面布置更加合理、高效和灵活。工程实现 4D 施工进度模拟，实现了对施工进度精确计划、跟踪和控制，动态地分配各种施工资源和场地；工程会实现施工复杂节点处理，精确展现复杂节点所存在的施工难点，并开发管理平台实现管理的全覆盖，管理平台检测数据由项目管理人员通过手机 App 进行分享，加强信息化管理助推标准化建设；推出二维码文本存储技术，将现场的施工各个工序的要点、工艺、铁路建设项目质量安全红线管理规定、技术交底、物资管理等各项管理生成二维码，在工地设置二维码区域，便于现场施工人员、管理人员、监理、业主直观了解各类施工信息。施工人员在现场直接扫一扫二维码，就可以获知了解信息内容，同时实现现场无纸化办公。

智能装备基于全方位态势感知、自动驾驶、运行控制、故障诊断、故障预测与健康管理（PHM）等技术，实现高铁移动装备及基础设施的自感知、自诊断、自决策、自适应、自修复，实现动车组的自动及协同运行；实现新一代的智能化牵引供电和通信体系；实现线路、通信信号、牵引供电等基础设施全生命周期精细化管理及优化配置，保持基础设施的最佳使用状态。

智能运营采用泛在感知、智能监测、增强现实、智能视频、事故预测及智联网等技术，实现智能化出行服务、预测性运营维护、主动性安全防控和智能化经营管理。

（1）服务方面：为旅客提供购票、进站、候车、乘车、出站等全环节的自助化、精准化、个性化、智能化的全过程出行服务。

（2）运维方面：全面掌握基础设施及移动装备劣化机理及演变规律，实现预测性维修。

（3）安全方面：通过高铁固定设施、移动装备、运输过程及自然环境等状态感知，实现设备故障、行车事故趋势预测预警，做到超前防范。

（4）经营方面：准确把握市场需求，科学开展客运产品设计及优化，实现客票价格的动态化、售票组织的智能化、运输收益的最大化。

2.9.2 中国智能高铁技术

中国高速铁路正朝着系列化、智能化和绿色化方向发展。中国高速铁路正在进入智能时代，智能高速铁路是中国高速铁路的发展方向，也是世界高速铁路的发展趋势。智能化是中国高速铁路进一步保障安全、提升速度、降低成本的必然选择。未来中国高速铁路在科技创新方面将要做的几项重要工作：打造安全高速铁路，要通过人防、物防、技防共同保安全；打造智能高速铁路，要研发环境感知、自学习、自决策的技术；打造更快高速铁路，要研发高速磁悬浮列车、真空管道飞行列车；打造绿色高速铁路，要研发更节能、更环保、噪声更小的动车组列车。中国高速铁路发展拟在以下几个方面进行创新研究。

（1）加强基础设施和移动装备检测监测技术研究，深化高速铁路故障预测及服役期健康管理、防灾减灾和应急救援技术攻关，提升高速铁路安全保障能力。加强对高速铁路网能力综合利用、高速铁路调度集中系统等技术研究，提升铁路运营技术应用水平。研究站区能源智能管控、绿色照明和新型热源替代等节能减排应用技术，研究铁路建设项目环境监控技术和环境监测评价标准体系，推动铁路实现绿色发展。

（2）推进智能高速铁路重大科研攻关。全面深化智能京张和智能京雄高速铁路技术研究，攻克智能建设、智能装备、智能运营等关键技术；开展京沈高速铁路综合试验，做好自主化列控、自动驾驶、铁路下一代移动通信、智能变电所、基于北斗及BIM平台的应用系统等关键技术的试验验证，推进智能高速铁路技术实现新突破。未来，中国高速铁路将研制不设分相、远程监控的牵引供电系统，基于LTE（长期演进技术）通信的列控系统，基于大数据的固定、移动设备智能监测和预警技术等。高速铁路车站也将实现智能化，车站提供智能引导、自助服务设施，能实现车站运营智能感知（非法侵入识别、人流聚集与扩散异常检测、环境监测与调节等），实现车站设备智能监控与管理，并配备空气源热泵、垃圾密闭式气力输送等节能环保技术。

（3）开展铁路基础理论和前瞻性技术研究。发挥中国铁路建设运营场景丰富、实践积累数据充分的独特优势，深化高速轮轨关系、空气动力学、减振降噪、弓网关系、电磁兼容等基础理论，以及新能源、新材料等前瞻性应用技术研究，推进先进轨道交通重点专项、北斗示范应用项目等重大专项，强化对铁路重大技术创新的基础支撑，增强科技持续创新能力。

（4）加快铁路信息化建设步伐。建设国铁集团数据中心和一体化信息集成平台，进一步健全信息化标准规范和规章制度体系。以智能京张、铁路12306和95306、互联网售票、多式联运、协同办公等信息化示范项目为牵引，大力推进业务应用系统整合、信息共享和大数据应用，深化客票、货票电子化工作，研究建立铁路财务共享中心，促进信息技术与业务应用深度融合。

（5）智能高速动车组。研制具备自动驾驶等智能化功能的动车组，开展示范应用，形成产业化能力。动车组最高运行时速达到 350 km，具备工作状态自感知、运行故障自诊断、导向安全自决策功能。智能化列车控制平台是"安全、高效、绿色、智能"的新一代列车信息和能量管理综合解决方案。该平台具备高性能功率变换、智能变流控制策略、安全高速的车载网络控制、创新的司机人机交互及车载数据集中在线处理等特点，结合移动互联、大数据等技术，面向列车运营、管理和检修，提供了高能效传动、优化节能操纵、故障诊断与健康管理、智能检修与整备、智能人机交互等全方位解决方案。目前，我国正在研制时速 400 km 的高速动车组，形成具备"超越遏制"和"战略高地"特征的新一代高速动车组。跨国互联互通，多制式牵引供电系统，轻量化、低阻力和动力系统优化技术，智能行车、智能运维、智能服务，主动安全和被动安全技术，主动降噪技术等多项高新前沿技术的运用助力时速 400 km 高速动车组达成安全、高速、舒适、智能、节能、环保、互联互通的顶层目标，全面提升中国高速客运装备的安全、效能、绿色、体系化和国际化水平。

另外，高速列车体量大、品种多，覆盖时速 200～350 km 不同速度等级，包含高温高寒、风沙等各种复杂运行环境，且具有长距离、大运量高速持续运行的特点。开发和应用先进的结构健康监测技术，对保障高速列车等轨道车辆的运行安全，提高列车运维保障能力，具有重要意义。作为一种新兴技术，结构健康监测目前在航空航天、桥梁、建筑等领域得到了广泛应用，为提高结构维护的智能化水平，保障结构全寿命周期安全，发挥了重要作用。随着高铁、城市地铁等轨道交通的快速发展，结构健康监测技术在轨道交通领域的应用前景也日益广阔。近年来，中车四方股份公司已在高速动车组和新一代地铁车辆上开展了结构健康监测技术的应用研究和探索，已经形成高速列车结构健康监测的技术方案。所谓轨道车辆结构健康监测，就是利用传感器采集车体、转向架构架、轮对等车辆结构的状态信息，对结构损伤进行实时监测，基于监测数据评估列车结构的健康状态，从而指导车辆维护，保障列车安全可靠运行。传统的检测方法，依靠人工定期对列车结构进行检测，无法做到"实时"监测，且依赖人工经验，费时费力，还存在不易检测的隐藏部位，检测效率和精度有局限性。相较传统手段，结构健康监测可以说是一项革命性创新技术，它将人工定期的检测，转变为自动、实时在线的监测。就像植入列车体内的"智能医生"，每时每刻都在感知列车结构的状态，能及时发现损伤，对结构的健康状况做出精确诊断，并进行预警报警，为车辆维护提供决策支持，使列车更加安全可靠。基于该技术，还能像管理人体健康一样，对列车结构进行健康管理，实现从计划修到状态修（基于结构健康状态的维修）的转变，降低维护成本，延长结构寿命。

（6）超速防护及自动驾驶控制系统。研制列车自动驾驶设备、CTCS-3级列控车载超速防护设备、地面关键设备无线闭塞中心和其他配套设备，建立技术标准体系和规范，满足动车组高速运行要求。

（7）基础设施智能化运营维护系统。采用大数据、云计算等技术，研制供电设备智能运维系统、高速道岔智能感知及预警系统、钢轨智能感知装备等，构建全生命周期管理系统，满足智能化数据处理分析和维修决策需要，提升高速铁路基础设施智能化运维保障水平。

（8）高铁的控制系统在高铁的安全运行中发挥重要作用。高铁在控制方面的目标是智能、自主和协同。高铁自动化的另一个方向，就是高铁运行控制和调度的动态一体化。中国拥有世界上最大的高铁网，停电、机车故障、电气故障等造成的运行延误，需要瞄准高铁运行网调度和控制的动态一体化，目标就是使系统迅速从故障中恢复。

（9）智能化调度指挥系统。攻克列车运行计划智能调整、进路和命令安全卡控、行车调度综合仿真和行车信息数据平台等关键技术，满足动车组高速运行、高效调度等要求。

（10）利用先进的计算机及数字技术开展高速铁路智能化研究，将海量的数据进行梳理和沉淀，利用三维可视化技术、BIM技术、铁路监测检测技术、物联网技术等先进手段，构建庞大的数字铁路系统。

（11）铁路客票电子化。客票电子化后，将逐步取消纸质车票，从而改变基层站段现有票据管理模式，旅客在购票、进站验证、检票、出站时将更有条件减少比对核验环节，加快通过时间，客运组织流程将有很大优化空间。

（12）5G技术的启用。在移动互联网时代，用户对高速、可靠网络的需求越来越大，用户对高速网络的需求越来越大，随着5G时代的到来，如何更好地利用5G网络满足超高人流密度产生的电话、上网、移动支付等网络需求成为运营商不得不面临的重大课题。

中国智能铁路发展展望：2018—2020年，完成智能京张、智能京雄高速铁路示范工程建设，构建智能铁路技术标准体系，初步形成智能铁路应用格局；2021—2025年，突破基于BIM的智能建造标准体系、自学习及自适应的谱系化智能动车组、全面感知的列车无人驾驶（DTO）、面向多种交通方式的智能综合协同指挥旅客无障碍出行服务体系等重大智能铁路理论与技术，全面掌握从设计、建造到运营的全产业链技术；2026—2035年，智能铁路应用由辅助协同向自主操控升级，智能建造技术广泛应用，研发自修复型智能动车组，探索全自动无人驾驶（UTO），突破极端复杂情况下高速铁路智能容错理论与技术,构建基于量子、区块链等新技术的智能安全体系,实现铁路运营全面自主操控、无人化。

【小知识】 高速动车+工业互联网:数据驱动下的"智造"新局。崭新的高速动车组如巨龙般整齐排列,蓄势待发。而"驱动"这一切的,则是中车四方在研发、制造、经营、服务等全流程和全产业链开展的智能制造应用。仅服务环节,在动车组远程技术支持中心,诊断工程师们就可以对运营在全国的中车四方平台动车组进行远程监控,一幅巨型中国地图上正闪烁着一个个绿色光点,在这个智能运维平台上,每个光点就是一列列车,从中车四方驶出的1 300余列动车组在这里可以实时监控,运行、维护情况尽收眼底。

搭建"制造+协同+服务"工业互联网平台。中车四方通过"十三五"信息化建设,数字化工厂架构已初步建成。信息化在业务支撑、资源共享、效率提升、有效管理等方面取得显著效果,实现了数字化研发、数字化制造、数字化运营和数字化服务的全面应用。数据显示,通过改造,中车四方生产效率提高20%,运营成本降低2.37%,产品研发周期缩短22.3%,数据自动采集率达到90%,设备数控化率达到45.17%。而在行业工业互联网平台的建设中,中车四方以数字化运营和产品全生命周期管理为核心,依托一个基础、四个平台、三大体系的信息化建设基础,集成五大核心系统及N个业务系统应用,充分利用云计算、大数据、人工智能、5G、区块链等先进信息技术,实现产品互联、设备互联、产业链信息系统数据接入和跨境数据整合,开展建设轨道交通装备制造业数字化精益工业互联网平台,提供面向产业链的智能研发、智能制造、智能服务、智能运营服务,使得数据驱动有效落地。

在应用方面,中车四方一方面通过MRO(维护、维修、运行)系统实现动车组全生命周期管理,为车辆的全生命周期管理和数据积累提供有效支持。另一方面,通过车辆健康监测系统基于大数据、物联网和互联网技术,实时采集动车组运行状况数据,并将数据加载到大数据平台,进行安全运营、分析和挖掘,最终实现安全运行、维修服务、产品改进。此外,公司还利用四方速购配件服务系统实现了配件需求快速查找和精准定位,提供路局用户配件采购超市化和互联网化,实现一站式服务;提供配件智能查询和配件信息参考,实现了配件采购需求精准化和简单化管理。

通过"工业互联网+轨道交通高端装备"产业赋能建设,中车四方正在探索轨道交通装备产业生产、运维、服务等的规范化和标准化模式,为轨道交通行业上下游产业及整个工业行业起到示范和引领的效果,为轨道交通高端装备制造向"制造+协同+服务"模式转型提供有效支撑,并实现平台、标准和模式的跨行业迁移、复制与推广，推动我国离散装备制造业整体能力提升。

电子化"制造履历"全程可追溯。透过枯燥的数据和一个个专业得有些拗口的术语，其实，工业互联网给中车四方带来的改变，十分生动、非常好懂。"复兴号"动车组包括 16 辆长编时速 350 km "复兴号" 动车组，以及"超长版"的 17 辆编组时速 350 km "复兴号"动车组，在焊接过程中都能实现实时监控。传统的焊接，依靠焊工在焊完后进行自检、互检、巡检，无法对焊接过程进行实时监控。依托数字化技术，正在焊接的车体，每 0.5 s 就有一组数据上传，并自动与标准参数进行比对，一旦出现超差自动报警。通过布设在焊机上的数据采集器，焊接管理系统能够实时采集焊接过程中的所有焊接参数。这也是中国首个动车组焊接过程数字化管理系统。

在转向架智能生产车间，一个转向架有 400 多种零部件，从上线装配到完成制造，会产生近万项制造数据，包括人员、设备、物料、质量信息等。为了给每一个转向架产品"填写"一份电子化"制造履历"，车间建设构架了自动焊接柔性线、轴承自动检测线、轮对智能压装线、轴箱智能化组装线等，采用二维条码、影像、视频、激光检测技术、机器人、AGV（自动导引运输车）输送设备、自动化物流输送、系统集成等技术，并与公司上游的 PDM（产品数据管理）、ERP（企业资源计划）、MES（制造执行系统）、MRO 信息系统集成，转向架生产实现了构架的自动组焊、焊接、焊缝自动打磨、尺寸自动检测，轴承自动分解、清洗、检测、压装，轮对自动压装、自动检测，轴箱的自动化组装、转向架的自动化组装。有了这个"制造履历"，列车就能实现制造全程的可追溯。

"大数据"护航动车组运行安全。工业互联网在以"复兴号"为代表的高速动车组的运营维护中也拥有丰富的应用场景。目前，仅中车四方制造的动车组每天就有 1 300 多列奔驰在全国铁路线上。每列动车组每天的运行状态数据都会实时传回到企业数据中心。基于大数据技术，中车四方建成了动车组智能运维平台。在这里，大数据被应用到动车组运维，成为护航动车组运行安全的新"神器"。以"复兴号"为例，每列动车组密布了 2 500 余个整车监测点，搭建了强大完善的智能化感知系统，渗透至列车的每个"毛细血管"。这些传感器能采集 1 500 多项车辆状态信息，对列车振动、轴承温度、牵引制动系统状态、车厢环境等进行监测。待动车组高速驰骋于广袤大地之时，每 10 s 就会向"家"中发送一次数据。企业利用实时数据，并融合列车的制造履历数据、线路数据、运用数据、维修数据、自然环境数据等，应用大数据挖掘技术和人工智能算法，开发出动车组关键部件故障预测模型，能够在发生故障之前对故障进行预测、预警，从而提供维护建议。这种基于大数据的运维模式，将传统被动式的故障后维修或定期修，变为了主动的预测性维护，从而能够有效降低列车故障率，更好地保障行车安全，提高运维效率。目前，在中车四方，动车组智能运维平台已上线应用近100个故障预测模型，利用大数据技术，每年成功预防故障隐患数百件。

2.10 案例分析：中国高铁的自动驾驶技术

人类对自动驾驶的向往和追求从交通工具诞生之日起便伴随而生。自动驾驶涉及车辆、信号、通信、监控等多个专业，是基于现代计算机、通信、控制和系统集成等技术实现列车运行全过程自动化的一代交通系统。与计算机相比，司机的行为具有离散型，操作具有动态性、不确定性和复杂性，这些都是潜在的安全隐患，而且其操作处理需要较长的反应时间，在遇有紧急情况时，往往需要综合多个因素进行判断，才能做出反应，导致错过应急处置的最佳时机；同时，在列车实际运行过程中，外部环境多变、设备异常偶发，也对司机提出了更高的要求。高速铁路列车运行控制技术是高铁的"大脑"和"神经中枢"，是实现高铁列车准时准点发车、安全高效运营的关键核心装备。随着自动化、智能化程度的不断提高，高速铁路自动驾驶系统将更多替代司乘人员的工作。

珠三角莞惠城际装备的CTCS-2+ATO列控系统是中国高速铁路走向自动驾驶的一次飞跃，实现了高速铁路的综合自动化和智能化，并实现了与国铁的互联互通，为未来的城际铁路建设提供了借鉴。高速铁路 ATO 系统是在CTCS-2/CTCS-3级列控系统的基础上，列控车载设备设置ATO单元、GPRS电台及相关配套设备实现自动驾驶控制，地面在临时限速服务器（TSRS）、调度集中（CTC）、列控中心（TCC）等设备上增加功能，设置专用精确定位应答器实现精确定位，车载设备和地面设备之间通过GPRS网络通信实现站台门控制、站间数据发送和运行计划处理。高速铁路 ATO 系统主要功能包括车站自动发车、区间自动运行、车站自动停车、车门开门防护、车门/站台门联动控制。上述自动化功能仅在自动驾驶（AM）模式下由系统自动完成，AM 模式的投入和退出、目视行车、引导接发车、调车等特殊场景下的操作仍由司机负责。

CTCS-3＋ATO 系统安装于复兴号标准动车组，在京沈客运专线（北京—沈阳）自主化智能高速铁路综合试验中进行全功能测试验证，用于京张铁路复兴号列车控制的智能化升级，其中就包括 CTCS-3＋ATO 系统将首次实现速度 350 km/h 的自动驾驶。在自动驾驶状态下，信号系统全程控制指挥列车的起动、停站等运行全过程，但列车上一般仍需配备一名随车人员，以应对突发情况。当发生信号系统之外的故障（如动车组列车出现故障或者供电系统出现故障），或者遇到恶劣天气、突发地质灾害等情况时，及时向调度中心汇报。自动控制与人工控制的双冗余、双备份的目的就是为了确保安全万无一失。实现自动驾驶后，既能减轻司机的劳动强度，有效地提高运输能力，又能进一步提升旅客的乘车体验。

为满足北京冬奥会和雄安新区建设需要，在开展京张、京雄智能动车组研制时，是以现有 CR400BF/AF 型"复兴号"动车组为基础，在智能化、安全舒适、绿色环保、综合节能等方面实现升级。在高速动车组智能行车、智能运维、智能旅客服务的基础上，基于城际交通短交路、高客流、往返频繁等运营特点，依托 5G、大数据、人工智能、区块链等新兴信息技术融合发展理念，融合 5G+人脸识别、智能分析、智能视频感知的智能视频系统，打造服务于公交化城际交通的人数统计、人员辨识等公共安全平台，实现了自感知、自诊断、自决策、自适应，在广度和深度上的进一步提升，实现了自动及协同运行。其中，在智能 3 个板块方面，主要技术应用体现在：

（1）智能行车首次实现时速 350 km 的无人值守自动驾驶，采用 CTCS-3+ATO 技术，停车度可控在 0.5 m 以内，自动速度控制功能精度在 2 km/h 以内，减轻司机 40% 的压力，大幅度提高运行效率。列车通过列车传感器、雷达、天线等设备对环境信息（地理位置、线路信息等）和车辆状态进行采集与处理，并与动车组技术融合，同时在满足安全性、稳定性和新适性的目的下进行算法预设，结合线路限速要求等进行决策判断，实现车站自动发车、区间自动运行、车站自动停车、车门自动打开、车门/站台门联动控制。

（2）智能服务主要从 3 个方面进行智能化提升：智能环境调节利用智能环境感知调节技术，从温度调节、灯光智能调节、人机工程学、车内噪声控制、压力波调节、变色车窗、资源配置优化等方面实现旅客视觉、听觉、嗅觉、触觉等方面感官舒适度的提升；智能信息推送，首次在动车组上实现电视分屏显示，实现电子地图和旅游信息、行车信息（到站、离站、途中）推送；实现 LCD 外显，座位号提示，车-地视频、语音信息回传等业务，提高信息服务精准度及效率。

（3）智能运维主要是结合动车组主体企业、运用部门、零部件供应商之间实现研发数据、试验数据、运维数据、检修数据、履历数据交互与共享。利用大数据技术、监测及分析技术、大容量车-地传输技术等为用户提供关键零部件的健康评估、故障状态预警预测、关键故障精确定位、检修建议策略高效推送、备品备件库存智能建议及更换提醒、列车健康状态及全面监控，提高车辆安全性和检修效率，降低维修成本，满足动车组全生命周期管理需求，实现列车服役性能由阈值管理向状态管理的提升。

第 3 章　高速铁路运营组织与管理

中国高铁运营管理技术处于世界领先水平，构建了国铁集团、铁路局集团公司和车站的三级调度指挥体系，掌握了复杂路网条件下列车运行计划编制和列车运用综合调度技术，解决了不同列车编组、不同速度、不同距离、跨线运行等运输组织难题，实现了设计最小追踪间隔 3~5 min；构建了闭环管理的铁路安全保障体系，地震预警、风、雨、雪和异物侵限等监测技术的成功运用，能够对自然灾害实时监测预警，铁路安全保障和风险防控能力显著增强；12306 已成为世界上规模最大的实时票务交易系统，年售票量接近 35 亿张，电子客票系统成功试运行，移动支付、智能导航、刷脸进站、自助订餐、站车 Wi-Fi……让亿万旅客享受着美妙的旅行生活。

3.1　高速铁路运营组织与管理作用

高速铁路不是孤立的线路，是融汇于整个铁路网中的线路，与路网有着密切的关系。由"十五"快速客运网建设规划可以看出，高速铁路与既有线通常交织在一起，高速和中速的跨线列车为满足各地区提速需求，都要驶离高速线进入路网干线，或从路网干线驶入高速线。高速线和其他铁路干线应具有共同的兼容性。先进的技术与高效的运输组织与运营管理体系综合集成，形成一种能与既有铁路路网兼容的新型高效交通运输系统。

高速铁路运营组织活动的目的是为高速度、高密度、高正点率的高铁运营组织提供保障。中国高铁客流量大、客流结构组成复杂，不同高铁运营条件差别大且动车组种类多，采用科学的运营组织管理方法意义重大。

高铁运营不仅需要高性能、高质量的基础设施与移动设备，还要有与之相适应的现代化铁路调度指挥体系，以实现对运输过程的高效组织、对运力资源的合理运用，及时处理各类突发事件，确保高速铁路及整个铁路网络的运输安全、正常秩序。与欧洲的网运分离模式、日本的区域独立模式都不同，中国高铁是全国一张网，对高速与普速铁路、客运与货运的协调统一运输。这种复杂的路网情况，无疑是对高铁运输组织和调度指挥的严峻考验。

高速列车是高速铁路的运输载体，是实现高速铁路功能的关键。高速铁路的运行控制、行车指挥及运营管理是确保高速铁路列车运行安全有序、发挥效率与效益的核心体系。虽然高速铁路与普速铁路相似，其主要软硬件技术都由区间轨道电路、自动闭塞、车站计算机联锁等所构成的调度系统支持，但由于运行速度的大幅度提高，列车密度增加，行车组织节奏明显加快，高速铁路的运行控制及调度系统应更加完备，运输组织与经营管理体系也应更加严密。

运输的方便、快捷、舒适以及运营的安全、正点、可靠是高速铁路吸引旅客的主要优点，为保证高速铁路高质量的服务水平，高速列车必须具有高正点率，这就要求高速铁路运营计划必须具有高可靠性和可实施性。因此，高速铁路运营计划必须全面、细致和准确，对运营计划的编制和组织要求较高。高速铁路列车运行具有高密度、高速度等特点，在列车高速度运行条件下，进行高密度的列车运行组织，无疑是高速铁路行车组织的基本特征。

3.2　高速铁路运输组织模式

世界上高速铁路线路技术模式各具特色，归纳起来主要有以下几种技术模式：

1. "全高速"模式

采用这种模式时，高速线上只运行高速列车，即列车最高运行速度都在200 km/h 以上。此种模式的优点是列车运行速度较高，列车追踪运行时间较短，运输组织相对简单，运输能力较大。日本高铁基本上都采用全高速模式。日本新干线全部修建新线，轨距 1 435 mm，旅客列车与既有线（轨距 1 067 mm）不连通，互为独立系统。

2. "全高速-下线"模式

"全高速-下线"模式是指高速线上既运行本线高速列车又运行跨线高速列车，跨线高速列车在既有线上按其允许速度运行。法国高铁就是采用此种运输组织模式，其优点是可以增加高速列车的通行网络，扩大高速线路服务范围，吸引更多的客流，较好地解决跨线旅客运输问题。但该模式要求高速铁路与既有铁路必须兼容。

3. "混运"模式

在"混运"模式下,高速线上不仅能运行高速旅客列车,还能运行速度较低(最高运行速度在 200 km/h 以下)的旅客列车,甚至是高附加值的快速货运列车,如德国高速铁路利用夜间开行了部分货运列车。此种模式多用于改建既有线为高速铁路的线路上,其优点是当高速列车开行数量较少时,可以最大限度地利用高铁运能;其缺点是行车组织较为复杂,对线路通过能力的提高不利。德国 ICE 部分修建新线,部分改造既有线,实现连通,旅客列车和轻快货物列车混用。

另外,英国、瑞典的摆式列车模式为既不建设新线,也不对既有线改造,主要采用摆式车体的列车提高旅客列车速度,并与货物列车混用。

中国高铁运输组织模式主要采用修建新线(旧线路难以改造,改造成本高,甚至超过新建),旅客列车专用,与既有线可以连通。

3.3 高速列车运行计划

3.3.1 高速列车开行方案

1. 高速列车开行方案概念

高速列车的开行方案是指确定列车运行区段、列车种类及开行对数的行车计划。高速列车的始发站、终到站及经由线路,构成了高速列车的运行区段。列车种类区别出列车不同的速度等级以及不同的停站方案,开行对数的多少表示列车行车量的大小,三者共同组成了一个完整的高速列车开行方案。

高速铁路的开行计划方案应以市场需求导向为基础,做好客流的精准预测,在编制高铁运行图时,充分结合高速铁路运营实际,合理使用运能运力资源,实现客流预测。与列车开行方案、列车运行图、动车组交路图一体化设计是进行市场导向型运营管理的有效途径,因此,高速铁路列车运行图的编制具有协同一体化的技术特征和要求。

2. 中国高速列车运行种类

动车组列车种类不同于高速列车种类,就如 D 字头动车组列车不代表所有高速列车,前者是从列车的车型出发,是指车底移动设备,后者是从运营组织角度的分类。中国高速铁路目前采用的动车组列车从运营的层面主要分为高速列车（G字头列车）、城际列车（C字头列车）和动车组列车（D字头列车）。

目前，高速列车速度等级主要有250 km/h和350 km/h两大类，在运行图上呈现为D字头列车和G字头列车。另外，同一等级速度列车，由于其停站次数的不同，其在途旅行速度也有较大区别，通常根据停站次数的多少划分其等级，停站次数越少则等级越高，停站次数越多则等级越低。

根据客运市场的需要，高速列车有不同的停站方案，根据不同的停站方案，形成了一站直达、大站停、择站停以及站站停列车。

3. 高速列车编组数量

列车的编组数量是影响列车定员的主要因素，进而影响开行方案中列车的开行对数。列车编组辆数除了动车组运行、制动性能因素外，还要根据列车运行径路上沿途车站的到发线有效长度、站台长度、折返牵出线长度、线路能力等多种因素统一确定，当这些固定设备、移动设备因素确定之后，主要根据服务范围的市场因素决定编组辆数，此时的主要决定因素是运行径路上沿线客流密度、客流波动、列车服务频率等。

当列车为8辆编组的单组列车时，列车开行数量则相应地增多，即以短编组、高密度的方式，提高服务的频率，能较好地吸引客流，且为旅客提供可供选择的多时段、多车次的服务。但当线路能力紧张时，重联的大编组列车能够充分利用线路通过能力，并提高了列车的输送能力。因此，高速列车的编组辆数决定了列车的定员，列车定员进一步影响到列车开行对数。而列车编组辆数应根据市场需求、线路通过能力等具体情况综合考虑。

由于高速铁路采取公交化的运营组织方式，为保证较高的服务频率，需要扩大列车的行车密度。因此，高速列车的编组辆数相对较小。而当高速铁路通过能力比较紧张，或在节假日期间客流量较大时，为充分利用线路能力，通常需要开行大编组的高速列车。

4. 高速列车开行方案的设计原则

高速铁路列车开行方案是编制列车运行方案的基础。提高列车开行的经济效益和社会效益是编制和优化列车开行方案的基本原则，制定列车开行方案的市场依据是客流，而客流构成的四要素（流量、流向、流时、流程）以及客流性质（或目的）是确定列车开行方案的重要条件。列车运行区段、长短途比例、快慢比例、停站方案、编组辆数、开行对数等，是从不同角度反映了列车开行方案与实际需求的符合程度。

综合考虑现有设施设备能力是开行方案编制和优化的基础,需要在经济、合理地利用各种客运设备的基础上编制和优化高速列车开行方案。设施设备能力包括线路通过能力、车站到发能力、车底数量及折返能力等。

综上所述,编制和优化高速列车开行方案的基本原则是:以客流为依据,以提高经济效益和社会效益为前提,充分利用现有设施设备,最大限度地满足客运市场的需求。

5. 设计流程优化

高速铁路列车开行方案是在掌握客流计划、遵循铁路客运市场规律的基础上,在一定的运输能力限制下,采用基于OD间客流量的编制办法。综合考虑各站点间的客流量,有效地组织不同编组动车组列车的开行,将客流分配到不同种类的列车上,既要充分满足市场需求,又能合理利用运输能力,最大限度地满足广大旅客需求。列车开行方案的优化编制流程如图3.1所示。

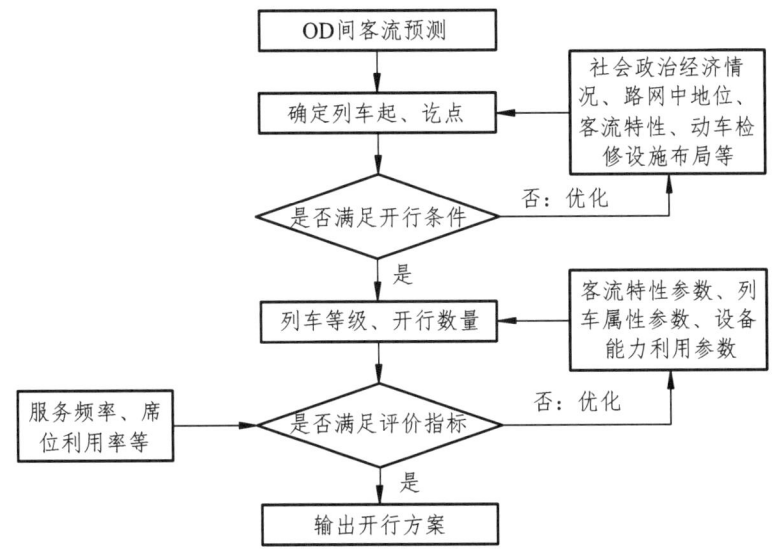

图 3.1　高铁开行方案优化编制流程

3.3.2　高速铁路列车运行图

列车运行图是组织全线列车运行的基础,通常以一天为周期。由于列车运行图规定了各次列车在每个车站的到达、出发、通过时刻,在区间的运行时间、在车站的停站时间、在折返站的折返时间,以及列车占用区间的先后次序，并规定了列车的重量、长度以及运行交路等，因而运行图也规定了铁路线路、站场、通信信号、动车组车底等设施设备占用的顺序与程度（称之为设备运用），以及与行车有关的各部门的工作要求。因此，列车运行图是铁路运输工作的综合计划，是铁路行车组织的基础，是协调铁路各部门、各单位按一定程序进行生产活动的工具，也是铁路与旅客、社会联系的纽带。

列车运行图是列车开行方案在调度指挥系统的直观显示。列车运行图利用坐标原理描述列车在轨道上运行的时空关系，直观显示列车在沿途各站到达、出发、停站或通过的时间，是各类列车在沿途各区间运行状态的一种图解形式。简单地说，列车运行图就是"距离-时间"关系曲线。中国列车运行图的纵轴为列车沿途运行的距离，被不同的站间距切分，横轴为一天（24 h）的时间轴，图上的斜线即为列车运行线，向右上方运行的为上行列车运行线，向右下方运行的为下行列车运行线，斜率代表列车的运行速度。

中国列车运行图以横轴表示时间，纵轴表示距离，俄罗斯、日本等多数国家的铁路均采用这种形式的运行图。但也有一些国家反过来，如德国、瑞士等，以纵轴表示时间，横轴表示距离。由于线路平纵断面（平面和纵断面的简称）的参数不同，即曲线半径和坡道坡度不同，列车运行速度有很大的波动；此外，由于列车进出车站时起动和停车需要，列车速度也有很大的变化，因此，真实的列车运行线本应随着速度的变化绘制成曲线，但为了运行图铺画方便，均以斜直线表示，且斜直线的表示方法能够满足运输组织的需要。

高速铁路列车运行图铺画的均是速度在 200 km/h 以上的高速动车组列车，与客货混跑的既有铁路不同，运行图上铺画的都是旅客列车运行线，主要分布在符合人们出行习惯的 6:00—24:00 范围内，夜间主要是高速铁路综合天窗维修时间。

高速铁路客流以通道流、区段流为主，呈现出明显的季节性、波动性、时段性特点。同一条高铁在一年、一季、一周，甚至一日内各小时之间的客流都常有急剧的起伏变化。为充分发挥高速铁路的社会和经济效益，提升高速铁路适应市场变化的能力，铁路部门根据客流规律按年度分季节编制高速铁路日常图、周末图、高峰图。随着人们出行规律和出行习惯的改变，以往的高速铁路日常、周末、高峰图已逐渐不能满足目前旅客的出行需求。2018年，中国铁路总公司提出了高速铁路旅客列车运营实施"一日一图"的决定。一日一图就是在既有的动态调整图基础上，根据每日客流的精准预测，实施每日不同列车开行方案的原则，体现了精准贴近市场、精准投入运能、精准实施设备检修的动态化运营组织。

3.3.3 动车组运用计划

动车组运用计划是高速铁路运输组织技术关键的重要组成部分，是动车组运用和维修的综合计划，在列车运行图、动车组检修修程规定以及检修基地条件等既定的条件下，对动车组担当列车车次周转和在何地点进行哪种类型检修等做出具体安排，以确保良好状态的动车组实现列车运行图。动车组运用计划主要包括 3 个方面，动车组交路与运转制、动车组的乘务组织、动车组的周转时间与车组需要数量，动车组运用计划最终反映在动车组周转图上。

提高动车组使用效率和保持良好的运行状态是矛盾的两个方面，动车组运用计划就是要实现动车组的运用与整备、维修一体化。一方面，动车组的运载设备运用和管理理念已经从常规铁路的分散化走向集中化。动车组检修包括日常检修和定期检修，各级修程分别对应检修周期走行里程数或运营小时数；另一方面，动车组运用主要有固定区段运用和不固定区段运用两种方式。尤其是不固定区段的运用方式，因运行区段没有限制、一组动车组多车次套用而且可以兼顾长短交路套用，已经在国外的运作以及中国铁路既有线提速开行动车组得到了成功验证。同时，动车组乘务制度应随之与运行方式相协调，采取不固定交路轮乘制，有利于提高动车组的使用效率，减少配属站数量。因此，可以说，整备和维修是保证动车组有效使用和运用质量的前提条件，而动车组运用计划又是合理安排整备和维修工作的重要依据。将动车组运用、整备、维修计划同时编制、统筹安排，这也是运输组织的难点之一。

动车组运用计划须与客车开行计划、列车运行图以及调度指挥系统结合产生，以提高动车组利用率、减少动车组使用数量、降低运用成本为日常的运输组织原则，在实际中依靠综合调度来实施调整。中国高速铁路动车组运用的突出问题在于面临复杂网络化运营的挑战。

3.3.4 综合施工维修天窗计划

我国高速铁路主要采用夜间停运列车的施工维修组织模式，综合施工维修天窗一般设置在夜间 0:00—4:00，时间须不少于 4 h，具体是否设置垂直天窗，须根据线路设施设备维护需要及运输组织需求决定。目前，我国高速铁路的天窗设置主要有 3 类：一是 300 km/h 及以上高速铁路区段及部分 250 km/h 客专铁路，设置 4 h 垂直维修天窗；二是部分 250 km/h 客专铁路，根据夜间列车开行需求，分日期设置不同时段天窗，经国铁集团同意，最少不低于 3 h；三是针对 200 km/h 快速线路，设置不少于 180 min 的分段矩形天窗或"V"形天窗，但同一区段的垂直天窗时间不少于 2 h。

3.4 高速铁路调度指挥

高速铁路运营调度系统是高速铁路运营管理和列车运行控制的中枢，是高速铁路高新技术的集中体现，是高速铁路运营管理现代化、自动化、安全高效的标志,并对统一指挥列车运行和协调铁路运输各部门的工作影响重大。因此，需要建立一个高效率、现代化的运营调度系统，构建各专业功能一体化的综合调度系统，才能够充分发挥高速铁路本身所具有的运输能力，确保高速铁路的行车安全和优质服务。

3.4.1 国外典型国家调度指挥体系

高速铁路运营调度指挥体系涉及运输组织、机车车辆、通信信号、供电、安全监控、维护救援、旅客服务等多个方面。在运营调度系统功能上，各国调度系统在综合程度上存在着一定差异，总结各国的情况，各国高速铁路调度指挥机构设置方式与本国的国情（城市分布、其他交通方式的发展水平）、运输组织方式、运营管理模式紧密结合，并重视活动资源的优化利用（动车组、乘务员运用）和旅客运输的服务质量。

1. 日本高铁调度指挥体系

日本高速铁路采用标准轨，与既有线（窄轨）形成两个独立系统，故其高速铁路调度指挥基本上是采用独立系统。日本高速铁路调度指挥系统是典型的综合型指挥系统。东海道、山阳新干线调度指挥采用计算机辅助控制系统（COMTRAC），是 1964 年东海道新干线开通时开始采用的，调度中心在东京。为防止地震等自然灾害，在大阪设置了备用中心。目前，COMTRAC 的功能已经不能适应东日本公司新干线等的要求。1995 年 11 月，将东北、上越、北陆新干线各子系统进行整合，形成了东日本新干线综合运输管理系统（COSMOS）。COSMOS 是日本最新、功能最全的调度指挥系统，由运输计划系统、运行管理系统、养护作业管理系统、动车组基地内作业管理系统、动车组管理系统、设备管理系统、信号通信设备情报监控系统、电力控制系统八大功能子系统构成。

· 第 3 章 高速铁路运营组织与管理 ·

日本高速铁路采用独立运营模式，主要承担中远城市间的运输。日本新干线由三家公司经营。东海公司、西日本公司共同经营东海道、山阳新干线。东海道、山阳新干线为独立封闭系统，不与其他任何线路连轨，只运行高速列车。列车分为"回声号""光号"和"希望号"三种类型，列车固定编组。东日本公司拥有多条线路，列车分为"翼号""小町号""浅间号""MAX 号"，部分列车下到既有线运行(既有线改造)，部分列车在中间站有"分解"及"合并"作业。东京站是东日本公司的新干线和东海道新干线的重要车站，但两条线路没有联络线，不能相互跨线运行。

日本新干线与既有线的调度指挥体系是相互分离的。新干线的调度设置是以公司为单位，实行集中管理，一级指挥。东日本公司新干线调度所设置在东京站 5 楼，西日本公司和东海公司共同设置在东京站 6 楼，九州公司设置在博多。既有线调度所设置按照就近的方式，一般设在分公司，如图 3.2 所示。

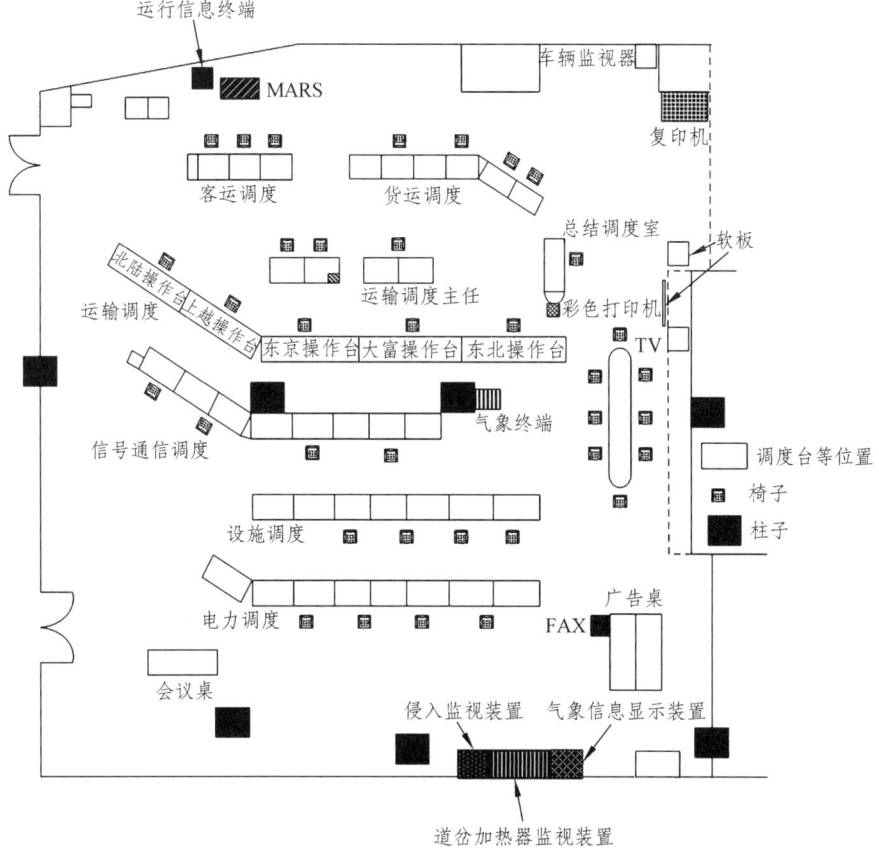

图 3.2　东日本公司调度室布置图

161

东北、上越、长野新干线由新干线本部调度所指挥，秋田和山形新干线分别由秋田和仙台分公司调度所指挥。东日本公司新干线调度所设东京、仙台、大宫、盛冈、上越、长野 6 个调度台，平均管辖里程 189 km。调度所设置客运调度、列车调度、运用调度、设施调度、电力调度、通信系统调度 6 个调度工种。每个工种设有指令长，调度所设总指令长，统一负责本班的协调指挥工作。新干线调度所类似于中国调度所，在各工种调度之上，每班设有总调度长（值班主任）统一负责本班协调指挥工作，如图 3.3 所示。

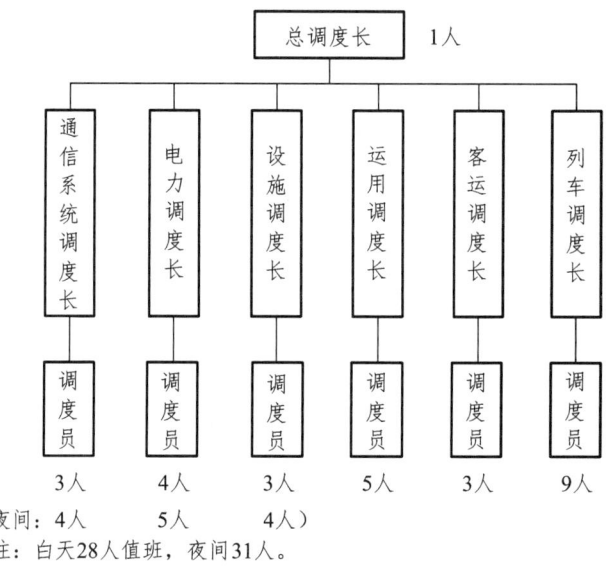

图 3.3　新干线调度组织机构图

JR 东日本公司新干线调度室组织结构如图 3.4 所示。

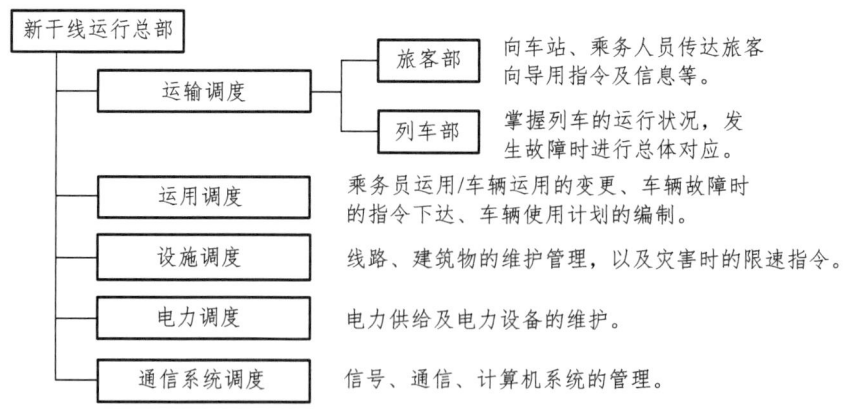

图 3.4　东日本公司新干线调度室组织结构

东日本新干线调度所设置 6 大调度工种,其主要职责和分工分别为:

(1)客运调度。负责对与旅客有关的各类信息进行集中管理,并为旅客提供综合服务;遇到紧急情况或晚点时,及时向旅客做出说明,安排旅客换乘普通列车。

(2)列车调度。负责实时掌握列车的进路及所在位置等运行情况,严密监视列车是否安全、正点行驶,当发生异常情况时迅速处理。

(3)运用调度。负责动车组运行、编组、用车计划管理。根据运行情况,发出更改车辆运用线路的指令。当列车发生故障时,向乘务员发出紧急处理指示,同时负责安排车辆的更换与修理业务。

(4)设施调度。负责线路及相关设施维护保养作业的统一管理,并根据电气、轨道综合实验车提供的检测报告,全面掌握线路的实时状况,统筹安排对相关线路及设施的检修工作。

(5)电力调度。负责供电管理和电力维护工作,监视和控制变电、配电站,以保证列车行驶及车站的正常用电,并协调作业内容,监控电网,确认测试情况,确保作业能安全、顺利地进行。

(6)通信系统调度。负责管理信号和通信设备及微机系统,保证系统正常工作、列车安全正点运行。

2. 法国高铁调度指挥体系

法国高速铁路运输组织有以下特点:采用"全高速-下线"运行的运输方式,高速线仅运行高速列车,高速列车既可在高速线上运行,又可在高速线衔接的既有线上运行,使高速线和既有线运力得到充分发挥;法国高速铁路列车速度等级少,列车运行图能力较富余;动车组运用方式灵活;采用按线别的动车组配属管理,维修能力布局原则是每条线设立一个动车段,共三处,均设在巴黎地区,负责各类 TGV 高速列车的各级段修。大修回送到大修厂进行;采用白天和夜间相结合的维修天窗。高速铁路夜间运行图在 0:00—6:00 间开设矩形维修天窗,白天运行图在中午设置 1.5 h 的维修天窗。

法国高速铁路调度指挥系统具有如下特点:设有相对独立的高速铁路调度指挥系统;采用二级或三级结构进行调度指挥,即国家调度中心、分局调度中心(二级结构无)和 CTC 控制中心;按区域设置分局作为管理机构;客运专线的调度系统与既有线调度系统之间,尤其在衔接的上下线站有密切的联系和数据交换,包括列车运行、设备运用信息等;由于上下既有线列车逐步增多,高速线与既有线相对独立的调度指挥模式难以适应运营需要,正在整合国家调度中心和 CTC 控制中心,希望对高速铁路以及高速铁路与既有线衔接地区进行统一集中管理。

法国高铁调度组织机构的构建思想受既有线的影响和制约，其调度业务仅包含客运组织、行车组织及机车车辆方面的调度，系统结构较为简单，功能较弱，在协调配合、应急处理等方面不能完全适应高速行车的要求。

高速铁路各调度工种的设置基本上是按三级管理设置，但具体方式不尽相同。各高速线的调度组织形式不一，有两级管理和三级管理两种。两级管理是指国家调度中心和 CTC 控制中心两级控制；三级管理是指国家调度中心、分局调度中心、CTC 控制中心三级控制，见图 3.5。法国高速铁路东南线和地中海线为两级管理，北方线和大西洋线为三级管理。

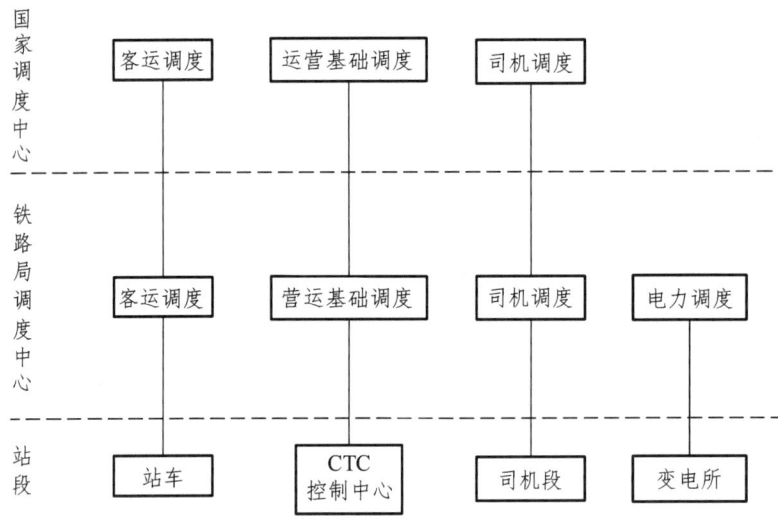

注：营运基础调度包括列调、工务、通信、信号、安全监控。

图 3.5　法国高速铁路调度机构三级管理模式

在国家调度中心，调度台是按法国铁路总公司（简称法铁）各部门分别管理设置的，设置的调度工种主要有：运营基础调度，隶属法铁运营基础部，主要负责列车运行指挥和基础设施维护；客运调度；货运调度，隶属法铁货运部；司机调度，隶属法铁产业部。

法铁的 23 个铁路分局除阿芒斯分局外，其他 22 个分局均设有调度中心。分局调度台的设置除与国家调度中心对等设置外，还设有电力调度台以及隶属法铁公共运输部的区域客运调度。另外，巴黎地区分局中还设有隶属于法铁公共运输部的巴黎大区客运调度。各工种调度间的关系与国家调度中心类似。

在 TGV 通达的既有线客运车站中，大站设有车站调度员，中小车站设有值班员。高速线车站设有值班人员，主要给客运服务人员和旅客提供列车晚点信息，以及列车编组顺序等信息，另外值班人员在集中控制转入站控的特殊情况下，可对进路实行控制。

（1）运营基础调度。东南线和地中海线由国家调度中心集中指挥，即由国家调度中心的东南高速调度台与 CTC 控制中心两级控制。高速调度台主要监督全线列车运行安全和正点情况，负责列车运行调整；CTC 控制中心执行调度命令，监督管辖区段列车运行、沿线基础设施设备运转情况，负责施工天窗期间内的进路控制和施工安全防护。东南线和地中海线设有 TGV 车站 6 个，28 对区间，其中有 8 个区间渡线处设有避让线。整个通道设 3 个 CTC 控制中心，整个通道的调度指挥由国家调度中心直接指挥，不经过 CTC 控制中心所在的地区局。

北方线和大西洋线实行国家调度中心、分局调度中心、CTC 控制中心三级管理。国家调度中心的大区调度台主要对列车运行安全和正点情况进行监督，日常调度指挥和列车运行调整工作由分局调度中心调度员负责。目前，法铁已决定将高速铁路的调度指挥逐步过渡到国家调度中心集中管理模式，大西洋线已制订过渡计划，东部高速新线投入运营后由国家调度中心集中管理。

（2）客运调度。客运调度由国家调度中心、分局调度中心和车站/车长三级组成。国家调度中心协调分局间的关系，录入晚点 15 min 以上的列车信息及晚点原因，并通过各种信息渠道，给车站、旅客提供列车晚点信息。当列车晚点 30 min 以上时，监管客运部门落实有关补偿措施，妥善安排中转旅客。遇列车出现大的延误及非正常情况下制定旅客列车调整方案，与运营基础调度协商后确定调整措施。另外，在国家调度中心设有专门的车长联络调度台，遇列车晚点时，将有关信息通过电话或短信通知车长，车长及时向旅客通报，并将旅客中转等有关信息及时反馈给客调；分局调度中心负责具体的客运调度业务。

（3）电力调度。国家调度中心未设置电力调度台。在分局调度中心内设置电力调度中心，管理高速铁路和既有铁路牵引供电，高速线牵引变电所养护维修由既有线设施段负责，接触网检修由高速线负责。电力调度行政上隶属既有线设施段管理。

（4）动车组运用管理调度。为有效组织高速列车商务运营，TGV 列车运用主要由隶属法铁法国欧洲客运部的 TGV 技术中心负责，该中心根据列车实际运用周转图，监督 TGV 列车实际运用情况，日常运用调整与动车段及乘务段进行协商后确定。

（5）司机调度。司机调度由国家调度中心、分局调度中心、司机段及 TGV 技术优化中心的司机救援调配中心组成。在列车发生故障后，司机与救援中心联系，以得到服务支持；如在规定时间内仍不能解决问题时，与分局调度中心或 CTC 控制中心联络；需紧急救援时与国家调度中心联系。

（6）CTC 控制中心。控制中心根据列车运行、沿线行车设备状态以及维修作业情况的实施信息，按照列车运行计划，集中控制管辖区段列车运行，在设备发生故障时各车站可以进行本地操作。法国高速线基本上是一条线设 1 个控制中心。

3. 德国高速铁路指挥机构

德国高速铁路采用新线建设和既有线改造方式。ICE 高速列车主要用于城市间特快列车运行网，高速列车通达里程已达到 5 000 多千米；ICE-T 摆式车体用于曲线较多的既有线电气化区段。德国高速铁路的运输组织有如下特点：高速铁路是既有线的一部分，主要特点为客货混运，同时采用新旧线混用；为了方便旅客乘车，实行固定时间间隔发车的"节拍式"开行方式；停站设计与调整方式充分考虑换乘的方便性；按车型划分的动车组配属管理；基本运行图无固定维修天窗。

德国高速铁路没有专门另建调度中心，而是纳入所在区域的既有调度系统，以利于高速列车与既有列车的跨线运行。德国铁路设置 1 个中央调度指挥中心和按区域划分的 7 个调度指挥分中心。中央调度指挥中心设在法兰克福，7 个调度指挥分中心分别设在柏林、汉诺威、杜伊斯堡、法兰克福、卡尔斯鲁厄、慕尼黑和莱比锡地区。在法兰克福调度指挥中心和 7 个调度指挥分中心，路网公司、长途客运公司、货运公司的调度人员均在一起进行合署办公，调度均实行三级管理，即中央调度指挥中心—调度指挥分中心—车站值班员，如图 3.6 所示。

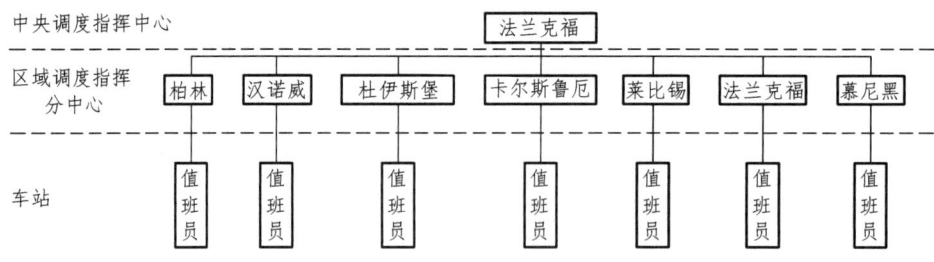

图 3.6 德国高速铁路调度机构设置

所有中心都由通信系统连接起来，相互交换数据。每个调度指挥中心下设运输指挥中心和运行控制中心，运行控制中心又设置了远程控制中心。法兰克福中央调度指挥中心指挥跨区域、国际间的客货列车运行，同时协调 7

个调度指挥分中心之间的关系。各地区调度指挥分中心则负责管辖区域内的日常运输指挥工作。分中心设置运营调度、客运调度、货运调度以及信息服务系统。

德国高速线与既有线联系紧密，但高速线上列车密度较低，其铁路调度指挥系统具有如下特点：高速铁路调度指挥系统纳入既有线调度系统，无单独的高速铁路调度指挥系统；实行调度指挥中心—地区调度所—基层车站值班员三级管理；路网调度与客货调度协调工作量较大，运行图协调难度较大；长、短途客运公司之间矛盾比较突出；在硬件方面，沿用了既有线的显示模式、运行环境等，二者得到了较好衔接与联系。

高速铁路运营调度指挥系统涉及运输组织、机车车辆、通信信号、供电、安全监控、维护救援、旅客服务等多个方面。在运营调度系统功能上，各国调度系统在综合程度上存在着一定差异，总结各国的情况，各国高速铁路调度指挥机构设置方式与本国的国情（城市分布、其他交通方式的发展水平等）、运输组织方式、运营管理模式紧密结合，并重视活动资源的优化利用（动车组、乘务员运用）和旅客运输的服务质量。例如，日本高速铁路调度指挥系统是典型的综合型指挥系统，整合干线子系统后，COSMOS成为功能最全的系统，该系统以运输计划为龙头，综合了与行车有关的各方面的内容，使整个调度指挥系统全面协调地工作；德国高速铁路调度指挥与既有调度指挥融为一体的运营调度指挥模式，也是贴合了其高速铁路的线路模式——部分既有线改造为高铁线、部分为新建线路。

3.4.2 中国高速铁路调度指挥体系

高速铁路调度强调集中指挥，是综合效益的集中体现，关系到整体效率和效益的发挥。

1. 高速铁路调度指挥体系构成

中国高速铁路调度指挥机构的设置以满足高速铁路调度指挥需要为前提，在充分考虑高速铁路运营管理模式、行车组织特点、调度指挥模式及功能的基础上，按照一般组织机构设置的原则来合理设置调度指挥机构。遵循"分工明确，业务不交叉"的原则，中国高速铁路调度指挥机构采取两级调度架构，即国铁集团调度中心和铁路局集团公司调度所。

1）国铁集团调度中心（管理层）

总体负责组织协调全路高速铁路运输调度指挥。国铁集团调度指挥中心高

上篇 中国高速铁路的发展

速铁路调度设值班副处长、计划、列车、动车、客运、供电、综合维修调度台。国铁集团调度指挥中心作为全路调度指挥的领导者,主要负责全路列车运行的协调、监控。具体可以概括为:负责全路列车基本运行图的编制;组织跨线列车的开行,协调高速铁路公司和既有线铁路局集团公司之间以及高速铁路公司之间的利益冲突;监视全路列车的运行状况;非正常情况下指示相应调度机构的应急处理工作,必要时接管指定区域列车运行指挥工作等。

2)铁路局集团公司调度所(高速铁路调度指挥中心)

高速铁路调度指挥涉及计划、列车、工务、电务、供电、动车、客运以及维修等部门,为满足高速铁路调度指挥业务的需要,在调度指挥中心设置相应的业务调度台,由各业务调度台来直接指挥现场的工作。铁路局集团公司调度所是列车运行的实际控制中心,主要负责实施计划的制订,组织列车按图运行,在列车运行偏离计划时实时进行列车运行调整,在非正常情况下开启应急救援模式等。要保证高速铁路运营的安全,离不开各高速铁路调度台间的紧密联系、密切配合。高速铁路调度值班主任领导和协调各工种调度,督促各岗位按章、按标作业,共同确保高速铁路列车运行的安全畅通,保证高速铁路调度指挥的安全稳定。

计划调度主要负责列车运行计划、动车组运用计划、乘务计划和维修计划的编制,以及列车运行实绩统计分析,并负责高铁日班计划编制及列车运行图数据维护、高铁计划与系统基础数据维护。列车调度又称行车调度,列车调度台是确保高速铁路调度指挥安全、列车安全畅通运行的中枢与关键,负责组织列车按计划运行,在列车运行偏离计划时实时进行运行调整等。列车调度员作为调度部门的关键岗位,是日常运输组织指挥工作的"大脑",担负着保障运输安全、组织客货运输、保证国家重点运输、提高客货服务质量的重要责任,凡与行车组织有关的日常生产活动都必须在运输调度的统一组织指挥下进行。按照集中领导、统一指挥、逐级负责的原则,一个调度区段内由本区段列车调度员统一指挥,列车调度员作为一个调度区段行车的统一指挥者,其发布的调度命令和指示,相关行车人员必须执行。列车调度一般由列车调度员(主调)和助理调度员(助调)两人协同配合完成工作。工务、电务、供电调度分别负责辖区范围内的工务、电务、电力调度及牵引供电调度、监控设备的监视和控制等。动车调度负责监控管辖范围内动车的运用情况,合理安排动车组的运用、检修;合理安排动车组司机及乘务组等。客服调度负责管辖范围内车站与旅客服务相关的各项事务,积极应对各种突发情况,做好旅客的疏导、安抚工作等。施工(综合维修)调度负责收集基础资料及各种报表信息,制订维修计划,监视线路以及列车运行状况等。根据工作量情况,综合维修调度的职能可并入列车调度岗位,也就是说,不单列综合维修调度,其工作职能由列车调度完成。

2. 高速铁路调度指挥

高铁调度区别于普速列车调度,变单一指挥者为组织者、指挥者和执行者于一身,既负有高铁行车指挥者的职能,还要担当车站值班员、信号员等一线执行者的职责,集行车、工务、动车组、客服、供电、应急"六体"于"一体";除正常的运输组织外,还需对运营中出现的设备故障、灾害天气、线路障碍、列车晚点等30多种非正常情况进行应急处置,实现运输组织的规范有序和畅达高效。

中国高铁运输指挥采用调度集中控制系统,即在正常情况下,高速列车运行由系统自动完成,调度员的职责是监视列车及设备运行状态,发现异常情况及时处理,实现系统与调度员的双重把关。中国高铁调度指挥者拥有优良的综合素质、科学的调度组织水平和高超的策划能力,善于根据客流的周期性变化,均衡利用线路能力;善于灵活科学地配置运力,动态调整运输组织;善于发挥路网整体功能优势,探索高速列车运行规律。

通常说来,调度指挥是围绕"人、车、天、地、图"五大要素展开的。人是指参加运输工作的人员,即调度及车站行车工作人员的状况;车是指各类列车、机车、车辆运行状态信息;天是指天气、气候状况;地是指铁路技术设备,线路的横纵断面条件、平面布置情况及沿线地质状况;图是指列运行计划图和实际图。在当前在行车指挥自动化的基础上,随着列车速度和密度不断提升,这个过程组织形式发生了巨大的变化。根据"变化就是风险"的理念,新技术装备的运用、作业组织方式的变化、高速铁路客流的骤增等都给高速铁路运营安全管理带来严峻的考验。

正常情况下,高速铁路调度指挥系统每日以 0:00 为分界,根据高速铁路调度日计划铺画运行图,再下达 3~4 h 列车运行调整计划,实时盯控高速动车组列车运行。遇有恶劣天气、设备突发故障等情况时,通过临时调整并下达 3~4 h 列车运行调整计划指挥列车运行,以减少对列车运行秩序的影响,确保高速动车组列车开行日计划的兑现。当出现列车晚点、停运、换乘等情况时,协调各部门将影响控制到最小,尽最大可能维护高速铁路列车运行秩序稳定,满足旅客出行需要。

高速铁路安全问题一旦发生,调度员要根据事件的现场状况对事件的影响、发展的态势进行预先评估,给出事件影响评估和事件态势评估来确定这次事件的损失程度、影响层面、影响规模以及事件种类,按照安全风险评估的风险等级,制定出详细的处理方案,并对应相关预案,组织应急处置。在处置过程中,各相关岗位协同一致、共同完成。高速铁路列车调度员几乎每天都会遇到或大或小的安全风险,大到封锁线路、列车停运,小到动车组旅客吸烟引发烟雾报警降速运行等,应对如此种类繁多的风险,熟知各项规章规定是必要的前提,在处置过程中,要按照"单一指挥、导向安全、按章处置、减少损失、方便旅客"的处置原则,在日常应急处置过程中着重把握安全、效率和服务准则,对应预案操作流程和关键项点有序、熟练、规范处置。

3. 调度指挥设备

高速铁路调度指挥设备主要包括运输调度管理系统(TDMS)和调度集中系统(CTC)。

1)运输调度管理系统(TDMS)

自2008年以来,中国铁路部门推广实施了运输调度管理系统(TDMS),包括国铁集团、铁路局集团公司、站段三级系统,主要是实现调度系统"协同计划编制、辅助决策支持、信息采集处理、统一建模维护"四个方面的目标,实现各级调度及各调度工种间协同编制,动态生成完整的调度工作日班计划。系统主要功能包括:

(1)建立调度计划编制平台,实现日(班)计划协同编制。系统通过建立"调度计划协同编制平台",努力实现"横向局间接续编制、局内多工种协同编制货运、列车和机车三大工作计划,纵向部、局、站段三级协作编制轮廓与日(班)计划"的建设目标。在实现信息共享的同时充分发挥计算机优势,为各调度工种提供统一的计划编制平台,各工种数据经平台计算后生成完整的调度日(班)计划,实现"一日一图",构建完整日(班)计划。系统将调度员所在管辖区段内的作业经推算放大为全局范围内的作业,并根据相关工种信息提供相应的实时指标统计,为编制计划提供决策支持。

(2)建立、完善各调度工种系统功能,实现运输生产闭环管理。系统在强化信息源点建设的基础上,建立、完善值班主任、计划调度、货运调度、机车调度、客运调度、施工调度、军特运调度等主要调度工种子系统,实现对主要调度工种作业流程的功能覆盖,同时满足两级调度部门生产、施工、安全、基础的综合管理功能,实现调度作业流程化衔接与协作,构成有机联系的整体;并按照调度相关规章、规程,建立严谨的逻辑判断模型,对调度作业流程、作业标准进行程序化管理、约束、控制、警示,实现管理上安全卡控。

（3）铁路运输管理信息系统（TMIS）与调度指挥管理信息系统（DMIS）间互联互通（T/D结合），实现信息充分共享。TMIS系统作为铁路系统内部局域网，承担铁路内部生产管理等功能。DMIS系统作为调度指挥管理平台，与TMIS系统间相互贯通后，一方面强化了调度部门与运输生产各环节的联系，包括运行图阶段计划信息传递、列车正晚点信息预报等；另一方面为提高调度日班计划编制质量提供数据支持。同时进一步强化工种系统间信息共享，重点解决调度作业全过程信息共享的问题，在相同工种间实现信息的实时交换，在不同工种间实现信息的实时或批次交换，信息共享方式由调度员主动查看转变为对调度员的主动提示。

（4）运输调度管理系统具备计划调度台间（局间）计划透明、车流来源透明、能力与车流精确匹配等功能，有效支持各工种及调度台协同编制计划，提高计划编制质量，实现基本图、调度日（班）计划、阶段计划的一体化编制，实现动车组工作计划、列车工作计划的有机结合，实现开车计划、运行计划的高水平兑现，确保在列车视图环境下实现按计划行车，真正发挥计划对运输组织工作的整体牵动作用，全面提升调度指挥工作效率和精细化管理水平。

2）调度集中系统（CTC）——列车运行指挥官

调度集中系统（CTC）是调度中心对某一区段内的信号设备进行集中控制，对列车运行直接指挥、管理的技术装备。系统是综合了计算机技术、网络通信技术和现代控制技术，采用智能化分散自律设计原则，以列车运行调整计划控制为中心，兼顾列车与调车作业的高度自动化的调度指挥系统。调度集中系统的核心技术是程序化进路控制（Programming Route Control，PRC），其功能是根据列车运行调整计划，自动生成列车进路指令。简单地说就是自动确定进路的始端和终端按钮（包括变通按钮），并根据车次号追踪结果适时地将进路操作命令下达到联锁设备，以排列进路。

高速铁路调度集中系统（CTC）由调度中心系统、车站系统、网络通信系统三部分构成，并可与联锁、列控、临时限速服务器（TSRS）、无线闭塞中心（RBC）、GSM-R等其他系统连接，构成功能完善的列车运行指挥安全控制体系。CTC系统是铁路调度指挥现代化建设的标志。

（1）CTC系统的构成

CTC是以现代通信技术和分散自律控制为基础的分布式远程控制系统，由调度中心子系统、车站子系统和调度中心与车站及车站之间的网络子系统三部分构成。

调度中心子系统是CTC的网络核心，由中心机房设备及各调度台应用终端组成。中心机房设备包括数据库服务器、应用服务器、通信服务器、日志服务器、网络通信设备、电源设备、网管工作站、系统维护工作站。调度台应用终端包括行调工作站、助调工作站、综合维修工作站、计划员工作站、值班主任工作站等。

车站子系统是CTC系统的控制节点，主要设备包括车站自律机、车务终端、综合维修终端、电务维护终端、网络设备、电源设备、防雷设备、联锁系统接口设备和无线系统接口设备等。

网络子系统是调度中心子系统和车站子系统联络的桥梁，由网络通信设备和传输通道构成双环自愈网络，采用迂回、环状、冗余等方式提高其可靠性。

（2）CTC控制模式

CTC控制区段设有分散自律控制与非常站控两种模式。分散自律控制模式是用列车运行调整计划自动控制列车进路，并具备人工办理进路的功能；非常站控模式是当调度集中设备故障、发生危及行车安全的情况或行车设备施工、维修需要时，转换为车站控制的模式。

在分散自律控制模式下，只有控制指令不同来源，没有调度中心与车站控制权的转换，系统根据列车运行调整计划自动控制列车进路，根据调车作业计划自动控制调车进路，并具备人工办理进路的功能；非常站控模式是脱离CTC控制转为车站控制台人工控制的方式，调度中心不具备直接控制权，此时系统完好时应同时具备列车调度指挥系统（TDCS）的功能。

分散自律控制模式下按照对列车进路和调车进路的控制权限不同，设有中心操作、车站调车操作及车站操作三种操作方式。

中心操作方式：调度员对列车及调车进路均有操作权，车站对列车及调车进路均无操作权。

车站调车操作方式：调度员对列车进路有操作权，对调车进路无操作权；而车站对调车进路有操作权，对列车进路无操作权。

车站操作方式：车站对列车及调车进路均有操作权，调度员对列车及调车进路均无操作权。

CTC系统分散自律控制下操作方式的转换由列车调度员确定，助理调度员与车站值班员（应急值守人员）进行操作。操作转换时须在《CTC模式转换登记簿》内登记。分散自律控制下，从车站操作方式转换到车站调车操作方式、中心操作方式时，由调度员点击"模式申请"后，车站点击"同意模式申请"；从车站调车操作方式、中心操作方式转换到车站操作方式，由车站点击"模式申请"后，调度员点击"同意模式申请"；车站调车操作方式与中心操作方式间的转换，由调度员通知车站值班员后直接切换。切换完成后，相应指示灯亮稳定绿灯，表示操作方式切换已完成。

通过 CTC 设备编制列车运行阶段计划，下达至车站自律机，车站自律机生成进路序列信息，并按照进路触发时机，将进路序列中相关按钮命令发送到联锁设备，由其排列相关列车进路。CTC 系统主要包括列车计划管理子系统、自律控制子系统、车次管理子系统、调车作业子系统、调度终端子系统、车务终端子系统、与外部系统（TDMS）等接口子系统、GSM-R 接口子系统、限速命令管理和列控接口子系统，及其他相关维护功能。CTC 系统结构图如图 3.7 所示。

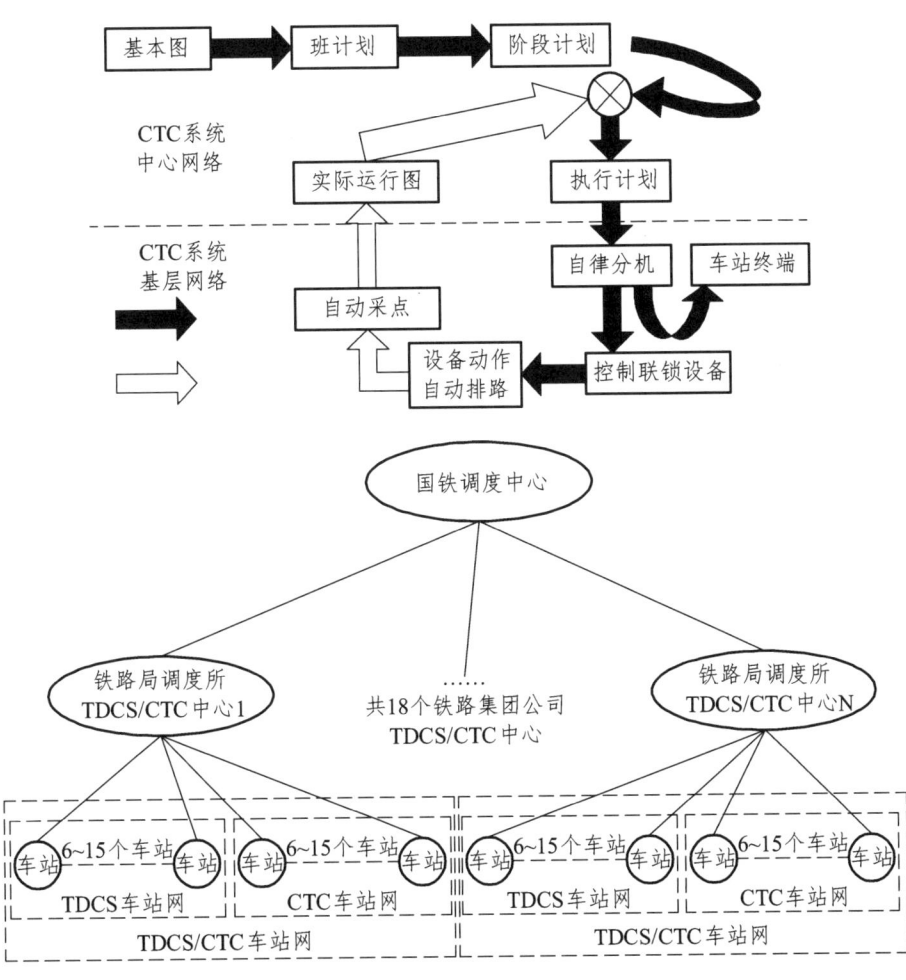

图 3.7　CTC 系统架构图

CTC 系统进行列车作业主要流程：

（1）列车调度员在调度中心列调工作站编制、下达列车运行调整计划并下达到各管辖站。

（2）CTC 车务终端及车站自律机收到计划后，自动将列车运行调整计划转换为列车进路指令序列。

（3）车站自律机根据排列进路的规定时机，经过《站细》条件检查通过后，向联锁系统下达进路控制命令。

（4）在进路排列完成后，自动以文字方式向司机提供前方站的接车进路预告信息。

（5）联锁系统将各项电务设备中的行车表示信息以及自身采集的表示信息发送至调度中心。

（6）车站自律机按照报点规则自动采集列车的到、发点或通过点，并将报点信息发送至调度中心，调度中心依此来自动描绘实迹图；车站自律机将报点信息传送至车务终端，车务终端根据该信息自动填写《行车日志》。

在运行图调整实施过程中，如果旅客列车办客站、动车组列车办客股道、列车运行径路等未经核对，TDMS 5.0 系统上运行图丢失运行线（俗称"丢线"）等，极有可能造成列车错办等事故。因此，需要加强以下方面的工作，发现差错及时更正、及时反馈、及时上报：按规定的格式制作新旧交替表，核对正确后导入 TDMS 系统，并根据修改电报和文件进行再核对、再修改，确保新图数据在传递、生成及上传过程中完整无误；新图实施期间，及时搜集各调度台新运行图使用情况的信息；制订新旧交替计划，在新旧交替期间，安排人员进行安全把关；列车调度员加强运行径路、办客站、办客股道资料的核对；加强与软件部门、行车台的核对工作。

综上所述，高速铁路调度员在指挥过程中，调度指挥设备的风险主要包括遇有恶劣天气和设备本身故障时，要按照安全风险管理的流程即风险识别、评估、预警和防控采取应急处置，妥善处理设备故障造成的影响；同时，若调度员业务素质不过关，所采取的应急处置方式不正确，则会将设备故障引起的事态进一步扩大化，可见，调度员的业务能力也是至关重要的。

【小知识】广深港高铁之所以备受关注，一方面在于它开启了香港全新的跨境交通模式，有助于打造粤港澳大湾区"1 小时生活圈"，推动香港与内地城市间更快速便捷的交通往来和更丰富的经贸人文交流；另一方面，则是因为护航这条高铁线路的信号系统在技术上实现了诸多首创，使得广深港高铁在"安全系统的完整性"上达到了前所未有的新高度。

从香港西九龙总站始发的列车，以 250 km/h 的速度高速穿行，最快仅 14 min 即可抵达深圳福田高铁站，再通过福田站的中转作用，顺利融入内地四通八达的高铁网络，从而实现香港与上海、北京、厦门、福州、昆明、武汉、长沙、贵阳等 40 多个内地城市之间的高速轨道互通。广深港高铁是粤港澳大湾区重要的交通项目，开通运营以来极大地促进了大湾区的人才和信息流动。广深港高铁日均开行高铁动车组 191 对，发送旅客 22.9 万人次，是全国动车组开行密度最大、高铁运营最繁忙的高铁干线之一。为实现广深港高铁 5G 覆盖，广东移动将投入 1.5 亿元专项资金，在高铁沿线部署超过 300 个 5G 信号发射点。5G 是"智慧车站""智慧旅途"的有效载体和高效平台，有利于铁路全面提升人性化、智能化、自主化的站车一体化服务水平，实现旅客智能引导、智能安全及智慧旅途等功能。依托 5G 网络，广东移动将与广铁集团合作探索 5G 创新应用，为乘客出行打造精彩的 5G 服务，为车站管理和铁路运营提供智能指挥调度、安全作业管理等高效支撑服务。

广深港高铁的信号系统除了在车载系统和列控系统方面达到了行业惯例的 SIL4 最高安全等级外，也首次引入了具有 SIL2 安全等级的调度集中系统——卡斯柯的 FZk-CTC 调度集中系统。该系统在 2017 年顺利通过第三方认证机构的安全评估，获得了 SIL2 级安全认证证书，是国内首个安全等级达 SIL2 的调度集中系统。

在服务广深港高铁之前，卡斯柯 FZk-CTC 调度集中系统已在国内多条铁路干线上得到成功应用，如京沪高铁、西成高铁、合福高铁、贵广高铁、兰新高铁、兰渝铁路、青藏铁路、云桂铁路、武广客专、长昆客专等诸多重点国铁项目都搭载了这一系统。此番作为广深港高铁香港段的信号供应商之一，卡斯柯对传统的 CTC 系统进行了全面升级，在传统架构的基础上进一步增强了安全架构，提高了整个系统的可靠性和可用度。未来，这一升级后的新系统也将逐步推广至更多国家铁路及企业铁路市场，以满足不同客户的不同需求，更好地服务和守护公众的出行安全。

4. 行车作业

在分散自律控制模式下，中心操作和车站调车操作方式下的车站的行车工作，均由本区段列车调度员统一指挥。在非常站控模式或车站操作方式下，车站的行车工作由车站值班员（应急值守人员）统一指挥，划分车场的车站，各车场的行车工作由该车场值班员统一指挥。

高速铁路车站是设有配线的高速铁路分界点，具有保证行车安全和必要的通过能力的作用，主要办理行车技术作业和客运作业。行车技术作业主要办理列车的接发作业、到发技术作业和列车的越行作业，行车技术作业的具体内容随车站的类型而不同。客运作业主要是办理客票的发售、旅客的乘降以及文化和生活服务等。高速铁路车站的分布主要取决于城市分布和市场需求等情况,综合根据高速铁路沿线人口和城镇分布情况,并考虑运输组织、设计能力、技术条件及工程条件等确定。

高速铁路车站从车站性质及列车作业种类角度,包括中间站、越行站、始发(终到)站、接轨站等类型。中间站是高速铁路上最普遍、最常见、最基本的车站,主要办理高速列车的通过(包括停车通过)作业,多数为通过列车。中间站包括只办理旅客乘降作业的中间站、一般中间站和有立即折返作业的中间站 3 种类型。只办理旅客乘降作业的中间站,一般位于客流量较小的城镇,不办理旅客列车越行、折返、始发终到作业;一般中间站,除了办理旅客乘降作业,还需要办理旅客列车越行作业;有立即折返作业的中间站,一般位于客流量较大的地区,需要办理旅客列车折返作业。越行站的主要业务即是办理不同速度等级列车的越行作业,不办理旅客乘降作业。始发(终到)站主要办理旅客列车的客运业务,始发、终到、动车组出入段和折返作业,动车组的整备、检修作业等。接轨站是指衔接多个方向高速铁路的车站,并根据运输组织需要开行跨线列车。

3.5 高速铁路应急管理

高速铁路新技术、新装备的应用给调度指挥带来了诸多变化。尽管中国高速铁路技术已有一定的技术积累,并且有很多安全保障措施,但是考虑到地质灾害、极端恶劣天气、技术故障及人为操作失误、材料老化及金属疲劳、破坏性盗窃等不确定因素,高铁运营安全问题在任何时候都不能掉以轻心。

中国高速铁路安全保障系统由"日常生产操作安全系统"和"安全基础保障系统"构成,从运输组织和政策法规两个角度阐述了应急救援体系。应用安全系统工程的原理,构建了高速铁路安全保障信息系统,并分析了各个子系统的功能及构成情况,提出基于多智能体的高速铁路安全保障信息系统。高速铁路应急预案管理的生命周期包括应急预案的编制流程、审批备案、更新、修订和演练。初步构建了铁路运输环境突发应急反应体系,从管理体系和政策法规强调了建立应急反应技术培训中心的必要性及其建设思路,研究了各种突发事件的特点和应急处置方法。

3.5.1 应急预案

应急预案指面对突发事件如自然灾害、重特大事故、环境公害及人为破坏的应急管理、指挥、救援计划等。应急预案的编制和救援组织是应急救援的核心内容。中国铁路以安全技术和现代信息技术为支撑，建立了国铁集团、铁路局集团公司、站段三级应急救援系统，相应的应急预案分为综合应急预案、专项应急预案和现场处置预案。综合预案是铁路应急管理的整体预案，从总体上阐述铁路的应急方针、政策、应急组织结构及相应的职责、应急行动的总体思路等。专项预案是针对某种特定的突发事件制定的，例如交通伤亡事故、危险物质泄漏、火灾、地震等。专项预案是在综合预案的基础上，充分考虑了某特定突发事件的特点，对应急的形势、组织机构、应急活动等进行更具体的阐述，具有较强的针对性。现场处置预案是铁路局集团公司下属各站段针对各种类型突发事件制定的具体处置措施，它是在专项预案的基础上，根据具体情况需要而编制的。现场处置预案的特点是针对某一具体站段、部门及具体的事故情况，在详细分析的基础上，对应急救援中的各个方面做出具体、周密而细致的安排，因而具有更强的针对性和对现场具体救援活动的指导性。

根据《国家处置铁路交通事故应急预案》《铁路总公司关于实施铁路突发公共事件应急预案的决定》《铁路交通事故调查处理规则》《铁路交通事故应急救援规则》等相关法律法规和相关规定，中国高速铁路编制了国铁集团、铁路局集团公司、现场三个层次的突发事件应急预案，较好地满足高速铁路应急救援需要，进一步增强应对高速铁路突发事件的能力，规范、科学、准确、迅速地实施应急处置，最大限度地减少突发事件造成的人员伤亡、财产损失，保证高速铁路运行安全有序。

国铁集团制定的主要应急预案有《高速铁路客运非正常情况应急处置办法》《高速铁路动车组脱轨事故应急处置办法》《高速铁路非正常行车应急处置办法》《高速铁路动车组车辆故障应急处置办法》《高速铁路工务设备故障应急处理办法》《高速铁路牵引供电设备应急处置办法》《高速铁路信号设备故障应急处置办法》《高速铁路通信设备障碍应急处置办法》等。各铁路局集团公司结合所辖区域内高速铁路线路的特点，编制适应本集团公司的《××局集团公司高速铁路突发事件应急预案》。各应急处置部门则在此基础上细化预案，形成针对不同应急场景的应急处置实施办法。

3.5.2 应急组织

高速铁路突发事件应急组织体系分为国铁集团、铁路局集团公司、站段三层。

1. **国铁集团应急组织机构**

国铁集团成立高速铁路突发事件应急领导小组。应急领导小组由国铁集团分管副总经理任组长，总调度长、安全总监任副组长，成员由办公厅、安监、财务、计划、建设、劳卫司、运输部（运营、调度、装备、基础部）、铁路总工会、宣传部、公安局等相关司局负责人组成。应急领导小组下设办公室。办公室设在应急救援指挥中心。

国铁集团应急领导小组负责领导、协调高速铁路突发事件应急处置工作。其主要职责：决定启动或终止本级预案；组织、指导有关铁路局集团公司进行突发事件的应急处置；负责与有关部委、地方人民政府相关事务的协调工作；决定向国务院有关部门报告和请求支援；有关事项的决策。

国铁集团应急领导小组办公室负责信息传递、协调组织等工作。其主要职责：负责日常工作和应急领导小组交办事项；收集掌握高速铁路突发事件的信息并及时通报；落实应急领导小组有关应急处置的指示、命令；总结应急预案的执行情况，研究分析存在的问题，组织有关部门进一步修订完善预案。

2. **铁路局集团公司、站段应急组织机构**

铁路局集团公司成立高速铁路突发事件应急领导小组。应急领导小组由铁路局集团公司分管副总经理任组长，成员由集团公司办公室、安监室、运输、客运、货运、机务、供电、工务、电务、车辆、财务、物资、建设、计划、劳卫部、调度所、工会、宣传部、公安局等部门负责人组成。应急领导小组下设办公室。办公室设在应急救援指挥中心。站段有关组织机构由铁路局集团公司具体规定。铁路局集团公司、站段层面的应急领导小组主要负责突发事件应急处置的组织、执行，具体职责在铁路局集团公司、站段高速铁路突发事件应急预案中规定。

3. **应急响应流程**

中国高速铁路应急响应采用分级响应的原则，应急响应分为特别重大、重大、较大、一般四级（即Ⅰ、Ⅱ、Ⅲ、Ⅳ级）。发生突发事件时，由相应部门启动应急预案，做出相应级别的应急响应。应急响应的启动按照启动级别，由国铁集团（铁路局集团公司）高速铁路突发事件应急领导小组以《国铁集团（铁路局集团公司）关于启动高速铁路突发事件 X 级应急响应的命令》的形式宣布，命令内容应包括灾害基本情况、响应级别、响应单位及相关要求等。

4. 应急救援体系

根据国家对应急管理工作的要求，为进一步加强铁路系统应急救援工作，提高铁路突发事件的处置能力，最大限度地减少和降低铁路突发公共事件所造成的损失和影响，确保铁路运输安全畅通，中国铁路总公司于 2006 年 6 月成立了铁路总公司应急救援指挥中心。在铁路总公司运输局调度部设立铁路总公司应急救援指挥中心（以下简称应急中心），铁路总公司应急中心与调度中心实行一个机构两块牌子，应急中心主任、副主任分别由调度中心主任、副主任兼任。应急中心在铁路总公司应急救援领导小组的领导下开展工作，主要承担全国铁路系统突发公共事件应急救援的组织、协调和指挥工作，同时接受国家安全生产应急救援指挥中心的业务指导；组织有关单位按时完成国务院及有关部委应急管理部门下达的交通运输保障任务；与铁路总公司应急管理办公室建立信息沟通、日常联系机制和资源共享应急信息平台，做好应急救援工作。

【人物故事】 2008 年 8 月，中国第一条高铁线路——京津城际的开通运营使中国进入了高铁时代，这也让即将大学毕业的段卿培找到了毕业后的工作方向。段卿培开始重新学起，他一遍一遍地抄写熟记各种规章，达到各种规章张口就来的境界。跟班学习调度指挥，调度员换班他不换，师傅也从不固定，谁在岗就跟谁学。当时全调度所几十名调度员，几乎都成了他的学习对象。段卿培先后在京广、津秦、京津城际、津保客专等高铁调度台担任列车调度员。他结合国内高铁列车运行指挥系统的不断升级换代，对现有的操作手册进行了全面梳理和再优化，还对国铁集团、铁路局集团公司、调度所三级规章制度进行对比式革新演练，逐渐形成了其独具特色的 33 个应急预案场景应对操作调度指挥流程。

2016 年 5 月，段卿培被安排到素有中国铁路最"烧脑"之称的京沪高铁调度台学习主调。这里管辖着天津西铁路枢纽和北京南站高速场。当时，京沪高铁日常开行列车 124.5 对，高峰可达 150 对，每天从 6:00 至 24:00，平均每个小时就有 17 趟列车在线运行，同时还需指挥不同方向的 35 列动车组交汇穿插。段卿培博采众家之长并结合高铁实际，总结出了"人员保障优先、信息建设领航、立体应急指挥"的设计思路，由他主导的"集团公司+站段+现场"三级应急处置体系逐渐成熟日趋完善。2019年12月30日京张高铁开通运营前夕，由他牵头编制的长达177页的《京张高铁应急预案汇编》摆上了北京铁路各专业应急指挥人员的桌上。

3.6 高速铁路客运服务

3.6.1 高速铁路车站客运服务

1. 车站客运服务

车站客运服务要满足旅客在站内的基本需求，包括购票取票、候车、问询、乘降等。同时，对一些重点旅客，车站工作人员需提供主动服务、联程服务，实行首帮负责制；并接受旅客投诉，主动化解旅客矛盾。

（1）候车服务。候车区域内配备一定数量的座椅，保障旅客在候车期间的休息。同时，在休息区附近设置卫生间和饮水处，卫生间内有通风换气和洗手池、干手器等盥洗设备，厕位间内设置挂钩；饮水处配备电开水器，有加热、保温标志，水质符合国家标准要求。在高铁特大、大型车站的候车区域内，可向旅客提供银行自助取款机服务、无线互联网接入服务，以及移动设备充电服务。另外，也可向商务座旅客提供独立的贵宾候车区。

（2）问讯服务。问讯处包括旅客咨询服务台、遗失物品招领处，以及旅行综合服务处，车站内设置醒目标志指示各服务窗口的位置。旅客咨询服务台主要针对旅客在车站内遇到的问题提供帮助，保障旅客在车站内购票、取票、候车、检票等活动的顺利进行；遗失物品招领处主要服务于车站内遗失物品或拾到陌生物品的旅客，旅客在站内遗失物品时，帮助（或广播）查找，收到旅客遗失物品及时登记、公告等。

（3）乘降服务。乘降服务内容广泛，包括检票进站（站台）、进站走行（通道与站台上）、对号（车厢号）上车，以及到站下车、出站走行（站台与通道上）、验票出站等流程环节提供的客运服务。其中，进出站流程要求按"路线短、交叉少"的流线进行组织，特殊情况下可组织旅客快速进出站；检查旅客车票是否满足票面指定的乘车日期、车次、车别、座（铺）别等乘车条件。此外，乘降服务还涉及无障碍电梯和自动扶梯等乘降设备，需要确保设备的安全。

2. 车站信息服务

根据各服务处所和服务设备设施的功能、用途设置揭示揭挂，采取电子显示屏、公告栏等方式公布规章文电摘抄、旅客乘车安全须知、客运杂费收费标准、列车运行信息等服务信息。图3.8显示的站内指示牌，可在车站内用于指引站内及站外周边设施的位置。车站各处具体的信息设置如下：售票处、候车区（室）、出站检票处和补票处设有儿童标高线；售票处、候车区、站台有时钟，显示时间准确；特大、大型车站进站大厅（集散厅）设置进站显示屏，显示车次、始发站、开车时刻、候车区（检票口）、状态等发车信息；候车区内设置候车引导屏，显示车次、始发站、开车时刻、站台、状态等信息；天桥、地道内设置进、出站通道屏，显示当前到发列车车次、始发站、终到站、站台、到开时刻、列车编组前后顺位等信息；站台设置站台屏，显示当前车次、始发站、终到站、实际开点（终到站为到点）、列车编组前后顺位、引导提示等信息；出站口外侧设置出站屏，显示到达车次、始发站、到达时刻、站台、状态等信息；售票处、候车区可设置自助查询终端，显示车站概况、列车时刻等信息。

图3.8 高铁车站站内指示牌

3.6.2 高速列车客运服务

1. 列车信息服务

动车组列车通过广播及车内显示屏提示旅客到站信息、安全注意事项、旅行服务信息等内容。另外，动车组列车还提供《服务指南》，主要包含旅行须知、安全须知、设备设施介绍、专项服务等内容，为旅客提供必要的旅行信息。列车车厢内对铁路 12306 手机客户端和微信公众号二维码进行了公告，旅客可以通过扫码安装相关 App 或关注微信公众号，获取需要的咨询。

2. 列车补票服务

列车运行途中列车员通过查验车票作业，以及根据旅客的申明，为旅客办理延长、升舱、补票、挂失等相关业务。在网络条件良好且运能允许的情况下，列车工作人员可通过联网补票机设备为旅客办理有座（铺）的补票业务。在网络及运能不允许的情况下，只能办理无座补票业务或无法办理补票业务。

3. 列车重点旅客服务

列车运行途中，乘务员遇有重点旅客上车，应及时提供帮助，协助搬运行李，并做好引导。对重点旅客做到"三知三有"：知座席、到站、困难，有登记、服务、交接，并为有需求的重点旅客提供送水服务。列车到站前，乘务人员应为有需求的特殊重点旅客，联系到站提供担架、轮椅等辅助器具，及时办理站车交接。

4. 列车餐饮服务

随着"互联网+"时代的到来，"智慧铁路"正越来越受到旅客的欢迎。以前，百姓买票得彻夜排队，现在"动动指尖"就可以快捷购票，同时还可进一步拓展到网上订餐，旅客可以在发站、途中站收到网上预订的套餐，十分方便。高铁网络订餐是铁路部门供给侧结构性改革的措施之一，目的在于提升服务水平，满足广大旅客的多元化需求，让旅客在运行途中不仅享受美景，更享受美食，收获美好的乘车体验。为使餐车服务水平不断提升，铁路开放了列车餐饮市场，让社会品牌参与其中，使餐车饮食结构更加丰富多样。

3.6.3 旅客服务系统

旅客服务信息系统简称旅服系统，是铁路客服系统的一部分，主要由引导揭示、广播、视频监控等子系统组成。它通过对引导揭示、广播、监控、查询、求助、应急、寄存等服务资源进行有机整合，形成统一的旅客服务平台，是为车站客运组织提供技术手段的信息系统。通过该系统的运行，可以全面实现各种静态、动态引导信息，广播信息的自动执行，自动引导旅客进站、候车、乘降及出站，较好地兼顾了智能化、自动化和人性化等特点。

旅服系统的发展大概经历了车站分立模式、单车站集成模式、一线多站集成模式、铁路局集团公司集成模式、基本图自动导入阶段、编组变化客调命令一次性自动处理阶段。经过多年的发展，旅服系统由车站层面各系统独立运行发展为如今铁路局集团公司层面对多站集中远程控制的模式，不仅实现了信息展示的智能化和自动化，也大大减少了人员配置，提高了工作效率。高速铁路客服系统直接面对旅客，实时向旅客提供售、检票服务及信息服务。客服系统整体结构体系如图 3.9 所示。

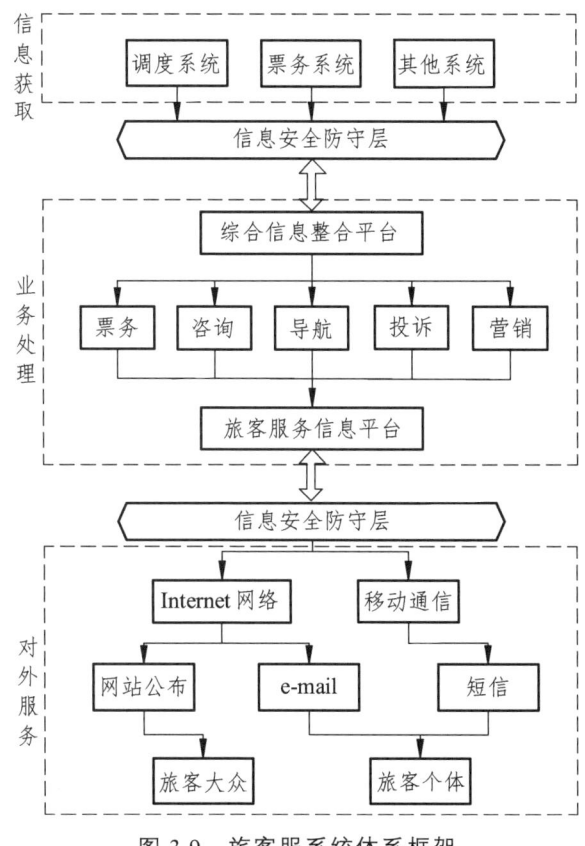

图 3.9 旅客服系统体系框架

旅服系统通过与列车调度指挥系统 CTC/TDCS、客票等系统网络连接，完成对车站旅服系统各功能模块的业务综合处理，实现旅客服务信息共享和功能联动，为旅客进出站、候车、乘降等提供实时、准确的信息和服务。旅服系统主要由综合显示、广播、视频监控、时钟、查询等子系统组成,通过集成管理平台对各子系统进行操作控制,完成信息查询及发布、业务维护、设备监控等业务。一般旅服系统集成管理平台分为路集中控制模式、大站代管小站控制模式和本站控制模式3种形式。调度所设置综控调度台,属于铁路局集团公司集中控制模式,由综控调度员通过旅服系统集成管理平台对若干条线路车站进行集中管理操作。

3.6.4 "12306"客运服务

2011年6月12日,12306网站购票业务投入使用,能够为社会和铁路客户提供客货运输业务和公共信息查询服务。通过登录该网站,可办理的客运服务包括预订车票、查询列车时刻表、票价、列车正晚点、车票余票、售票代售点等;行包服务包括办理结构、办理流程、业务相关。客服中心除了在12306网站上为客户提供查询、预订车票服务外,还与高铁管家、携程等票务服务软件共享信息。在下载了此类智能手机软件后,也可实时查询全国铁路列车时刻信息、车票价格,支持在线购买、退票和改签、收藏常用车次等功能。

12306客服中心通过铁路客户服务电话、互联网(12306网站、微信公众平台、手机App、电子邮件)、信函等方式,受理客户投诉、表扬、建议、咨询、求助、延伸服务等。在当今竞争日益激烈的运输市场,向客户提供优质服务已经成为铁路运输企业发展客户、确立竞争优势的重要手段,现如今客服中心正在发挥着越来越重要的作用。如果您在预订、购买车票或乘坐过程中有什么意见、建议或想法,都可以通过12306客服中心这个平台反映,客服中心有相对应的反馈机制和规章流程回应旅客的需求和想法,努力做到不断进步和完善。

2019年,电子客票在全国全面推广,这意味着:乘坐高铁将无须再取票,可直接上车。何为电子客票?旅客通过互联网订购车票之后,到达高铁站后,无须换取纸质车票,直接可持二代身份证等有效身份证件通过进站口和验票闸机直接乘车。铁路客票电子化就是将原有的纸质铁路客票信息化、无形化,用电子信息记录客票票面信息,并在车票出票、支付、作废、退票、改签等铁路客票预订与发售系统操作,以及车票核验、进出站流程中逐步无纸化操作、信息化记录和查验。电子客票正式生成后,铁路客票预订与发售系统便会自动生成电子报销凭证。可以加入国家税务总局的电子发票系统,也可以延续铁路客票现有报销凭证制度,在铁路客票预订与发售系统中开发铁路系统电子报销凭证模块。电子报销凭证可以发送到预订用户电子邮件中，也可在铁路自助设备中打印。

上海铁路12306客服中心——全国最大铁路客服中心承担着长三角地区江苏、安徽、浙江、上海三省一市铁路客运咨询、求助和增值服务等重任，一年呼入电话量超过1 100万个，日均达3万个。除了票务咨询之外，上海铁路12306客服中心通过电话、网络、移动客户端受理等途径，向旅客提供多种特色服务，打造"一站式"解决旅客需求的客服平台，如提供重点旅客预约、遗失物品查找、器官转运绿色通道等特色服务，还充分运用"移动互联网+"模式提升旅客咨询体验，集成官方App、公众微信号、QQ公众号等主流平台，嵌入智能问答功能，满足旅客全媒体交流互动的需求。同时，中心还应用智能语音、智能机器人技术推出"智能客服"，并在部分重点车站充电桩加载"智能问答"程序，为旅客提供全天候、全维度的售票、乘车、进出站等业务的自助查询服务。中心在全面推进智能化、数据化、集成化、全媒化、定制化客服中心的征程中继续不断升级。

【人物故事】 单杏花，中国铁道科学研究院集团公司电子所副总工程师，12306技术部主任，从事铁路客票销售、客运营销辅助决策、客运收益管理、旅客服务等领域理论研究、信息系统研发和重大工程建设，被誉为"12306"系统的最强大脑。单杏花作为中国铁路客票系统研发团队的核心骨干之一，见证了中国铁路客票信息化从无到有、从有到优的全过程。在科研上，作为技术带头人，她坚持一步一个脚印，取得累累硕果；作为团队负责人，她肩负着管理团队和凝聚人心的重任。现在的她，成为整个客票团队的"大管家"。1996年，单杏花刚进入华东交通大学就读研究生，就被学校派至铁科院，开始致力于国家重大科研项目"中国铁路客票发售和预订系统"的研发和推广工作。那时的核心任务就是将铁路售票由依靠手工售票转为计算机售票，这一阶段客票系统研究的重点侧重于提高铁路内部售票作业效率。1999年，她研究生毕业，留在了铁科院电子所，继续从事客票系统研发。她近20年致力于国家重大科研项目"中国铁路客票发售和预订系统"研发推广，参与客票系统1.0、2.0、3.0、4.0版本的研发推广，主持了5.0版本的研究与开发推广，在售票组织策略、席位控制等方面取得了重要的理论和技术上的创新与突破。近几年更是全身心投身于新一代客票系统的研发和建设工作。在铁路实行车票实名制过程中，她带领团队深入系统研发和攻关，并针对不同车站的站场条件进行业务组织模式研究，加班加点，仅用两个月时间，就完成了系统的研发。她主持研发的铁路客运营销辅助决策系统，首次将数据仓库思想应用于铁路客运营销，为铁路建立了客票营销分析数据仓库；首次用地理信息系统的手段直观展现了客流数据；首次用计算机手段实现了全路各层次的客流密度图编制；首次带领团队建立了适合中国铁路的客流预测模型，实现了对铁路客流的系统预测。2012年是12306互联网售票运用于春运的第一个年头。在春运过程中，她组织部门人员承担了客票核心系统稳定运行的重任，并带领学生团体票包保组奋战了6天6夜，成功完成了互联网学生团体票的办理，获得了铁道部以及各铁路局业务部门的认可。在春运前15天内，她带领系统开发人员，白天分析互联网售票的高并发压力问题，寻找系统可优化环节，夜间进行修改、测试，并在凌晨互联网售票系统"天窗"时间更换程序和测试，使互联网售票系统顶住了日点击14亿次的压力，使售票量由60多万提升到120万左右。为了优化铁路12306互联网售票系统，提升用户购票体验，2012年上半年，她带领团队优化12306核心系统架构，2012年9月7日开始进行系统架构调整，奋战两天两夜。20年来，她参与和带领了无数次的客票系统升级，由于铁路24小时的售票服务要求，系统升级一定要申请夜间暂停售票服务后进行，有成功也有失败，但每次升级一定都是一次通宵达旦的紧张工作，都是一次脑力、体力与时间的竞赛。目前，铁科院从事客票系统研发和运营维护的核心技术团队仅有150多人。而正是这150人，研发了覆盖全国的售票管理、车站/代售点窗口售票、自动售取票、自动检票、电话订票、站车交互、营销分析、客运清算等客运信息系统，在春运、暑运、小长假、黄金周等关键时刻，维护着车站系统和12306网站的稳定，使其保持良好的运行状态，服务全国老百姓的顺利出行。她和团队成员一起，见证了中国铁路进入电子商务时代的全过程。

3.7 案例分析：中国高铁与经济发展的综合分析

交通强国，铁路先行。从世界大国崛起的历史进程看，国家之强离不开交通之强，也往往始于交通之强。随着中国高铁速度等级的不断上升，高铁带来的交通便利已惠及全国180个地级市、370余个县级城市，中国高铁的兴盛无可比拟。中国拥有了世界上最现代化的铁路网和最发达的高速铁路网，其中，设计速度超过350 km/h等级的高速铁路约占50%。中国高速铁路与其他铁路共同构成的快速客运网已达4万千米以上，中国以高速铁路为骨架的客运快速铁路网和以高速铁路为骨架的综合交通运输体系正在形成。高速铁路在国民生活中已成为不可缺少的交通工具，中国50%以上的铁路旅客发送量已经由动车组列车承担，每天有400多万旅客享受高速铁路旅行生活，改变了中国的交通格局，深刻地影响着人民生活，也大大增强了中华民族的自豪感和广大人民群众的幸福感。

1. 高铁客运量

中国疆域辽阔，陆地面积与整个欧洲面积相仿，东西距离约5 200 km，南北相距约5 500 km，地形多样、气候多样，跨越热带、北亚热带、北温带、北亚寒带和高原寒带5个气候带，又拥有大江大河、高山峡谷、平原丘陵、沙漠戈壁、草原绿洲、湖泊海湾、半岛海岛等丰富多样的地形种类，环境的复杂性、多样性可谓世界之最。这为中国的高铁发展增加了诸多难度，同时也提供了更大的创新发展空间。只有线路运营距离长，且成网运营后，才能体现高铁速度快的优势。

在中国的铁路网上，每天运行动车组5 200多列；2008—2017年，动车组旅客发送量从1.3亿人次增加至17.16亿人次，累计旅客发送量达到74.8亿人次；2008—2017年，中国动车组列车站旅客发送量占整个铁路旅客发送量的比重由8.9%增长至56.5%，其间动车组列车单日最高发送人数达796万。自中国高铁投入运营后，在列车开行数量、速度等级、本线与跨线比例、单车载客能力等方面进行了数轮升级，发送高铁客运量也逐年增高，除了2015年之外，年增速均保持在13%~35%，可以说是飞速发展。据中国铁路总公司数据显示，2018年，全国高铁旅客发送量20.05亿人次，同比增长17.0%。复兴号已在38条高铁线路上运营，通达23个省会以上城市及香港特别行政区。截至2018年年底，投入运用的复兴号达到850组，累计发送旅客1.31亿人次，平均客座率78.8%，较高铁列车平均客座率高出4.2个百分点。中国高铁动车组已累计运输旅客突破90亿人次，成为中国铁路旅客运输的主渠道，中国高铁的安全可靠性和运输效率世界领先。

2. 高铁票价分析

2011年，铁道部根据市场需求、运营状况，对京沪高铁票价实行票价季节浮动、时段浮动和周内浮动，浮动方案由京沪高铁公司在运价政策范围内确定，浮动幅度灵活，不受5%的限制。如表3.1所示。

表 3.1　高铁与普铁二等座定价机制

里程/km	高速车票价率 /[元/(人·km)]	中速车票价率 /[元/(人·km)]	定价标准
0~500	0.46	0.34	基准价
500~1 000	0.414	0.306	基准价 9 折
1 000~1 500	0.368	0.272	基准价 8 折
1 500~2 000	0.322	0.238	基准价 7 折
2 000~2 500	0.276	0.204	基准价 6 折

根据国家发改委 2015 年 12 月发布的《关于改革完善高铁动车组旅客票价政策的通知》，对在中央管理企业全资及控股铁路上开行的设计时速 200 km 以上的高铁动车组列车一、二等座旅客票价，由铁路运输企业依据价格法律法规自主制定；商务座、特等座、动卧等票价，以及社会资本投资控股新建铁路客运专线旅客票价继续实行市场调节，由铁路运输企业根据市场供求和竞争状况等因素自主制定。

为进一步优化京沪高铁票价结构，解决需求不均衡和供需矛盾等问题，推动京沪高铁市场化发展，自 2020 年 12 月 23 日起开始，京沪高速铁路股份有限公司决定对京沪高铁票价进行优化调整，改变目前执行的固定票价的做法，实行优质优价、灵活的浮动票价机制，以现行执行票价为基准价实行上下浮动。将京沪高铁时速 300~350 km 动车组列车二等座公布票价进行优化调整，同时将商务座、特等座、一等座与二等座的比价关系分别按照 3.5 倍、1.8 倍、1.6 倍执行，同步推出客运服务提质等举措。

3. 高铁运营成本

在巨大的市场刺激下，中国高铁实现了规模化建设运营，以最低建设成本、最低的客票价格得到高质量发展，多条高铁超预期实现盈利，远低于国际建设和运营成本。世界银行曾对 2013 年年底中国 27 条运行中高铁建设成本进行分析，设计时速 350 km 的线路单位成本为每千米 9 400 万至 1.83 亿元；设计时速 250 km 的客运专线（个别除外）的单位成本为每千米 7 000 万至 1.69 亿元；加权平均单位成本，时速 350 km 的项目为 1.29 亿元/km，时速 250 km 的项目为 0.87 亿元/km。实践证明，中国人口流动的巨大市场提供了强劲需求，在现有资产负债和市场条件下，高铁双向客流密度达到年均 3 000 万人次左右，高铁公司就可以实现盈亏平衡。中国高铁成网运行后，市场发育更好，经营潜力巨大，中国东中部许多高铁公司已经实现了财务平衡。

4. 高铁建设空间分析

高速铁路兼具明显的经济效益和社会效益，因此发展高速铁路已经成为现在世界铁路发展的共同趋势。中国高铁建设的中长期规划方案为2016年出版的《中长期铁路网规划》。对于中长期高铁建设，规划提出了"八纵八横"的建设目标，即构筑纵向和横向分别为8个通道的高速铁路网。"八纵八横"作为中国中长期高铁建设安排（中期展望到2025年，远期展望到2030年），虽未包括全部线路，但基本覆盖主要的高铁线路，其建设进程大致反映了中国高铁建设长期规划的整体进度。到2035年，率先建成以"八纵八横"为骨架的发达完善的现代化铁路网，基本实现内外互联互通、区际多路畅通、省会高铁连通、地市快速通达、县城基本覆盖。

5. 高铁与车站选址

高铁站选址设站也是一项综合的规划，除了考虑城市内部的交通便利，更重要的可能要权衡城市规模、形态、发展方向和城市群之间的联系。英国城市规划学者彼得·霍尔分析总结了欧洲的高铁站点区位，将其分为市中心、城市边缘、远郊三类，不同区位有着不同的城市功能，其原理也适用于中国。修建在市中心的高铁站最为便捷，是欧洲、日本高铁站的主流，可作为城市交通枢纽，促进办公、消费产业的聚集。中国此类站一般由旧站改造而成，加开少量高铁班次，如天津站、杭州站等。设在城市边缘地区的站点，一般是为了塑造城市新增长点。设在远郊的车站是中国新建高铁站较多的一种类型。除了建在郊区可以不占用城市原有的土地指标，决策者往往寄希望于带动周边土地开发，建设高铁新城。在最优的假设中，高铁站可以发展为产业集聚的开端，进而发展为高铁商务区，带动城市的活力。如郑州东站就设在新旧两个城区中间，杭州东站则设在2001年规划的城东新城附近。2013年7月1日，改扩建后的杭州东站正式投入运营。短短六年时间，杭州东站出发旅客从日均6.5万人次增加到日均18.8万人次。2018年，杭州东站到发客流1.26亿人次，日均客流量34.6万人次，位列全国第三。2019年4月5日，杭州东站客流量创历史新高，达到58.1万人次。2019年以来，杭州东站先后推出了安装自助实名制核验闸机、设置便捷换乘通道、优化人工售票布局等创新举措，旅客的获得感和满意度进一步增强。谁曾想到，这个始建于1992年的铁路小站，已发展成为杭州的高铁之心,并正进行着一场朝着"未来枢纽"的悄然蝶变。当然,在一些特定地区,成本和收益并不是高铁选线设站的首要因素,取而代之的则是区域均衡发展因素的考量,比如兰新高铁、贵广高铁等就是出于国家战略需要,拉动边远地区的经济发展。

不过,在中国高铁站选址的实际操作中,成本是最重要的因素之一。时速 350 km 的高铁,保证安全的最小曲线转弯半径要达到 7 000 m,这就意味着,城市体量内的高铁设施几乎是一条直线。若将高铁站修在市中心,要么一路沿线拆迁,要么修建高架或将线路设于地下,无不需要巨额开支。由于高铁站是由国铁集团与所在省、市共同出资建设,部分城市能通过负担更多的投资份额,将站点建到对城市发展更有利的地方。

另外,高速铁路车站是一个大量人流集散的场所,要以方便旅客使用为宗旨,设计理念需要从"管理为本"向"以人为本"转变,在设计中提供多层次的出入通道引导旅客顺畅地进出,在保证安全的前提下,实现快速集散客流、尽量减少旅客步行距离、减少滞留时间。但将客运站由传统单一客运业务转变形成客运、商服综合体,可使其具备"自我造血"功能,促进良性循环。通过发展 TOD、SOD 模式,即以综合枢纽站、场为中心,对上盖及毗邻地块进行综合开发,物业及商务收益弥补建设成本及运营支出,实现客运站的多维互动与协调发展。以重庆沙坪坝站城综合体项目为例,该项目基坑开挖深度达 47 m,地下空间达到 8 层,承担全部交通换乘功能,实现包括一条高铁线、三条轨道线等在内的各种主要交通方式的"零距离换乘";同时站城综合体将通过无缝衔接和"交通核"设计,优化人行路线、设置节点广场等方式,便捷、高效地打通交通人流、过境人流与商业中心之间的联系,形成中心效应,成为高效集约的交通枢纽体系。

6. 高铁与经济发展

高速铁路以高速、大容量、集约型、通勤化的特征,在各种交通方式中具备极强的竞争力。经过十多年的快速发展,中国高速铁路已成为人们日常出行的重要交通工具,"千里江陵一日还"早已变成现实。高速铁路改变的不仅是不断刷新的"中国速度",更为区域与城市发展带来新的模式与机遇。如今,"八纵八横"的高速铁路网络让千里之外的城市之间变得"近在咫尺","公交化"运营模式让人们说走就走的旅行梦想变成现实。一趟趟飞驰的高速列车,不仅改变了人们的出行方式,颠覆了人们原有的时空观念,也彻底改变了人们的生活,亲情、爱情、就业、旅游、消费等皆因四通八达的高速铁路而变得不同。一条高铁每日间隔发车可达到 3~5 min,双向年运量 1.6 亿人次。

如今，在广袤的中华大地上，纵横交错的铁路网在不断延展，为中华民族复兴伟业谱写着壮丽诗篇。在这张铁路网上，每天奔驰着七八千列旅客列车，将数百万人运送到目的地。这里，有世界上商业运营速度最高的京沪高铁；有世界上第一条穿越季节性冻土地区的哈大高铁；有世界上运营里程最长的京广高铁；有穿越戈壁沙漠和大风区的兰新高铁……中国成为世界上高速铁路建设里程最长、运行速度最高、运营场景最丰富、对自然环境适应性最强的国家。中国高速铁路平稳舒适、安全可靠、运能强大、节能环保、方便快捷……促进了国家工业化、新型城镇化进程和美丽乡村建设，为中国经济腾飞和民生改善提供了有力保障。中国高速铁路穿越繁华都市，驰骋田野阡陌，"复兴号"车轮滚滚，呈现着一幅幅崭新的中国画卷。网络购票、移动支付、智能导航、刷脸进站、自助订餐、站车 Wi-Fi，让亿万旅客享受着美妙的旅行生活，展现了中国人民日益增长的获得感、幸福感。

高铁作为交通现代化的重要标志，不仅拉近了地域间的时空距离，让人们的出行更加便捷高效，更对区域经济、文化、生活、观念等多方面都产生着积极而深远的影响。高速铁路不仅是现代社会更高效、快捷、舒适的通行方式，也是一条贯通人流、物流、资金流的"财富之路"。高速铁路带给中国的，不仅是速度的提升、空间的拉近、生活的演进，更有区域的融合、习俗的嬗变与经济的腾飞。高速铁路从无到有的十年也是中国城镇化快速发展的十年，无数大中小城市因高速铁路而串联，人、钱、物在城市间、地区间的流向更加便捷和高效，高速铁路网络正以前所未有的速度改变着中国城市的格局。高速铁路形成的区域串联促进了沿线城市的经济、社会等多要素的整合，成为城市空间演变的助推器。

中国区域经济版图重构、城镇化勃兴，"交通+"的拉动效应和乘数效应逐步显现。区域发展的本质是在全新的价值网络下，技术、市场、资金、劳动力等资源的优化配置。因此，交通成为竞争的关键要素。交通线不仅是人流、物流、能流、金流和信息流，还是民生线，更是生命线和经济大动脉。以京沪高铁为例，其贯穿 4 个省和 3 个直辖市，沿线人口占全国总数的 26.7%，其中人口超百万的城市就有 14 个，上线运营后不仅使北京、上海两座城市间的联系更加密切，也使沿线多个城市享受到高铁带来的发展新机遇。高铁带来的多重优势，使多个城市重构了各自的经济版图，也带动了沿线经济协调发展。随着京沪高铁开通运营，无锡依托无锡东站规划了 125 km² 的高铁概念新城区——锡东新城，其便利的交通优势引来众多"产业大腕"竞相入驻，成为无锡连接上海的桥头堡。"产业和区位融合"

的发展模式，让锡东新城走出新的发展道路。2013年以来，锡东新城产业结构中，产业金融、科技创新、总部经济、旅游度假等新兴产业占比超过30%。类似的发展路径也发生在离上海更近的江苏昆山。昆山作为台商集聚区，工作生活着近 10 万台胞，伴随着高铁带来的运输和时间优势，越来越多的台企更加愿意在昆山设立地区总部，这为昆山发展带来前所未有的机遇。不仅如此，沿着京沪高铁这条经济"大动脉"，沧州、蚌埠、德州、枣庄、泰安、常州等城市，纷纷搭上经济发展的高铁快车，因地制宜规划实施沿"京沪高铁经济带"一体化建设。

高铁开启了"大动脉"服务民生、助推经济的新速度，但中国高速铁路的发展之路任重而道远，中国高速铁路不只要"跑得快"，更要"走得稳"。这就需要持续加快高速铁路科技创新步伐，在保持既有技术优势的同时，以深化优化技术体系和满足全球需求为创新目标，保证产品的升级及市场的认可；并合理统筹规划高速铁路建设，要针对"高速铁路效应"合理配置资源。

下篇

世界高速铁路的发展

第4章 世界高速铁路

1980 年以前，尽管法、德、英等国造出了高速列车，但世界高速铁路属于日本新干线时代。1981 年法国"超高速铁路"TGV 开通，展现了全新的高速铁路，一举超越日本。英、美、苏联都曾参与竞争，但进展不顺，逐步放弃追赶步伐。意大利 1970 年开始建设高速铁路，但受政治、经济、沿线居民反对等多种因素干扰，254 km 的高铁 22 年才建成。德国高速铁路建设进展也十分缓慢，但 1987 年建成 94 km 高速铁路后，其研发的 ICE 列车首次突破 400 km/h 大关，跻身世界先进行列。

4.1 为什么世界各国都要发展高速铁路

高速铁路是世界铁路的一项重大技术成就，它集中反映了一个国家铁路线路结构、列车牵引动力、高速运行控制、高速运输组织和经营管理等方面的技术进步，也体现了一个国家的科技和工业水平。高速铁路促进了地区经济的发展，推进了城镇化进程，对经济发达、人口密集地区的经济效益和社会效益的贡献尤为突出。世界高速铁路如表 4.1 所示。

表 4.1 全球高速铁路主要数据（2017 年）

国家/地区	速度纪录/（km/h）	运营速度/（km/h）	运营中/km	施工中/km	全长/km
中国	501	350	22 000	18 155.50	38 155.50
日本	603	320	2 765	681	3 446
法国	575	320	2 658	135	2 793
西班牙	404	320	3 100	1 800	4 900
德国	368	320	3 038	330	3 368
韩国	421	300	880	552	1 432

续表

国家/地区	速度纪录/(km/h)	运营速度/(km/h)	运营中/km	施工中/km	全长/km
中国台湾	300	300	349.5	0	349.5
意大利	400	300	923	125	1 048
比利时	368	300	209	0	209
荷兰	300	300	120	0	120
土耳其	303	250	1 420	1 506	2 926
俄罗斯	290	250	645	770	1 415
乌兹别克斯坦	255	250	344	256	600
美国	265	240	44.8	0	44.8
奥地利	275	230	292	210	502

高速铁路技术的日趋成熟，高速化成为当今世界铁路发展的共同趋势，高速铁路迎来发展的黄金期。世界上很多国家，包括日本、法国、德国、美国等将高速铁路视为未来可持续的交通发展方向，并提出了规模庞大的高速铁路建设规划。高速铁路是现代高科技成果应用于铁路运输的产物，是现代社会的新型运输方式，是交通运输现代化的重要标志。为什么世界各国要发展高速铁路？归纳世界高速铁路发展几十年来总结的经验，各国修建高速铁路的目的主要有两个：一是为了增加客运能力，二是为了减少旅行时间。当然，通过提高速度来缩短旅行时间不应作为高速铁路的唯一目标，高铁与本地公共交通的接驳程度（减少门到门的旅行时间）、安全性、舒适性、可靠性也不能忽视。随着高速铁路的建成，各交通方式在沿线客运市场的份额会发生重构，并会有新客流产生。

截至 2020 年年底，中国高速铁路运营里程达 3.79 万千米，约占世界高速铁路总里程的 69%，继续保持世界第一。从世界范围来看，各国也在持续推进高速铁路发展。目前，国外运营高速铁路的国家和地区主要分布在欧洲和亚洲，其中西班牙、日本、法国的高速铁路规模较大，时速 250 km 及以上高铁里程均超过 2 400 km，德国时速 200 km 及以上高铁里程超过 1 500 km。根据 UIC 于 2020 年 2 月 27 日发布的统计数据以及 2020 年 2 月 28 日—12 月 31 日境外高速铁路新开通、在建和规划情况，截至 2020 年年底，国外运营高速铁路的国家和地区达 20 个，运营总里程约 1.72 万千米；其中运营时速 250 km 及以上高速铁路的国家和地区有 15 个，总里程约 1.29 万千米，占比达 75.1%。另据不完全统计，目前国外高铁在建总里程超过 7 000 km，其中欧洲占 31.9%、亚洲占 57.5%、北美洲占 10.6%。此外，还有 21 个国家正在规划建设高速铁路，总里程约 9 500 km，其中欧洲占 49.5%、亚洲占

24.0%、其他地区占 26.5%。

一般认为,高铁的竞争优势在 1~3 h 的旅行时间范围之内,按照运行速度 200 km/h 则为 200~600 km。当然,运行速度不同,高铁优势范围也有变化。若按运行速度 300 km/h,则高铁的优势范围为 300~900 km。欧洲和日本的经验表明,高铁建成后,在小于 300 km 的范围内,航空基本取消,如东京与名古屋之间约 310 km、布鲁塞尔和巴黎之间 314 km;超过 1 000 km 的范围,高铁成为航空的补充,例如东京和福冈相距 1 070 km,新干线的市场份额只有 10%。而在 300~1 000 km 范围内,高铁和航空存在着竞争关系——高铁加入客运服务当中,但不能取代航空。经验表明,高速铁路在 500 km 范围内承担 80%~90% 的客流份额,在 500~800 km 范围内承担 50% 的客流份额。表 4.2 展示了高铁客流市场份额的负相关关系。

表 4.2 高铁客流市场份额间的线性关系

高速铁路	高铁开通后的影响
日本新干线	山阳新干线开通后,55% 的新干线客流从传统铁路转移过来;23% 的客流从航空转移过来;16% 的客流从小汽车和客车转移过来;6% 为新增客流
法国 TGV	TGV 东南线开通后,巴黎—里昂的航空客流减少了 50%;TGV 大西洋线开通后铁路旅行增加了 50%,航空旅行减少了 17%
法国 TGV	1980—1984 年,巴黎和勒克勒佐—蒙沙南之间的客流量增长了 7.2 倍,其中新增的铁路客流有:33% 从航空转移过来,18% 从公路转移过来,49% 为新增客流
德国 ICE	约 12% 的客流从航空和公路转移过来
西班牙 AVE	导致马德里到塞尔维亚的航空客流减少 60%。其中,AVE 客流中:32% 从航空转移过来,25% 从小汽车转移过来,14% 从原有铁路转移过来,26% 为新增客流
西班牙 AVE	导致马德里到巴塞罗那的航空市场份额从 89% 降为 36%~47%
西班牙 AVE	全国而言,高铁导致航空运营减少 17%
瑞典 Svealand	2001 年,斯德哥尔摩和埃斯基尔斯蒂纳(115 km)之间的高铁客流是 1993 年传统铁路的 7 倍,客流中 55% 来自长途汽车,15% 来自小汽车,30% 为新增客流
韩国 KTX	KTX 开通后,航空减少 20%~30%,小于 100 km 的短途出行增加了约 20%;首尔与大邱之间的每月航空班次从开通前的 517 班次减少到开通前夕的 293 班次,开通两个月后又减少到 183 班次
中国台湾高铁	导致台北到高雄的旅客乘坐航空的比例从 2005 年的 29% 降到 2008 年的 5%,高铁承担了 50% 的客运量

在高铁和航空的竞争关系中,旅行时间、费用是决定性因素,频次和旅行目的也会影响到二者的竞争。各国经验表明,高铁开通后对客运市场带来不同程度的冲击。德勒等构建了一个包括欧洲高铁、低成本航空和传统铁路的网络竞争模型。结果表明,尽管需要大规模固定投资,但从社会福利角度来看高铁投资是有利的。阿尔瓦拉特等引入一个计量模型,研究 2002—2010 年间高铁开通对法国、西班牙、意大利和德国 4 个国家航空线路服务的影响,发现有高铁直达的两城市间的航空旅客数量明显减少。但有趣的是,航班频率却未明显减少。可见,尽管客流量下降,航空公司仍保持高航班频率来应对高铁的挑战。在这种情况下,高铁开通并没有带来航班频率减少,却增加了新的交通方式可能导致社会总污染排放增加,高铁的环境友好性就要重新被评估。有学者认为高铁引入客运市场可能对环境有负面影响,而高铁和航空公司各自有不同的权衡,其决策结果并不一定能够带来社会福利的增加。一些学者认为高铁对客运市场的冲击在高铁开通初期比较严重,长期来看,竞争压力和影响都会减轻,航空公司可通过取消航班和与其他航空公司合作来应对竞争,也有学者提出高铁和航空的关系不仅是竞争还可能是互补。

4.2 世界高速铁路发展阶段

高速铁路作为现代工业文明的崭新成果,发端于日本,发展于欧洲,兴盛于中国。世界高速铁路以中国 CRH、日本新干线、法国 TGV 和德国 ICE 为世界高速铁路技术、运营管理的代表,成为当今世界上 4 个最强的高速铁路技术保有国。就全球而言,高速铁路的发展先后经历了 4 次建设高潮,如表 4.3 所示。

表 4.3 世界高铁发展的 4 个高潮

时期	建设时间	参与国家或地区	总里程/km
第一次建设高潮	1964—1990 年	日本、法国、德国、意大利	3 198
第二次建设高潮	20 世纪 90 年代	法国、德国、意大利、瑞典、西班牙、荷兰、比利时等	1 426
第三次建设高潮	20 世纪 90 年代中后期至 21 世纪初期	法国、德国、意大利、西班牙、中国台湾、澳大利亚、韩国、英国、比利时等	3 509
第四次建设高潮	21 世纪初至今	欧盟、中国、美国等	10 000 以上

(1）第一次建设高潮：20世纪60年代至80年代末期。1964年10月，世界上第一条真正意义上的高速铁路日本东海道新干线（东京—大阪）正式通车，标志着世界高速铁路新纪元的到来。此期间比较有代表性的高速铁路线路还有法国的东南线和大西洋线、德国汉诺威—维尔茨堡高速新线以及意大利罗马—佛罗伦萨线。世界高速铁路总里程达3 198 km。日本、法国、德国、意大利等国家共同推动了高速铁路的快速发展。

（2）第二次建设高潮：20世纪80年代末期至90年代中期。由于日本等国高速铁路建设巨大成就的示范效应，世界各国对高速铁路投入了极大关注并付诸实践。1991年，瑞典开通X2000"摆式列车"，解决了瑞典境内多数轨道曲线半径小于600 m的问题，并把列车速度提高到200 km/h；1992年，西班牙引进法、德两国技术建成全长471 km的马德里—塞维利亚高速铁路；1994年，英吉利海峡隧道通过高速铁路国际连接线把法国与英国连接在一起；1997年11月，从巴黎开出的"欧洲之星"列车，又将法国、比利时、荷兰和德国相连接。在这一时期，意大利、德国、法国以及日本对高速铁路发展进行了全面规划。这次高速铁路的建设高潮，不仅是铁路企业提高效益的需要，更反映出各国扩展运输网以及能源、环境的要求。

（3）第三次建设高潮：20世纪90年代中期至21世纪初期，波及亚、欧、北美以及大洋洲，可谓世界交通运输业的一场革命。俄罗斯、韩国、澳大利亚、英国、荷兰等国家以及中国台湾地区先后开始建设高速铁路。为配合欧洲高速铁路网建设，东欧与中欧的捷克、匈牙利、波兰、奥地利、希腊以及罗马尼亚等国家也对其干线铁路进行全面提速改造。韩国首尔—釜山高铁是连接天安、大田、大邱、釜山等城市的一条主要干线，全长412 km，线路最高运行速度300 km/h，高峰时最小运行间隔为3 min。中国台湾地区南北高速铁路规划设计开始于1998年，于2000年3月动工修建，2007年1月正式运营，线路自台北至高雄左营，全长345 km，轨距为1 435 m，最小曲线半径为6 730 m，限制坡度为25‰，速度目标值为350 km/h，运营速度为250～300 km/h。此外，美国、加拿大、印度、土耳其等国也开始对高速铁路给予关注。

（4）第四次建设高潮（21世纪初期至今）：从2004年开始，中国规划建设"四纵四横"客运专线和三个城市群城际铁路，掀起了世界高速铁路发展的第四次建设高潮。2008年，世界金融危机席卷全球，为拉动内需、调整结构，中国4万亿元用于投资计划，基础设施的投资达1.5万亿元，占总投资的37.5%，其中铁路基础设施投资成为重要组成部分，中国迈入全面建设高速铁路的历史阶段并得到持续发展。

4.3 日本新干线

谈起高速铁路，新干线的名字如雷贯耳，就像一座丰碑，牢固矗立在世界高速铁路发展的历史画卷之中，在长达 16 年的时间里，无人能够望其项背。

4.3.1 新干线的发展

新干线既是世界上第一条商用高铁，也是日本向全世界证明自己实力的纪念碑。日本的高速铁路已经走过了 50 多年的历史。日本高速铁路的建设可以划分为 3 个阶段：

第一阶段（1964—1975 年）：在人口稠密的地区修建高速铁路，如东海道新干线和山阳新干线等。

第二阶段（1983—1985 年）：以开发沿线地区经济为目的，在人口较少的地区修建东北和上越新干线。高速铁路的功能从简单的缓解运输紧张发展到拉动国民经济的阶段，并初步形成新干线网。

第三阶段（1990 年至今）：高速铁路建设以满足舒适、快捷、安全、节能、环保和低噪声要求为目的，在均衡开发国土和可持续发展方面发挥积极作用。不仅要提高既有线和新干线的速度，还要通过建设隧道和大桥，用铁路网把四岛连接起来，形成由既有线和新干线组成的高速铁路网。

新干线开通后运行 0 系高速旅客列车，最高运营时速达 210 km，全程运行时间 4 h，第二年，又缩短至 3 h 10 min，比既有东海道铁路特快列车缩短了 3 h 20 min。旅客出行时间大大缩短，瞬间增强的铁路运输竞争力，致使东京至大阪间的民航停运。新干线开通后的第一年，平均日载客量达 6 万人次，超高的速度、稳定的运行、设计感强的列车、优质的服务、舒适的乘坐体验让高铁得到了社会广泛认可。东海道新干线通车以后，在夜间停运做线路养护的情况下，东京与新大阪之间日均客流量达 30 万人，年运量稳定在 1.2 亿人次左右。谁也没有想到，仅仅两年后，东海道新干线就开始盈利，仅用 8 年时间，全部投资成本收回，10 年间累计盈利达到 6 600 亿日元。东海道新干线为什么能够迅速盈利呢？原来，这条线路缩短了日本三大都市圈的经济距离：东京圈（东京、神奈川、千叶、埼玉）、名古屋圈（爱知、岐阜、三重）与关西圈（京都、大阪、兵库、奈良）。三大都市圈约占日本国土面积的 14%，但 GDP 产出占日本的一半以上，聚集了日本人口的一半。也就是说，在城市人口密集、经济发达地区修建高铁，盈利应该是迟早的事。2008

年 0 系高速列车功成身退，彻底退出了新干线的运输服务。

在东海道新干线的带动下，干线沿线社会经济加速发展，高铁技术也在日本不断推广。1966 年，日本政府决定东海道新干线继续从大阪向西延伸，开始修建从大阪经广岛至博多的山阳新干线。看到新干线带来的如此大的经济、社会方面的巨大效益，那些自己家乡还没有计划修建新干线的日本国民坐不住了，要求政府修建全国规模的新干线网的呼声日益高涨。为了回应国民的这一呼声，1970 年，日本政府专门制定了"全国新干线铁路整备法"，以法律的形式确定了全国新干线整体规划方案。也就是在这部法律中，第一次明确地给出了新干线的定义："在线路的主要区间列车以 200 km/h 以上速度运行的干线铁路。"

1992 年，命名为"希望号"的 300 系列车投入运营，最高运营时速达 270 km，从东京至大阪所需时间缩短为 2 h。1993 年 3 月 18 日，300 系开始在东海道新干线上运营，从东京到博多 1 069 km 路程所需时间为 5 h 4 min。300 系高速列车在多方面取得了技术进步：首先，在列车轻量化上取得进展，大大降低了轴重。所谓"轴重"，就是列车在静止状态下每个轮对作用于钢轨的质量。0 系列车轴重为 16 t，而 300 系列车轴重降低到了只有 11.4 t。其次，300 系采用了当时最先进的交流传动牵引技术。相比直流传动牵引技术，不仅减轻了动车质量、简化了结构，而且其维修工作量也减少了。第三，是再生制动技术的利用。所谓"再生制动"，就是牵引电动机在列车制动时可作为发电机使用，将产生的电能回送给供电网，这种技术既能节电，又能减轻机械制动装置的磨耗，一举两得。第四，头车采取了新流线型。300 系高速列车全方位的技术突破，提高了日本高铁在国内与民航、高速公路的竞争力。但随之带来严重的噪声问题，降低路轨振动和噪声成为线路维护整治的重点。

从 1972 年至 1997 年，日本相继修建山阳、东北、上越、北陆、九州等多条新干线，形成了纵贯日本的新干线网，被誉为日本"经济起飞的脊梁"。日本铁路主要通道已基本实现了客货列车分线运行，修建了 4 线甚至多线；为适应大客流的需要，日本高铁采用了大编组列车，运输效率较高。在既有线改造过程中，日本把一些"瓶颈"、拥堵区段和繁忙干线作为重点改造区段；伴随新线建设，日本已形成以几大新干线为主的全国高速干线网。截至 2017 年年底，新干线运营总里程达到 2 734 km。由于不断进行技术升级，目前山阳新干线和东海道新干线的最高商业运营速度（以下简称"最高运营速度"）分别提高到 300 km/h 和 285 km/h，东北新干线的最高运营速度提高到了 320 km/h。

新干线的建设不仅带动了日本土木建筑、原材料、机械制造等相关产业

下篇 世界高速铁路的发展

的发展,更重要的是促进了人员流动,加速和扩大了信息、知识和技术的传播,从而带动了地方经济的发展,缩小了城乡差别。东海道新干线和山阳新干线,每年运输乘客约2亿人次,仅此产生的食宿、旅游等的消费支出约为5万亿日元,增加就业50万人。1995年,新干线从大阪进一步延伸到九州后,冈山、广岛、大分乃至福冈、熊本等沿线地带的工业布局迅速发生变化,汽车、机电、家用电器等加工产业和集成电路等尖端产业逐步取代了传统的钢铁、石化等产业,促进了日本产业结构的调整。通向仙台、岩手的东北新线1982年开始运行后,沿线城市的人口和企业分别增加30%和45%,地方财政收入明显增加。随着新干线交通网的形成,人们的活动范围扩大了,文化交流也更加活跃起来,生活质量也明显提高。

日本交通省的研究结果认为,高速铁路有效竞争半径为旅行时间5 h以内,单程旅行时间超过5 h,高速铁路的快捷程度相对于航空将毫无优势。所以,在可预见的将来,为了缩短旅行时间,以求在更大范围内与航空业竞争客流,更新、更快速的列车必定会投入新干线的运营。

至2011年,日本已经先后建成东海道新干线(东京—新大阪,515 km)、山阳新干线(新大阪—博多,554 km)、九州新干线(博多—鹿儿岛中央站,257 km)、东北新干线(东京—新青森,714 km)、上越新干线(大宫—新潟,270 km)、北陆新干线(高崎—长野,117 km)6条高铁主干线路,纵贯日本全国,总里程达2 427 km。此外还有秋田新干线(盛冈—秋田,127 km,1997年通车,耗资970亿日元)、山形新干线(福岛—新庄,149 km,1999年贯通)两条迷你新干线。截至2018年,新干线总营业里程已经达到3 041 km,在建里程402 km,覆盖北自北海道,南至九州岛的几乎整个日本列岛。日本新干线均为客运专线,最高运营速度均在250 km/h以上,主要承担大城市之间的长途客流以及大都市地区的通勤客流。自新干线面世以来,已陆续有16个系列的新干线动车组投入运营,截至2018年6月,日本拥有动车组车辆4 774辆。

如今新干线已经成为贯通日本的交通大动脉,日客流超过百万人次,年运输量近4亿人次,是日本航空运量的4倍。新干线累计运输客流已经突破70亿人次。新干线线路长度仅为日本铁道总里程的10%左右,但它的收入竟然占到铁路总收入的40%,而运输量占到铁路总量的30%。

未来30年,鉴于人口不断减少、社会老龄化日益严重、远程办公不断普及、互联网全覆盖以及自动驾驶技术的出现,日本的商业环境和工作模式将发生根本性变化,铁路运输需求将持续降低。2018年,JR东日本铁路公司董事会通过了一项名为《远景2027(Move Up 2027)》的发展规划,提出公司将要进行根本性变革，即在人口不断减少和老龄化带来的背景下，JR东日本铁路公司将在30年内从铁路客运公司发展成为生活服务公司。自1987年日本国家铁路解体后，JR东日本铁路公司在30多年的发展中一直自我定位为铁路客运公司，致力于不断改进和提高铁路运输质量来吸引乘客和发展业务，但在当前社会发展趋势下，这种发展模式越来越不可持续。

针对未来的挑战和变革，JR东日本铁路公司决定重新确定公司定位和重塑未来商业模式，由此诞生了《远景2027》。新愿景提出，JR东日本铁路公司将通过建立新的三大支柱来增加公司营收：使城市更舒适，使地区更发达，开展国际业务。为了继续保持业务的增长趋势，JR东日本铁路公司计划建立"出行互联平台"，致力于发展舒适的城市空间。该平台旨在实现无缝出行，即为旅客提供从出发地到目的地的全旅行信息，并能实现车票购买、购物支付和旅行计划安排等多种功能。无缝出行不仅意味着通过开行直通列车、减少换乘来缩短旅行时间，还应将铁路、公共汽车、出租车、共享汽车、自行车与自动驾驶、人工智能和大数据相结合，为乘客提供全出行服务，减少交通模式转换所带来的不便。JR东日本铁路公司认为，只要提供更便捷、更舒适的出行服务，即使全社会人口减少，使用铁路服务的人数也可实现增加。

JR东日本铁路公司与当地政府和社区密切合作，打造可持续和便利的基础设施，相关措施包括：与地方政府合作，加快秋田、新潟或青森等核心火车站周围的配套建设，推动地方经济和旅游业的发展；进一步扩大西瓜卡的使用范围，并逐步实现与其他智能卡的兼容，简化支付方式，优化购物环境；为便利店提供成本更低的支付终端。JR东日本正在借助云计算技术来开发低成本的西瓜卡系统，从而将火车站区域打造为"紧凑型城市"；对于运量不足的线路，将与当地社区合作，在对运输需求进行全面分析的基础上，推出更便捷、可持续的交通方式，在此过程中，部分列车将被公共汽车或创新交通方式所取代。

国际业务方面，充分发挥集团公司的综合能力，建立切实可行的国际商业模式，加快海外项目的拓展步伐。JR东日本铁路公司在此方面已积累了不少成功经验：为泰国曼谷地铁紫线提供和维护机车车辆；在英国西米德兰兹郡获取了特许经营权；参与建设印度孟买—艾哈迈达巴德之间的高速铁路等。国际项目不仅增加了公司的营业收入，还能挖掘员工的潜力，此外从海外项目中获得的经验也有助于发展国内的业务。除了展望未来的十年改革规划，《远景2027》还设定了财务、环保等方面的目标。

投资经营方面，未来五年JR东日本公司计划共投资3.75万亿日元。首先向旨在改善日常运营的领域投资，包括安全设备设施的更新、路网升级改

下篇 世界高速铁路的发展

造项目以及研究和创新投资；其次将资金集中于生活服务、信息技术和西瓜卡业务。营业收入方面，未来十年需确保集团公司营业收入持续增长，生活服务和信息技术业务将成为集团营业收入的增长点，在集团总收入中的占比将从 30% 提升到约 40%。股东回报方面，未来在维持 30% 的派息率不变的同时，投资回报率将从目前的 33% 提升至 40%。债务方面，将不断降低负债，计划在 21 世纪 20 年代中叶将综合计息债务的余额减少到合理范围以内。铁路业务的目标是与 2014 年相比，到 2031 年能耗减少 25%，二氧化碳排放量减少 40%。此外，JR 东日本还致力于新能源发电和节电技术的研发，通过使用氢燃料电池以及绿色电力使能源结构多样化。

在物联网、大数据、人工智能等高新技术快速发展的背景下，为实现铁路技术创新和引领，JR 东日本公司研究制定了《技术创新中长期规划》。规划的主要目标是采用人工智能技术对公司全部业务数据进行创新应用，进而实现确保运输安全、提升服务质量、优化运用维护、促进节能环保 4 个方面的目标。

（1）确保安全。JR 东日本公司正处于铁路系统更新、专业细分不断深入、员工快速新老交替的时期。一方面，为解决"提高运输安全水平及正点率"的首要难题，积极推进技术改造和设备更新研发，以及安全教育培训技术的研发。另一方面，为跟踪安全技术的发展水平，需要建立一套安全辅助系统，可通过物联网、大数据、人工智能等技术，捕捉事故的预兆，挖掘难以预知的风险，以便事先采取对策。同时，还要推进智能道路交通系统（ITS）、智能机器人、人为因素管控技术之间的相互融合，实现"终极安全"目标，如利用传感器等技术降低灾害风险、利用 ITS 和机器人改善道口和站台的安全性等。

（2）强化服务和营销。未来的旅客服务系统，除可提供客流和车辆设备信息之外，还可实时提供公交车、出租车等其他交通工具的信息，以及气象信息等多种数据。基于这种数据链，可根据不同需求，为旅客定制有助于缩短旅行时间的信息服务。研发分为两个阶段推进：提供铁路以及其他交通工具的实时信息，提升旅客出行的便利性和舒适性；提供根据运量需求变化的临时运行图信息，实现与其他交通工具高度结合的无缝运输服务。

（3）优化运维技术。目前，JR 东日本公司正在以山手线的 E235 系车辆为平台，逐步推进"状态修"体系的实用化，同时推进自动驾驶技术研发，以及利用智能机器人和人工智能的辅助技术研发。此外，随着一线技术工人大幅减员，还将通过技术创新来改变运用和维修成本的结构，实现"人与系统"密切结合的工作模式、由"定期修"到"状态修"的转换、维修作业的智能机器人化等。

（4）注重能源和环境。JR 东日本公司拥有从发电到输变电和配电的全过程能源管理网络平台，并确立了综合利用可再生能源和节能蓄能技术，实现 2030 年铁路能耗降低 25%、二氧化碳排放量减少 40% 的管理目标（以 2013 年为基准）。

【人物故事】日本堪称动力分散方式列车的王国，其拥有的动车数达 5 万辆。动力分散已成为日本新干线列车技术的代名词，象征着列车技术的最大特征。岛秀雄是改变日本铁路发展史的关键人物，是日本高铁的奠基者和开拓者。20 世纪 30 年代，与欧美铁路技术强国相比，日本只能算是发展中国家。1936 年 4 月，为了学习欧美等国的最新铁路技术，日本铁道省派出了 20 人的考察团，年仅 35 岁的岛秀雄就在其中。岛秀雄的这次考察历时 1 年 9 个月，足迹遍及亚洲、非洲、欧洲、南美洲和北美洲的多个国家，他目睹了欧美国家的蒸汽、内燃、电力机车等方面的最新技术。当时，德、法等国也研制出少量的动力分散方式的长距离运输列车，但动力集中方式列车目前仍占绝对主流。1937 年 4 月，岛秀雄的注意力集中在沿着莱茵河飞驰的荷兰的动力分散方式的旅客列车上。他敏锐地感觉到，将来动力分散方式比动力集中方式列车更适合日本的长途旅客运输，今后日本应该努力发展动力分散技术。可当时，日本完全遵循着长途列车采用动力集中方式，这也早就是世界铁路界的常识。由于数量少但输出功率大的动力装置集中安装在机车身上，机车总是一个"重量级"的庞然大物。机车提供的牵引力是靠车轮和轨道之间的黏着力，要牵引长大编组的列车前进，机车的轴重（机车重量除以车轴数）就必须在一定值以上才能使轮轨间获得足够的摩擦力。显然，机车牵引重量越大、列车运行速度越高，机车轴重也就变得越大。可是，机车轴重不能无限制地增大，轴重越大，机车运行时对轨道的破坏也就越大。所以，动力集中方式列车的运行，首先就需要有坚固的轨道，对高速列车而言尤其如此。然而，日本国土地质松软，要建设像欧洲那样坚固的轨道结构几乎不可能。岛秀雄认为采用动力分散方式的优点还有：不但可以大大减轻轴重，还可以简单地增大列车动力，从而提高列车的加速度，列车到达终点后也不用调换机车就可以实行反向运行。而动力分散方式的缺点是振动和噪声等问题，他认为完全可以通过技术手段来解决。正是这个瞬间的灵感，决定了岛秀雄此后的技术人生的奋斗目标，也决定了日本列车技术的发展方向，并直接导致了其后新干线技术的成功。为了解决技术难题，岛秀雄广揽人才，从航空、军事等行业招募了很多专家，共同攻克动车噪声污染的难题。此时第二次世界大战刚刚结束，很多军用工厂纷纷转为民用，岛秀雄集中了全国最优秀的专家。1946—1949 年，解决了高速列车的重大技术难题——高速列车转向架振动问题，并取得了理论上的重大突破。1957 年日本在借鉴德、法的交流供电技术的基础上，交流供电的 ED70 型电力机车开始运行，在新干线开工建设前掌握了不可或缺的重要技术。1958 年，东京至大阪的"回声"号列车投入运行，"回声"号取代了既有的动力集中方式特快列车"飞燕"号的地位。

4.3.2 新干线动车组谱系

日本新干线目前被 5 家铁道客运公司运营，分别是 JR 北海道、JR 东日本、JR 西日本、JR 东海、JR 九州，这 5 大客运公司曾经和正在运营从"0系""100 系"到"800 系"，从"E1"到"E7"，还有独立编号的"H5 系""W7系"等种类繁多的动车组。

1. 新干线 0~800 系

（1）1964 年登场的 0 系列车是新干线诸多车型的开朝元老，在服务超过 30 多年后，此车系于 1999 年全数退出东海道新干线的载客服务，之后以回声号（Kodama，汉字"木灵"）的身份行驶于山阳新干线上，进行各站停车服务。0 系列车的运营速度为 220 km/h，并曾在高速测试中创下 256 km/h 的纪录。2008 年 11 月 30 日，0 系列车全面退出运营服务。2008 年 12 月 14 日，0 系列车正式退役，它就像一位饱经沧桑的老人，见证了新干线的兴起和繁荣。

（2）新干线 100 系。1985 年投入服务，行走东海道、山阳新干线，设计最高速度为 275 km/h，运营速度为 230 km/h。100 系列车是首款拥有双层车厢的新干线列车，于 2003 年全数退出东海道新干线的载客服务，现行驶于山阳新干线上，作为回声号进行各站停车服务。

（3）新干线 200 系。1982 年东北新干线及上越新干线通车时开始使用。200 系列车的标准运营速度为 240 km/h，但依照编组的不同，E 编成仅有 210 km/h 的运营速度，但 F 编成却达到 270 km/h。

（4）新干线 300 系。东海道—山阳新干线上等级最高的希望号（Nozomi）首次登场时所使用的车种，最初以 270 km/h 的最高车速投入运营，但目前已经退出第一前线，主要是作为光号（Hikari）与回声号列车使用。

（5）新干线 400 系。行驶于山形新干线的迷你新干线列车，设计最高速度为 345 km/h，东京至福岛新干线路段最高运营速度为 240 km/h，而行走于在来线福岛至新庄的最高运营速度为 130 km/h。新干线 400 系羽翼号（Tsubasa）列车于 2010 年 4 月 18 日彻底退出运营服务，为第二款退役的新干线列车。

（6）新干线 500 系。在 300 系投入运营 5 年之后，新一代的 500 系登上高铁舞台。500 系的目标值定为 300 km/h，这个速度已经能追上当时世界上最快的法国 TGV-A 列车。1997 年 3 月，500 系列车在山阳新干线投入商业运营。500 系于 2008 年年中行走"回声"号班次，并对列车进行改造，分拆成 8 节车厢形式的列车（V 编成），于 2008 年 12 月 1 日取代退役的 0 系担任回声号班次运营。

（7）新干线 700 系。700 系于 1999 年投入运营，综合了 300 系和 500 系之长，虽然它的最高运营速度不及 500 系，定为 285 km/h，但其优点是性价比高。其前方车头长 9 m，因造型独特被日本人昵称为"鸭嘴兽"。除了作为光号与 700 系希望号使用外，西日本旅客铁道也使用 700 系推出不一样的新车型（700 系 7000 番台），命名为铁道之星（Hikari Railstar），在编组车辆数、车辆涂装、车内座椅数与配备上，都与原有的 700 系不同。

N700 系：由 700 系改良而来的新型列车，东海旅客铁道与西日本旅客铁道共同开发，是首度导入摆式列车技术的第五代新干线车辆。N700 系列车已于 2007 年 7 月 1 日正式投入使用，最高运营速度也达到 300 km/h。该型号列车投入运行后，东京到大阪之间只需要 2 h 25 min。

N700 系是由 JR 西日本与 JR 九州联合购置的新型车辆，用于 2011 年 3 月 18 日正式开通的九州/山阳干线新大阪—鹿儿岛中央间的直通运行，与原有 N700 系外观上最大的不同为其采用青瓷色涂装非传统的乳白色 + 蓝条涂装。2011 年 3 月 18 日，九州/山阳直通正式开始运行，作为九州/山阳最快的班次，运行于鹿儿岛—熊本—新大阪之间。

日本正在研制的用于东海道新干线的 N700S 系高速列车是集成了日本多项技术创新的"代表作"，将成为日本宣传高铁实力的样板。东海道新干线新型列车"N700S"将替代目前正在运行的新干线主要车辆。JR 东海公司在继承现在的车头造型设计的同时，改良形状以减轻空气阻力。该新型列车，在地震等灾害造成停电时，可以利用装载的锂离子电池继续行驶。此外，车内增加监控摄像机，强化安全防范功能，并且设置新的装置，使得在紧急情况下除了乘务员之外，乘客也能与监控中心通话，如图 4.1 所示。

图 4.1　N700S 系高速列车

（8）新干线 800 系。由九州旅客铁道开发，行驶于九州新干线路段，作为燕子号（Tsubame）列车的使用车辆。虽然运行速度只有 260 km/h，但因 800 系是配合九州地区多山特性所设计的摆式列车，所以拥有新干线里最高的过弯车速。九州新干线全线开通后，800 系列车服务于每站必停的慢车班次。

2. 新干线 E1～E8 系

（1）新干线 E1 系（原 600 系）。第一款全列车双层配置的新干线列车，行走于上越新干线路段，最高运营速度为 240 km/h，主要作为朱鹮号（Toki）与谷川号（Tanigawa）列车使用。

（2）新干线 E2 系。行驶于东北新干线及长野新干线，运营速度为 275 km/h，作为疾风号（Hayate）、浅间号（Asama）、山神号（Yamabiko）列车的使用车辆。因北陆新干线轻井泽以西路段采用与东北新干线的 50 Hz 交流电不同的供电制式（25 kV，60 Hz），故 E2 系为新干线系列里唯一的双电源制式车辆。

（3）新干线 E3 系。行驶于山形、秋田新干线的迷你新干线列车，东京至盛冈/福岛区间 275 km/h，盛冈至秋田、福岛至新庄区间 130 km/h，作为小町号（Komachi）、翼号列车使用。

（4）新干线 E4 系。世界载客量最大的双层高速铁路列车，达 1 634 人（两列 E4 重联情况下），行驶于东北、上越、长野新干线上，最高运营速度 240 km/h，作为朱鹮号和谷川号列车使用。

（5）新干线 E5 系。JR 东日本于 2011 年春投入东北新干线使用的最新型新干线，执行东京—青森间班次，为 FASTECH 360S 的简化量产版，爱称

Hayabusa（隼号）。运行速度为宇都宫以南 275 km/h、宇都宫—盛冈间 320 km/h、盛冈以北 260 km/h。

（6）新干线 E6 系。JR 东日本于 2011 年投入秋田新干线运营的在来线直通用新干线。

2013 年，E5、E6 系列车的最高运营速度由 300 km/h 提高到 320 km/h。

（7）新干线 E7 系。2014 年 3 月 15 日投入使用，设计速度 275 km/h，运行速度为 260 km/h，为北陆新干线提供旅客运输服务。该动车组是在 E2 系基础上研发的，车内装潢充满了浓厚的文化气息，未来派的艺术风格与日本传统文化相融合，乘客可享受极佳的乘车体验。

（8）新干线 E8 系。2020 年 3 月，JR 东日本宣布了新一代迷你新干线列车的最新消息——E8 系新干线列车正式定名，并将于 2022 年 9 月完成首车生产，2024 年正式上线。据 JR 东日本方面表示，E8 系未来将用于山形新干线，取代现有的 E3 系列车。按照官方公布的数据，E8 系新干线的最高运营速度将提速至 300 km/h，但这个最高速度只是在东北新干线路段才能达到，山形新干线区间仍旧只能按照 130 km/h 的速度行驶。未来 E8 系在东北新干线宇都宫—福岛区间将和 E5 系重联运行，考虑到山形新干线从东北新干线岔出较早，若像运行于秋田新干线的 E6 系那样提速到 320 km/h，则耗费较大且旅行时间缩减并不明显，所以折中提速到了 300 km/h。除了速度，E8 系列车将在服务设施方面进行加强，包括全列车采用全有源悬挂系统、增设轮椅位、增设大件行李存放处至全列车各个车厢、增设电源插座至全部座椅、防盗摄像头全车覆盖等。相应地，列车的定员相比 E3 系也有所降低，为 355 人。可以发现，提高普通旅客的乘坐舒适度是新干线发展的趋势之一。

3. "W7 系" "H5 系" 动车组

（1）"W7"系动车组于 2015 年 3 月投入使用，是日本新干线目前为止最新型的动车组之一，设计速度 275 km/h，运营速度为 260 km/h，为北陆新干线提供旅客运输服务。

（2）"H5 系"是在"E5 系"基础上进行研发的，最高速度为 320 km/h，于 2016 年 3 月份投入运营，主要为东北新干线和北海道新干线提供服务。这款动车组安装了主动制导悬架系统和车身倾斜系统，在动车组高速运行时，可使车身倾斜 1.5° 平衡离心力，动车通过半径为 4 000 m 的弯道时，以 320 km/h 的速度不减速通过。同时，为了适应北海道寒冷地区的气候，该车前面安装了除雪装置，并采用耐久的橡胶产品保护车底架上的电气设施。

4.3.3 新干线提速

日本新干线从车辆技术到运营管理系统都是本国研发、逐年提高和完善的。长年的技术积累和顽强的安全经营意识，使得日本新干线始终以"安全"为第一考量，"速度"排在第三位，第二位是"经济利益的平衡"。日本新干线在半个多世纪中，时速从最初的 200 km 到目前的 320 km，只提升了 120 km。这是因为考虑到运营安全的影响。因为日本是一个岛国，大部分地区是丘陵地带，许多新干线线路是不断地穿越隧道，当列车高速穿越隧道时，车头会产生压缩波，车尾会产生膨胀波，乘客坐在新干线列车上，耳膜会有一种压迫感，影响坐车的舒适度。因此，日本的新干线不宜开到 350 km/h 以上。另外，考虑到经济利益，日本铁路公司经过测算，新干线运行速度控制在 300 km/h 以下，其轮轨的磨损率处于最经济、合理的区域，如果超过 300 km/h，磨损率会出现大幅增加，运营成本也会因此大大提升。

但日本也在追求更高速度的高铁。2019 年 5 月 9 日，东日本铁道公司（JR 东日本公司）对媒体公开了该国新一代新干线"ALFA-X"的一些细节，该型新干线列车正进行时速 360 km 试运行，其最大特征是车头前端较长，被称为"长鼻子"，旨在抑制噪声。因噪声会随着行驶速度加快而变大，"ALFA-X"采用流线型、减少空气阻力的柔和的"长鼻子"车头。列车的"长鼻子"部分加长到 22 m（新型试验车辆共有 10 节，而其中头车 10 号车总共全长 26.5 m），达到史上最长。长鼻设计可让新干线行驶隧道时更加安静，在提升速度的同时必须兼顾安全性。该车型还配备了在地震多发的日本特有的功能，包括能尽快停车的部件等。JR 东日本公司表示，ALFA-X 造价约为 100 亿日元（1 元约为 16 日元），试验中的最高速度为时速 400 km 左右，而正常运营速度将为 360 km/h，如图 4.2 所示。

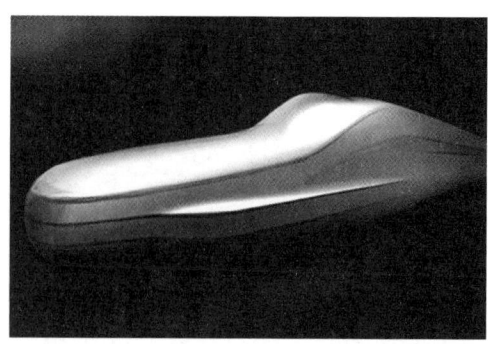

图 4.2　ALFA-X

2020年，日本新造的400 km/h高速试验车"ALFA-X"陆续在东北新干线上开展了试运行和媒体试乘活动，运行速度达到了382 km/h。从2030年起，该车将以最高商业运营速度360 km/h代替速度320 km/h的E5和H5型动车组，成为东京—新青森—札幌线上运行的主力车型。

4.4 欧洲的奋起

当今世界高速铁路格局，泛欧高速铁路网在欧洲已见雏形，跨欧洲互操作技术与系统取得重大进展，适应欧洲各类线网的轨道交通技术、装备、系统已成完整体系，建设、运营、服务与安全保障一体化技术架构已大体成型并逐步实施，围绕"欧盟—国家—行业—企业—研究机构"主线已形成完备的技术体系。欧洲高速列车技术在谱系化、标准化、一体化、成熟性等方面总体上居世界前列，技术标准体系占据世界制高点，且其高速铁路技术作为"走廊技术""替代技术"和"世纪技术"地位加强。

欧洲是无可争议的世界铁路技术中心。其中，英国是世界铁路发源地。德国是第二次世界大战前世界铁路技术的领头羊。法国是第二次世界大战后世界铁路高速化的领导者。自从铁路诞生以来，轮轨式列车的速度纪录，几乎被英、法、德三国包揽。

以欧洲各国为中心，日本新干线的成功刺激了全球各地高速铁路的开发，法国的TGV（1981年投入运营）和德国的ICE（1991年投入运营）相继面世。

欧洲高铁有两个显著特征：一是与传统铁路系统的一体化连接，另一个是跨国运行，如著名的"欧洲之星"就穿越了英吉利海峡。欧洲的西班牙、意大利、比利时、荷兰、瑞典等发达国家纷纷登场，制定本国特色的高速铁路发展规划，同时引进高铁技术，建设高速铁路。

2020年3月，欧委会提议将2021年定为欧洲铁路年，重点任务是推进欧洲单一铁路区域建设，打造真正无国界的欧洲铁路网络。欧洲铁路年将有助于加快欧洲铁路系统现代化进程，符合欧洲推广可持续交通模式的迫切需要。

4.4.1 锋芒毕露的法国

1. 法国高速铁路发展

法国是世界上从事提高列车速度研究较早的国家，1955年即利用电力机

下篇 世界高速铁路的发展

车牵引创造了 331 km/h 的世界纪录。1967 年 5 月，法国国铁的 CC-6500 型电力机车，在一段长约 80 km 的铁路线上，实现了最高时速 200 km 的载客运输。20 世纪 70 年代，TGV-01 试验型电动车组达到了 380 km/h 的速度。

德、法两国虽然先行开通了时速 200 km 的列车，但毕竟只是既有线提速。为了挽救日益没落的铁路运输业，1965 年年底，也就是日本新干线开通的第二年，法国国营铁路公司（SNCF，简称法铁）开始拟定法国高速铁路计划，并定名为"TGV"（高速铁路的法文缩写）。TGV 是由阿尔斯通公司和法国国家铁路公司设计建造并由后者负责运营的高速铁路系统。建造 TGV 的设想始于 20 世纪 60 年代，之前日本新干线已于 1959 年动工。当时法国政府热衷于采用气垫列车或磁悬浮列车，而法铁则开始研究基于传统轨道的高速列车。在最初的计划中，TGV 将由燃气涡轮发动机或电力机车牵引，但最终燃气涡轮发动机因体积小、单位功率高且能长时间提供高功率牵引力而被采用。1966 年，法铁设立了主要研究高速铁路技术的研究局。1967 年 7 月 10 日，TGV 计划正式启动。1968 年 6 月，法铁在维也纳召开的铁路高速化国际会议上，宣布要建设巴黎—里昂间的 TGV 高速铁路。巴黎和里昂是法国最重要的两大城市，铁路运量早已饱和。1971 年，法国政府批准了修建 TGV 东南线的计划（巴黎—里昂，417 km，其中 389 km 为新建高速铁路）。

法国人在技术上非常慎重，他们对日本新干线进行了彻底研究，并针对其造价高、动力分散式列车维护复杂、编组缺乏灵活性、换乘麻烦、列车受电弓接触不良、列车舒适度（振动噪声）欠佳等弱点，提出对应策略。针对日本新干线的弱点，TGV 采用与其迥然不同的动力集中式列车。1969 年 7 月，阿尔斯通制造出第一款试验车 TGS001 和 TGS002，由雅克·库珀设计，采用燃气轮机、铰接式转向架，最高测试时速达到 318 km，是非电力牵引列车中的最高时速保持者。1973 年，法铁研制的 TGV-001 试验列车，停在巴黎德奥斯特里茨火车站。TGV 是世界第一种平均时速超过 200 km 的高速列车。

随着 1973 年能源危机爆发，石油价格高涨，燃气涡轮发动机因此被弃用。TGV 转而使用电力机车，电能通过架空线从法国新建的核电站输送而来。TGV 列车改用电力牵引后，原先的设计也随之进行了巨大的调整。法国开始从更高起点研究开发高速铁路并确定了适合本国国情的速度目标值，就是要研制一种高性能、高速度并面向大众的新型列车，建造一条高质量的铁路新线，向旅客提供一种安全、舒适、快速的出行方式，解决铁路干线运输能力饱和并要获得显著的经济效益。基于上述考虑，1974 年，第一款采用电力牵引的 TGV 原型车下线，被命名为"泽比灵斯（Zébulon）"。泽比灵斯共运行了约 100 万千米，进行了受电弓、悬挂和制动等系统测试。1976 年 10 月，法国第一条高速铁路——TGV 东南线正式开工。法铁向阿尔斯通公司订购了 87 辆 TGV 列车，从此 TGV 高速铁路系统走上了迅速发展的道路，在技术、经济、商业等方面都取得了巨大的成功，40 多年来，一直居于世界铁路运输的前沿。1980 年 4 月 25 日，第一列 TGV 量产车型正式交货。1981 年 2 月 26 日，TGV 列车在试验中达到时速 380 km，创下世界纪录。1981 年 9 月 27 日，欧洲第一条高速铁路由巴黎至里昂的东南线投入运营，全程 417 km，直达旅行时间 2 h，当时列车最高速度为 260 km/h，超过了日本新干线，经过技术改造，目前速度已达 300 km/h。

TGV 东南线通车后，客运量迅速增长，取得了良好的经济效益。法国政府随即又在 1985 年开工建设 TGV 大西洋线（282 km，西线巴黎—勒芒，西南线巴黎—图尔），最高时速 300 km，采用第二代 TGV 列车。1989 年 9 月 24 日巴黎—勒芒段通车，1990 年 5 月 18 日，TGV 大西洋线 325 号列车创造了时速 515.3 km 的世界纪录。5 个月后，大西洋线的巴黎—图尔段也建成通车。到 1991 年，大西洋线客运量已经达到 1 600 万人次，盈余 7.94 亿法郎。此后，法国相继建设开通了 TGV 大西洋线、北方线、地中海线、巴黎东部联络线、东欧线等高速铁路，形成以巴黎为中心、辐射全国的高速铁路干线并能与周边国家连接。

1993 年 12 月 26 日，法国第三条高铁——TGV 北方线贯通。这是欧洲最重要的国际性高速铁路，连接法国巴黎—英国伦敦—比利时布鲁塞尔—荷兰阿姆斯特丹—德国科隆—德国法兰克福，全长 333 km。1994 年 11 月，"欧洲之星"高速铁路，由巴黎经海底隧道抵达伦敦。

1994 年 9 月，环绕巴黎大区的 TGV 巴黎联络线（全长 128 km），连接起了东南线、北方线和大西洋线，同时穿过了迪斯尼乐园和戴高乐机场。1996 年 10 月，Duplex 双层 TGV 列车上线运行。2001 年 6 月 10 日，连接法国中部工业城市里昂和南部港口马赛、总长 295 km 的"地中海线"正式通车，采用 TGV-2N 型第三代双层列车，最高时速 350 km。

2007 年 4 月 3 日，法国又创造了时速 574.8 km 的高速铁路试验列车的最高试验速度。

截至 2018 年，法国已投入运营的 TGV 高速铁路里程为 2 814 km，除属于法国国家邮政局的 4 组货运 TGV La Poste 动车组外，其余所有 TGV 动车组全部归属法国国家铁路公司（SNCF）所有。截至 2018 年 6 月，法国共拥有高速动车组车辆 4 700 辆。

法国一直将发展高速铁路作为一项基本国策，因此高速铁路运营里程持续增加，高速列车开行频次不断增加。在新线建设中，由于统筹规划合理，高速铁路带动了区域经济发展。1997 年，法铁引入了中央客票预订发售系统（PDSD），服务于铁路干线和区域客运；法国的 Socrate、REPIPAC 等系统中所有信息只需采集一次，全系统共享，为集运营管理、咨询服务子系统于一体的综合信息系统。

高铁对法国人的居住和出行习惯产生的影响已不言而喻。同自己驾车相比，乘坐法国高速列车不仅不会堵车，还避免了开车的疲劳。同普通列车相比，省时、舒适是法国高速列车最大的优势。巴黎—里尔线（200 多千米，1 h 车程）的开通，使不少里尔人到巴黎就职成为可能。甚至，你可以早上在布鲁塞尔喝早茶，1 个多小时后到巴黎上班，下午再坐两个小时的"欧洲之星"到伦敦看音乐剧。同乘坐飞机相比，法国高速列车的乘客在市区就可上车，省去了从市区到机场的麻烦。

法国国营铁路公司的材料显示，每天往返于巴黎和里昂之间的旅客 10 年来增加了 54%，巴黎到里昂的交通几乎被法国高速列车包揽。从巴黎到外地，需 2 h 车程的交通有 90% 被法国高速列车占领，到马赛、波尔多等需 3 h 左右车程的交通则有 50%~60% 被法国高速列车占领。

值得一提的是，法国高速列车的订票非常方便。旅客可以通过因特网、电话、信函和法国"米尼泰尔"信息网办理预订，车站的自动售票机和窗口也可售票。票价还有一系列的优惠政策。对于旅客购买的全价票，如果出票后由于种种原因没有使用，旅客可在乘车日期后的两个月内全额退换。

高铁系统有力促进了法国地方经济的发展。据法国统计部门的数据显示，凡是高铁线路通达的地方，商业中心和居住中心都得到显著发展，房地产价格也迅速上涨。两个城市或地区间高速列车旅客人数增加 7%，其经济和社会交往就会增加 14%。

2. 法国高铁 TGV 的特点

法国高铁的特点主要是：高速铁路与既有线连接，高速列车下到既有线运营，而且在既有线上的运营里程大于在高速线上的运营里程；法国人口分布较广，人口集聚地距离较远，因此需要更高速的列车，根据其客流特点，采取小编组、高密度的运输策略。

法国高铁前期采用了动力集中方式，列车的 10 节编组形式为 2 节动车和 8 节拖车（2L8T），即在列车的前后各配置 1 台直流电机驱动的电力机车，牵引电机的功率为 625 kW，额定总牵引功率为 6 420 kW。由于采用了动力集中方式，列车最大轴重达 17 t。法国高铁为了扩大高铁的辐射范围，方便更多旅客出行，TGV-PSE 既可以与既有线直通运行，还可以作为国际高速列车开行。因此，TGV-PSE 的牵引动力装置可对应 3 种供电制式：交流 25 kW/50 Hz、交流 15 kW/16.7 Hz、直流 1.5 kW。法国第一代高速列车 TGV-PSE 的问世，打破了世界高速铁路日本独领风骚的格局，使法国成为继日本之后又一个高铁技术强国。

法国 TGV 列车与其他国家的高速列车在结构上有显著的区别，列车转向架采用铰接式动力集中配置方式，列车编组始终保持两端为动力车，拖车之间铰接式连接，整个动车组不可分解独立运行。法国铁路认为这种结构方式具有一系列优点。

（1）动力集中方式。法国铁路运营中的高速列车都是采用动力集中方式，与动力分散形式相比，这种方式的列车的轴重较大，客车的结构相对比较简单，技术上也相对比较容易制造。

（2）铰接式转向架。法国高速列车的特点是全部采用铰接式转向架，即相邻的两节车辆共用一个转向架，两节车厢在转向架上连接。这种连接方式的优点是列车的整体性较好，对列车蛇形运动加强了约束，有利于列车安全运行。最明显的一个例子是：1993 年 12 月 21 日，一列 TGV-R 动车组以 300 km/h 的速度高速运行时，由于暴雨造成 7 km 的路基塌陷引起尾部车辆脱轨，列车向前冲了 2 km 才停下来，令人惊奇的是，列车竟没有一辆倾覆，仅有 3 名旅客轻伤，这与铰接式车体连接方式有很大关系。另外，铰接连接方式的列车转向架数量较少，因而列车总重较轻。但是因为轴数也少，所以平均轴重较重。另外，采取铰接方式时列车解编比较麻烦。

（3）交流无换向器同步电动机。法国高速列车的另一个特点是，采用交流无换向器同步电动机作为牵引电动机。与直流电动机相比，这种电动机功率大，质量轻。与交流异步电动机相比，它的控制电路相对比较简单。

另外，TGV 列车内部设有宽敞的座席，座椅靠垫更加宽敞舒适，并设有头枕和足枕，个人阅读灯的灯光柔和自然，宽敞的行李架也在乘客的视线之内。TGV 列车一等座豪华舒适，在设置单独座位的同时，还设有相邻座位或俱乐部空间，可允许两位或 4 位旅客集体工作。一等座设有手提式计算机或手机电源插座，座席更加宽敞，且为可电控斜倚，另外旅客可预订轮椅旅客的专用座位。TGV 列车二等座舒适便利，可提供酒吧服务，方形区可供 4 名旅客一起工作，小型会议区（16 个座位）可供小型团体旅客一起工作。在 1 号车厢，设有可接待 6 人的面对面空间，与车厢其他空间完全隔离开来。车上配备婴儿护理设施：婴儿尿布换用桌和奶瓶加热器（一等车厢和二等车厢均有）。车上设置了酒吧和食物售卖柜台，提供各种食品与饮料。TGV 列车一等车厢和二等车厢均设有残障旅客轮椅电梯和轮椅专区,高速铁路车站内也设有相关便利设施。

20世纪90年代,阿尔斯通公司为西班牙设计制造了AVE型高速列车,为比利时设计了THALYS型高速列车。最引人注目的是穿越英吉利海峡海底隧道的"欧洲之星"高速列车。法国的高铁技术不仅在欧洲占据了主动地位,也受到世界其他地区和国家的认可。法国运营中的高速列车主要有5种,其中TGV-P为第1代高速列车,TGV-A、TGV-R、EuroStar等是第2代列车,TGV-D双层列车是第3代列车。

3. 技术大转向AGV的转变

引起铁路专家普遍关注的是法国第4代高速列车AGV(法文"高速动车组"Automotrice a Grande Vitesse的缩写)的研发。这是一次技术大转向,放弃了TGV第1代至第3代的动力集中方式,改用动力分散方式。这一方面是因为,日本和德国在动力分散技术上的突出成就越来越引起其他国家的关注;另一方面,在提高运能上,法国独创的高速列车TGV-D,国外多数用户表示冷淡。因此,法国决心投资1亿欧元研发基于铰接式转向架的动力分散技术。新一代列车AGV在技术上的最大突破是采用了永磁牵引电机驱动,并采用动力分散方式。

AGV由阿尔斯通独立研发,是法国新一代的高速铁路车辆。AGV原计划代替TGV作为法国高速铁路的下一代车型。采动力分散驱动是AGV与动力集中式的TGV最大的不同之处,此设计上的优势让AGV得以在相同的路线上达到较TGV更高的运营车速,其目标运营车速为360 km/h。AGV是阿尔斯通针对单层高速铁路最新推出的车辆,采用动力分布式列车设计,设备分散于列车底部且每节车厢自带动力,与日本的新干线及德国的ICE-3(Velaro)类似,以期获得更多的室内空间,但仍采用铰接式转向架。

相比较动力集中式的TGV,AGV的优势更加明显:在环保和能源利用方面,其98%的机体使用了可回收材料,其功率质量比达到了22.6 kW/t,温室气体排放量也较其他交通工具大大降低;在安全性和技术方面,AGV主要应用了三项技术,铰链结构、发动机分置技术和能量反馈,尤其是铰链结构能够防止列车倾覆时发生解体,发动机则安放于车厢地台之下,避免了空间的占用,使AGV的空间利用提高了20%,车厢内也更加安静。对运营商而言,AGV最大的优势是配置灵活,运营商可按需配置7、8、11或14节车厢来搭载250~650名乘客。AGV列车的另一鲜明特点是采用了永磁同步电机牵引。

为了增强海外市场的竞争力，从 1998 年起，法国阿尔斯通公司决定着手第 4 代高速列车——AGV 高速列车的开发。2001 年完成 Elisa 试验列车中的头车和中间车各 1 辆的研制，对动力分散方式列车的噪声、主电路、车辆动力学性能进行了测试。2003 年阿尔斯通内部成立 AGV 开发团队，通过广泛的市场和技术调研，制定了 AGV 列车的性能要求和总体技术参数。2004 年命名为"Pegase"的 AGV7（数字"7"表示 7 辆编组）的样车试制开始。2005 年选定车体和头型设计方案。2006 年完成样车主变流器等主要装置的研制。2007 年 2 月完成车体研制。2007 年 12 月编组完成研制，并在全长 1.5 km 的 Belluvue 试验基地上进行 40～60 km/h 的试验运行。2008 年 2 月 Pegase 样车向世界公开展示。从着手新一代高速列车研究开始到样车公开亮相，法国差不多花了十余年时间。其间，2001 年 7 月，德国西门子公司与西班牙铁路局集团公司签订了 16 列基于 ICE3 平台研制的最高速度 350 km/h 的动力分散方式高速列车 VELARO-E 的商业合同。这件事或许对法国开发 AGV 起到了相当大的推动作用。法国认为新一代高速列车要在今后的国际市场中拥有强的竞争力，AGV 至少需要满足如下条件：确保列车最高运营速度在 300 km/h 以上；确保乘客拥有最大的乘坐空间；应能在不同信号方式的高速线、既有线上运行。2008 年 1 月 17 日，意大利的 NTV 公司与阿尔斯通公司签署了采购 25 列（最大 14 辆）编组、最高运营速度 360 km/h、定员 460 人的 AGV 合同的采购。2012 年 4 月 18 日，"Talgo"正式投入运营，目前的最高运营速度为 300 km/h。那么，法国历时 10 年左右倾力推出的 AGV 有哪些不同呢？

（1）编组的多样性。不同的国家、不同的线路，其客流需求的差异是很大的，为了满足各种客流需求，在市场需求调研的基础之上，法国准备了 5 种不同形式编组的 AGV 列车。这几种编组的速度等级不完全相同，定员也不一样，使铁路运营公司可按照运营需求选取希望的编组。根据用户需求，AGV 甚至可以做到 26 辆编组或者 50 辆，是目前世界上单列最长的高速列车。

（2）动力分散。尽管日本和德国早就拥有了动力分散方式高速列车，但法国似乎对动力集中方式情有独钟，长期不为所动，直到 2008 年 AGV 样车的亮相，法国才结束了没有动力分散高速列车的历史。由于动力集中方式的 TGV 两端车头不能载客，在同样编组长度的前提下，AGV 的定员比 TGV 要多。

（3）永磁同步电机的采用。在 AGV 问世之前，采用同步电机牵引一直是法国 TGV 区别于日、德高速列车的一个鲜明的技术特点。AGV 则更进一步，改用永磁同步电机牵引。以 1 辆编组的 AGV 为例，它有 6 台动力转向架，列车单位质量的牵引功率达到 22.6 kW/t。永磁同步电机的优点在于：单位质量的输出功率高，超过 1 kW/kg，而异步电机约为 0.8 kW/kg，也就是说，在同样输出功率的情况下，永磁同步电机比异步电机要轻得多；它的效率比异步电机高，运行能耗更低；永磁同步电机采用全封闭、外冷却风扇的简易通风方式，电机内部与外界隔绝，能避免灰尘的污染，维护容易，可靠性高。

（4）铰接式转向架。AGV 依然坚持了 TGV 采用铰接式转向架的传统，即在车辆之间配置转向架。与各车辆下配置两台独立式转向架相比，铰接式转向架可以减少编组的转向架总数量。

4．Ouigo 高铁

法国高速铁路运营品牌由定位于高端市场的传统高铁"inOui"（之前品牌名为 TGV）和定位于低端市场的"Ouigo"构成。为提高铁路在法国长途出行市场中的份额，近年来法国国营铁路集团（SNCF）一直大力发展 Ouigo 高铁业务，如图 4.3 所示。

图 4.3　Ouigo 高铁

（1）扩展开行线路。2013 年，SNCF 开始推出 Ouigo 高铁业务，当时只限于提供戴高乐机场站、马恩拉瓦莱—谢西站等巴黎郊区站至各地的客运服务。2017年12月起，SNCF将Ouigo列车服务拓展至巴黎中心车站，每日开行两对巴黎蒙帕纳斯—勒芒—南特以及蒙帕纳斯—波尔多的Ouigo列车，每日开行一对蒙帕纳斯—雷恩的列车；2018年12月起，蒙帕纳斯—雷恩的Ouigo列车对数增至每日2对；2018年7月巴黎东站开通Ouigo高铁业务；12月又将巴黎里昂站纳入Ouigo网络。

（2）增加列车数量。最初Ouigo只是对传统高铁TGV的模仿和补充，目前已取代部分重要通道上的TGV服务，其中两条线路受到较大影响：里尔—马赛原本每日开行5对TGV，其中3对车已改为Ouigo，早班和末班车保留为TGV高铁；巴黎—里昂—尼斯每日的早班和末班车由Ouigo担当，其余4对车为TGV。2018年，SNCF每日开行48列Ouigo，覆盖法国32个目的地，2019年12月每日开行的Ouigo列车数量将增至65列。2018年，Ouigo客运量达到1270万，比2017年的750万和2016年的620万分别增长69.3%和105%，到2021年Ouigo客运量将增至2600万。

（3）开通订票网站。2017年，SNCF官网及手机App同时出售Ouigo以及传统高铁TGV车票，而ouigo.com网站仅出售廉价高铁车票。根据线路的冷热程度，票价从10欧元到115欧元不等，儿童票价为5~8欧元，低廉的价格吸引了更多家庭选择Ouigo出行。除基本票价外，额外的服务需另行支付费用：如额外行李（5欧元）、车载电源插座（2欧元）、安静专区座位（5欧元）、出行信息短信提醒服务（2欧元）、购票前72 h冻结车票价格（每次2欧元）。

（4）降低运营成本。自引入Ouigo以来，SNCF一直努力降低运营成本：将Ouigo列车每日运行时间从传统TGV的7 h延长至12 h，并通过取消酒吧和头等座来增加定员，使Ouigo座位数量增加了25%。

（5）外界对Ouigo的看法。SNCF推出Ouigo列车服务是为了应对越来越激烈的市场竞争，铁路在长途出行市场的份额仅为10%，推出廉价高铁服务就是为了吸引更多的乘客，提高铁路的市场份额。目前，Ouigo列车客座率高达80%~90%，其中80%~90%的乘客对出行服务表示满意，60%的乘客属于铁路的新增客流。尽管Ouigo吸引了众多的乘客选择铁路出行，但部分媒体认为法铁用Ouigo来替代TGV，破坏了原本安排合理的时间和线路，削弱了高铁业务的吸引力。Ouigo的缺点是继承了廉价航空的所有劣势：严格的行李限制、不设餐饮服务和头等座、需提前30 min检票、中转时间过长。这些限制使乘客很难改变出行计划，也无法在TGV和Ouigo之间切换；若由于晚点错过接续列车，必须重新购买车票。

4.4.2 厚积薄发的德国

1. 德国高铁的发展

高速铁路有磁悬浮技术和传统的轮轨技术。以前德国政府一直比较重视相对先进的磁悬浮技术，但由于磁悬浮铁路造价昂贵，并与现有铁路无法接轨，因此德国政府一直没把依靠磁悬浮技术的高铁投入商业运营中。而使用传统轮轨技术的 ICE-V 列车也一直处于试验阶段，直到 1981 年法国的 TGV 列车用事实证明了高速列车在商业上的成功，德国才开始准备把这种列车投入高速列车的研究和运营中。

与法国人比较，德国人修建高铁之路要坎坷得多。不管原联邦德国铁路人士如何向政府诉说高速铁路的重要性，但直至 20 世纪 80 年代前，政府似乎始终对此没有表现出浓厚的兴趣，在决策上踌躇难断。想要修建一条高速新线，首先要有足够的客流量作保证。

欧洲国家和亚洲国家的一个显著不同点是，欧洲国家人口少，100 万人口以上的大城市也少；而亚洲国家人口众多，人口 100 万以上的大城市多。正像亚洲人羡慕欧洲人拥有安静、优雅的生活环境一样，欧洲铁路界人士恰恰羡慕亚洲国家有那么庞大的乘车群体。当时德国最大的城市柏林还属于民主德国，原联邦德国没有像东京、大阪或者巴黎这样的人口集中的大城市。在保证客流量方面，德国不要说和日本比，连邻邦法国都不如。有苦难言的原联邦德国铁路在不利的环境下还是做了顽强的努力，于 1973 年和 1976 年开始动工修建汉诺威—维尔茨堡、曼海姆—斯图加特两条高速客运专线，与此同时还改造多条既有干线。原联邦德国铁路从 20 世纪 70 年代开始研发 400 km/h 的高速列车。但是，没有政府的大力支持，这一切工作都进展缓慢。原联邦德国真正开始高速铁路建设，已经是在 1981 年，第一条法国 TGV 线路巴黎—里昂通车后了。在法国的 TGV 列车用事实证明高铁在商业上的成功后，德国才开始正式投入高速列车的研究和运营中。

从 TGV 开通后的第二年起，联邦德国的高速列车研制和高速新线建设的步伐明显加快。1982 年，高速试验列车的研制工作展开，1985 年 7 月动力集中方式的 ICE（Inter City Experimental）试验列车研制成功，这一年也正值德国铁路创始 150 周年。高速试验列车倒是有了，可是高速运行试验却没法进行。此时，早在 20 世纪 70 年代就开始修建，但进展缓慢的汉诺威—维尔茨堡线和曼海姆—斯图加特线正在紧张施工。ICE 列车暂时处于"英雄无用武之地"的境地，只好先在既有线上作运行试验。1987 年，汉诺威—维尔茨堡线已建好 94 km 投入使用。

德国高速铁路是按客货混跑的原则而设计的。ICE 试验型列车诞生于 1985 年，曾经于 1988 年 5 月达到 406.9 km/h 的试验速度，是世界铁路上首次突破 400 km/h 速度的高速列车。ICE1 高速列车于 1991 年正式投入运营。第一代 ICE1 和第二代 ICE2 都采用了动力集中方式，它们的最高设计速度都是 280 km/h，但是实际运营中考虑到环境保护（主要是噪声）的需要，速度都限制在 250 km/h。只有当列车晚点需要赶点时，才把速度提高到 280 km/h。第三代 ICE3 高速列车则改为动力分散形式，最高运营速度也提高到 330 km/h。

ICE 列车由西门子公司为首进行设计制造，德国联邦铁路公司运营。德国 ICE 高铁是连接城市，解决人员、货物运输的交通工具，它将德国国内 130 多个大小城市连为一体，对人员和信息的往来与交流，以及经济建设发挥了极其重要的作用。

虽然德国在全面掌握高速铁路技术方面比日、法两国要晚，但是其独特的技术已经与日、法两国相媲美。作为一向注重节能环保的国家，德国的高铁 ICE 也继承了这一理念。在德国，高速公路和民用航空高度发达，政府还是斥巨资兴建高铁。这样做的目的主要是从整个国家的能源战略高度考虑，德国第三代高速列车比汽车和飞机更节能。据德国联邦铁路公司计算，ICE3 系列列车在载客率为 50% 的情况下，每人每百千米消耗的能源折算为不到 2 L 汽油。以汉堡到柏林为例，乘火车需要 1.5 h，比汽车快 1 倍。火车在半满员的情况下，每位乘客整个旅程消耗的能源折算为不到 8 L 汽油，而汽车需消耗 27 L 以上的汽油。在最初的计划阶段，德国 ICE1 型系列高速城际特快列车被设计成由 12 辆具有动力车辆组成的全动车组编组列车，其编组长度达到 358 m。在德国高速铁路系统运营的第一阶段，共有 60 列以 0.5 h 为发车间隔单位的 ICE1 列车运行在汉堡—巴塞尔、汉堡—慕尼黑间的铁路线上。

德国高速铁路新线上的运营组织模式最初制定为客货共线的方式，运行速度最快的货物列车实际上为货物行包车，这样的列车最初被命名为 PC（parcel inter city），后来改名为城际特快货物列车 ICGE（Inter cargo express）。运营之初，有部分 ICGE 列车被安排在白天运行，但后来考虑到效率和安全的问题，特别是考虑到双向长隧道的列车交会安全问题，现已将所有货物列车安排在夜间运行。

1991 年 6 月 2 日，全长 327 km 的汉诺威—维尔茨堡线和 107 km（其中新线 99 km）的曼海姆—斯图加特线终于全线开通，最高速度 280 km/h 的 ICE1 型列车也开始闪亮登场。

截至 2018 年，德国新建和改建的高速铁路总里程达到 1 620 km，在建里程 147 km，连接德国多数大城市及周边国家主要城市。目前，德国高速铁路运营速度为 300 km/h。德国联邦铁路公司（DB）负责建设运营德国高速铁路，同时也负责德国动车组列车的采购、运营和维护。截至 2018 年 6 月，德国拥有高速动车组车辆 2 307 辆。

2. ICE 动车组谱系

城际特快列车（Inter City Express，是德国国铁为迈向国际化所注册的英文名字，简称 ICE，另外 ICE 亦被德国国铁注册为商标），原本是以德国为中心的高速铁路系统及高速铁路专用列车系列，由联邦教育及研究部门与位于波恩的联邦铁路局为首的领导团队，并以西门子为主的厂商参与研发及制造，德国国铁所运营。早在 1980 年代，德国已经研究并开发 ICE 高速铁路系统及列车，其服务范围除涵盖德国境内各主要大城市外，还跨越邻近国家行经多个城市。

ICE1 是德国第一代高铁列车，于 1991 年投入商业运营。ICE1 采用动力集中方式，前后两台机车（Locomotive）牵引，可简记为 2L12T 或 2L14T。列车的总牵引功率为 9 600 kW，轴重为 19.5 t。它在高速新线上的最高运营速度为 280 km/h。ICE1 也可以在既有线上行驶，但其允许最高速度只有 200 km/h。在最高运营速度方面，ICE1 是当时全球高速列车的亚军，冠军是法国在大西洋线上运行的 TGV-A 列车（最高运营速度为 300 km/h），日本的新干线列车屈居第三。ICE1 采用当时最先进的异步电机牵引的交流传动技术，在制动技术方面也有创新，附加制动采用了磁轨制动，能适当缩短紧急制动距离。

1997 年，ICE2 闪亮登场，ICE2 在基本结构上与 ICE1 几乎雷同，但在实际运营时最大的不同点是每一列 ICE2 的长度只有原本 ICE1 的一半，再以两列列车串联行驶的方式运营，其好处是在一样的运量之下 ICE2 可以拥有比较大的车辆与路线调度弹性。ICE1 和 ICE2 在车辆规格上，比国际铁路联盟（UIC）建议的国际火车规格更宽和更重。ICE 系列不但被计划在德国境内使用，对瑞士和奥地利等使用相同铁路宽度与供电电压的邻近国家来说，也具有非常重要的运用性。

ICE2 与 ICE1 一样，也采用动力集中方式。动力集中方式是法、德两国擅长的技术。然而，2000 年 6 月推出的德国第三代高铁列车 ICE3 却改为动力分散方式。一是因为 ICE1 与 ICE2 列车的最大轴重高达 19.5 t，超过了国际铁路联盟（UIC）的高速列车标准值（最大轴重必须控制在 17 t 以下），如果不改变，德国的高铁列车只能被限制在国内运营，当然这是德国不希望发生的；二是因为科隆到法兰克福高速线上有最大坡度为40‰的大坡道，加上300 km/h 的运营速度也要求采用动力分散方式，于是开发了ICE3 动力分散列车系列。

ICE3 列车的最大轴重降低到了 16 t，不但可以作为国际列车运营，而且最高运营速度提高到了 320 km/h。此外，高速列车的制动系统也得到了改进。列车速度在 50 km/h 以上时，可以利用再生制动和涡流轨道制动装置，不仅能减少机械制动装置的数量，而且只需在列车速度 50 km/h 以下时才使用机械制动，使机械制动装置的磨耗大为减少，降低了维护工作量和维护费用。

德国铁路网结构比较完善，铁路基础设施建设相对稳定，其主要任务是加大既有线投资改造力度，提升既有线路能力。新建高铁线与改造后的既有线连接成网，高铁线白天运行客车，晚上运行货车。

德国铁路公司的目标是：科隆至柏林和慕尼黑的高铁最高时速达到300 km，科隆至巴黎的高铁在法国境内提速到 320 km/h。在维尔茨堡和汉诺威之间的主要路段，时速最高达 280 km。德国铁路十分注重节能，最新开发的 ICE4 列车降低了最高运营速度，目的就是为了节能。德国高铁致力于提高列车的平稳性、舒适性和安全性，注重车体轻型化、低噪声、舒适、安全、节能等方面的技术进步。

短途旅客列车在德国占据很重要的位置，针对不同的需求开行城市快速列车、地区快车、地区普通旅客列车。由于对旅客所需求的产品有了准确的定位，短途客运产品一经推出，便得到了旅客的认可。而同时对航空占主流的远距离长途客运则按列车速度、编组推出两种不同的客运产品：一种是最高时速 280 km 的动力集中方式高速列车，另一种是最高时速 330 km 的动力分散方式高速列车，以满足喜欢乘坐陆上交通工具出远门旅客的需求。德国高铁与民航的合作互补做得很好，例如，可以共享航班号、"无缝"换乘，使高铁与航空互为延伸，从而减少短途飞行。

德国最初的 ICE1 和 ICE2 也是采用动力集中，但他们很快发现动力集中对提高速度不利，从 ICE3 开始，改为动力分散方式，运营时速也提高到 300 km。对于碎石道床，其精度不高，在高速下有碎石飞扬的问题，故开始改用整体道床。可惜的是，他们对必须形成独立的高铁网认识不足，高铁区段分散建设，只能与传统铁路线联运，而且客货混跑，不能建成独立的高铁网，难以进一步提高速度、发挥更大作用。

ICE 系统是一个连接各大城市的高速铁路系统，班次由每 0.5 h、1 h、2 h

不等一班，也有速度更快的特别直达车存在。因为德国人口城市分布较为平均，所以德国境内的 ICE 线路旨在连接各大城市形成完整路网，而非求取点对点间的最短行车时间。在整个 ICE 路网中，列车只可以在两段高速路线上达到 300 km/h 的最高运营速率。这与法国的 TGV 及日本新干线系统集中提高首都与其他城市的交通，与点对点高速铁路的构思有所不同。

为了能在未来将 ICE 推广至整个欧洲，ICE 列车的型号已经过简化。相对于 ICE1、ICE2 都采用推拉式的传统列车系统。为了符合 UIC 的新标准，新型的 ICE3 及 ICE3M 皆采用动力分布式设计。所有的 ICE3 衍生车型都是属于西门子旗下的 Velaro 高速列车平台系列，此车系最大的特色是动力输出被分散在列车各车轮上。因此各车厢推进力量相同，在相同的耗能下大大提升了列车的稳定性、动力效率与爬坡能力。与 ICE2 一样，ICE3 亦采用"半列"的车辆编组，即可与另一列 ICE3 串联合体作远途行驶，或在行驶至中途站后拆解成两列列车行走两条不同路线，路线弹性更佳。ICE3 及 ICE3M 是德国国铁最高速的铁道列车，在科隆—法兰克福及因戈尔施塔特—纽伦堡两段高速线路上，ICE3 都可以高于 300 km/h 的速度行走。

除了上述 3 种标准车系外，以 ICE3 的技术为基础，德国国铁也发展了 ICE-T（电力驱动版本，有 5 节一组与 7 节一组两种编组型号）及 ICE-TD（柴油引擎驱动版本）两种摆式列车。ICE-T/TD 不以直线上的最高速度作为主要发展目的，而是欲保持车辆在弯道上的平均车速。其主要服务线路不是平坦的平原地带，而是多弯的山路，独有的车体倾斜技术可使列车能够应付更多、更急的弯道并以更高的车速过弯。因为运作费用太昂贵，ICE-TD 在 2004 年时曾一度被停用，直至 2006 年时供电网络尚未全面普及的德国东部对列车需求大增，ICE-TD 才重新被重用。2004 年，德国又制造出第二代的倾斜列车，称为 ICE-T2。

西门子"Velaro"系列已经开发了 4 代，在全球范围内非常畅销。从 2000 年至今，该系列的足迹遍布德国、荷兰、比利时、瑞士、西班牙、法国、中国、俄罗斯、英国和土耳其等国，每天的里程之和超过 100 万千米。

自 2019 年 4 月以来，西门子一直在测试"Velaro Novo"的各个部件，目前一辆全新的测试车正在德国进行试运行。西门子预计，"Velaro Novo"车将于 2023 年正式投产运行，加入 ICE 大家庭。

【小知识】德国的高铁发展经验。与其他欧美发达国家相似，德国原本就有十分发达的既有铁路网，而且人口在全国范围内分布较为均匀，缺乏人口高度密集的超级大城市，即便柏林、汉堡、法兰克福之类的世界名城，在人口规模上其实也小于甚至是远小于东亚圈的北京、东京、首尔这样的大城市。故而在德国新建专用的高速铁路动力比较不足——日本兴建新干线、中国兴建高速铁路很大程度上是因为既有线等级较低，濒临运力极限，亟待分流，以及大城市之间存在巨大的交通出行需求，而在德国这两个理由都不是很充分，加上德国在战后很长一段时间都在到底是发展高速轮轨还是高速磁悬浮的问题上摇摆不定，德国高速铁路的发展相对比较滞后。

德国的高速铁路网显得比较凌乱，而且与法国的新建高速铁路作为基干、利用既有线直通扩展高速铁路服务范围也不同，德国采取的是部分新建高速线与部分改造既有线混搭、高速列车与普通列车乃至货运列车混跑的模式。德国高速铁路网中只有一部分是新建专线（NBS），但断断续续的新线并没有连接成网络，而是通过提速改造既有线（ABS）相互衔接，不同区段速度等级也不一致，可分为160、200、250、300 km/h等不同的等级。由于存在大量限速区间，而且德国高铁站点设置较密集，列车旅行速度往往并不高。德国高速铁路网的另一特色是不同等级列车混跑，特别是在既有线改造区段，高速列车与普通列车（如IC、EC等特快列车），甚至与市郊通勤列车、部分货物列车并线运行。在客货混用方面虽然其他国家的高速铁路也或多或少存在少量货运列车，但像德国高铁那样利用夜间大量开行PIC行包列车的还是很少见的，此举在提高线路利用率的同时，也造成不同等级的列车相互干扰，容易造成晚点情况。

德国高铁发展条件世界优越，但发展反倒非常慎重。德国发展高铁的优越条件：一是经济发达，经济承受力和旅客的消费承受力强；二是有西门子公司等世界一流的高铁生产企业和技术；三是人口密度大，是世界大国更是欧洲人口密度最高的国家之一，且城镇人口比重大，城镇密布；四是地形平坦，建设工程量小，工程难度也小。

德国高铁的发展经验如下：

（1）决策慎重。德国发展高铁的条件远优于法国。但自20世纪70年代法国开始发展高铁起，德国就为此争论了近20年，直到1991年才投运第一条高铁。

（2）建设标准因地制宜。德国高速铁路建设规划分为三种：一是新建的客运专线和高标准客货共线，客专为设计时速仅280 km（仅科隆至法兰克福一条约150 km的线为设计时速300 km的高标准），客货共线为设计时速200～250 km；二是原有铁路干线提速改造至设计时速200 km国家快速干道；三是原有城际线提速改造为设计时速160 km的城际快线。这个总规划约15 000 km，其中新建客专不到2 000 km。

（3）大力利用原有铁路改造，降低投入，有效提高线路能力利用率。所有改造提速的"高铁"均为客货共线。

（4）积极开发供不同层级铁路使用的专用列车，以有效降低运营成本。德国高速动车已开发了 ICE1～3 型共三代，设计最快运营时速已由第一代、第二代的 280 km，提升至第三代的 320 km，但这类动车组运营成本居高不下，因而开发有限，配备更少。与此同时，大力开发中低速电力动车、中低速柴油动车、摆式高速列车、快速城际专用列车等运营成本更低的动车，目前全国这方面能低成本运营的动车组有 16 000 多辆，占到了客运列车总量 18 000 辆的绝大部分。

（5）坚持高铁按成本高价运营。新建的高标准高铁及所用的高速动车，建设、采购及运营成本极其高昂。

另外，德国的 ICE1 和 ICE2 在乘坐环境方面都堪称一流。1991 年 ICE1 列车投入运行后。第二年，德国开始研制第二代高速列车 ICE2。ICE2 列车的长度只有 ICE1 的一半长，技术上没有什么新的突破。基本技术参数和 ICE1 完全相同。但这两种列车 19.5 t 的轴重却给德国带来了烦恼。原来，按照欧洲的铁路运输规范，国际直通列车的轴重必须限制在 17 t 以下，ICE1 和 ICE2 都因轴重太大，无法像 TGV 那样走出国门实现国际直通运行。眼见法国的 TGV 早自己一步走出了国门，德国人决定研发动力分散方式高速列车 ICE3，以达到减轻轴重的目的。

德国决定研发动力分散方式列车的另一个原因是，1995 年已经开始动工修建的科隆—法兰克福高速新线的最大坡度为 40‰，要求最高运行速度是 300 km/h，而原有的 ICE1 和 ICE2 不能满足这条新线的运输要求。ICE3 动力分散方式列车就是在这种背景下诞生的。它也因此结束了欧洲无动力分散方式高速列车的历史。ICE3 于 2000 年投于商业运行，列车为 4M4T 的 8 辆编组，性能上 ICE3 的最高运行速度可达 330 km/h，实际商业运行速度为 300 km/h。

4.4.3 默默耕耘的意大利、西班牙、瑞典高铁"三剑客"

欧洲的高铁技术，以法国和德国执牛耳，但意大利、西班牙、瑞典三个国家，高铁发展的劲头很猛。意大利、西班牙、瑞典三国大力推行修建客运专线，将高铁技术为己所用，以改善本国交通、提高客运服务质量，形成了风格独特的发展模式。

1. 意大利高速铁路

1）意大利高铁建设

意大利早在 20 世纪 60 年代就开始研究修建高速铁路。1966 年，意大利国铁宣布修建罗马—佛罗伦萨的高速铁路（Direttissima 计划），全长 264 km，设计时速 250 km，采用 ETR 摆式列车，3 kV 直流供电。1937 年，意大利投入博洛尼亚—罗马—那不勒斯线的 ETR200 电力机车，该型电力机车是当时欧洲最快的商业机车。第二次世界大战后，米兰—那不勒斯线成为最重要的交通大动脉，罗马—佛罗伦萨是其中最繁忙的一段。1970 年，意大利在罗马—佛罗伦萨间修建了第一条高速铁路，该线路走向大体与既有线平行，并合理利用了部分原有车站和其他技术设施，全长 238 km，设计时速 250 km，桥隧总长约 105 km，占线路全长的 44.5%。按客、货混运组织运营，这条高速铁路在多处与既有站接轨，修建与既有线相连接的联络线，将高速线与既有线连接为一个整体，提高了既有线的运输能力。然而让人大跌眼镜的是，在意大利政治、经费、沿线居民的阻碍下，建设时间足足用了 22 年，直至 1992 年才完工，平均每年修建不到 12 km。本来这是欧洲最早开工修建的高速铁路，开工比法国 TGV 早 6 年，但全线通车居然比 TGV 晚了 11 年。目前，意大利运营中的高速铁路就此一条。线路设计速度只有 250 km/h（列车实际运营速度只有 210 km/h）。

1986 年，意大利铁路制定高速铁路发展规划，要把从米兰到那不勒斯的南北大干线和从都灵到威尼斯的东西大干线建设成高速铁路，再加上米兰到热那亚的高速铁路，共建成总长超过 1 200 km 的高速铁路网。意大利政府于 20 世纪 90 年代初批准了这个规划。为了规划的实施，意大利铁路专门成立了高速铁路公司（TAV）。政府同意提供高速铁路建设资金的 40%（其余由 TAV 公司自行设法筹集），批准建设第二代高速铁路。

意大利经过多年的辛苦经营，克服了经济波动、地形恶劣、资金短缺等一系列困难，构建了全国高铁交通网络。其中已经运营的高铁客专线路包括：佛罗伦萨—罗马高铁客运专线，长 254 km，时速 250 km，1992 年开通运营；罗马—那不勒斯高铁客运专线，长 205 km，时速 300 km，2005 年开通运营；都灵—米兰高铁客运专线，长 125 km，时速 300 km，2009 年开通运营；米兰—博格尼亚高铁客运专线，长 25 km，时速 300 km，2009 年开通运营；博格尼亚—佛罗伦萨高铁客运专线，长 78 km，时速 300 km，2009 年开通运营。

里昂—都灵高速铁路，是一条建设中的欧洲高速铁路，其连接了法国南部城市里昂与意大利北部城市都灵，是巴黎至罗马高速铁路的其中一段，预计 2028 年投入使用。里昂—都灵高速铁路通车后将大大提升法、意两国之间的货运速度,从意大利米兰到法国巴黎的时间将从现在的 7 h 减至 4.5 h。

2)意大利的高铁技术标准

意大利制定了全国高速铁路网技术标准。意大利在修建新线的同时,对罗马—佛罗伦萨的既有路段进行了适应高速标准的技术改造:加大曲线半径,最小曲线半径由 300 m 调整为 5 450 m;加大线间距,由 4 m 调整为 5 m;隧道净空由 54 m 增至 82 m;信号设备采用 ERTMS 二级系统;无线通信采用 GSM-R 系统等。

按照先进的技术标准,在保证安全性、高速度的前提下,高速铁路在几何参数、轴重、限界等方面与既有线的客货列车及欧洲高速铁路网的列车兼容。罗马—那不勒斯高速铁路轨道采用有砟轨道、混凝土轨枕,并采用有砟轨道,主要基于经济上合理、技术上可行、维修上方便的原则。由于机车车辆车底的有关设备在安装时进行封闭,保证车底面比较平顺,运行时不会造成道砟飞溅而破坏车底设备和道旁设施。路基表面平坦、密实,电缆槽一般与路基面持平,也有直接放在路基上的。路基边坡防护多采用钢丝网碎石防护、植被防护等方式。

高速铁路线路隧道一般采用双线隧道,轨面以上净空不小于 82 m^2。意大利高速铁路建设公司计划对较长的隧道采用双单线断面,以降低发生事故的可能性和便于采取紧急救援措施;同时在整个道内铺设 1.5 m 宽的人行道,两隧道每隔 250 m 修建连接通道,并安装双门和超压系统,防止火灾扩散到另一隧道内,保证旅客能在紧急情况下撤离隧道。明洞内每隔 250 m 修建侧面步行通道,并采取了洞内消防用水系统、烟雾控制通风系统、横通道空气交换系统等应急系统。

意大利是欧洲第一个在新建高速线路上采用 ERTMS 系统的国家。ERTMS 是新的欧洲铁路网控制和列车间隔系统,用于保证欧洲各国的国家铁路系统的相容性,实现统制式、统一标准和欧洲铁路网的互通。

所建高速铁路装备 ERTMS 二级系统。该系统利用 GSM-R 系统把信号从地面的车站传输到列车上,车载设备接收到信号并转换成操纵的指令。ERTMS 二级系统通过无线闭塞中心向线路上的所有列车连续发送有关速度控制的信息,每列列车也利用同样的系统把位置信息发送给无线闭塞中心。实现动态的列车间隔距离,这是世界高速铁路的发展趋势。意大利高速铁路列车运营中,一等座赠送甜品小食或冷热饮,直接由列车员送到座位上,早晨出发的列车还为旅客提供报纸,车厢内设有残障旅客座席和卫生间。博洛尼亚、佛罗伦萨、米兰、那不勒斯、帕多瓦、雷焦卡拉布利亚、罗马、都灵和威尼斯设有"欧洲之星"俱乐部小型休息室。

第二代高速铁路为客货混运型，高速旅客列车的最高速度可以达到 300 km/h，货物列车速度可以达到 160 km/h，线路允许轴重为 18 t。在意大利的干线铁路，包括罗马—佛罗伦萨高速铁路线上开行，摆式列车行车速度可以达到 250 km/h。意大利摆式列车在速度 200 km/h 以上的国际摆式列车市场上，占据了 70% 的份额，德国、芬兰、瑞士、法国、西班牙、美国、英国都引进了这种列车。此外，意大利还生产了用于国际运输的 ETR470 和 ETR480 摆式列车。

高速铁路在某些路线上还提供全套餐饮到座服务。菜单根据季节时常变化，在送餐之前，列车员会到车厢咨询。意大利境内铁路列车可提前 60 天预订车票，乘坐意大利境内列车无须办理登车手续，车票和护照在车上检查。

3）意大利的高铁动车组

意大利高铁动车组种类型号很多，但实际上只分成两大类：一类是展现意大利高铁技术看家本领的摆式列车系列，另一类是非摆式列车系列。摆式列车系列种类繁多，先后研发了多款不同的动车组，其中 ETR460 动车组 1994 年投入运营，时速 250 km；ETR470 和 ETR480 在 1997 年投入运营，时速分别是 200 km 和 250 km。上述动车组均为意大利亚特铁路公司研制。ETR600 和 ETR610 两款动车组均为 2008 年投入使用，时速均为 250 km，由法国阿尔斯通公司研制。

上述动车组是意大利"Pendolino"摆式列车家族的代表性产品，是专门为在既有铁路上开行高速动车组而研发的。既有铁路线路条件一般，如果不采用摆式列车，大都限速在 160 km/h 左右，而摆式列车让速度提高了一个等级，但是还远不算真正意义上的高铁列车。除这几款速度不同的动车组之外，意大利还运营了三款时速 300 km 的动车组，分别是 ERT500、ERT575（AVG）和 Frecciarossa1000（ETR1000）。

2. 西班牙的 AVE

1）西班牙铁路发展历史

西班牙位于欧洲的伊比利亚半岛，属于多山国家，地势起伏很大，对于修建铁路非常不利。早在 1848 年，西班牙修建了第一条铁路，从巴塞罗那至马塔罗。此后百余年间，西班牙铁路作为国家交通动脉不断延伸发展。但是，该国的铁路与其邻国有很大不同，最大的区别就是西班牙铁路采用的轨距不一，有的是国家标准轨距（1 435 mm），有的是采用宽轨距（1 668 mm），还有大量的窄轨距（1 000 m）这种混乱的轨距系统，这为以后西班牙高铁发展带来了很大困扰,甚至可以说在一定程度上阻碍了高铁线路的延伸和扩展,甚至影响到了国际贸易和经济往来。

西班牙铁路多轨距的原因,坊间相传有两种说法:一种就是采用宽轨距完全是为了防御周边国家入侵的军事需要,在百余年前欧洲战火纷飞的年代,西班牙铁路采取这种措施也是无奈的选择;另一种说法是,西班牙铁路采用宽轨距是为了增加运量,增大列车的牵引力,以便能够爬上更加陡的坡度,这也是为了适应多山地势而采取的措施。实际上,宽轨铁路确实能提高国内铁路的运输能力,但是却极大限制了国际客货交流,长期来看,这对一个国家而言并非有利之举。西班牙铁路在历史上留下了后遗症,这需要采取技术措施加以解决。对于发展高速铁路而言,宽轨距更是一个必须面对的问题。大规模改造铁路投资太大,修建客运专线并不能解决高铁列车在既有铁路上跨线运行的问题。既然无法从铁路轨道本身想出解决办法,只好在车辆上面寻找突破口。经过努力,西班牙终于找到了在宽轨铁路上运行标准轨距高铁列车的办法,那就是采用可以自动变换车轮轮距的 Talgo 摆式列车。

2)西班牙 Talgo 摆式列车

说起 Talgo 摆式列车,需要提及一位对研发该列车做出重要贡献的人物,他就是西班牙工程师亚历杭德罗·戈尔科切亚·奥马尔,可以称之为 Talgo 之父。早期的 Talgo 列车并没有安装摆式系统,只是普通的列车,奥马尔在 1945 年研发成功的 Talgo 列车是非摆式,其比同时代的其他列车速度更高,安装了一种独特的三角形转向架,这种技术为西班牙独有。从那以后数十年间,Talgo 列车与时俱进,技术不断升级换代。1955 年,西班牙首先研发成功车辆轮对内侧距可调的 Talgo 转向架,由此诞生了可以变换轮距的列车,使之可以在不大于 15 km/h 的匀速运行中,在宽轨距与标准轨距之间互相转换车轮的轮距,解决了不同轨距的铁路之间列车互通的难题。这样一来,西班牙政府就不用投入巨额资金将宽轨改成标准轨距,节省了大量工程投资。

1973 年,西班牙正式研究 Talgo 摆式列车,是在普通的 Talgo 列车基础上进行研发,经过三年多的努力,1976 年 12 月,Talgo 摆式试验列车问世,并进行了 48 次试车试验,速度达到了 200 km/h。这台试验车可以高速通过半径为 450~500 m 的弯道,舒适度一点也不比低速运行的普通列车差。

1980 年 7 月,性能良好的 Talgo 摆式列车在马德里至萨拉戈萨铁路上投入商业运营,1981 年用于马德里至巴黎的国际长途运输。此后数年间,Talgo 摆式列车不断超越自己,连续创造速度纪录:1988 年,Talgo 摆式列车在德国高速铁路的试验速度为 291 km/h;1994 年 11 月依旧在德国高速铁路上试车,创造了 360 km/h 的高速度;1997 年,该列车在西班牙高速铁路上创下了 333 km/h 的速度纪录。Talgo 摆式列车是西班牙铁路技术的骄傲，自从问世以来，长期担任西班牙的主打列车，得到了广泛应用。

3）Talgo350 高速列车

西班牙自主研发的 Talgo 摆式列车，适用于既有铁路提速运营，虽然试验速度创造了 360 km/h 的高速度，但是实际载客运营速度也不过 200 km/h，距离真的高铁列车还有差距。随着高速铁路在交通运输以及国民经济中的重要性越来越凸显，西班牙政府不再满足仅仅在既有铁路上开行高速列车，而将修建新的客运专线纳入了计划。1987 年，西班牙首条真正意义上的高速铁路破土动工，1992 年 4 月开通运营，连接马德里和一线城市塞维利亚，线路全长 471 km，让两个城市之间的运行时间从 6 h 锐减到 2 h 20 min。

然而奇怪的是，可以让火车跑出 300 km/h 的高速铁路，竟然是一条客货混跑线路，上面同时运行着三种不同的列车，分别是引进法国 TGV 技术研制的 AVE-S100 高速列车、引进德国技术研制的 S250 电力机车牵引的 Talgo200 型摆式列车，还有大量的货运列车。虽然该线路是西班牙第一条高速铁路，但这条线路上并没有出现西班牙自主研发的速度 300 km/h 及以上的高铁列车的身影。这种不利局面不能长期持续下去，必须要做出改变，西班牙政府为此开始了行动计划。

由于高速铁路给西班牙政府带来了可观的回报，为了逐渐摆脱高铁技术受制于人的局面，西班牙政府下定决心培育自己的高铁列车生产企业。经过苦心经营，有两家企业逐渐崛起，研发的高铁技术不但满足了国内需要，还能出口他国。这两家企业分别是成立于 1942 年 Talgo 公司和成立于 1917 年的 CAF 公司，这两家公司都是老牌企业，有很深的技术积淀，能够变换轮距的列车和摆式列车就是这两家公司的拳头产品。

1995 年，西班牙开始建设第二条高铁线路，衔接马德里至巴塞罗那，全长 650 km，并且将来还要延伸至法国边境，为国际运输做准备。为了实现"这条高铁必须是让西班牙自己研发的高铁列车在上面跑起来"这个目标，Talgo 公司联合庞巴迪运输公司研发了新一代高铁列车 Talgo350，设计速度达到 350 km/h，这款列车编号为"AVE Class 102"，"AVE"是西班牙语"高速铁路"的简称。1997 年，研发计划开始启动，到 2002 年，第一台试验车下线，开始了行车试验，一举创下了 365 km/h 的速度记录。此后该车的系列试验非常成功，并在 2005 年开始为马德里至巴塞罗那高铁提供客运服务。

4）西班牙铁路基础设施运营商

ADIF 是西班牙铁路基础设施运营商，设有四个交通控制和调节中心

（CRC）。CRC 中巨大的壁挂式 LED 屏幕实时提供铁路路线的完整视频图形表示，操作者坐在屏幕前的工作位置上，负责管理铁路交通、电力供应和通信系统。CRC 采用欧洲轨道交通管理系统（ERTMS），通过应答器或者 GSMR 波实现列车与基础设施之间的数据交换，采用欧洲列车控制系统（ETCS）不断计算列车的最高安全速度，并据此对列车的速度进行控制。过程中还采用 DaVinci 系统收集信息使控制器在发生事故时能迅速做出反应，包括探测天气、沿轨道下落的物体、侧风等因素。当风速超过一定水平时，系统会控制列车自动减速。此外，CRC 的实时监控和数据采集功能也十分强大，并通过一系列最先进的系统保证列车平稳运行。

另外，值得一提的是西班牙的员工培训——虚拟现实技术。ADIF 在员工培训方面带来了多项创新。ADIF 的技术培训中心位于巴伦西亚，其培训项目包括工程建设、维修管理以及通信系统等内容。培训中心的教室中包含 AVE 网络上使用的变电站、交换机和保护系统的复制品，户外练习区则允许学员在人工轨道和架空接触网系统上练习维护技能。此外，为节约空间和成本，该中心还采用模拟软件、视频教程和虚拟现实等数字工具进行教学和训练。模拟培训需要在一个特殊的房间中进行，学员佩戴上相应的耳机和眼镜，完全沉浸在 3D 培训环境中，完成一系列预防性维护任务、接触网安装练习和电源切换程序。通过这些虚拟练习，学员可以快速熟悉用于高铁供电的电气系统，比传统的练习方法更加有效，可以用更短的时间培养出更多的员工。

向全球出口专业知识也是 ADIF 运营的关键部分之一。该公司的虚拟培训中心拥有约 300 个课程可供全球承包商使用。ADIF 的目标不仅是提供高铁维护培训，还要为全球培训创建新标准。ADIF 已与来自不同国家的铁路基础设施所有者签署了合作协议，包括美国、土耳其、波兰、俄罗斯和摩洛哥。专家们在高速轨道的维修、管理、施工和控制等领域分享知识和交流经验。ADIF 培训和控制中心所展示的技术值得其他国家学习和借鉴。

3. 瑞典的摆式列车

1）瑞典国家概况与摆式列车适应性

瑞典位于斯堪的纳维亚半岛，国土面积大约 45 万平方千米，1990 年的人口总数为 860 万左右，平均每平方千米 19 人，到了 2015 年年底，瑞典总人口也不过 985 万人，每平方千米也不过 22 人左右，属于典型的地广人稀国度。从自然地理环境看，瑞典的国土成狭长形，西北高，东南低，2/3 的国土位于诺尔兰高原上面。瑞典早期修建的铁路和英国差不多，标准都不高，为了适应高低起伏的地形，采用了很多小半径曲线，在这种条件下，火车速度的提高受到限制。

随着国民经济的发展，出于民众出行和商业的需要，提高列车速度众望所归。而在20世纪90年代之前，地广人稀的瑞典根本没有充足的客源来支撑高速铁路的修建，而大规模地改造既有线，工程量也很巨大，得不偿失。为了少花钱也能满足民众对提高列车速度的期望，最终瑞典国家铁路局采取了开行摆式列车的方案，X2000型摆式列车由此诞生。

X2000型摆式列车的运行速度为200 km/h，最高试验速度为276 km/h，适合开行在既有铁路之上，这也是瑞典铁路公司专门为本国铁路量身制造的一款动车组。X2000型摆式列车由瑞典卡尔马公司研制（Kalmar Verkstad），该公司成立于1905年，是瑞典专门制造火车和汽车的企业，该公司在2005年被加拿大庞巴迪公司收购。X2000型摆式列车最早亮相是在1990年，当时是作为一等车为高端乘客提供服务，列车上面为乘客提供免费餐饮和免费的文件复印，甚至在列车上还开设一个小酒吧，为乘客们提供风味小吃。这种豪华的乘车条件，即使作为当时高收入的发达国家瑞典，也属于比较奢华的服务。

X2000型摆式列车采用异步牵引电机，由一台动车和一定数量的拖车组成，一般有6辆编组（含动车1台）和17辆编组（含动车1台）两种方式，最大载客量1 600人。每台X2000摆式列车都安装柔性转向架，可以在不对铁路轨道施加额外压力的情况下，自动调整车身，通过小半径曲线，能比普通列车提高速度40%以上。

X2000型摆式列车为何能高速通过小半径曲线呢?这是因为摆式列车都安装了一台功能独特的倾摆系统，系统里面安设加速计，随时计算列车在通过曲线时候的横向加速度，再通过系统的主计算机系统计算倾摆数据，并向各台拖车的控制电器传送指令，让整台列车按照计算的角度进行倾摆，用以平衡列车通过曲线时候产生的离心力。

X2000型摆式列车安装功能强大的列车自动控制系统（ATC），这套系统可以在机前4 km给司机发送前面的行车状况等数据，如果司机没有反应，那么列车就会自动减速甚至停车，以保证乘客安全。

X2000型摆式列车采用复合制动系统，包含再生制动、空气制动、电磁制动、紧急制动、手动制动和电子防滑装置。当列车速度为200 km/h时，制动安全停车距离是1 750 m，当列车速度为150 km/h时，制动安全停止距离为1 100 m，当列车速度为130 km/h时，制动安全停车距离为700 m。

1986年，瑞典国家铁路公司开始对斯德哥尔摩到哥德堡的西部干线实行改造，开始了瑞典铁路在既有干线上通过适量改造，采用摆式列车新技术来

下篇　世界高速铁路的发展

实现 200 km/h 以上高速运行的序幕。瑞典国营铁路划分为干线网及地方铁路 2 种。地方铁路通常承担地区性运输，公共运输管理部门有权经营地方铁路的客运服务，并得到该地方政府的财政补贴。瑞典高速铁路是利用既有线加以适当的改造（包括信号系统、平交道口及站场），并采用 X2000 型高速摆式列车在曲线区段将列车通过速度提高 30%~40%，最高速度达到 200 km/h，而又不超过最大的允许轨道作用力；同时由于车体倾摆了旅客所感受到的全部离心力的 70%，使旅客感到较舒适，而整个旅行时间可以缩短。这是用机车车辆的高性能来适应线路的要求，从而达到高速运行的一种模式。在既有线上运营 X2000 型高速摆式列车，必然与普通客车及货物列车共线运行，实现这种模式的首要条件是线路上运量不大，运输能力比较充裕，不至于因为高速列车而增加了扣除系数，影响其他旅客列车及货物列车的开行。瑞典发展高速铁路主要是改造既有线，开行自主开发的 X2000 型摆式列车。这种摆式列车的最高速度可以达到 210 km/h。开行 X2000 型摆式列车的既有线线路总长达到 2 700 多千米。

2) X2000 型摆式列车走出国门

由于 X2000 型摆式列车受到世界上很多国家欢迎，出口量长时间居高不下，为瑞典政府取了巨额外汇，这些钱刚好满足了瑞典国家铁路局在 1980 年代初就开始的构建全国高速铁路网的宏伟计划的要求。

X2000 动车组走出瑞典国门之后的第一站就是美国，时间是在 1992 年，这也是该款动车组为了参与美国高铁投标的一次巡回展览，主办方是美国铁路客运公司，展览期限从 1992 年的 10 月份至 1993 年的 7 月份。等巡回展览完毕之后，X2000 动车组就在美国东北铁路大通道的两大城市华盛顿和纽约之间试运行，时间持续了 5 个月。试运行结束之后，这款动车组又开始了在全国 48 个州的巡回演出，并在美国多个大型车站登台亮相，赚足了人气。与此同时，X2000 动车组也在加拿大进行了巡回展览。

1995 年，X2000 动车组被澳大利亚 Countrylink 公司租用，开始了运行评估测试，这辆动车组包括 3 台 X2000 型车，其中包括 1 辆拖车、1 辆酒吧车和 1 辆一等座车，这 3 辆车由澳大利亚生产的 XP2000 和 XP2009 型动车牵引。1995 年 3 月，这台 3 辆编组的动车组在南威尔士州进行了巡回展览，一个月之后，这台动车便投入使用，为澳大利亚首都堪培拉提供旅客服务。

X2000 动车组与中国也颇有渊源，在 1998 年广深准高速铁路提速改造中，广深公司就从瑞典租用了一列该型号动车组提供时速 200 km 的客运服务，这也是我国最早开行的高速动车组，一直服役到 2007 年。在这一年，是持续十年的铁路大提速的关键一年，中国从日本、法国和德国引进的第一代动车组开始投入运营，X2000 动车组被强制退役，交由成都铁路局运营管理。2008 年汶川大地震之后，成都铁路局需要大面积修复被破坏的铁路干线，建设资金非常紧张，无法给 X2000 动车组提供更多的维修保障。在这种情况下，X2000 动车组的老东家广深铁路公司在 2008 年 12 月份重新接纳了它，一直保留到 2012 年，最终该动车组又被瑞典国家铁路公司购回，用轮船运回了故土。

3）瑞典的高速铁路计划

瑞典的高速客运服务都是通过在既有线上开行摆式列车实现的，速度维持在 200 km/h 左右。为瑞典提供客运服务的动车除了 X2000 型摆式列车（X2）之外，还有车体加宽的"女王号"、双层的 X40 动车组、斯德哥尔摩阿兰达机场快速列车 X3。其中 X2 和 X3 的速度均为 200 km/h，是瑞典不折不扣的高速列车。X2 开行于瑞典多个大城市之间，包括斯德哥尔摩、哥德堡和马尔默，而 X3 机场快速列车为斯德哥尔摩和阿兰达机场提供客运服务。双层的 X40 动车组提供区域性的旅客运输。

X40 动车组要想突破 200 km/h 的速度限制，有两种途径可供选择：一是彻底更新改造既有线路，让线路的技术条件满足开行高速列车的要求，同时将陈旧的信号、列车控制系统和牵引供电系统全部更新换代；二是修建一条全新的客运专线，按照高速铁路要求修建基础土建工程，配备满足高速要求的铁路运输设备。瑞典国家铁路局采取了分阶段实现目标的办法，首先将 200 km/h 的动车速度提高到 250 km/h，再提高到 300 km/h 及以上。为此瑞典国家铁路局还研制了满足 250 km/h 的高速动车组，在 2010 年交付使用，但是限于线路条件，无法跑到预想的设计速度。

对高铁速度的要求，让瑞典政府制订了中长期的高铁修建计划，时间一直到了 2030 年。目前有 5 条新建高铁线路计划已经提上建设日程。这 5 条高铁线路分别是：

伯斯尼亚高速铁路（Bothnia Line），单线铁路，线路全长 190 km，设计速度 250 km/h，这也是世界上第一条单线高速铁路，连接瑞典伯斯尼亚湾周边的各城市工业区，包括 140 座桥梁和总长达 25 km 的隧道，总投资 150 亿瑞典克朗，该线路 2010 年开通运营。伯斯尼亚高速铁路也是瑞典第一条安装欧洲铁路运输系统的线路，为将来实现瑞典与其他欧洲国家铁路的互联互通奠定了基础。

Norrbotniabanan 高速铁路也叫北伯斯尼亚高速铁路，于 2010 年开通运营，线路全长 270 km，设计速度 250 km/h，衔接于默奥中央火车站和昌勒奥中央车站，属于伯斯尼亚高速铁路的北部延伸线，这条高铁沟通瑞典沿海各大城市，年输送旅客 160 万人。

伯斯尼亚 shanken 高速铁路，也叫瑞典东链高速铁路，这条高速铁路尚在规划之中，还未修建，高铁衔接斯德哥尔摩南部城市南泰利耶市和林雪平市，设计速度 320 km/h，总投资 300 亿瑞典克朗。这条新建高铁线路才是真正意义上的高速铁路，瑞典政府对此非常重视，在 2012 年便启动了该项目，工程建设在 2017 年全面展开，总工期约 7 年时间。

Gotalandsbanan 高速铁路，也叫哥提亚高速铁路，属于规划铁路，尚未开工。线路全长 440 km，设计速度 320 km/h，衔接南泰利耶市和哥德堡，经过瑞典重要城市林雪平市和延雪平市。这条高速铁路一旦开通，就能显著降低斯德哥尔摩到哥德堡的旅行时间，可从目前的 3.05 h 缩短到 2 h。

Europabanan 高速铁路，也叫欧洲高速铁路，属于规划铁路，尚未开工，设计速度 320 km/h，投资 400 亿瑞士克朗，线路衔接林雪平市和斯堪尼亚市。在将来，该线路还有修建成跨国高速铁路的打算，开通之后，乘客们就可以从斯德哥尔摩过境到达丹麦的哥本哈根，实现高铁跨境运输，对于瑞典本国而言，该铁路可以将斯德哥尔摩至马尔默的旅行时间 5 h 缩减至 3 h，将从赫尔辛堡至林雪平市的乘车时间缩减 2 h。

【小知识】摆式列车。所谓摆式列车，是指列车行经弯道时，利用车身向内侧的倾斜来提高列车的速度，以求得整体运营速度的提升。这种列车最大的好处，在于不需要立即兴建高速新线，可以就现有路线提高运营速度，等时机成熟经费足够，再逐步改善旧线或兴建高速新线，以达到渐进完成传统铁路高速化的目的。

摆式列车可分成被动式与主动式两大类。被动式是指利用离心力使列车过弯时自然倾斜，倾斜角在 3.5°~5°，可提高行车速度 15%~20%。例如日本的 381 系电车，利用车体下方的滚轮等滑动结构，以及西班牙的 Talgo Pendular 利用车体间框架上的两个空气弹簧，将车体往外甩，都是著名实例。

针对被动式摆式列车的效果有限，而且有过弯之后的反应延迟、S 形连续弯道产生误动作等问题，便发展出主动式倾斜列车。主动式倾斜列车利用飞机陀螺仪的原理，行经弯道时侦测出列车弯道超高倾斜的矢量，连同行车速度一并经由微处理机运算，计算出最佳的增加倾斜角度、角速度与行车速度。以高速通过弯道，倾斜角在 8°~10°，约可提高行车速度 35%。除了日本的窄轨系统之外，德国的 ICE-T、意大利的 ETR 与瑞典的 X2000，可说是全球标准轨主动式倾斜列车的佼佼者。

摆式列车也有一些缺点，就是在高速过弯时，会使车上旅客产生晕眩等不适感。虽然摆式列车是现在许多欧洲国家发展高铁时的一种技术选择，但也可能出现在现有的高铁线路上。例如，日本东海道新干线，由于年代久远，许多弯道限制了车辆的性能，不能以全速行驶。因此下一代的日本 N700 新干线，会加入倾斜装置，使最高时速的行驶区间，从现有的 1/3 增加至 2/3，缩短旅行时间 15% 以上，使东海道新干线的运营效率进一步提升。

4.4.4 俄罗斯的高速铁路

20 世纪 60 年代初期到 20 世纪 70 年代中期，苏联铁道部集中了其下属所有的研究机构开展了规模浩大的高铁综合性技术研究，主要内容包括：修建客运专线，研制速度不低于 250 km/h 的高铁列车，预期在南部铁路大通道、莫斯科至高加索以及克里米亚开行高铁列车。苏联曾开展了喷气式列车计划，主要由雅科夫列夫航空设计局、加里宁机车厂、全苏火车设计科学研究院和莫斯科大学负责，专门对高速列车进行研究。1970 年，加里宁机车厂在 ER22 型电力机车的基础上，改装出名为 SVL（俄文高速试验车的缩写）的喷气式机车。SVL 机车全长 28 m，车头改装成流线型面罩，车顶前部安装有一个特制塔座，里面并排安装两台 Yak-40 型支线客机上的 AN-25 涡扇发动机，单台推力 15 kN。1971 年，SVL 机车在戈卢特温—奥廖拉铁路上测试时，最高速度达到 187 km/h。1972 年年初，SVL 机车又在新莫斯科夫斯克—第聂伯捷尔任斯克铁路上进行测试，最高速度达到 249 km/h。SVL 机车在苏联引起了轰动，但 SVL 机车由于存在诸多技术问题，最后还是被遗弃在加里宁机车厂的库房里。

到了 1975 年，苏联铁道部的研究与发展委员会又重新审视了高铁研发计划，决定对其谨慎而行，继续做可行性研究。从 20 世纪 60 年代初到 80 年代末，这 20 多年间，苏联除了在既有线尝试开行动车组列车之外，修建高速客运专线遥遥无期。到了 1988 年，苏联的国内形势发生了变化，已经久被遗忘的高铁计划重新被翻检了出来。苏联部长会议通过了在苏联铁道部的领导下进行的国家研究与发展项目"高速环保交通"课题研究，苏联所有的铁路运输科研机构都集中开始高铁技术攻关，这里面就包含新建客运专线内容。

1988—1990 年，苏联的高铁研发计划在政府的支持下，开启了航程，然而围绕高铁项目的争论却持续不断。实际上，这种情况在很多国家都重复出现过。日本、德国、法国、英国、中国，无一例外，都在为高铁的修建开展过长时间的辩论。苏联的高铁争论主要集中在工业技术小范围内,有很多需要解决的技术问题,相关准备工作也基本就绪,高铁应用研究委员会已经成立,高铁的技术经济创新工程也在紧锣密鼓实施中,同时加快开展莫斯科至列宁格勒(圣彼得堡)间开行 300~350 km/h 高铁列车的可行性研究。然而,可行性研究做了很多,但长时间未能付诸实施。

俄罗斯承接了苏联的高铁研发计划,但是仅凭自己的力量难以为继,最终还是采取与西门子公司联合的手段,利用其技术实力,在既有铁路上开行高速动车组。1991 年 12 月 13 日,俄罗斯将"修建圣彼得堡至莫斯科高速铁路"写进法律,以保证项目的顺利实施。1991 年 12 月 25 日,在社会环境剧烈动荡的情况下,高铁研发计划并未受阻,并写进了法律,这足以说明俄罗斯对高铁的重视程度。随后俄罗斯成立了专门的高速铁路研发机构。在整个 20 世纪 90 年代,即使经济不景气,俄罗斯的高铁研发始终没有中断,到了 2001 年,俄罗斯自主研发的"猎眷号"电力动车组在圣彼得堡至莫斯科铁路上进行行车试验,跑出了时速 238 km 的高速度。然而,仅仅一年之后,"猎眷号"就被彻底抛弃,其中的原因是与动车组的可靠性有关。

后来,"猎眷号"的设计理念与西门子公司 Velaro 高铁列车相融合,诞生了新一代动车组"萨普桑号",由德国门子公司负责生产供货。从 2009 年开始,"萨普桑号"动车组就开始在圣彼得堡至莫斯科铁路上运营,一直延续到今天,该动车组技术和外观都与中国的 CRH3 和 CRH380B 很像,最快速度 250 km/h。除了圣彼得堡至莫斯科铁路之外,俄罗斯还开通了圣彼得堡至芬兰赫尔辛基以及圣彼得堡至下诺夫哥罗德的高铁线路,均为既有线,而非客运专线。俄罗斯一直努力修建速度 300~350 km/h 的客运专线,但至今还没有落地实施。

4.4.5 英国的高速铁路

1. 英国高速铁路的发展

英国的铁路技术在百余年里称霸全球,并向世界各地延伸,19 世纪 30 前后进入欧洲其他各国,19 世纪 50 年代进入印度半岛,19 世纪 60 年代进入非洲大陆,19 世纪 70 年代进入日本列岛和中国长江三角洲,19 世纪 80 年代进入越南和中国台湾。

然而,第二次世界大战之后,英国逐渐丧失了其铁路大国的地位,影响力不断下降,在高铁研发群雄逐鹿的激烈竞争中,一直处于下风,在走了很多弯路之后，终于柳暗花明，研发成功了一款能够商业运营的高速列车。不幸的是，这款颇有前途的动车组却困在 201 km/h 以下不能提速。就在日本、法国、德国、中国等国家大力开展高铁技术的研发之时，本来并不落后的英国高铁技术却被别人越落越远。

1967 年，英国启动了 APT-E 高速列车计划。这是一种迥然不同的高速列车，采用燃气轮机作为动力装置，最高时速 250 km；采用主动摆式构架，列车过弯时通过油压控制使车体倾斜，以提高过弯速度。APT-E 车体采用铝合金材料，以实现轻量化，而当时日本新干线的 0 系列车，使用的还是笨重的碳钢材料。

英国人意识到，要研发融合这么多先进技术的列车，肯定需要很长时间。急于实现时速 200 km 运行的英国人，决定在内燃机车的基础上，另行研发一种高速内燃机车——HST。1972 年，英国研制出 4 节编组的 APT-E 试验车，四节编组，采用燃气轮机作为动力，并在 1975 年 8 月 10 日达到试验时速 245 km。与此同时，1974 年爆发第一次世界石油危机，APT-E 计划遭到沉重打击，英国决定放弃用燃气轮机牵引，改为电力牵引，新的高速列车被命名为 APT-P，如图 4.4 所示。

图 4.4　APT-P

1979 年，虽然 8 节编组（2 动 6 拖）的 APT-P 试验列车达到时速 257 km。但不幸的是，由于采用众多不成熟的新技术，导致列车故障频发，原计划于 1980 年 5 月开通的商业运行，也因当年 4 月的脱轨事故而被迫延期。1981 年 12 月好不容易开始运行了，但各种故障还是不断。1982 年后，伤痕累累的 APT-P 几乎处于休息状态。到 1986 年，被 APT-P 折腾得身心俱疲的英国人，最终放弃了 APT 计划。

虽然 APT 的厄运不断，但原本没有重点培养的 HST 却取得巨大成功。1973 年 6 月 11 日，HST 样车以时速 230 km 创下了当时内燃机车的世界纪录。从 1976 年 10 月 4 日起，HST 的 IC125 型列车在英国东部开始了时速 200 km

下篇　世界高速铁路的发展

的商业运行,每天开行车次从40对猛增至80对。IC125为9节编组(2动7拖)动力集中式列车,前后各配置一台牵引功率1 680 kW的内燃机车,中间为7节钢制车厢。后来法、德等国的动力集中式高速列车,也都采用了这一配置形式。

然而如今,英国的Intercity系列动车组依然没有突破201 km/h,40多年的时间,英国高铁技术就在原地踏步,而法国、日本和德国的高铁新技术花样翻新,层出不穷,高速动车组早已经突破了300 km/h的速度,并发展成了家族系列。那么,难道英国本土之上就没有速度超过200 km/h的高铁列车吗?实际上有两个:一个是跨越欧洲多国的"欧洲之星"高铁列车,这是唯一一个为英国提供速度超过255 km/h客运服务的高铁列车;还有一个是运营于英国东南高速铁路线上的动车组,这是英国唯一一家提供速度超过200 km/h客运服务的高铁动车组。也就是说,整个英国的高铁列车,大部分在速度200 km/h及以下,只有区区两台动车组速度超过了200 km/h,而速度超过300 km/h的客运服务只是奢望和纸上规划。

总结起来主要原因有两个:第一个原因是英国国家铁路部门长时间只重视机车和动车组的研发,而忽视了高铁线路建设。而英国很多铁路历史非常悠久,路况条件很差,即使是时速300 km的高铁列车,在很多路段也必须限速在160 km/h以下,所谓的高铁服务被大打折扣,造成了资源的巨大浪费。第二个原因就是信号设备技术落后,与动车组的高速度无法匹配,高铁行车存在巨大的安全隐患。比如在19世纪80年代中期,英国自主研发的Intercity225高铁列车就能在既有铁路上跑出225 km/h的高速度,但是采用的仍然是设置在地面的传统色灯信号机来显示信号,Intercity225列车即使创造了这么高的速度也被坚决叫停,限速到了200 km/h以下。原因就是,一旦火车的速度超过了160 km/h,普通的地面信号现实就失去了意义,因为司机根本来不及瞭望,给行车安全造成了隐患。此时,必须在司机室里安装机载信号设备,将原来显示在地面信号机的信号,显示在司机室里,这样安全性就大大提高了。

英国铁路因为线路陈旧,配套设备技术落后,使得先进的动车组无法跑出更高的速度,也无法提供更加优质的服务。英国政府尝试解决过这个问题,并在2004年制订了西海岸铁路主干线改造计划,提升线路等级和信号设施,使之能够满足高铁列车运营,但是因为预算不足,改造工程并没有多大进展。

海峡隧道铁路连接线(CTRL)是英国近一个世纪以来修建的一条重要的新线,也是英国第一条高速铁路。它从伦敦中部通向英吉利海峡隧道,将英国铁路直接与欧洲高速铁路网相连,全长109 km,最高运营时速300 km,

23%的线路在隧道内,沿线设高速铁路11个新站。

实际上,英国的铁路网早在100多年前就已经较为完善。2009年英国铁路对重要既有线进行了升级改造,包括东海岸、西海岸干线的升级改造工程。东海岸干线连接伦敦和爱丁堡,长632 km,其改造工程还涉及邻近的米德兰干线和国王十字车站。西海岸干线是英国重要的铁路线路,全长880 km,连接伦敦与伯明翰、曼彻斯特、利物浦、格拉斯哥等人口密集城市,承担了40%以上的全国铁路货运量。西海岸干线改造工程对整个线路进行了彻底改造,包括线路、桥梁、牵引供电系统、信号设备等各方面。工程完工后可运行最高速度200~250 km/h的摆式列车。工程分为两个阶段,第一阶段于2004年9月完成并通车,第二阶段于2008年年底完成,2009年1月投入使用。

2. 高铁建设

2009年,英国开始规划建设高速铁路2号线,并于2009年1月成立有限公司,公司由运输部直接领导,负责对2号线进行可行性研究。规划的2号线从伦敦到伯明翰,然后分别通往曼彻斯特和利兹,形成"Y形"高速铁路网,全长约540 km,计划总投资327亿英镑,分两阶段开展建设。第一阶段线路从伦敦到伯明翰,全长约190 km,第二阶段线路从伯明翰向北继续延伸到曼彻斯特和利兹。

目前,英国国内铁路客运市场由24家客运公司分享。各公司通过招标获取线路特许经营权,部分线路由2家以上的客运公司运营,即只要经过铁路监管办公室和铁路公司同意,客运公司可以在其他运输公司特许经营的线路上运营。近10年来,受原价格上涨、国家对生态环境保护要求更加严格及其他许多因素影响,公路运输快速增长的势头有所缓解。多家英国铁路公司正在实施新的战略规划,力图在激烈的市场竞争继续保持和扩大自己的竞争优势。

2020年2月,英国首相鲍里斯·约翰逊正式宣布,连接伦敦和英国中北部地区的高铁2号线(HS2)项目将重新启动。值得注意的是,这条线路虽然叫英国高铁2号线,但却是英国境内第一条连接主要大城市的高铁线路。目前英国境内唯一一条高铁线是连接伦敦和巴黎的"欧洲之星",即所谓的英国高铁1号线,由英法两国共同建设,当前英国各大城市之间并无高铁连接。英国高铁2号线(HS2)总长531 km,共包括三部分,分别是伦敦—伯明翰段、伯明翰—曼彻斯特段、伯明翰—利兹段。最新的预算建造成本为1 060亿英镑,约9 540亿元人民币,每千米建造成本高达2亿英镑。从时间上看,连接伦敦和伯明翰的第一阶段将于2033年通车,整条线路预计于2040年通车。英国高铁设计速度约402.3 km/h，预计建成后平均每天载客量为30万人。HS2建成后，从伦敦到伯明翰的乘车时间将从目前的82 min减至45 min，而伦敦至曼彻斯特的乘车时间也将缩短至1 h。

4.4.6 "欧洲之星"

"欧洲之星"（Eurostar）是一条连接英国伦敦圣潘克拉斯车站（2007年11月14日后改为此站）与法国巴黎（北站）、里尔以及比利时布鲁塞尔（南站）的高速铁路服务。这种列车离开伦敦之后便跨越英吉利海峡进入法国，在比、法境内"欧洲之星"列车与法国TGV和Thalys使用相同的轨道。"欧洲之星"高速列车是欧洲首列国际列车，它穿越英吉利海底隧道（英吉利海底隧道从1987年7月动工，历经7年的时间终于在1994年5月正式通车），并把伦敦、巴黎和布鲁塞尔3个首都连接起来，是世界上最先进的国际高速铁路客运专用列车，其运营速度为300 km/h，每天有9~15班往返于伦敦至巴黎及伦敦至布鲁塞尔，每小时一班，高峰时间为半小时一班，全年运营（圣诞节除外）。2007年，伦敦新火车站启用后，从伦敦到巴黎以及到布鲁塞尔的耗时分别减至2 h 15 min和1 h 51 min，同年"欧洲之星"载客量首次突破800万人次大关。"欧洲之星"这项20世纪人类在欧洲所进行的伟大工程，是由法国铁路、比利时铁路和英国国家铁路三家公司共同开发的。它于1994年11月通车运营，2004年"欧洲之星"高速列车在伦敦至巴黎线路上占有68%的市场份额，在伦敦至布鲁塞尔的线路上则有63%的市场占有率，时至今日其市场份额已高达9成。

"欧洲之星"紧密衔接着英国和欧洲大陆法、德、比利时等国，拥有总长超过24万千米的密集高速铁路网，能够快速便捷地将乘客输送至欧洲各主要城市。"欧洲之星"横贯欧陆，珠连城市，以强大的运力满足着欧洲运输的需求。它每1列车的载客量可以达到2架大型波音客机的载客量。它由20节车厢组成，是目前最长的高速列车编组。其中载人部分为18节，共设有766席座位，并根据不同乘客的需求提供不同等级的车厢，包括豪华舱1节、一等舱5节、二等舱10节以及2节餐车，各舱提供不同的特殊服务。

除了出众的大运能之外，"欧洲之星"还拥有诸多独树一帜的特征。它的鼻状车头是根据海底隧道的空气动力特性设计的，它能在7种不同的铁道系统下正常行驶，以便适应不同国家的铁路标准；为满足不同国家的不同路况，又要适应各种电力状况，"欧洲之星"采用了独一无二的从地面接收电力能量的设计，而且每一列车顶部有两个受电弓，一个是为法国25 kV的交流电准备,另一个是为比利时的 3 kV 直流电准备。其路轨采用了一种名为松尼维尔的系统,通过在连续焊接的铁轨下面设弹性减振装置,保证列车行驶的安全可靠和平稳舒适。乘坐"欧洲之星"可预订车票,车票依时间、舱位、团购人数等有不同折扣的优惠,可以提前 9 个月预订。乘坐"欧洲之星"列车需要检查旅行证件,其站台与车站其他站台用玻璃墙隔开。

如今,尽管受到越来越多乘客的青睐,"欧洲之星"仍在不断改善和提高服务品质。2001 年之后"欧洲之星"列车和沿线所有车站都禁止吸烟。为了进一步吸引旅客,将商务旅客的检票时间减少至 15 min,正点率也逐渐提高,2007 年达到了 91.5%,而同期同样路线的航班正点率仅为 68.8%;改进膳食和建设网上订票系统,全线建设了无线局域网;聘请设计师重新设计列车内部和商务车厢,在宣扬多元文化的同时,侧重表达其舒适性、现代感及高品质服务治理和简化管理结构,组建单一公司进行运营管理,缩减综合成本。"欧洲之星"在给各国乘客提供更多出行选择的同时,也营造了一种特别的旅行体验和感受,代表了欧洲可持续发展的舒适旅行的未来趋势。从首都伦敦圣潘克拉斯国际车站发车,"欧洲之星"列车驶向英国东南小镇多佛,再从那里进入海底隧道,穿越英吉利海峡,驶往法国、欧洲大陆……

"欧洲之星"运营商在报告其 2018 年度业绩时表示,年内有大约 1 100 万乘客使用其国际服务,比 2017 年的 1 030 万人增加了 7%。这一数据是"欧洲之星"运营以来一年中最高的旅行人数。这主要得益于蓬勃发展的商务旅行市场、日益增长的美国旅客人数、推出了伦敦和阿姆斯特丹之间"欧洲之星"直达列车服务而导致的增长。2018 年,"欧洲之星"商务乘客同比增长 12%,总销售收入达到 9.89 亿英镑,比 2017 的 8.8 亿英镑增长了 12%。根据"欧洲之星"运营商的说法,商务旅行的增长"证明了优质的商务旅行服务具有持久的受欢迎程度"。"欧洲之星"列车推出了多项商务旅行服务,包括与米其林星级厨师雷蒙德布兰克合作的列车上不间断点餐服务等,大大提高了乘客的旅行体验。与此同时,使用"欧洲之星"服务的美国旅客人数同比增长 9%。"欧洲之星"为乘客带来了更加快速、便捷、舒适的出行服务,越来越多的游客能够享受到欧洲最具代表性的首都城市之间的高速铁路旅行。2018 年 11 月,"欧洲之星"列车成立 25 周年,该公司估计自 1994 年开始服务以来,已经载客超过 1.9 亿人。过去 25 年"欧洲之星"在高铁旅行方面处于领先地位,巩固了英国与欧洲大陆之间的联系。"欧洲之星"列车在伦敦和阿姆斯特丹之间推出的新服务受到普遍欢迎,客户对国际高速铁路旅行的兴趣日益增长,将有可能成为航空旅行的可持续替代品。

4.4.7 欧洲高铁规划

为适应欧洲社会发展和满足人们生活水平提高的需要，欧洲在旅客运输方面重点关注安全、快速、经济、舒适等方面。1981年12月，欧洲议会运输委员会首次提出建设一个欧洲一体化的高速铁路运输网的想法。到了20世纪90年代，法国、德国、意大利、西班牙、比利时、荷兰、瑞典等欧盟中大部分发达国家，为提高国家内部企业的效益，满足国家能源、环境、交通政策的需要，大规模修建该国或跨国界高速铁路，高速铁路规模日渐扩大，逐步形成了欧盟高速铁路网络。欧盟高铁开始发展壮大。

2020年7月16日，法国媒体公布了一项令人震惊的规划：为提振新冠肺炎疫情后受到严重冲击的地区经济，欧盟委员会将制定一项2万亿欧元的复苏计划。除全面整合欧洲卫生系统外，有一项颇为引人注目的计划方案，就是将在未来10年间投资1.1万亿欧元，新建近2万千米高铁网，通联欧盟各国首都，提振经济的同时加强欧盟内各国的联系和凝聚力，以实现欧洲的统一和复兴。这一超级规划堪比中国2008年时提出的"四万亿"基础设施投资计划，也将成为继中国"四纵四横""八纵八横"高速铁路网规划后，世界范围最大规模的高速铁路规划。

这项宏伟计划的核心是新建一个总里程18 250 km的高速铁路网，将欧盟内现有的高速铁路里程提升将近两倍。利用这个新建路网开行250～350 km/h的高速列车通达各国首都。如此项计划能顺利实施，届时柏林到巴黎的旅行时间将由现在的8 h缩短到4 h。该计划中构想的铁路网，主体框架为四条干线通道。

整个铁路网的主体框架为四个通道：

（1）巴黎到都柏林。通道起自法国巴黎，到布列斯特（Brest），乘坐布列斯特-科克（Brest-Cork）轮渡，然后从科克（Cork）到都柏林。

（2）里斯本到赫尔辛基。通道起自葡萄牙里斯本，穿过西班牙和法国，经巴黎再到比利时和荷兰，在德国分叉，北线途径德国汉堡、丹麦、瑞典，终到芬兰首都赫尔辛基。南线经德国柏林、波兰华沙和波罗的海三国，与北线于赫尔辛基汇合，沿南北两岸环绕波罗的海。

（3）布鲁塞尔到瓦莱塔。通道起自比利时布鲁塞尔，一路南下贯通比利时、德国、奥地利和意大利，乘渡轮后到达马耳他首都瓦莱塔。

（4）柏林到尼科西亚。通道起自德国柏林，经捷克和奥地利之后，南下巴尔干半岛，最终在希腊利用渡轮抵达塞浦路斯。其中维也纳和索非亚之间建设铁路环线，串联巴尔干诸国首都。

按照计划，该高速铁路网除了连接欧盟所有国家的首都，更重要的一项功能就是把欧洲许多经济增长强劲的地区和欠发达地区连接起来。如此庞大的项目自然是耗资不菲，根据测算，完成这个路网规划大约需要花费 1.1 万亿欧元（约合 8 万亿人民币）。但让人惊讶的是，这项计划预期的时间仅需要短短 10~20 年。而根据整个欧盟现有的经济体量来计算，该项计划约占到 2019 年 GDP 总量的 7.5%。

不得不说，这项通过基础设施投资拉动经济增长的方案，对崇尚自由经济的西方国家来说确实极为出人意料。但深入分析，无论从政治、经济、环保和产业等多方面都极具合理性，整个计划的目的性十分清晰和明显。

（1）经济提振。由于新冠肺炎疫情影响，包括欧洲在内的世界经济受到了极大的冲击。后疫情时代如何振兴经济是欧盟必须要面临的课题。相比美国等国家直接向民众"撒钱"的做法，欧盟似乎更倾向采用以工代赈的方式来复苏后新冠时代的经济。加上中国"投资+消费双向拉动"的模式曾经在世界经济学界引发了正向的反响，因此欧洲的行业专家们也希望能通过大规模的基础设施投资来拉动疫情过后欧洲低迷的经济形势。故而，经济提振也成为这项规划的直接目的。

（2）政治统一。第二次世界大战结束后，欧洲一体化建设便是欧洲精英阶层极力推进的发展方向，这也是欧洲作为世界一级参与全球竞争的必然选择。然而，2010 年后，希腊债务危机、难民危机，特别是 2016 年英国脱欧事件对欧洲一体化趋势造成极大冲击，很多有脱离欧盟倾向的国家也蠢蠢欲动。新冠疫情爆发初期，欧洲各国各自为政、以邻为壑的防疫策略更对欧盟造成了致命的冲击。因此建设泛欧高速铁路，通过物理方式串联欧盟各国，与整合欧洲卫生系统成为后疫情时期欧洲有识之士加强欧盟团结与统一的首要选择。这也是泛欧高铁网建设的核心目的。

（3）绿色环保。众所周知，欧洲对环境保护一直有着极致追求。欧洲已在推进通过法律手段在高铁优势时间覆盖的城市间强制用铁路取代航空运输。本项计划则期待进一步将相邻欧洲首都间的运量全部转移至更加绿色环保的高速铁路上，以此将全欧洲的碳排放降低 4~5 个百分点。同时，既有的铁路网络也能因为新建的高铁网络而腾出更多的运力，吸纳原本需要经由公路运输的货物，进一步降低碳排放。

进入高铁时代后，欧洲地区（除俄罗斯外）决定统一采用 1 435 mm 轨距建设高速铁路，通过多电压制列车实现不同供电线路间的互联互通。近年来欧洲继续全面推进欧洲铁路运输管理系统（ERTMS），实现通道干线信号系统的统一，为高铁时代的互联互通打下基础。法国、德国两大欧洲核心（铁路）强国，在实现装备和技术全面输出的同时，也早早通过跨国高速列车甚至跨国高速铁路建设，将周边国家纳入各自 TGV 和 ICE 高铁服务范围。泛欧高铁网事实上已初具雏形。

2020 年 12 月 9 日，欧盟委员会公布《可持续与智能交通战略》：力争到 2030 年将高铁运量增加一倍，到 2050 年将高铁运量增加两倍。欧盟还将继续优先推动欧洲铁路运输管理系统（ERTMS）的应用，致力于促进列车自动化系统的升级，在整个欧洲大陆实现列车的无缝运行。

4.5 美国的高速铁路

4.5.1 早期的高铁研究

日本新干线开通形成的冲击波，影响到的远不止英、法、德三国，美国、苏联、意大利等国也选择了截然不同的技术路径，想在高速铁路领域一展身手。20 世纪 60 年代的美国，铁路运输正在受到高速公路和民用航空的冲击，为了应对汽车、飞机的竞争，美国铁路展开了"高速铁路"计划。1966 年，美国纽约中央铁路公司与通用电气公司合作，在 Budd 公司制造的 RDC-3 柴油机车基础上，研制出世界上第一台喷气式列车，并命名为 M-497，绰号"黑甲虫"，最高速度达到 296 km/h。该项目由 Don Wetzel 科研小组负责，他们将 RDC-3 柴油机车的车头改造为倾斜式流线型面罩，在前部车顶并排安装两台 GE 研制的 J-47-19 涡轮喷气发动机。1966 年夏天，M-497 在印第安纳州 Butler 至俄亥俄州 Stryker 的笔直铁轨上试跑，创造了时速 295.54 km 的纪录，并一直保持至今，仍是美国铁路最高时速纪录。虽然 M-497 在当时引起轰动，但是要在复杂的普速铁路上运行喷气式列车，毕竟不太现实，而且涡喷发动机的燃油消耗过高，不具有经济性。最后该计划还是被完全取消。

美国第一条铁路诞生于 1830 年，美国铁路总里程最高峰时为 41 万千米。1916 年后进入拆铁路阶段，目前仅保留 23 万千米，但仍遥居世界各国铁路网规模第一。早在 1934 年，美国先锋者和风号达到极速 181 km/h，从丹佛到芝加哥（1 633 km）仅耗时 13.5 h。可以肯定，美国在建造高铁方面的技术并不落后。美国铁路里程中，有 22 万多千米属于货运公司，货运依然主要是依靠铁路来完成，大宗的货运运输水平依然非常强悍，这也符合经济原理下降本增效的价值导向。客运公司只拥有 1 000 多千米线路，主要集中在美国东北部波士顿、纽约、华盛顿一带和密歇根州部分地区，但营业里程达

3万多千米，主要靠租用货运铁路公司和通勤铁路公司的线路。美国铁路客运由国家铁路客运公司（Amtrak）运营，服务覆盖美国46个州、哥伦比亚特区和加拿大的3个省，500多个车站，年客运量接近3 000万人次。铁路客运占运输市场份额的0.1%，远远落后于其他运输方式，其中公路约为87%、航空约12%、轨道交通约1%。可见，美国的铁路时代已被汽车和飞机取代。

与铁路系统停滞的发展状况不同，美国拥有世界上最为发达的航空运输业和高速公路运输业，城市间的飞机互通十分便利，乘飞机出行是美国人的出行首选，而且美国的机票比较便宜。美国的交通方式中，私家车出行几乎是和飞机出行"平分天下"的，约有四成美国人喜欢坐飞机出行，约56%的美国人偏爱私家车出行，仅有不足1%的人选择火车出行。

4.5.2　美国为什么不发展高铁

虽然美国有高速列车"阿西乐特快"，但其最高时速仅240 km，平均时速110 km。此外，美国铁路的准点率最高仅到75%，导致多数美国人不考虑当地火车。2018年1月，美国佛罗里达州正式开通从迈阿密到兰德戴尔堡的光明号高铁；2019年5月，兰德堡到西棕榈滩的延伸线开通。而到达奥兰多的延伸线目前正在建设中，预计将于2021年通车，线路总长390 km，列车最高运行速度为201 km/h。

另外，阿尔斯通Avelia Liberty为动力集中型高速列车，由2辆紧凑型动力车和9辆铰接式客车（非动力车）组成，还可根据需求再增加3辆。该列车集成了Tiltronix预期倾斜技术及碰撞能量管理系统，理论设计时速为300 km，初期运营速度为255 km/h，预计最快2021年投入运用，如图4.5所示。

图4.5　阿尔斯通为美铁打造的动力集中型摆式高速列车开始初步成形

至今美国还没有一个真正意义上的高铁，以美国的科学技术，美国是完

下篇 世界高速铁路的发展

全可以研发高铁的,那美国到底为什么不发展高铁呢?

(1)人口集中而又地广人稀。这与美国的地理位置有着一定的关系。美国虽然有着很广阔的领土,但其人口并不多,广袤的平原上才生活了3亿多人,因此形成了分散式的郊区化居住模式,简单说就是家家户户都沿着高速公路生活在郊区,一家一栋楼、两辆车。地广人稀就导致了人们出行的出发地和目的地特别分散,不太适合发展铁路公共交通。而且客观来说,基础设施会改变目前地区的交通形态和构成,因此除了高铁自身的经济效应,还有对沿线高速城镇生意的影响,新修高铁站附近的客流集散体系也需要重新设计。随着高速公路的兴起,铁路里程也不断萎缩。

(2)选择坐飞机。由于能源的富足,美国的航空系统非常发达,美国在航空领域发展较快,国内拥有非常发达的飞行网络,基本上大小城市都有机场,人们出行靠着飞机就相当方便。世界吞吐量TOP20的机场里,有一大半在美国,即使在各地机场成长迅猛的今天,美国的亚特兰大机场依然是全球吞吐量最大的机场。"飞机+汽车"的生活基本成为美式生活的标配。

(3)美国内部政治环境的特殊性。美国不需要全国性的高铁,但是也不是完全不需要高铁,最典型的包括西海岸的旧金山—硅谷—洛杉矶地区和东海岸的波士顿—纽约—费城—华盛顿地区,这两条线路可以类比成中国的沪宁城际高铁或广深城际高铁。但是美国是联邦制国家,通常要建造高铁的话,沿着海岸修建的意义并不大,往往都是贯穿美国东西部,可这么一来,就需要考虑中部各个城市的利益。而修建一条高铁,是肯定不会只在一个州里面进行的,需要跨多个州完成修建。美国特殊的联邦制度,让他们的政府对这些州府都没有完全的掌控力,大部分的州都是自治形态,相互之间保持着独立,要是修建一条高铁,那就要涉及很多州府的利益,需要相互协调。另外,美国土地的私有化也是相当严重,一旦修建这类基础设施,就需要费很多的工夫取得各类许可,征地实在太困难,光是征地就大大增加了高铁修建的成本。同时在修建过程中,还要受到各个党派的阻拦,一旦没办法协调好多方的利益,高铁项目就很难执行下去。另外,美国是一个"藏富于民"的国家,中央政府和各级州政府并没有很强大的财政实力,高铁前期投入巨大,但盈利遥遥无期。美国的纳税人对这一点是十分质疑的,他们不愿意将巨额资金投给一个无法保证盈利的项目。

因此,美国并非不能修建高铁,而是各种原因导致他们很难修建高铁,为高铁费太多的工夫实在是不值当的。综合上述因素,美国其实是没有适合修建高铁的国情的,美国人对修建高铁也提不起浓厚的兴趣,这也就是为什么美国的"高铁计划"被提出了几十年仍未有定论的原因。

4.6 亚洲其他国家高铁

4.6.1 韩国高铁

1. 韩国修建高速铁路的原因

世界各国修建首条高速铁路的初衷都是如出一辙，日本是因为东海道交通大通道拥挤严重，既有线运能饱和；法国是因为巴黎到里昂之间交通运输遭遇了瓶颈；德国是为了改善交通拥挤促进经济发展而启动高铁研发修建计划；中国修建高铁完全是为了提升整个国家的铁路运输能力。韩国将高铁提到日程主要是因为首尔至釜山这条黄金运输大通道遭遇了巨大的运能障碍。韩国高铁发展是从模仿走向自力更生的过程。韩国在技术研发领域的拼劲和技术创新等方面都值得称赞。

高速铁路是一项系统工程，汇集了各种高新技术。世界上除了日、法、德、意等少数国家是自主研制开发自己的高速列车外，多数国家是通过引进技术、联合设计、合作生产、消化吸收所引进的技术，达到国产化的目标，从而能在较短的时间内迅速掌握高速列车领域的世界先进技术。韩国的技术引进工作是比较成功的，在短短几年间已从一个铁路工业及技术平平的国家，演变成掌握世界最先进高速列车技术的国家。

韩国的经济发展是在 1960—1990 年，经济的高速增长带来了商业的繁荣和人口的大规模流动，同时私家车保有量也迅猛增长，年增长率达 17%，给交通带来巨大压力。根据 1995 的统计资料，在首尔至釜山的条形地带，分布着韩国 73% 的人口，这个通道承担着韩国 70% 的货物运输和 66% 的旅客运输，既有的京釜高速公路和韩国铁道公社下辖的既有京釜铁路已经遭遇了运输瓶颈，勉强支持到 1990 年，逼着韩国政府寻求更好的交通运输方式来解决这个难题。其实，首尔至釜山大通道的交通拥挤在 1970 年就开始显露苗头，修建第二条京釜铁路以缓解交通压力成了政府必须考虑的问题。1972—1974 年，韩国政府委托法国铁路局和日本铁路技术服务中心的专家对新建京釜铁路做了可行性研究。1978—1981 年，韩国科学技术研究院经过深入研究之后认为，将京釜运输通道的客货运分开，单独修建一条高速铁路更合适。

2. 韩国建设高铁的过程

京釜高速铁路当时预计全长 408.5 km 左右，按照 1988 年的市场价格进行测算，这条高铁线路投资为 5.8462 万亿韩元，其中 4.8 万亿韩元用于高速铁路土建工程本身的建设，其余款项用来购买动车组。

1989年，为开始实施高速铁路修建计划，韩国政府成立了"京釜高速电气化铁路与新国际机场委员会"和"高速电气化铁路计划部"，后来后者改名为"高速铁路项目计划董事会"。1990年，经过研究，首尔至釜山的预计高铁旅行时间从1.5 h调整为1 h 51 min，比第一次测算趋于保守。

1991年8月26日，韩国政府就京釜高铁引进哪个国家的核心技术进行了国际公开招标，这些技术包括动车组、接触网和通信信号技术等。参加投标的有国外三家企业，分别是法国阿尔斯通公司（Alsthom）、德国西门子公司（Siemens）、日本三菱公司（Mitsubishi），这三家公司都是当时世界高铁领域的巨头。经过五轮评审之后，法国和德国两家企业最后提交了标书。

1992年3月，高铁计划取得下一步进展，韩国成立了"高铁建设管理局"（KHSRCA），作为一个独立的法人单位负责项目的实施。

1992年6月30日，韩国高铁建设管理局首先在天安市和大田市之间修建了57 km的试验线，标志着京釜高速铁路正式进入了施工建设阶段。

1993年8月20日，韩国高铁建设管理局宣布法国阿尔斯通牵头的联合体中标，并于1994年6月14日签订了合同。这个联合体除了法国阿尔斯通公司之外，还包括其在韩国的附属子公司Eukorail。也是在1993年，京釜高速铁路项目重新得以评估，建成通车日期确定为2002年3月份，而投资预算也从1988年的5.85万亿韩元暴增到10.74万亿韩元，是最初投资预算的1.84倍。在这些资金中，政府直接拨款占35%，政府贷款占10%，外国贷款占18%，国内债券销售占31%，私人资本占6%。那么为何投资增加了这么多呢？有两方面的原因：第一是人工成本和原材料成本比5年前增加显著；第二是线路走向方案发生变化，线路延长，车站增多，造成投资增加。实际上，10.74万亿韩元的投资还是过于乐观，当该项目到了建设后期，总投资已经飙升到18.425 8万亿韩元。到了2010年10月份，经过测算之后，京釜高铁总投资又达到了惊人的20.728 2亿韩元，已经是最初投资的3.5倍。

作为一个投资巨大的公共交通项目，韩国政府对该铁路的建设模式和融资渠道的选择慎之又慎，首先明确杜绝采用私人企业承包的"BOT"模式，也就是国际上通用的"建设-运营-交付"模式（Build-Operate-Transfer），确定完全由政府主导，牢牢把控建设权和运营权。为了合理利用资金，将机车车辆、架空输电网、列车控制系统等核心工程交由海外承包商负责，而电力供应、轨道和信息系统等非核心工程由国内承包商负责。

京釜高速铁路最初的设计标准如下：时速350 km，采用标准轨距，新建双线，有砟轨道，铺设无缝线路和混凝土宽枕，采用可动心道岔，提高动车组侧向通过速度,采用 25 kV/60 Hz 标准的牵引供电系统,采用法国标准的自动车载信号和列车集中控制系统。当然,随着 1997 年亚洲金融危机的爆发,建设资金紧张,上述铁路标准都打了折扣。

由于 1997 年亚洲金融危机的影响,京釜高铁的建设资金受到了冲击,韩国政府铁路分成两期建设,第一期工程从首尔至大邱,长 281.6 km,新建客运专线双线,投资 12.7377 万亿韩元,其中国外贷款占比 24%,国内发行债券占比 9%,私人资本占比 2%。本段线路在 2004 年 4 月 1 日开通运营,建设时间长达 12 年,一路坎坷,非常不容易。2004 年,韩国首条高铁线路京釜高速线正式通车,使韩国成为继日本、法国、德国、瑞典和西班牙之后世界上第 6 个拥有高速铁路的国家。

而从大邱至釜山,高铁列车暂时利用既有线运行。京釜高铁第二期工程从大邱至釜山,线路长 130.4 km,新建客专双线,2002 年开工建设,投资 5.6981 万亿韩元,资金组成比例与第一期工程相同。到了 2006 年,由于本段线路方案有了很大调整,投资从 5.6981 万亿韩元增加到 7.1900 万亿韩元,经过一段颇不平静的建设过程,该段高铁在 2010 年 11 月 1 日开通运营。

京釜高铁是韩国最重要的一条铁路大干线,除此之外,韩国还在修建高铁湖南线(Honam HSR)和高铁水西线(Suseo HSR),这两条线路均为规格很高的时速 350 km 的高铁线路。

其中,高铁湖南线从京釜高铁的新建五松站接轨,引出一条支线,延伸到木浦。线路全长约 320 km,时速 350 km,修成之后可将首尔至木浦的距离缩短 90 km,旅行时间从 2 h 58 min 缩短到 1 h 46 min。这条高铁也是分成两段建设:第一段从五松至光州,全长 182.3 km,在 2009 年 12 月开工,2015 年的 4 月开通运营;第二段从光州至木浦,2017 年开通使用。工程总造价约 10.5 万亿韩元。

高铁水西线号称是一条独立的高铁线路,从京釜高铁的平泽站接轨引出,延伸到水西站,线路全长 61.1 km,时速 350 km,在 2009 年 12 月 30 日开工建设,2016 年 8 月才交付使用。

除了上面两条时速 350 km 的高铁之外,韩国还有另外两条时速 250 km 的高铁。一条是从原州至江陵的高铁,全长 122.2 km,2012 年开工建设,2018 年投入使用;另一条是从多达姆至水川的高铁,全长 148.1 km,2013 年开工,2018 年投入运营。

3. 韩国高铁动车组家族

韩国高速列车分为 KTX-Ⅰ 和 KTX-Ⅱ 两种类型。KTX-Ⅰ 采用的是以

TGV-A 列车为原型的法国阿尔斯通公司 TGV 技术，最高设计速度和运营速度为 300 km/h。KTX-Ⅱ型是在 Hanvit 350 试验列车的基础上研制的，最高设计速度和商业运营速度分别为 330 km/h 和 300 km/h。随着自主创新技术能力的加强，韩国高铁动车组又发展到第三、四代阶段。

1）高铁动车组 KTX-Ⅰ

韩国高铁动车组家族的首批产品是引进法国 TGV Reseau 技术的 KTX-Ⅰ，也称之为 TGVK。KTX 是 Korea Train Express 的缩写，意思是"韩国高速铁路"。这款动车组的核心技术完全是舶来品，在此基础上，生产商根据韩方的要求对动车做了一些改动和优化，以适应本土运输需求。

KTX-Ⅰ动车组一共生产了 46 台，其中 12 台由阿尔斯通公司生产，其余 34 台交由韩国当地的地铁企业罗特姆公司（Rotem）负责制造。1997 年 12 月，阿尔斯通公司生产的第一台 KTX-Ⅰ动车组下线；1998 年 3 月通过海路运送到韩国；1999 年 12 月，动车组开始进行试车试验；2000 年 6 月创造了 300 km/h 的新纪录。韩国企业负责生产的 34 台动车于 1999 年开始制造，在 2003 年 12 月全部按期交付使用。

2004 年 4 月 1 日，KTX-Ⅰ动车组首先在京釜高速铁路上服役。KTX-Ⅰ动车组作为韩国高铁的元老，开启了一个新时代，也为韩国自主研发系列动车组提供了技术支持和有益经验。

2）韩国试验性动车组 Hanvit350

在引进的首批动车组 KTX-Ⅰ投入使用 8 年前，韩国就已经开始了具有自主知识产权的高铁动车组的研发工作。1996 年，韩国建设运输部（MOCT）投入 2 569 亿韩元研发时速 350 km 的试验性动车组 Hanvit350，意为"韩国强光 350"，而高铁研发计划被称为"G7 计划"。

参与研发动车的部门包括 10 家科研机构、16 所大学和 35 家私人企业，雇佣员工多达 1 000 人。项目核心成员分别是韩国铁路研究所（KRD）、韩国工业技术研究所（KITECH）和韩国机车车辆生产企业罗特姆公司（Rotem）。韩国铁路研究所作为总体单位牵头组织项目研发，并负责动车的系统工程。

Hanvit350 动车组研发了 6 年时间，在 2002 年下线，开始行车试验。从 2002 年 6 月到 2008 年 11 月，这款动车组进行了长达 6 年的行车试验，累计运行里程 20 700 km。这就意味着 Hanvit350 动车组从项目开始启动到最终商业运营，花去了 12 年时间。而这台寄托韩国高铁希望的动车组也不负众望，在试车中不断刷新韩国高铁速度新纪录，从 2004 年 5 月 6 日的 310 km/h，提高到 2004 年 6 月 29 日的 324 km/h，到了当年 10 月份，速度继续提高到 333 km/h，1 个月后，又创造了 343.5 km/h 的速度纪录，2004 年 12 月再创

352.4 km/h 的速度新高。

Hanvit350 动车组的样车由 2 辆动车和 3 辆拖车组成，优化了车头形状，与 KTX-I 相比，空气阻力降低了 15%。Hanvit350 动车组采用三相异步电机驱动，比 KTX-I 采用的同步电机功率更加强大。车体采用铝合金制造，整车重量比第一代动车组降低 30%。车体宽度从 2 094 mm 加宽到 2 970 mm，使得旅客乘坐环境更加舒适。

3）韩国第二代动车组 KTX-II

韩国自主研发的第二代动车组实际上是 Hanvit350 动车组的简化版。这款动车组的研发，最初是为了满足运输并不繁忙的高铁湖南线的需要。2001 年，Hanvit350 动车组还未下线之前，韩国铁路部门便准备着手研究一款改良型动车组，采用标准化配置，与 Hanvit350 动车组相比，减少车内设备数量，最主要的是中间车厢的牵引电机全部取消，只保留动车组的一前一后两个车头内的牵引电机，设计速度也从 350 km/h 降低到 300 km/h。这款动车组采用动力集中牵引模式，根据编组数量的不同，采用 1 台或 2 台动力车头进行牵引。这款动车最终完成品的设计速度为 330 km/h，可以在 316 s 内将速度从零提升到 300 km/h，比 KTX-I 动车组节省 49 s，当以 300 km/h 的速度运行时，制动安全停车距离为 3 300 m。2010 年 3 月，该动车组投入商业运营，分别服役于高铁湖南线和京釜高速铁路，同时改名为 KTX-sancheon。

4）韩国第三代动车组 Hanvit400

Hanvit400 动车组的最初名字叫 HEMU-400X，后改为 HEMU-430X，在确定统一命名规则之后，才改成 Hanvit400，意思是"韩国强光 400"，研发日期可追至 2007 年。这是韩国自主研发的第三代动车组，也是目前该国唯一一款设计速度超过 400 km/h 的高铁列车。凭借着这款高速列车，韩国高铁的国际地位扶摇直上，成为继日本、法国和中国之后，世界上第四个能够在传统的轮轨高铁系统领域、自主研发制造速度超过 400 km/h 动车组的国家。

2007 年，韩国政府授意由韩国铁路技术研究所和韩国现代集团牵头，开始国家级研发项目 Hanvit400 动车组的研制工作，该动车组的目标速度为 430 km/h，在世界上仅次于法国（574.8 km/h）、中国（486.1 km/h）、日本（443 km/h），位列第四名。参加该项目的单位还有 13 所高校、20 家企业和相关组织。

2012 年 5 月 16 日，Hanvit400 动车组在韩国庆南昌原中央火车站首次亮相惊艳世人。新一代高速列车采用动力分散式牵引方式，在 233 s 内可以提速至 300 km/h，列车头部采用特殊的流线型设计，大幅降低空气阻力。2012 年 12 月 27 日，Hanvit400 高铁列车首次突破 400 km/h，达到了 401.4 km/h。

2013年3月31日，该款试验列车在首尔至釜山高速铁路线上进行了一次试运行，创下421.4 km/h的国家纪录。

Hanvit400动车组与韩国其他类型的动车组相比，有以下技术优势：其一，首次列车采用动力分散牵引模式，动力分散牵引技术不但能降低动车的轴重，还能使动车组编组更加灵活；其二，车身采用铝合金复合材料，降低了整车重量，电气部件进行了轻量化处理，显著降低轴重；其三，为降低动车组在高速运行时产生的噪声，在车体的侧面安装吸音板，并采用先进的车体与转向架之间的悬挂系统，提高了旅客舒适度；其四，动车组客车舱内安装监控系统和信息系统，若遇见紧急情况，旅客可通过视频与外界取得联系；其五，动车组上面安装综合故障监测及诊断系统，配备灵敏的传感器和高性能的测量设备，可检验列车的安全性和可靠性。另外，Hanvit400动车组还有一款衍生产品 KTX-Ⅲ动车组，8辆编组，运营速度350~370 km/h，在2010年开始研发，2015年在京釜高速铁路上投入运营，将首尔至釜山的运营时间减少到 1 h 50 min。

目前，韩国政府正在推进"第3个国家铁路建设规划"，计划到2025年投资70万亿韩元（约合人民币4 164亿元），除了基础设施建设外，还将促进未来铁路核心技术的发展。2017年6月，韩国相关学术机构与美国超级高铁技术公司HTT签署合作协议，拟开展联合研发，如图4.6所示。

图 4.6　韩国新一代自主列车 HEMU-430X

5）韩国高铁动车组 Hanvit200

Hanvit200 动车组属于摆式列车，设计速度 200 km/h，实际运营速度 180 km/h，由韩国现代集团与韩国铁路技术研究所共同研制，专门用于既有铁路提速地段。韩国政府在致力于高速铁路的修建与高速列车研发的同时，并没有忘记将既有铁路运输网络与时俱进，通过提速改善运输条件，提高乘客旅行质量，缩短出行时间。

韩国国土面积的 70% 都是丘陵山区，造成该国既有普速铁路线路标准修得比较低，小半径弯道非常多，限制了列车速度的提高。在韩国的既有线路上，列车一般由"新村号"（saemaul）内燃机车牵引，速度不超过 140 km/h，并且运营了 40 年之久。

修建客运专线只能解决交通主干道的客运问题，在高速铁路还没有形成四通八达网络的前提下，既有铁路无疑是一个重要的补充，因此，对既有铁路进行提速改造，具有非常重要的意义。

既有线要提速，首选方案就是开行摆式列车，既能满足提升到 200 km/h 的速度要求，也能避免大范围地对既有铁路进行大的改造，进而能够降低工程造价。于是韩国开始着手研发一款介于"新村号"内燃机车和 KTX 动车组之间的高速列车，这就是 TTX 摆式列车（Tilting Train Express），后来按照统一命名规则改为 Hanvit200，意为"韩国强光 200"。

Hanvit200 动车组的车体采用铝蜂窝材料，可以将整车重量降低 40%。既然是摆式列车，那么动车组的车体由一个倾摆式摇枕支撑，摇枕通过中间连接装置与转向架衔接，而安装在转向架上的传动电机可以使车身倾摆 8°，通过 GPS 以及安装在车体上的陀螺式传感器与加速仪对弯道进行监测，并确定列车的位置。当传感器监测到列车已经进入弯道地段，那么倾摆系统就开始工作，根据列车的速度、弯道半径、横向加速度和外轨超高等综合因素进行计算，确定列车车体的倾摆角度，使列车顺利通过弯道，同时平衡离心力。

除了倾摆系统这个特殊的设备之外，Hanvit200 动车组采用的电机种类、制动方式、列车自动控制以及列车监控系统都与其他动车组没有本质区别。Hanvit200 动车组在 2007 年 2 月 16 日正式公开亮相，同年 4 月 2 日开始在忠北铁路上进行试车试验。到了 2009 年年底，该款动车组试车里程累计完成 10 万千米。2010 年 9 月，Hanvit200 动车组在还没开通的大邱至釜山段高铁线路上进行试车，跑出了 220 km/h 的新高速。

2013 年，Hanvit200 动车组首先在韩国中央铁路上投入载客运营，将首尔市清凉里站至荣州市的运行时间从之前的 3 h 25 min 减少到 2 h 55 min，随着中央铁路提速改造完成，该款动车组继续将旅行时间缩短到 1 h 55 min。

6）新的突破

由于 TGV 的技术局限性，韩国高铁在很长一段时间内没有真正找到适合自己的高速铁路技术路线。在目睹了近邻的中国、日本成功经验之后，韩国通过近 30 年的积累，终于完成了在高速列车领域的突破创新。2021 年 1 月 5 日，韩国首个自主研发的新型高速列车"KTX-EMU"（EMU-260）清凉里至安东段正式通车。该列车是动力分散型动车组，即使部分装置出现障碍，也能稳定运行。KTX-EMU 的运营意味着集中了大幅减少碳排放量的环保列车和通过第 4 代铁路无线网（LTE-R）的社会间接资本（SOC）数字化，通过中央线的开通实现地区均衡发展等韩国版新政的基本轴——绿色、数码、地区新政。这是韩国朝着跻身世界先进国家行列目标迈出的第一步。到 2025 年，韩国将投资 70 万亿韩元，进一步加快高速铁路、干线铁路网、大城市和广域城市的铁路事业速度，通过这些项目把全国主要城市连接到 2 h 以内，并把首都地区通勤时间缩短到 30 min 以内。另一方面，韩国正在积极推进铁路出口事业。

4.6.2 沙特阿拉伯高铁

沙特麦加至麦地那高铁途经吉达、拉比格、阿卜杜拉国王经济城，线路全长 450.25 km，是中国企业与沙特等国企业以联合体形式参与建设的世界首条穿越沙漠地带的双线电气化高速铁路，全线共设车站 5 座。其中，由中国企业独立承建的麦加车站特大桥是全线的重点控制性工程，大桥全长 1 556 m，横跨 5 条公路，桥梁最大宽度 72.6 m，相当于 20 辆中型轿车并排行驶的宽度，属世界高速铁路桥梁宽度之最。沙特地处地震带且年极端温度能够达到 55 ℃，为保证桥梁质量，施工人员通过技术创新，在梁体中埋设温度传感器和应变计，实时观察梁体的温度变化，及时调整施工工艺，有效地保证了桥梁的地震安全性和震后快速通车的性能要求。

2018 年 9 月 25 日，沙特政府举行了哈拉曼高速铁路通车仪式，麦麦高铁正式通车运营后，麦加到麦地那之间的行车时间由 4 h 缩短到 2 h，极大缓解了当地的交通压力。哈拉曼高铁在 2009 年开工建设，2018 年 1 月，沙特铁路组织（SRO）宣布列车试运行，经过几个月的试运行终于迎来正式通车，并在 9 月 18 日公布了高铁票价，正式的商业运行于 10 月 1 日开始，运行初期列车运行速度限制在 200 km/h，开行数量为每天几列，之后运行速度和列车数量将会逐步增加。这条高铁成功运营的主要经验如下：

（1）多国企业参与建设。哈拉曼高铁连接麦加、吉达和麦地那，耗资 78.7

亿美元，是中东地区最大的交通项目之一，新线开通将两地通勤时间减半。哈拉曼高铁为双线电气化准轨线路，由中国、法国和沙特等国企业组成的 Al-Rajhi 联盟承包项目土木工程建设，由西班牙与沙特多家企业组成的 Al-Shoula 联合体负责项目轨道铺设、电气化设施、通信信号系统、机车车辆采购等工作，包括 36 列 Talgo350 列车以及轨道和电气化设施采购工作。根据合同约定，在高速铁路运营的第一个 12 年里，线路的运营和维护由西班牙国营铁路公司 RENFE 和国有铁路基础设施公司 ADIF 负责，如图 4.7 所示。2018 年 9 月，随着最高时速可达 360 km 的麦加至麦地那高速铁路吉达段的电力、电气化、信号和通信四电系统调试完成，沙特就业和人才培养也效果显著。

（2）哈拉曼高铁工程在技术上面临一系列巨大挑战，尤其是风沙问题：风沙可能会把线路覆盖；沙尘暴会造成电气设备、通信信号设施的磨损和侵蚀；砂粒渗入道砟之间或道砟层底部后，会降低道床的机械性能，损坏钢轨、轨枕和扣件，从而缩短整个轨道系统的使用寿命。

图 4.7　停靠在高铁车站的 Talgo 列车

（3）吸引更多游客。高速铁路的开通能大幅提升前往沙特的外国游客数量。目前，除了工人和商旅人士外，沙特阿拉伯每年到访的外国游客约有 2 000 万名。为吸引更多游客到访，沙特政府不仅在公共交通领域加大投资，还在麦加投资了数百亿美元建设大型酒店和一座宏伟的清真寺，期望为游客提供更好的服务。

（4）刺激沙特经济转型。为寻求摆脱国家对石油出口的依赖，沙特不断推动经济多元化改革计划，将扩大旅游业作为一个支柱项目。沙特政府希望哈拉曼高铁能够刺激阿卜杜拉国王经济城的发展转型，未来，高铁还将与吉达机场的一个新航站楼相连，还有可能进行进一步扩张，将沙特首都利雅得和吉达相连。

连接麦加和麦地那的麦麦高铁是沙特推进铁路路网扩张的成功代表，被称为沙特铁路建设王冠上的明珠。作为国家重要的基础设施和国民经济的动脉，交通设施在沙特经济社会发展中具有重要作用。为推动经济多元化，沙特政府鼓励私营部门参与交通运输基础设施建设和铁路运营，通过公私合营为其相关项目提供资金，并推动部分国有企业全面私有化。沙特政府还高度重视铁路对经济发展的拉动作用，2015 年至 2024 年，投资总局计划投资1 410 亿美元用于铁路建设。

4.7 案例分析：轮轨高铁速度大对决

速度连接时间与空间，决定了人的视野。速度是交通运输发展的重要标志，也代表高速铁路技术发展的综合实力。世界交通运输发展的历史，就是一部速度不断提高的历史。提速不仅仅是提高了列车速度，更主要的是推动了铁路运输质量的提高和科技的进步。

1. 世界第一高速

1981 年 2 月 26 日，法国 TGV 在东南线创造了 380 km/h 的速度纪录；1988 年 5 月 1 日，德国人用 ICE 首破 400 km/h，达到了 406.9 km/h；1988 年 12 月 12 日，法国 TGV 在东南线达到 408.4 km/h；1989 年 12 月 5 日，法国 TGV 在大西洋线达到 482.4 km/h；1990 年 5 月 18 日，又一个历史性时刻，法国 TGV 在大西洋线达到了 515.3 km/h，人类铁路历史上首次突破 500 km/h；2007 年 4 月 3 日下午 13 时，法国国铁联合阿尔斯通公司冲击铁路速度世界纪录，试验在新竣工的巴黎—斯特拉斯堡东线铁路 264 km 处启动，运行 10 min 后，编号 4402 的 TGV（V150）列车速度达到 515.4 km/h，在行驶 73 km 后，速度达到 574.8 km/h，一举打破原 TGV 大西洋线 325 号列车保持了 17 年的世界轮轨列车速度最高纪录，如图 4.8 所示。

图 4.8　法国 TGV 列车创造 574.8 km/h 速度纪录

2010 年，中国南车在铁道部的支持下，立项研制 500 km/h 试验列车（Cit500），该列车于 2011 年 12 月 25 日正式在青岛下线，名为"更高速度试验列车"，如图 4.9 所示。

图 4.9　更高速度试验列车

Cit500 是"500 km/h 条件下的高速列车基础力学问题研究"的试验载体，研制 Cit500 的主要目的有如下几个方面：

（1）开展前瞻性、基础性、理论性研究，为高速铁路未来的发展做好知识储备。轨道交通有三大基础关系：轮轨关系、流固关系、公网关系。Cit500 就是要进行 500 km/h 及以上三大关系的研究，获取气动、结构、轮轨、弓网等关键力学参数随速度的变化规律，通过探索更高速度条件下高速列车的运行稳定性、结构强度、车-线-网匹配关系等安全保障系统，揭示高速列车动力学行为、特征和规律，进一步提高安全冗余。

（2）进行关键系统的可靠性研究。在 500 km/h 条件下对车辆进行测试，为转向架、车体、车下设备和设备舱等关键结构的安全可靠性提供数据支撑。通过振动模态测试，研究转向架、车体、车下设备和车内装饰之间的振动匹配；通过动态应力测试，研究关键承载部位的疲劳强度；通过气动载荷测试，研究气流作用下不同振动激扰形式对车辆结构的影响规律。

（3）新材料新技术的研究。Cit500列车上使用了碳纤维、镁铝合金、纳米隔音材料等新型材料，通过500 km/h的试验来跟踪新材料的应用前景。新技术包括风阻制动装置、实时以太网技术等，另外还可以通过气动阻力、气动噪声、气动升力、交会压力波等各项气动性能研究，全面验证试验列车头尾不同头形方案孰优孰劣。

2. 速度的支撑技术

坐落在青岛四方机车车辆股份有限公司厂区内的高速列车系统集成国家工程实验室，耗资4.14亿元，总占地面积4万平方米。在这里，一辆由4万多个零件组成的超高速试验列车，经过150多项仿真试验后，在2011年3月2日到11月20日8个多月的时间内，完成了包括系统集成、结构强度、舒适度和动力学4个领域15个方面的所有专业测试。工程技术人员获得了超高速列车不同速度下的动力学性能、电气牵引性能以及车辆控制性能数据。

2011年4月18日，6节编组的超高速试验列车，被两台50 t的龙门吊"放置"在巨大的滚动试验台上，依靠滚动台的轮轨带动车辆运行。这个试验台不仅具有当时世界上最高的滚动速度600 km/h，而且可实现双向式滚动。6节超高速试验列车由地面2 500 V高压供电系统代替高速列车的受电弓接触网输送电力静态行驶。伴随着轰鸣声，超高速列车启动，经过不到2 h，最后冲到了605 km/h的超高速。

列车在运行中需要克服的基本阻力包括车轮与轨道摩擦的机械阻力和空气阻力。而在列车高速行驶中，行驶速度的主要抗衡者是空气。当列车以200 km/h的速度行驶的时候，空气阻力占总阻力的70%左右，"和谐号" CRH380A在京沪高铁跑出486.1 km/h的速度时，空气阻力超过了总阻力的92%，如果跑到500 km/h以上，总阻力的95%以上是空气阻力。列车运行速度提高2倍，空气阻力将增至4倍。

空气阻力的三大影响因素：车头迎风受到的正面压力，以及车尾受空气尾流影响的后拉力；由于空气黏性作用于车体表面的摩擦阻力；列车底架以及列车表面凹凸结构引起的干扰阻力。工程师们为降低空气阻力，以列车头形减阻研究作为开端。工程师们在对200多种模型进行优化的基础上，做出20个与实际尺寸比例为1∶20的头形模型，再通过计算机仿真分析，最终把筛选出的 5 款车头模型送到试验基地作风洞试验，名为"剑"的头形被选定，其气动噪声、气动阻力参数最优。

让数百吨重的超高速列车在线路上飞跑，除了减少空气阻力外，加大动车的牵引能力是另一个关键。2008 年 6 月 24 日创下了 394.3 km/h 的 CRH3 动车组为 8 节编组，它的牵引总功率只有 8 800 kW；6 节编组的超高速试验列车在试验台上以 500～600 km/h 的速度奔跑，经过验证牵引总功率达到 21 120 kW。中国自主开发的大功率牵引变流器，其列车牵引总功率可达到 22 800 kW。正是有了大功率的交流传动技术，才有高速试验列车实现速度 605 km/h 的可能。

高速列车运行依靠电能，电力输送是由受电弓与接触网接触完成的，这个过程被称为"受流"环节。这项技术也是迄今为止技术专家们最关注的技术之一。"双弓受流"技术曾经是困扰工程技术人员的一个技术难点。车辆在高速运行时，前弓在取电滑过接触网时，会形成激扰，产生一个波，造成弓网之间的拉弧，导致下一个受电弓离线的可能性加大，影响车辆的牵引性能。

高铁是中国战略性新兴产业之一，而超高速列车则是中国体现原创能力的标志性作品。超高速列车需要验证的首先是列车的阻力特性，这牵涉到能耗；其次是升力特性，这涉及脱轨系数；再次是脉动力的大小，这涉及列车的安全性；最后是交汇瞬时风的阻力，以及安全的避让距离。从理论上讲，目前已有的公式对 400 km/h 与 500 km/h 的高速列车应该是适用的，但就研究和印证来说，这些仍然需要通过线上试验进一步验证。另外，即便是双向滚动试验台，也无法完成受电弓与接触网的受流试验。对做基础理论研究的科学家而言，希望验证共性关键技术的基础理论和机理。以脱轨系数为例，车辆运行时，在线路状况、运用条件、车辆结构参数和装载等因素最不利的组合条件下可能导致车轮脱轨，评定防止车轮脱轨稳定性的指标叫作脱轨系数，这个系数越大越容易脱轨。根据国际标准，脱轨安全性的标准是 0.8。但是对高速列车做试验时发现，列车在线上 480 km/h 的速度,脱轨系数只有 0.1～0.2,远远小于 0.8。如果是 550 km/h 的速度，实际运行时的脱轨系数是多少？为什么速度越快脱轨系数越小？这涉及高速基础力学的研究，还有待全球范围的科学家们进一步探索破解。

【人物故事】 1991 年，梁建英考入上海铁道大学。初入校门的梁建英立志成为专业领域的佼佼者。1995 年，梁建英成为四方机车厂的技术员，不到

下篇　世界高速铁路的发展

一年便开始带领十余人的团队负责项目运作。2004年，梁建英成为时速300~350 km动车组研发设计项目主任设计师。面对4万多个部件和上万张图纸，她带领团队拼搏1 000多个日夜，于2007年年底研制出中国首列时速350 km动车组列车。此后，梁建英带领团队打破国外技术封锁，完成120大类型式试验，并研发出长编组座车、卧铺动车组、耐高寒抗风沙动车组等车型，填补了高铁领域多项空白。2008年，梁建英承担起CRH380A新一代高速动车组的设计任务，向新的速度等级发起挑战。凭借责任、激情和攥紧拳头的"狠劲"，设计团队整整攻关18个月，做了450余项仿真分析，1 050余项地面试验，2 800余项线路试验，最终以486.1 km/h刷新世界铁路运营试验最高速。而就在一年前，她主导设计的超高速试验列车创造了605 km/h的实验室最高试验速度，梁建英和团队又一次创造了历史。在此基础上，她与研发团队成功研制了更为先进的中国标准动车组"复兴号"。"实际上500 km/h以上超高速列车的研发，是在CRH380A的技术基础上向上的拓展。"梁建英说。中国高铁在探索时速500 km以上超高速列车技术，既是一项前瞻性的研究，也是拓展国际市场的技术储备。"技术上一定要抢占制高点，谁有抢占技术制高点的能力，谁就有带动行业发展的能力。以技术的先进性驱动市场的需求，这是全球市场经济竞争的规律。"梁建英说。但技术的成熟需要积淀，只有掌握技术的制高点，才能够实现技术纵向与横向相互传递，不断拓宽市场覆盖面。

第 5 章 "走出去"的高铁技术

目前,世界上投入商业运营的高速铁路大都是轮轨式的,中国、法国、日本和德国是世界上高速铁路技术发展水平最高的 4 个国家,中国高铁拥有集成优势,能够实现与欧洲等国家的高铁技术兼容。

5.1 高铁技术总体设计理念及发展

5.1.1 总体设计理念

(1)高速列车发展总体理念是在降低能耗、增强环保、安全、舒适的前提下,向更高速度发展。行业普遍认为高速列车速度达到一定水平后再提速会引起能耗和车体总质量不成比例地增加,因此比较注重速度和能耗间的协调,并在提高牵引动力的资源效率、对降低能耗开展大量基础性研究的同时,还注重人机工程学等基础理论研究,以便提高旅客的舒适性。

(2)设计平台化和模块化。近年来,高速列车研发人员十分注重打造整车的设计平台,同时注重对子系统的模块化设计,其优势是开发商可以基于某个平台,按照客户的个性化需求实现模块化组装设计、生产,且便于列车的升级改造。同时,一旦整车平台设计通过有关部门认证或评估,平台下的一系列列车即可简化准入手续并缩短审批时间。例如,阿尔斯通设计了一种根据旅程长短、适用所有高速列车内部装修的模块化方案,并在法国第四代高速列车 AGV(2012 年 4 月首次在意大利投入运营)上得以应用;西门子公司的 Velaro 平台,能够按照各国用户的专门需求安排不同配置;德国正在研发新一代高速列车(NGT),也通过模块化和系统集成实现经济有效的车辆结构;西班牙 Talgo 公司推出的 Avril 系列高速列车采用灵活的、可升级的理念,可满足市场的多样性需求。

(3)日益重视智能列车的研发。智能列车是集现代科技与传统列车于一体的新型高科技产品,可以利用具备事物识别功能、分析判断功能、自动控制功能、警戒功能的计算机系统实现列车的自动运行,驾驶人员仅需监视列车自动运行的效果,并对应急处置起到辅助作用。智能列车的研制需要以计算机技术、自动控制技术、传感网和物联网技术等为基础,实现自动驾驶技术、非接触牵引供电技术、列车系统数据传输与处理技术、全息化运行环境感知技术、列车系统数据传输与处理技术等的重大突破。智能列车的出现将大幅度降低司机的劳动强度,降低轨道、供电设备等固定装备的维护和管理成本,降低设备的故障概率,并提高列车的运行安全性、稳定性、舒适性。

(4)加强人性化设计,营造良好的乘车环境。高速列车研发人员从人体工程学、舒适度等多方面开展高速列车设计研究,主要措施包括:

① 提高便捷性。例如,日本 E5 系采用全自动悬浮结构,具有振动缓冲作用,可通过车体倾斜改善乘客乘车的便捷性;法国 AGV 采用低地板式设计,且地板为贯通式,加大乘客上下车的方便程度;西班牙 Avril 高速列车车门与站台高度齐平,便于乘客上下车,使列车在车站的停留时间缩短约 20%。

② 扩大车内空间。例如,德国新一代高速列车(NGT)的中间车不仅采用双层客车增大有效空间,车厢内还不安排楼梯,节省了大部分空间;西班牙 Avril 将牵引设备置于车底架下,腾出更多空间。

③ 优化列车内部结构设计,配置齐备的卫生间、饮水设施、设置残疾人设施,优化旅客服务信息系统,采取接入无线网络、增强车内空调性能等措施,用以提高列车的人性化和舒适度。

5.1.2 技术理念

(1)普遍采用动力分散配置。世界高速列车总体趋势是越来越多地采用动力分散式高速列车。例如,日本高速列车所有车型都采用动力分散方式;法国前三代 TGV 高速列车采用动力集中式设计,但最新开发的 AGV 列车则采用动力分散式设计,就是在采用铰接式转向架的同时也采用动力分散式;德国 ICE1、ICE2 高速列车为动力集中式,ICE3、ICE4 等车型采用动力分散的配置方式,德国新一代高速列车(NGT)采取动力分散式并采用独立轮对走行装置;意大利除 ETR500 高速列车为动力集中方式外,其余均为动力分散布置。韩国最新研制的高速列车 HEMU-430X(海雾号),最高速度 430 km/h,也采用动力分散式布置。

(2)追求车体的轻量化。高速铁路列车重要技术之一是要运用车辆轻量化技术。其主要途径是采用高性能的新材料和改进车辆结构、缩小尺寸等优化设计。同时,采用车辆轻型化技术,还可以有效抑制地基振动的增加,降低噪声,减少因速度的提高而带来的空气动力声的显著增加。在近代,高速车辆的车体材料主要有不锈钢、高强度耐候钢和铝合金。

(3)永磁电机技术日益应用。世界高速列车牵引传动系统趋于采用三相交流电力传动技术,并向功率大、体积小、质量轻、可靠性高、成本低的方向发展。在变流器元件方面,已从普通晶闸管(SCR)、门极可关断晶闸管(GTO)发展到绝缘栅双极晶体管(IGBT),现已出现集成门极换向晶闸管(IGCT)。在牵引电动机方面,主流仍是交流异步电动机,但已经出现新型永磁电机,其具有体积小、质量轻、损耗小、效率高等优点。

(4)研究新型受流技术。德国新一代高速列车(NGT)正在研究一种新型受流技术,将直线电机一分为二,其原边绕组安装在轨道上(2根钢轨之间),次边绕组安装在列车上,如同磁悬浮列车Transrapidi一样,利用感应原理把电能从轨道以非接触方式传递到列车上。这种受流技术虽然目前还只是一种设计理念,且具有不能与既有高速铁路技术兼容的局限性,但由于其安全性高、低噪声、低磨耗等特点,将来有可能实现在高速铁路上的应用。

(5)提高列车的空气动力学性能。世界高速铁路努力加强列车空气动力学设计及研发。日本高速动车组在头部形状设计时,对空气阻力和气动噪声、隧道微气压波等内容进行深化研究,从0系到500系,高速动车组头部逐渐长型化。为降低微气压波,700系和E4系还开发了独特的头车形状。德国ICE高速列车头部为流线型,车厢之间没有大的间隙,降低与空气的摩擦阻力。另外,考虑到气动力学,车体结构、车窗、车门、通过台、空调系统、卫生间系统等零部件实施了密封,以减少空气阻力,提高空气动力学性能。

(6)普遍采用混合制动方式。高速列车大多采用再生制动与空气盘形制动相结合的方式,但速度提高到350 km/h及以上时,制动盘的制动功率已超出极限,难以满足安全制动距离要求。日本研究了4种强化安全制动的方法:

① 开发新材料、新结构的制动盘和闸片,提高耐热裂性能和耐热衰退性。

② 增加安全电阻制动新方式,可在受流失效时采用蓄电池的电能通过逆变器为牵引电机励磁,使其可继续按发电模式工作,实施列车制动,而制动产生的能量因受流失效不能回馈电网,则在电阻带上消耗,因而是一种可靠的安全制动方式。

③ 增加空气阻力制动新方式，紧急制动时，利用从车顶上弹出的阻力板使高速列车有效减速。

④ 采用喷射陶瓷粒子增加紧急制动时的轮轨黏着力。

（7）增加车体气密性、降低列车噪声。世界高速列车针对增加车体气密性，主要在车体大断面挤压铝合金型材连续焊接工艺、车窗高性能密封材料、塞拉车门气压密封及紧闭机构、排水水封装置气密性能、高压鼓风机连续供排气性能等方面实现突破，提高气密性指标。同时，综合集成新技术降低了列车噪声，具体措施包括低噪声新结构受电弓及隔声板的研制、车体侧墙板采用新型吸声材料、车厢间采用叠层式金属挡罩、车头形状采用高长细的优化流线型以抑制隧道微压力波、减少车厢横截面尺寸、采用浮动地板结构和低噪声牵引电机等。

（8）采用先进的列车故障监测、诊断及自动控制系统。为了更好地提高列车的安全性、可维修性，世界高铁积极发展列车故障监测、诊断及自动控制系统，利用各种传感器、监测装置及列车信息传输与控制技术，对高速列车各种实时运行状态进行监控，随时向地面维修中心发送信息，并对列车上各种设备（如空调、通风系统、车门等）实行自动控制。

5.1.3 发展趋势

（1）高速铁路已成为世界铁路发展的重要趋势。自 20 世纪 60 年代世界上第一条高速铁路开通运营以来，已有近 10 个国家的高速铁路投入运营，多数国家的高速铁路都取得了良好的社会和经济效益，在铁路客运业很不景气之际，为铁路注入新的活力。

（2）最高速度 350 km/h 是世界潮流。除中国高铁商业运营速度已经达到 350 km/h 外，德国、法国、西班牙、韩国等国家也已建成了 350 km/h 的高速铁路。

（3）高速铁路与既有路网接轨。德国的高速铁路是客货车混跑、快慢车混跑的线路，ICE 高速列车除了在高速铁路上开行外，还开行到既有线上以扩大服务范围，提高服务效率。法国高速铁路虽然是客运专线，高速铁路上只开行高速列车，但是为了改进高速列车的服务效益，扩大高速列车的服务范围，TGV 高速列车也开行到既有线上去。西班牙的高速铁路是准轨铁路，而既有铁路是宽轨铁路，高速列车不能在既有线上开行。但是采用了西班牙铁路独特的变轨距技术，在高速铁路上行驶的 Talgo200 列车也可以行驶到既有线上。

（4）动力分散的编组形式也已成为高速列车的一个发展趋势。

5.2 世界高速铁路技术比较分析

5.2.1 世界高速铁路技术之间的联系

目前,全世界已通车运营的 250 km/h 及以上的高速铁路主要分布在日本、法国、德国、西班牙、意大利、韩国、英国、俄罗斯、比利时、荷兰、瑞典、土耳其、中国等国家和地区。日本新干线用了半个世纪的时间建设了 2 300 多千米的高速铁路,平均运营速度 243 km/h;法国历时 40 余年建设了 1 900 km 的 TGV 高速铁路,平均运营速度 277 km/h;德国历时 20 余年建设了近 1 600 km 的 ICE 高速铁路,平均运营速度 232 km/h。中国高速铁路的旅行速度也走到了世界前列,如京沪高速铁路时速 300 km 动车组,平均运营速度已经突破 280 km/h。各国在发展高铁的过程中,日本、法国和德国是原创国,其他国家或地区是在引进上述三国高铁技术的基础下,进行创新和创造,如图 5.1、表 5.1 和表 5.2 所示。

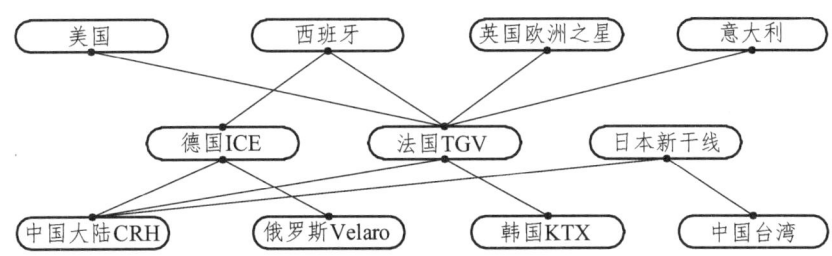

图 5.1　高铁原创国与其他国或地区技术之间的联系

表 5.1　各国或地区高铁引进技术

国家或地区	技　　术	引进技术
中国	CRH	日本、德国、法国
俄罗斯	在 ICE3 的基础上研究适应俄罗斯宽轨的 Velaro RUS EVS	德国
韩国	KTX,采用法国的 TGV-A 型动车组	法国
日本	新干线	日本
中国台湾	采用日本新干线系统基础,参考欧洲高铁安全措施	日本
法国	TGV	法国
英国	采用法国 TGV 技术,列车为"欧洲之星"	法国
德国	ICE	德国
西班牙	早期采用 TGV,后采用西班牙 Talgo 和德国 ICE 技术	法国和德国
美国	Acela 线采用 TGV 技术	法国
意大利	ETR 技术、摆式列车	法国

表 5.2 高铁国家或地区采用技术

名称	国家或地区		最快试验速度/（km/h）	采用技术
欧洲	德国		406.9	德国 ICE
	法国		574.8	法国 TGV
	意大利		319	意大利 ETR
	西班牙		300	法国 TGV、西班牙 Talgo、德国 ICE
	英国		300	法国 TGV
美洲	美国		300	法国 TGV
亚洲	日本		581	日本新干线
	韩国		352.4	法国 TGV-A
	中国	大陆	486.1	TGV、ICE、日本新干线
		台湾	315	日本新干线
	土耳其		250	法国 TGV

高铁三个原创国技术指标比较如表 5.3 所示。

表 5.3 日本、法国和德国高铁技术指标比较

指标	日本			法国		德国
	东海道新干线	山阳新干线	上越新干线	东南线	大西洋线	ICE
线路长度/km	515	554	766	410	284	426
建设期间	1959—1964 年	1967—1975 年	1971—1991 年	1976—1983 年	1985—1990 年	1976—1991 年
设计最高速度/（km/h）	210	260	260	360	350	300
运营最高速度/（km/h）	270	270～300	285	270	300	280
最小曲线半径/m	2 500	4 000	4 000	4 000	6 250	4 670
最陡坡度/‰	20	15	15	35	25	12.5
轨道中心距离/m	4.2	4.3	4.3	4.2	4.2	4.7
车体宽度/m	3.4	3.4	3.4	2.9	2.9	3.1
施工路基宽度/m	10.7	11.6	11.4	13.6	13.6	13.7
复线隧道横断面面积/m²	64	64	64	无	71	82

中国虽然不是高铁技术的原创国家,但通过引进、消化、吸收、再创新,目前对高铁技术具有完全的自主知识产权,并已获得900多项国际专利。中国已经拥有世界上系统技术最全、运营里程最长的高速铁路系统,可以承担从通信信号、工务工程、牵引供电、机车客车制造乃至运营管理等领域的一揽子出口工程。由于中国地域辽阔,高铁修建和运营经历了不同气候和地质地貌的考验,从高寒地区到亚热带气候,从这些复杂的运营环境中获得的高铁运营数据和经验,在国际市场上具有独一无二的竞争力。

5.2.2 中国与日、法、德技术比较

1. 中国高铁建设与运营理念的独特性

世界银行发布的研究报告认为,中国高铁的发展经验值得别国借鉴。《中国的高速铁路发展》报告指出长期全面的规划和设计标准化是中国高铁成功的关键要素。报告认为,中国的《中长期铁路网规划》为高铁体系发展提供了清晰框架。凭借惊人的发展速度以及过硬的实力,中国高铁已赢得国际社会的高度认可。

在基建方面,中国高速铁路网的建设成本为平均每千米1 700万~2 100万美元,约为其他国家建设成本的2/3。世界银行在2013年年底对27条运行中的高铁建设成本做了分析,中国设计时速350 km的线路单位成本为每千米9 400万~1.83亿元,设计时速250 km的客运专线(个别除外)的单位成本为每千米7 000万~1.69亿元,时速200 km高速铁路的平均造价为1.04亿元。这一造价水平至少比欧洲同类基建造价低40%。

在准点率方面,中国高铁出发和到站的准点率分别为98%和95%。"复兴号"两项数据更是达到99%和98%。中国高铁之所以取得如此成就,在于其"细心规划""大量投资""发展铁路通过能力""和当地政府合作""分析市场""提升服务竞争力(准点率等)"和"注重安全"。

在票价方面,相比全球各国高速铁路车票售价,中国高铁票价是最低的:高铁二等座票价每人每千米0.46元,一等座每人每千米0.74元。这样的售价令中国高铁在1 200 km距离内,相比汽车和飞机具有竞争优势。反观国外,法国高铁每人每千米售价为1.65~2.13元,德国为2.34元,日本为2~2.13元。这也意味着中国高铁票价是外国票价的1/5~1/4。

在投资回报率方面,据估计中国高铁网的投资回报率为8%,远高于中国和其他多数国家长期大型基础设施投资项目的资本机会成本。高铁带来的效

益包括缩短出行时间、改善出行安全、促进劳动力流动和旅游业发展。

在动车组维修方面，中国的动车组维修目前专注于预防性维修，其他维修仅在需要时进行。这些车辆有 3 000 多个自动传感器，用于监控运动部件的状态。这些传感器将信息传输到动车组车间，以帮助指导所需进行的具体维护。维护周期主要基于使用情况和使用时间，动车组每 4 000 km 或 48 h 会进行检查和维护，主要包括目视检查和功能测试。此外，每当动车组进入或离开车间时，线路设备都会测试每个车轮的情况，有效地延长了车辆的使用寿命，减少了维修成本。

2. 中国高铁"走出去"的优势所在

中国拥有世界先进的高铁集成技术、施工技术、装备制造技术和运营管理技术，具有"组团出海"的实力，中国标准与欧洲标准基本一致，施工标准远高于欧洲标准。中国高铁"走出去"拥有的是全套成熟的自有版权技术，有完备的世界通行的中国标准。中国高铁还拥有最完备的技术体系和制造体系，拥有大规模建设和运营经验。英国 BBC 在一篇题为"中国新工业革命"的文章中将中国高铁建设看作是中国开展新工业革命的标志，称之为"高铁革命"。中国已进入了建立健全中国铁路先进技术体系的新阶段。中国还建立了从勘察设计、工程建设、设备制造、项目验收到运营维护、人员培训等系统配套的高铁安全保障体系。

中国具有全球最大的高铁市场，中车集团是全球最大的轨道交通装备供应商，中国高铁产业具有巨大的成本优势和规模经济优势。中国高铁融合日本新干线、法国 TGV（高速列车）、德国 ICE（城际快车）等技术优势，并进行了进一步技术创新。例如，中国高铁运营速度高于日本、德国、法国。日本新干线运营最高时速是 300 km，法国地中海线运营时速最高也是 300 km，德国高铁的运营最高时速仍然是 300 km。日本除了道岔区以外，都是无砟轨道，法国用的是有砟轨道，德国新线部分使用无砟轨道。而中国高铁大部分线路是无砟轨道，设计时速是 350 km，接近最大安全速度。中国高铁通过学习、巩固、吸收、深化，在世界上率先攻克了时速 350 km 条件下空气动力学、轮轨关系、车体气密强度、减振降噪、大断面车体等一系列重大技术难题，从而使列车速度保持在稳定的范围内，并保证了一定的安全余量，使其控制在 30%~35%。

中国高铁技术复杂程度全球第一。中国复杂的地理环境决定技术的复杂程度，高铁产业克服了三大国际公认的技术难题——防冻胀路基、接触网融冰、道岔融雪。哈大高铁是世界上首条新建高寒高速铁路；兰新高铁新疆段实现 12 级大风不停轮,技术水平足以克服该路段高原、高寒、风灾等问题。这对在自然条件和地理环境复杂多变地区扩展市场的中国高铁产业而言具有显著优势。中国高铁技术在工务工程、通信信号、牵引供电、动车组制造等方面,能够提供一揽子出口,而这是其他国家难以实现的,因为他们的技术往往分别掌握在很多家不同公司手中。

中国高铁列车生产率水平全球最高,如中车青岛四方机车车辆股份有限公司拥有全球最大的高铁列车制造基地,每 4 天生产 3 列高铁列车。同一技术标准的列车,国外企业制造需要 18~22 个月,中国最多只需要 12 个月。

中国铁路安全发展水平总体平稳。与法国、德国、俄罗斯、日本、美国等铁路发达国家相比,在铁路网规模快速扩充、内外部环境日益复杂严峻的情况下,近 10 年来中国铁路 10 亿吨公里的事故率死亡率等铁路安全指标都比较低,运输安全持续稳定,安全发展总体可控并处于先进水平。

中国高铁全面"走出去"的是产品、技术和服务的综合体,中国高铁"走出去"集成了商品贸易、服务贸易和资本输出三大方式,这在西方也是最值得称道的商业模式。

无论从运营里程还是运营时间来看,中国高铁具备的规模优势和应对高峰客流的运营经验以及在复杂地理条件下修建高铁的成功经验,是世界上任何国家无法比肩的。

3. 中国高铁技术主要短板

实现关键核心技术装备完全自主可控有待提升,基础性、前瞻性和关键共性技术研究仍待实现原创性突破。尽管中国高铁关键技术与国际领先水平不断缩小,但自主可控、先进适用、安全高效的关键技术装备体系需要进一步突破掌握,部分"卡脖子"技术难题亟待加快攻关,基础理论研究、基础应用研究和前瞻性研究需要强化,现代信息技术等新型基础设施与铁路融合应用、赋能发展相对滞后。

凭借深厚的工业和科技基础,德国、法国和日本等高度重视科技创新,铁路科技原创能力突出,通过大力发展自主原创的基础理论、应用技术和前瞻技术,铁路关键技术自主化率很高,拥有建设、运营、运维等先进完备技术及专利,在不同专业领域引领世界铁路技术发展。德国、法国、日本除了保持在传统技术领域的领先地位外,还始终瞄准世界科技发展的前沿,以前瞻性的眼光规划未来铁路科技发展战略。2015 年,德国提出了以信息化和互联网技术为主要特征的数字化发展战略;法国国营铁路公司也宣布了"SNCF 数字化"计划;日本长为 286 km 的东京—名古屋磁悬浮铁路也开通建设,

下篇　世界高速铁路的发展

设计运营时速 505 km，预计 2027 年建成。

德国铁路技术装备世界领先，创新基础能力较强，在电气化铁路、机车电力驱动和高速铁路技术等方面处于世界领先地位。德国高度重视科技创新顶层规划，形成了连续性的创新战略和系统性的创新政策制度，成为引领和保障德国创新驱动发展方向的重要手段。德国铁路科研试验能力体系较为完善，德铁系统技术公司是欧洲最大的铁路技术中心，能承担新造机车车辆、新线投入运用所需的全套准入试验；西门子公司具有世界先进、功能完善的轨道交通系统测试中心。近年来，德国持续加大科技创新投入力度，全国研发投入占国内生产总值的比例为 39%，高于欧盟 2% 的平均水平。西门子交通技术集团将研发视为企业发展的核心动力，全球研发经费占公司总营收的比重高达 6.7%。

法国在动力集中型动车组研制方面创新成就突出。针对日本动力分散型动车组维护复杂、新干线造价高等问题，法国重点研制了动力集中型高速列车。

作为欧洲最大的两家铁路公司，法国国家铁路公司（SNCF）和德国铁路公司（DB）面临着类似的挑战，可以从相似的解决方案中获益，合作关系非常重要，构成了围绕欧洲标准和倡议团结一致、密切合作、分享想法和经验的基础，这也正是推进建设真正的欧洲铁路系统所必需的。2021 年 3 月，为扩大双方现有的合作关系，两家铁路公司签署了一项新的数字合作协议。根据协议，两家铁路公司将汇集技术知识，加快关键领域的进展，包括开发 BIM 与数字孪生、旅客服务应用程序的改进等方面内容，并继续实施的举措包括开发自动驾驶列车、列车故障安全本地化、未来通信系统（包括 5G 和智能铁路运营）和人工智能（AI）。

日本十分注重基础性、前瞻性、理论性技术的研发，高速铁路技术引领作用明显。日本动车组的动力分配装置逐渐扩大到世界范围内，列车节能技术、新能源和双动力技术也属于世界领先水平。元器件方面，日本的全碳化硅功率模块已应用于 N0 高速列车，成为世界首列采用全碳化硅功率模块的高速列车。新材料方面，镁合金、陶铝合金等材料的研发和应用也在世界铁路上名列前茅。

另外，以法、德为代表的欧洲，目前在最高试验速度、高速运行、运营组织和乘客服务方面具有一定的优势，特别是法国别出心裁的技术创意今后也会是其保持竞争力的有力武器。日本在车辆轻量化技术、大量运输、安全运行技术、正点运行方面优于欧洲。从世界范围内来看，虽然目前一些发达国家的高速列车已经进入更新改造时期，但随着欧洲高速铁路客运市场对私营运营商的开放，一些私营运输公司加快高速列车的采购速度以及一些国家高速铁路规划的出台，高速列车仍有一定的市场需求（如英国城际快车计划 IEP）。

5.3 "走出去"的日本、欧洲高铁技术

5.3.1 印度高铁项目

印度铁路线长度居世界前列，每天运行大约 9 000 个班次，乘客人次超过 2 200 万。在印度，坐火车是长途旅行的主要方式。印度首条高速铁路也正在建设中，预计 2022 年投入使用。这条高速铁路连接印度最大城市孟买和古吉拉特邦首府艾哈迈达巴德，全长 508 km。印度这条高速铁路将设 12 个车站，大约 92% 的路轨采取高架方式，其中约 350 km 位于古吉拉特邦，150 km 位于马哈拉施特拉邦。每列高铁有 10 节车厢，将分别配备 1 节商务车厢和 9 节标准车厢。

2015 年 12 月，印度确定这条线路选用日本新干线模式。古吉拉特邦日印经济合作项目相对集中，聚集了不少日本企业。印度高铁将仿照日本新干线，为学习日本新干线运营经验，印度逐步派大约 350 人前往日本，这些人返回印度后，将在位于古吉拉特邦瓦多达拉的高速铁路培训学院任讲师，培训高铁工作人员。其中，高铁司机最低学历设定为大学本科，但不要求是工程学专业。2018 年 11 月，印度已向日本提议在印度本土生产和出口子弹头列车车厢，以此降低在印度运营新干线列车的成本。

5.3.2 摩纳哥高铁项目

2018 年 11 月 16 日，连接摩洛哥丹吉尔和盖尼特拉两个北部城市的高铁线路正式开通，这是非洲大陆首条高铁线路，最高运行速度达 320 km/h（见图 5.2）。高速动车组运营服务覆盖摩洛哥两大经济中心——丹吉尔（Tangier）与卡萨布兰卡（Casablanca），其中第一部分为新建的从丹吉尔到盖尼特拉（Kenitra）的高铁路线，第二部分盖尼特拉—卡萨布兰卡则是以既有的铁路路线进行升级成为高速铁路。以既有线路升级的高速线路目前运营速度则是 160 km/h（原设计为 220 km/h）。值得一提的是，新建段为 25 kV/50 Hz 电气化线路，既有线仍保持 3 kV 直流供电。这使得丹吉尔与卡萨布兰卡之间的

路程从原来的 4 h 45 min 缩减到 2 h 10 min。丹吉尔和盖尼特拉两地之间单程仅需 47 min，比原先的 3 h 15 min 大大缩短。

图 5.2　摩纳哥首条高铁

5.3.3　捷克高铁项目

捷克第一条高速铁路计划在 2025 年后开工，2028 年投入运营。高速铁路建成后将极大缓解目前运力紧张的局面。法国国营铁路集团（SNCF）将为捷克高速铁路的规划和建设提供咨询服务。

2025 年，捷克开始建设的第一条高速铁路，建设路段为布拉格至别霍维采，设计速度超过 250 km/h，采用法国 TGV 标准。

目前，捷克正在规划中的高速铁路包括布拉格—布鲁诺—布鲁克拉夫、普热罗夫—斯特拉瓦、普拉哈—波兰边界等线路。捷克已与德国铁路股份公司（DB AG）协商一致，将共同建设连接德国萨克森州的德累斯顿和捷克首都布拉格的高速铁路。该项目的首段布拉格—洛沃西采（Lovosice）预计于 2030—2035 年完工，整条线路将在 2050 年之前投入运营。项目建成后，从德累斯顿至布拉格的旅行时间将为 60 min，比目前节省 75 min。从柏林到布拉格的旅行时间将为 2 h 15 min，大约是目前两城市间公路出行所需时间的一半。

5.4 中国高铁"走出去"

5.4.1 土耳其高铁项目

2014年7月25日,由中国企业参与建设的连接土耳其首都安卡拉和土耳其最大城市伊斯坦布尔的高速铁路二期工程通车投入运营。安卡拉至伊斯坦布尔高速铁路二期工程项目全长158 km,合同金额12.7亿美元,设计速度250 km/h。每日往返客流量由之前的4 000人次增加至25 000人次。单程耗时由10 h缩短至3.5 h。这是中资企业在境外组织承揽实施的第一个电气化高速铁路项目,对推动中国高铁"走出去"具有重要的战略意义。

该高铁线路完全采用欧洲标准和规范建设,对中国高铁进一步"走出去"具有重要示范作用,同时该项目也是中土两国深化经贸合作的标志性成果。中国中车在土耳其首都安卡拉成立轨道交通技术联合研发中心,与土方共同推动"一带一路"沿线的轨道交通技术创新。该研发中心将与土耳其中东技术大学、卡拉比克大学开展合作,依托中车株洲电力机车有限公司(中车株机公司)在土耳其承建的数个轨道交通项目,加强"产、学、研"融合,深化中土轨道交通领域合作。研发中心将重点开展轨道交通装备研发、共性技术研究、技术转移扩散等工作,同时进行国际化人才的引进和培养,组织国际技术交流与合作。近几年来,中国中车先后获得伊兹密尔轻轨列车、安卡拉地铁列车等多个项目订单。2018年10月26日,中车株机公司与伊斯坦布尔市政府签订价值约5亿美元铰接式轻轨车辆订单,这是中土在"一带一路"框架下合作的最新成果。

5.4.2 印度尼西亚高铁项目

雅万高铁项目是中国高铁全系统、全要素、全生产链走出国门的"第一单",是新时代中印尼发展战略对接和务实合作的旗舰项目,也是"一带一路"重要倡议的标志性工程。中国高速铁路正从技术标准、勘察设计、工程施工、装备制造、物资供应到运营管理、人才培训、沿线综合开发等全方位整体走出国门。这条全长142 km、最高设计时速350 km的高铁建成后,两地车程将由现在的3 h缩短至40 min。该高铁项目将于2021年开始试运营,让印尼拥有东南亚第一条高铁。

雅万高铁是印度尼西亚的第一条高速铁路。这一项目的实施将直接拉动印度尼西亚冶炼、制造、基建、电力、电子、服务、物流等配套产业发展，增加就业机会，推动产业结构升级。项目建成后，将极大地方便民众出行，有效缓解雅加达至万隆的交通压力，并优化投资环境，带动沿线商业开发和旅游产业发展，加快形成高铁经济走廊，促进印度尼西亚经济社会发展，造福印度尼西亚人民。同时，印度尼西亚作为东南亚最大经济体，是中国实施"21世纪海上丝绸之路"的重要合作伙伴。中印尼合作建设雅万高速铁路，对发挥铁路在推进"一带一路"倡议中的服务保障作用，深化中国铁路与东南亚相关国家铁路合作，实现中国与"一带一路"沿线国家交通基础设施互联互通，具有十分重要的意义。

5.4.3 马来西亚高铁项目

2019年4月12日，马来西亚政府表示在经过多次沟通后，决定恢复东海岸铁路建设项目。马来西亚东海岸铁路项目是由中国交建承建的，这次马来西亚政府和中国交建进行协商后，双方达成一致协议。当日，马来西亚铁路公司 Malaysia Rail Link Sdn Bhd（MRLSB）与中国交通建设股份有限公司（CCCC）签署补充协议（SA），为恢复该项目建设铺平了道路。此外，双方同意成立一家合资公司来管理、运营和维护高速铁路网。

5.4.4 泰国高铁项目

2019年6月，泰国总理曾在"一带一路"峰会上表示，泰国将按时完成中泰高铁项目的建设计划，曼谷至廊开的高铁将在2023年正式开始运营。

中泰铁路是泰国第一条标准轨高速铁路，连接中国、老挝和泰国三个国家。整条中泰高铁分为两段同时在建：中国到老挝铁路段，以及泰国境内高铁。中泰高铁一期项目是在2017年12月21日动工的。其中，中国到老挝的高铁工程，由中老边境口岸"磨丁"起始，经由"琅勃拉邦"至老泰边境"万象"，将与云南省新建的"玉溪—磨憨铁路"相连接，实现与昆明的连通。工程计划2021年12月底竣工通车。而泰国境内高铁工程又分为两期修建。一期工程为曼谷至呵叻，全长约253 km；二期工程从呵叻至廊开，全线长约355 km。

5.4.5 俄罗斯高铁项目

莫斯科至喀山高铁项目是中俄力推的合作项目。俄罗斯计划中的莫斯科—喀山—叶卡捷琳堡高铁线路长约 770 km,将成为俄罗斯唯一一条列车速度超过 400 km/h 的铁路。这条高速铁路将成为欧洲和亚洲之间高速铁路网的第一阶段,有助于改善北京和莫斯科之间的交通及货物运输,促进两国经济增长。

该高速铁路西起莫斯科,东至喀山,承担客运及轻型货物运输。莫喀高铁地处高纬严寒地区,沿线地质和气候复杂,在全世界尚无商业运营可参考经验。根据项目特点、地理环境和技术需要,研究人员开展了多项研究工作,为高铁的勘察、设计和建设提供了理论依据,有力推进了项目实施,确保了莫喀高铁的技术水平和质量。莫喀高铁应用中国高铁经验,采取多种建设措施,提出主要参数及建设方案,并通过优化设计、创新俄罗斯铁路的工程模式,提升莫喀高铁的技术水平,也为中国技术、装备"走出去"创造了条件。

5.4.6 匈塞铁路

匈牙利—塞尔维亚铁路(以下简称"匈塞铁路")连接布达佩斯与贝尔格莱德。该项目全长 350 km,其中塞尔维亚境内 184 km,匈牙利境内 166 km,是欧洲跨国铁路网的重要组成部分。匈塞铁路改造项目是中国-中东欧国家合作的标志性项目。该项目建成后,两地之间的运行时间将从目前的 8 h 缩短至 3 h 内,不仅能完善塞、匈两国交通网络建设,更能进一步向北联通西欧发达国家,向南延伸至希腊港口入海,成为贯通中东欧地区的骨干铁路线。

匈塞铁路是中国"一带一路"倡议下的重点跨境基础设施工程,是中国高铁进入欧洲的第一单,也是中国高铁成套技术和装备"走出去"的重要组成部分。其中,列控系统是高速铁路的"大脑"和"中枢神经",是保障高铁安全高效运行的核心技术。由中国通号为匈塞铁路量身打造的匈塞铁路 ETCS-2 系统(欧洲列车运行控制系统)实验室在塞尔维亚首都贝尔格莱德落成,这是中国企业在海外建成的首个高铁列车运行控制系统实验室,将共享中国高铁建设的丰富案例库经验,为采用欧洲 ETCS-2 及列控系统标准建设的匈塞铁路提供核心技术支撑。

推动铁路建设项目"走出去",有利于推动中国高铁产业向国际市场转移,促进产品、技术、装备、标准等输出;有利于促进中国产业技术进步,提高中国企业国际竞争力和国际化水平,在更大范围、更广领域、更高层次上参与国际经济合作和竞争;有利于统筹国内国际两个大局,提升开放型经济发展水平,推进"一带一路"倡议实施。

5.5 案例分析：中国高铁"走出去"策略分析

近年来，中国高铁凭借高性价比和成功的运营经验，在全球市场接连斩获订单，已成为中国最新科技大幅进军海外的标杆。中国高速铁路的快速崛起，打破了2008年以前日欧称雄世界的局面。在21世纪今后相当长的一段时间里，将形成以中国、日本为代表的亚洲高铁和以法国、德国为代表的欧洲高铁竞争的局面。

（1）市场定位。中国铁路建设项目"走出去"的市场布局以中国周边国家和地区以及西亚、中东欧、非洲、拉丁美洲国家为主，积极主动开拓欧美等高端市场。中国高铁国际化如图5.3所示。

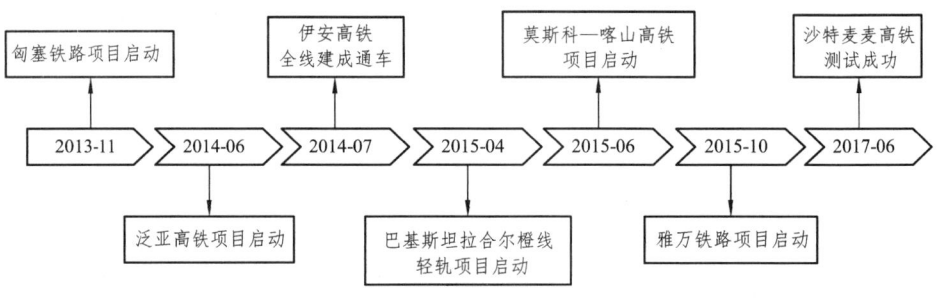

图5.3 中国高铁国际化

（2）完善中国铁路标准体系，推进铁路标准国际化工作。标准是进入国际市场的第一道门槛。中国高铁需要梳理好现行铁路标准体系，加强基础性、通用性及兼容性标准的修订工作，并开展中外标准的研究和对比分析，及时跟踪国际铁路标准发展动态；鼓励承担国际标准的制定，促进中国铁路标准国际化工作。同时，还要完善营运管理服务标准。

（3）跟踪世界铁路技术创新发展趋势，持续深化铁路新技术研发，主要包括：推进动车组系列化，开展列车智能管理、牵引变流器轻量化等新技术研究，提高列车乘坐舒适性，开展减振降噪技术研究等；加大基础理论攻关力度，提升设计源头质量；学习借鉴国外可靠性评价的先进经验，加快可靠性评价体系的研究；持续开展无砟轨道线路变化规律研究；开展道岔部件伤损监测技术研究，优化道岔钢轨的合理打磨廓形，发展道岔设备故障预测与健康管理（PHM）技术；开展立交辙叉等新型结构道岔及部件研究工作；开展桥梁、隧道设计方法、材料研究和应用；开展特殊地质路基变形控制技术和防排水及支挡、防护结构系统技术研究；开展自主化列控系统技术、高铁自动驾驶技术、安全电子安全设备技术、列控联锁一体化技术研究，适度加快应用步伐，提高设备集成度，减少系统接口，降低制造和维护成本；开展下一代列控系统技术和 LTE 技术的研究和试验步伐，并同步开展 5G 技术的研究，重点解决基于 IP 的无线通信系统铁路调度业务、列控业务的技术问题；加大开展轨旁设备的无线连接技术、光纤接入技术的研究和应用；开展实现统一调度、集中指挥、管控一体的铁路运输调度指挥管理技术研究和应用等。

（4）完善设施设备养护维修体系。借鉴国外先进维修理念，跟踪先进维修方式、修程修制、维修技术，从中国实际出发，健全完善中国铁路养护维修体系。运用 6A、CMD、故障预测与健康管理（PHM）工程等手段，构建动车组全寿命周期的健康管理体系；提升动车组监控技术水平，开发研制列车健康管理系统，实现对车辆状态的准确把握，压缩检修停时，降低全寿命周期成本；推动供电专业检测技术由传统的接触式检测方式向非接触式检测方式转变，进而向智能化、无人化的方向发展；研究建立牵引供电系统故障预测与健康管理（PHM）系统；推进工务 8M 体系建设，开展关键检测设备的研制；发展数据检修及智能检修技术；加强检测监测数据的管理和分析；积极推行高铁综合维修一体化管理，加强专业协调配合和资源综合利用，向综合化要效率；积极推进工区分散维修向车间集中维修转变，充分发挥各专业调度指挥中心的作用，优化现场人力资源配置，向集约化要效率。

（5）为东道国量身定制高铁建设方案。根据东道国的地理环境、气候环境等量身定制合适的轨道、机车，设计出与东道国经济环境、自然环境相适应的产品，在安全性能、人文设计方面为中国高铁产业加分，助力中国高铁"走出去"。

（6）构造人才培养培训体系。加强与国际接轨，积极培养高层次人才和复合型人才，特别是针对培养技术型人才，制定完善的培养机制，不断更新知识，扩大知识视野，保持不断创新的活力；针对管理人员，培养其管理、服务型人才，增强服务意识。

（7）借助亚洲基础设施投资银行等助力中国高铁产业海外投资，为解决部分国家巨额资金难以筹集的难题提供重要保障。

从"走出去的机遇与挑战"角度出发，全球铁路合作处于难得的机遇期。经济全球化、区域经济一体化需要铁路支撑，铁路也可有效拉动城镇化与就业率。不仅如此，第三次技术革命给铁路行业注入新活力，高铁成为振兴铁路市场的新动力，高铁的环保低碳得到了许多国家重视。但在拓展海外市场的过程中，中国高铁"走出去"虽然已在多层面展开，在取得长足进展同时，也面临被搁置、被拖延、被压价、被限制等方面的艰巨考验。中国高铁"走

下篇　世界高速铁路的发展

出去"至少要翻越地缘政治、产业竞争、经济困境、文化障碍等五座"火焰山"。中国高铁面临着各种各样难以想象的困难和挑战，需要进一步做各种调整，这无疑是摆在中国面前的一道大考题。

【小知识】 主动安全系统和被动安全系统是目前高速动车组列车运行安全的两大保障。主动安全系统一旦失效，被动安全系统就是最后一道安全屏障，该系统包括防爬装置、车钩压缩管、主吸能装置及车间吸能装置。被动安全是指当列车发生意外碰撞时，列车的吸能系统马上开始工作，耗散撞击能量，降低碰撞带来的结构破坏，从而保护乘车人员安全。这个受力过程属于"强非线性复杂系统"，数值计算难以精确模拟，必须通过真实的碰撞试验来获取。2021年3月，按照欧洲耐撞标准和中国铁路标准规定的场景，中车长客公司首次模拟真实场景下进行的被动安全碰撞试验，两列8辆编组高速动车组碰撞试验最大限度地模拟了真实场景。试验列车采用高速动车组标准编组模式，每列编组8辆，重462 t。两列列车对撞方式，其中一列列车静止，另一列列车以36 km的时速撞击静止列车。试验数据显示，列车吸能结构以可控的方式压溃，各吸能装置的试验数据符合设定值，车辆未发生爬车、脱轨现象，车体结构保持完整，符合并超过欧洲及中国行业标准。

第 6 章　后高铁时代

随着 2015 年日本速度 603 km/h 的磁悬浮列车的试验成功，以及美国超级高速铁路理念的推广，世界各国正面临一场新的高速铁路革命。最高运营速度不超过 400 km/h 的轮轨技术，已不是各国研发的热点技术，运营速度 600 km/h 以上的磁悬浮列车成为时代新宠，特别是运营速度超过 1 000 km/h 的超级高速铁路也成为各国研发的热点技术。

6.1　高速铁路技术分类

高速铁路技术可分为三类，即轮轨、磁悬浮、超级高铁，如表 6.1 所示。

表 6.1　高速铁路技术分类

序号	类型	名　称		运营速度/（km/h）	备　注
1	第一类高铁	轮轨高铁	低速轮轨高铁	200～300	轮轨式高铁
			中速轮轨高铁	300～350	
			高速轮轨高铁	350～400	
2	第二类高铁	磁悬浮高铁	低温磁悬浮轨高铁	400～500	磁悬浮式高铁
			中温磁悬浮轨高铁	500～800	
			高温磁悬浮轨高铁	800～1 000	
3	第三类高铁	超级高铁	低音超级高铁	1 000～1 200	真空管道磁悬浮高铁
			中音超级高铁	1 200～10 000	
			高音超级高铁	大于 10 000	

高速铁路时速标准如图 6.1 所示。

下篇 世界高速铁路的发展

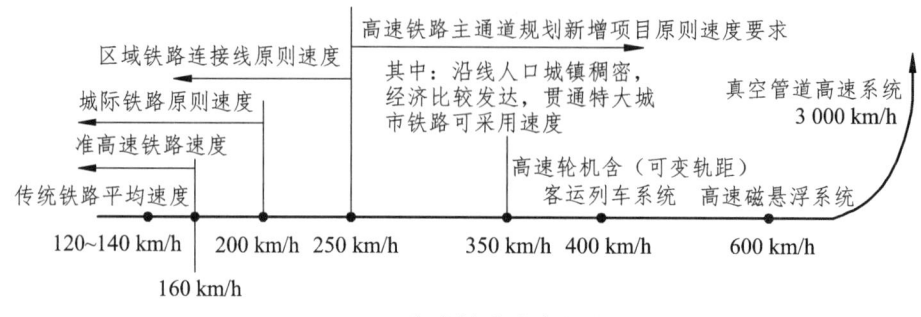

图 6.1 高速铁路速度标准

6.2 轮轨技术的极限

6.2.1 极限速度

1955 年，法国创造了 331 km/h 的列车速度纪录，但试验后的电力机车受电弓完全被受电弓离线时产生的电弧损坏了，钢轨也有变形。这次试验的结果被认为：轮轨铁路的实用化商业运行速度极限大约在 200 km/h。20 世纪 60 年代，日本在建设 210 km/h 的东海道新干线时，认为轮轨铁路运行速度极限应该在 300 km/h。后来高速铁路技术不断发展，试验速度不断被刷新。德国研发的 ICE350E 型高速列车 2006 年实现了 350 km/h 的运行速度目标。2005 年，日本研发成功了运行速度为 360 km/h 的 fastech360ga 型高速列车。2007 年 4 月 3 日，法国 V150 高速列车创下了 574.8 km/h 的试验型世界纪录。技术人员认为，这次试验还未达到技术极限，还可以突破 600 km/h。但其难点在于：这样的速度已经接近接触网波动的传播速度，列车追赶接触网的波动就像超音速飞机突破声障一样。

2016 年 7 月，中国标准动车组在郑徐高铁实际运行环境和条件下，成功进行了时速 420 km 交会试验，这是全球首次时速 400 km 级列车交会试验，也是一次商业速度的探索试验，验证了列车在高速交会时的技术指标、安全性能。

6.2.2 影响因素

轮轨技术是铁路的基本问题，也是高速铁路的核心技术之一。轮轨技术研究既与应用技术相关，也涉及基础理论问题，是保障高速铁路安全、高效运营和技术创新的重要支撑。高速铁路轮轨技术在法、德、日、意、英等国家都有成熟应用。采用轮轨技术的高速铁路列车的速度不能无限提高，其局限主要体现在以下几个方面：

（1）受轮轨之间的黏着力限制。传统的轮轨黏附式铁路是利用车轮与钢轨之间的附着力推动列车运行的，黏着系数随着速度的增加而减少。与此同时，列车的空气阻力却随着速度的平方而增加，当列车速度达到一定值时，黏着牵引与运行阻力相等，列车便不可能再加速了。而且，当列车运行速度超过附着曲线和运行阻力的交点时，其速度就很难再得到提高。

（2）受电弓受流的限制。电力机车从接触网受电时，当接触导线的波动传播速度小于或接近列车的运行速度时，受电弓的离线率就会迅速增加，产生电弧而损害受电弓。提高列车速度就要提高接触导线的波动传播速度，其主要方法是增大导线的张力和使用质量轻的接触导线，但这都是有限的，目前技术和材料只能保证受流速度在 500 km/h 左右。

（3）受转向架、牵引和制动系统、运行噪声以及振动等技术和环保限制。例如，现代高速列车都是采用电力作为驱动，需要通过受电弓将电传输到列车上，列车与供电系统的联系是通过受电弓上的电刷在接触网上滑动来实现的，高速滑动摩擦很容易产生电火花，从而也限制了列车速度的进一步提高。再如，当列车运行速度比较低（100 km/h）时，空气阻力可忽略不计，但当列车的平均速度提高到 300 km/h 以上时，空气阻力就占据了列车阻力的 90% 以上，列车所需的功率是运行速度 100 km/h 之时输出功率的 15 倍以上，并且空气阻力与速度的平方成正比关系，而列车的功率与速度成 3 次方的正比关系，因此必须发展功率大、自重轻、体积小、可靠性高和成本低的牵引电机。所以，要继续突破铁路速度，就要考虑摆脱车轮、钢轨和接触网，让列车"飞"起来。

（4）动车组技术难题。例如，动车组高速运行的稳定性问题，必须解决动车组因运行振动引发的失稳危险；解决动车组高速运行时的平稳性和动车组脱轨的安全性问题；解决动车组运行噪声的控制与消除问题。另外，就是要研究高速列车的空气动力学，以期研发出速度更快、性能更加优异可靠的动车组。下一代高速动车组的发展方向包括新材料、智能化、高安全、高效能、绿色节能、环境友好、低成本等特点，并采用碳纤维复合材料、高速轴承、碳化硅、表面减阻涂层等材料，以及列车自动驾驶技术、智能化旅客服务、智能运维技术等智能化技术，在安全方面还要采用车—车互联、故障检测与健康管理、主动安全、被动安全等技术。同时，需采用高效能牵引传动技术、永磁同步传动系统、车载动力电池、超级电容混合储能及回收利用系统、可回收材料和设施、线路自适应、车体一体化转向系统等技术。

6.2.3 开行400 km/h动车组的可行性

2016年11月,国家重点研发计划"先进轨道交通"重点专项"时速400 km及以上高速客运装备关键技术"项目正式启动,这也是科技部"十三五"重点专项课题。该项目包括研制时速400 km速度等级动车组以及研究复杂耦合条件下轮轨、弓网、流固耦合关系及列车动态行为等,研究超高速动车组降低运行阻力、智能驾驶、轻量化技术等,研究跨国互联互通的适应性、可变轨距转向架、多制式牵引系统等。项目的具体目标是研制3列时速400 km高速列车,配备600~1 676 mm变结构转向架以及主动安全与主动运维技术和跨国互联互通技术规范。

时速400 km高速动车组具备六大技术特点:具备跨国互联互通能力;拥有变轨距1 435 mm/1 520 mm、多制式供电和多制式信号;低能耗、轻量化的绿色环保动车组,节能10%以上;智能化水平更高,可以智能行车、智能运维、智能服务;安全性更高,具备主动安全和被动安全能力;舒适度更高,具备更高的噪声控制和动力学性能。

轮轨高铁要想实现时速400 km运营,需要考虑四项技术——线路、动车组、列控系统、牵引供电,即线路要稳、动车要快、列控要准(控制速度准确)、供电要足;同时,还需要考虑四项指标——安全性、舒适性、智能化、绿色化。

6.3 高速磁悬浮技术

高速铁路按照列车的支撑和推进原理可分为轮轨式和磁悬浮式两种。轮轨式高速铁路与常速铁路一样,通常利用列车轮对与轨道之间的黏着力驱动列车行驶,是目前世界高速铁路采用的主流技术。磁悬浮列车技术依靠电磁吸力或电磁斥力将列车悬浮于空中并进行导向,实现列车与地面轨道间的无机械接触,再利用线性电机驱动列车运行。该技术能够克服传统列车轮轨黏着限制问题,也不存在轮轨系统的车轮空转和打滑现象,是一种新型的高速铁路技术。磁悬浮列车是一种靠磁悬浮力(即磁的吸力和排斥力)来推动的列车。由于其轨道的磁力使之悬浮在空中,行走时不需接触地面,因此其阻力只有空气阻力。

6.3.1 技术原理

磁悬浮列车是一种现代高科技轨道交通工具，它通过电磁力实现列车与轨道之间的无接触的悬浮和导向，再利用直线电机产生的电磁力牵引列车运行。磁悬浮铁路是一种新型的交通运输系统，并利用电磁系统产生的排斥力将车辆托起，使整个列车悬浮在导轨上，利用电磁力进行导向，利用直线电机将电能直接转换成动能推动列车前进。技术范式的抉择一直是影响高铁发展的重大战略性问题。"轮轨"高铁技术是比较成熟的技术，且其技术经济性价比也较"磁悬浮"优越，因此，当今世界高铁均采用轮轨技术。但是，在需要将地面交通速度提高到 400 km/h 以上时，磁悬浮高速列车具有明显优势，它与普通轮轨列车相比，具有低噪声、无污染、安全舒适和高速高效的特点，有着"零高度飞行器"的美誉，是一种具有广阔应用前景的新型交通工具。

磁悬浮列车及轨道与电动机的工作原理完全相同，只是把电动机的"转子"布置在列车上，将电动机的"定子"铺设在轨道上。通过"转子""定子"间的相互作用，将电能转化为前进的动能。电动机的"定子"通电时，通过电磁感应就可以推动"转子"转动。当向轨道这个"定子"输电时，通过电磁感应作用，列车就像电动机的"转子"一样被推动着做直线运动。磁悬浮列车利用布置在导轨上的直线电机产生磁力牵引运行。

直线电机可分为三种，分别为长定子直线电机、短定子直线电机和分段式长定子直线电机。长定子直线电机安装在导轨上，导轨有多长，电机就可以铺设多长。短定子直线电机安装在车辆上，也称之为直线感应电机。分段式长定子直线电机则是分段铺设在导轨之上。一般而言，长定子直线电机应用于高速磁悬浮交通，而短定子直线电机适合中低速磁悬浮列车。磁悬浮列车结构如图 6.2 所示。

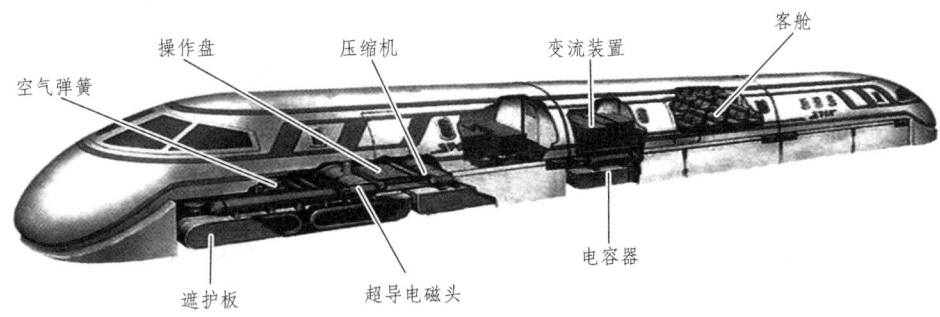

图 6.2　磁悬浮列车的结构

6.3.2 技术分类

1. 按悬浮方式分类

磁悬浮列车是利用电磁力使车体悬浮在轨道之上,并通过电磁力推动车辆运行的交通工具。磁悬浮列车在运行过程中不与地面接触,消除了轮轨系统才有的摩擦阻力,可以达到很高的速度,可与轮轨式高铁和飞机一争高下。按照悬浮方式的不同,悬浮技术可分为电磁悬浮技术(简称 EMS)和电动悬浮技术(简称 EDS)。

电磁吸引悬浮是利用车载电磁铁与导轨之间产生的吸引力而悬浮列车,属于"吸引悬浮",以日本的 HSST 中低速磁悬浮列车和德国的 TR 超高速磁悬浮列车为代表。悬浮系统由电磁铁、F 轨、斩波器及控制单元、气隙检测传感器组成,电磁铁用于产生电磁力,提供悬浮和导向功能,斩波器及控制单元通过控制电磁铁中的电流确保系统稳定运行,其悬浮间隔为 6~10 mm。韩国的 UTM 系统、日本的 HSST 系统、德国常导超高速磁悬浮列车以及中国的中低速磁悬浮列车均采用了相同的技术方案。

电动排斥悬浮是指列车行进过程中,采用超导磁铁和永磁铁,利用车辆磁体在感应轨上产生相互排斥的磁场,使车辆悬浮,属于"排斥悬浮"。采用该技术,车辆的悬浮刚度大,自稳性强,不消耗电能,悬浮高度可达到 25 mm。由于这种悬浮结构不产生导向力,所以导向力由直线电机产生。日本的 MLU 系列高速磁悬浮列车采用的是电动悬浮技术。两种悬浮原理如图 6.3 所示。

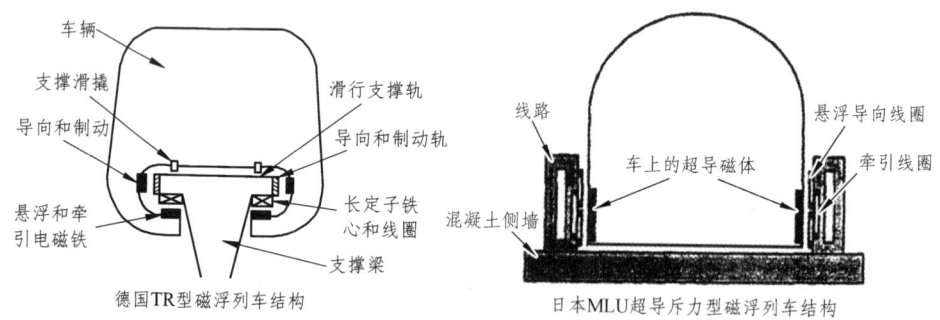

图 6.3 两种悬浮原理

2. 按线路长度分类

磁悬浮铁路按照线路长度划分,可分为干线磁悬浮铁路、城际磁悬浮铁路和城市内磁悬浮铁路。干线磁悬浮铁路线路长度超过 500 km,适合省际间远距离的旅客运输。城际磁悬浮铁路衔接相邻两个城市,线路长度一般在

500 km 以下，承担城市之间的旅客运输任务。城市内磁悬浮的线路长度一般在 100 km 以下。

3. 按速度分类

磁悬浮列车的速度差异很大，时速小于 120 km 的属于低速（常速）磁悬浮，时速大于 120 km 但是小于 200 km 的属于中速磁悬浮，时速大于 200 km 但是小于 350 km 的属于高速磁悬浮，当时速大于 350 km 时就划归到超高速磁悬浮范畴。一般在城市轨道交通领域，中低速磁悬浮技术是最佳选择。

4. 按采用导体材料分类

按照磁悬浮技术采用的导体材料不同，磁悬浮还可分为常导型和超导型磁悬浮。常导型也称常导磁吸型，以德国高速常导磁悬浮列车 Transrapid 为代表，它是利用普通直流电磁铁电磁吸力的原理将列车悬起，悬浮的气隙较小，一般为 10 mm 左右。常导型高速磁悬浮列车的速度为 400～500 km/h，适合于城市间的长距离快速运输。超导型又称超导磁斥型，以日本 MAGLEV 为代表，它是利用超导磁体产生的强磁场，列车运行时与布置在地面上的线圈相互作用，产生电动斥力将列车悬起，悬浮气隙较大，一般为 100 mm 左右，速度可达 500 km/h 以上。超导磁悬浮的线圈绕组使用超导材料，在一定的温度下就会处于超导状态，超导绕组内的电阻为零，能产生强大的磁场，可以使列车获得较大的悬浮高度和更快的运行速度。

常导型和超导型磁悬浮进一步细分，常导又分为"中低速"和"高速"两种；超导又分为"低温"超导和"高温"超导。从原理上讲，"超导型"悬浮气隙较"常导型"大，运行速度较常导型高，但造价也高于常导型，两者各有优缺点。但与轮轨技术相比，磁悬浮列车采用无接触的悬浮技术，克服了车辆和轨道之间的接触磨损，无须用高承载旋转件，且推进动力系统置于地面，具有能耗低、速度快、噪声小、安全性高、安全舒适、环保节能、适应性广和维修量小等优点。

超导磁悬浮列车的最主要特征就是其超导元件在相当低的温度下所具有的完全导电性和完全抗磁性。超导磁铁是由超导材料制成的超导线圈构成的，它不仅电流阻力为零，而且可以传导普通导线根本无法比拟的强大电流，这种特性使其能够制成体积小、功率强大的电磁铁。

超导磁悬浮列车也是由沿线分布的变电所向地面导轨两侧的驱动绕组提供三相交流电，并与列车下面的动力集成绕组产生电感应而驱动，实现非接触性牵引和制动。但地面导轨两侧的悬浮导向绕组与外部动力电源无关，当列车接近该绕组时，列车超导磁铁的强电磁感应作用将自动在地面绕组中感生电流，因此在其感应电流和超导磁铁之间产生了电磁力，从而将列车悬起，并经精密传感器检测轨道与列车之间的间隙，使其始终保持 100 mm 的悬浮间隙。同时，与悬浮绕组呈电气连接的导向绕组也将产生电磁导向力，保证列车在任何速度下都能稳定地处于轨道中心行驶。

超导磁悬浮列车的车辆上装有车载超导磁体并构成感应动力集成设备，而列车的驱动绕组和悬浮导向绕组均安装在地面导轨两侧，车辆上的感应动力集成设备由动力集成绕组、感应动力集成超导磁铁和悬浮导向超导磁铁三部分组成。当向轨道两侧的驱动绕组提供与车辆速度频率相一致的三相交流电时，就会产生一个移动的电磁场，因而在列车导轨上产生电磁波，这时列车上的车载超导磁体就会受到一个与移动磁场同步的推力，正是这种推力推动列车前进。同时，在地面导轨上安装有探测车辆位置的高精度仪器，根据探测仪传来的信息调整三相交流电的供流方式，精确地控制电磁波形以使列车能良好地运行。其原理示意图和列车运行原理示意图如图 6.4 所示。

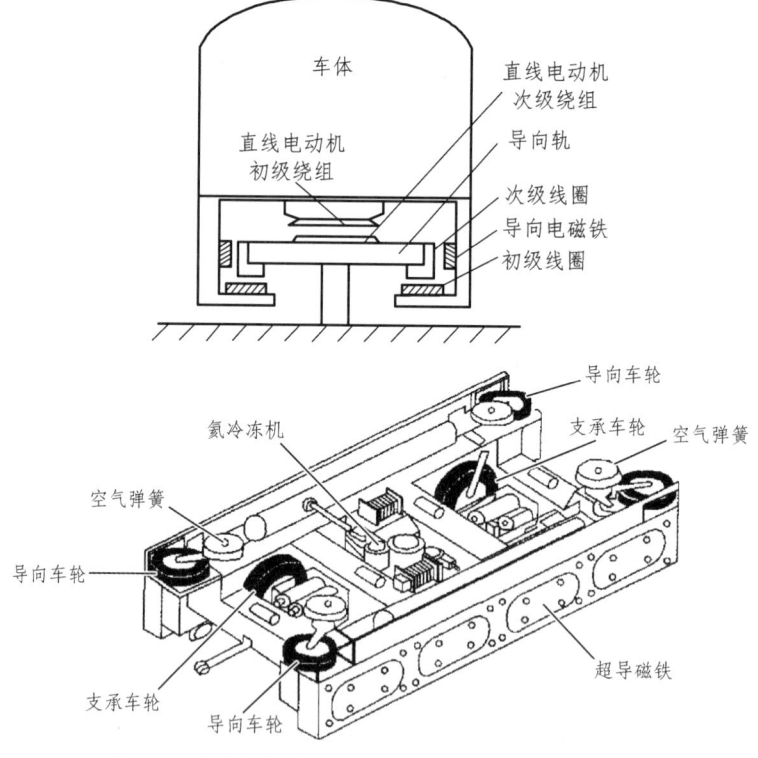

图 6.4 "常导"和"超导"磁悬浮列车原理示意

目前，世界上有三种类型的磁悬浮：一是以德国为代表的常导电式磁悬浮；二是以日本为代表的超导电动磁悬浮，这两种磁悬浮都需要用电力来产生磁悬浮动力；第三种是中国的永磁悬浮，它利用特殊的永磁材料，不需要任何其他动力支持。中国磁悬浮与国外磁悬浮相比有五大方面的优势：悬浮力强、经济性好、节能性强、安全性好、平衡性稳定。随着科技的不断发展，模拟微重力环境下的空间悬浮技术已成为进行相关高科技研究的重要手段。

6.3.3 技术特点

作为目前最快速的地面交通工具之一，磁悬浮列车技术具有以下特点：

（1）磁悬浮列车发展前景广。第一条轮轨铁路出现在1825年，经过近140年的努力，其运营速度才突破200 km/h，由200 km/h到300 km/h又花了近30年，虽然技术还在完善与发展，继续提高速度的余地已不大。与之相比，世界上第一个磁悬浮列车的小型模型是1969年由德国研制的，可仅仅十年后的1979年，磁悬浮列车技术就创造了517 km/h的速度纪录，目前技术已经成熟。

（2）磁悬浮列车速度高。常导磁悬浮列车速度可达400~500 km/h，超导磁悬浮列车速度可达500~600 km/h。

（3）磁悬浮列车能耗低。日本研究成果表明，在同为速度500 km/h时，磁悬浮列车每座位千米的能耗仅为飞机的1/3。德国的试验表明，当磁悬浮列车速度达到400 km/h时，其每座位千米能耗与速度300 km/h的高速轮轨列车持平；而当磁悬浮列车速度也降到300 km/h时，它的每座位千米能耗可比轮轨铁路低33.7%。

磁悬浮铁路在一些国家取得了较大的发展，有的甚至已基本解决了技术方面的问题而开始进入实用研究乃至商业运营阶段，但是随着时间的推移，磁悬浮铁路并没有出现人们所期望的那种成为主要交通工具的趋势，反而越来越面临着来自其他交通运输方式，特别是高速轮轨铁路强有力的挑战。与高速轮轨系统相比，磁悬浮也有如下不足：

（1）磁悬浮铁路的造价十分昂贵。与高速铁路相比，根据日本的相关测算，磁悬浮铁路的造价每千米约需60亿日元，比新干线高207%。根据德国在20世纪80年代初的估算认为，修建一条复线磁悬浮铁路的造价每千米约为659万美元，而法国的巴黎至里昂和意大利的罗马至佛罗伦萨的高速铁路每千米的造价分别为26万美元和236万美元。磁悬浮铁路所需的投入较大，利润回收期较长，投资的风险系数也较高，从而也在一定程度上影响了投资者的信心,制约了磁悬浮铁路的发展。

(2)磁悬浮铁路无法利用既有线路,必须全部重新建设。由于磁悬浮铁路与常规铁路在原理、技术等方面完全不同,因而难以在原有设备的基础上进行利用和改造。高速铁路则不同,通过加强路基、改善线路结构、减少弯度和坡度等方面的改造,可使某些既有线路或某些区段达到高速铁路的行车标准。在对既有线路进行高速铁路改造的过程中,还可以实现高、中速混跑,列车根据不同区段的最高限速以不同的速度行驶。

(3)磁悬浮铁路在速度上的优势并没有凸显出来。半世纪前,许多人认为轮轨式铁路的极限速度为 250 km/h,后来又认为是 300~380 km/h。法国的"高速列车"、德国的"城际快车"、穿越英吉利海峡的"欧洲之星"列车、日本的新干线和中国的高速铁路,其运行速度都达到或接近 500 km/h。

(4)由于磁悬浮系统是以电磁力完成悬浮、导向和驱动功能的,断电后磁悬浮的安全保障措施,尤其是列车停电后的制动仍然是要解决的问题,其高速稳定性和可靠性还需很长时间的运行考验;常导磁悬浮技术的悬浮高度较低,因此对线路的平整度、路基下沉量及道岔结构方面的要求较超导技术更高;超导磁悬浮技术由于涡流效应,悬浮能耗较常导技术更大,冷却系统重,强磁场对人体和环境都有影响。同时,停电后救援或维修都十分困难,轨道两侧 100 m 内不允许有其他建筑物,且列车发出的噪声巨大等,最重要的是由于维护成本比轮轨列车大。

6.4 磁悬浮列车的现状及发展

磁悬浮技术的研究源于德国,其设想起源于 20 世纪 20 年代。早在 1922 年,德国工程师赫尔曼·肯佩尔就提出了电磁悬浮原理,并于 1934 年申请了磁悬浮列车的专利。经过几十年持续努力,德国工业界成功研究开发出高速磁悬浮列车技术。德国掌握常导电磁型高速磁悬浮轨道交通技术,所研发的 Transrapid 是世界上首次进入技术应用成熟阶段的磁浮高速铁路系统,"TR"车型从 01 优化到 09,最高试验速度达到 505 km/h。遗憾的是,由于技术、经济、政治等原因,德国国内规划的高速磁浮线路数次搁浅,2011 年后便终止了研发之路。

20 世纪 60 年代以来,德、日、美、中、韩等国相继开展磁浮交通技术研究,德国和日本较早投入研发并各自突破了不同技术路线的磁浮交通模式。日本与德国几乎同一时期开展磁浮交通的研发,技术上选择了与德国不同的路线——超导磁浮。自 20 世纪 70 年代起，日本陆续研发了 ML 系列以及在 MLX 基础上开发的 L0 车型。2015 年，L0 试验车载人速度达到了 603 km/h，创造了地面交通工具的最高试验速度。日本致力于将磁浮交通打造成国家名片，在磁浮交通的发展战略上一直很清晰，持续不断投入研发和试验，并规划建设了国内的高速磁浮线路——中央新干线。

20 世纪 80 年代末，韩国开始低速常导磁浮列车技术研究，相继推出两代实用型磁浮列车，建成仁川国际机场磁浮线并投入运营，但出于国情考虑，韩国并未发展高速磁浮系统。韩国重点发展了中低速磁悬浮技术。

美国政府对高速磁浮交通发展的态度摇摆不定，在磁悬浮的开发中时断时续，因此研发支持也时断时续。近年来有意向引进日本的超导磁悬浮技术，双方设立了合资公司，并开展了环境和技术评估。美国的磁浮技术发展方向比较灵活，且民间研发热情高涨。历史上曾创新发展了多种技术方案，如个人快速交通系统 SkyTran 悬浮汽车、应用到煤炭及矿山资源物流运输市场的 Magpipe 磁浮管道运输系统，尤其以真空管道磁悬浮列车（也称超级高铁）的探索最引人注目。

上述国家，基于不同的国情，选择了不同的发展战略、发展模式和技术路线。磁浮交通投入高、周期长、技术相对复杂，发展受到技术、经济、政治多种因素制约，同时需要面对传统轮轨交通、飞机等交通模式的竞争，因此在全球的发展都较为缓慢且充满不确定性。目前，中国和日本坚定发展磁悬浮交通，中国拥有地理和人口上的天然优势，巨大的需求市场给磁浮交通发展带来广阔的发展前景；日本的主要目标是技术出口，希望以自己独特的超导磁悬浮高铁技术为突破口，抢占国际高铁建设市场制高点。美国政府的态度不明朗，但在民间资本的推动下，开展了大量前瞻性技术探索并取得了一定进展。

常导和低温超导磁浮交通工程化技术已经成熟，近年来的研发主要围绕降低成本、环境友好、提高效率和安全性来开展。例如，日本在 2017 年延长至 2022 年的磁浮交通研发规划中，提出将继续完善地面线圈回收利用以及高温超导材料的开发试验，同时将开展车辆运动仿真解析技术和仿真装置研究。在既有铁路的应用方面，将深化研究高速领域线性电机型轨道制动技术、非接触供电技术、超导惯性飞轮蓄电系统再生失效对策、磁热泵系统功率提升等。

高温超导磁悬浮研究受到越来越多的重视，但仍处于实验室阶段，距离工程化应用还有较远的距离。从 2000 年至今的 20 年时间里，高温超导磁悬浮研究重点已由早期的车载超导块材组合与永磁轨道间的准静态电磁特性及

下篇　世界高速铁路的发展

优化工作,发展到动态特性分析、运行试验、试验线建设等方面。

中国通过引进吸收消化再创新也已成为磁浮交通强国之一。与德国、日本相比,中国开展磁悬浮列车的相关研究起步较晚,21世纪初才引进德国的常导型技术,在中国政府的大力支持和推动下,目前已全面掌握了中低速磁悬浮交通的关键技术,并先后于2014年和2017年开通了长沙和北京的中低速磁浮线路运营,正在开展时速200 km中速磁浮关键技术攻关。高速磁悬浮方面,中国建设了上海高速磁悬浮交通示范运营线,正在研制600 km/h以上的高速磁悬浮运输工程化系统。另外,中国在高温超导磁悬浮方面,成功研制了世界首辆高温超导磁悬浮车(世纪号),现已完成真空管道高温超导磁悬浮交通原型系统的开发与测试,目前正积极建设低真空管(隧)道高温超导磁悬浮高速试验平台。西南交通大学准备将"载人高温超导磁悬浮环形试验线"建成。在低温超导磁悬浮等方面,低温超导磁悬浮技术相关研究起步相对较晚。自2000年以来,国防科技大学、中国科学院电工研究所、西南交通大学等高校开展了相关技术研究及部分原理验证工作;2015年,中国航天科工三院系统开展了高速电动悬浮方案论证、设计及模型试验工作。2018年,航天三院开展了低温超导电动悬浮方案设计,进行了技术方案仿真分析;2019年,航天三院开展模型试验装置建设。

巴西里约热内卢联邦大学也修建了一条长200 m的试验线。意大利拉奎拉大学、日本产业技术综合研究所、俄罗斯莫斯科航空学院等也研制出各自的高温超导磁悬浮系统,并开展了一系列运行测试。

高速磁悬浮在长距离、大客流量、大城市间地面运输中具有不可比拟的优势。真空管道是进一步提高磁悬浮列车速度的理想措施,其运行速度可能超过现有的航空运输,是未来超高速交通的发展方向之一。未来磁悬浮交通将继续围绕降低成本、节能降耗、提升安全性的目标开展,可在牵引电机效率、超导材料、储能系统等关键系统中持续开展深入研究,并有望将先进的磁浮技术推广到传统轨道交通领域,进一步提升整个轨道交通产业的发展水平。

另外,法国也在不断努力试图研制出新一代的"超级高铁"。例如,法国初创公司SPACETRAIN正在开发气垫悬浮高速列车,其运行原理与磁悬浮列车有些类似,只是磁悬浮列车是使用电磁体使车辆悬浮起来,而气垫悬浮列车采用最新的气垫悬浮技术,通过地面管道效应,列车下面就会形成一层大小均匀的空气垫,列车在气垫的作用下就会悬浮在轨道上。该气垫悬浮高速列车将以540 km/h的平均速度运行,最高速度可达720 km/h,远高于当前运营的TGV高速列车。

6.4.1 德国的常导磁悬浮列车

1922 年,在经过长达十年的艰苦攻关之后,德国磁悬浮技术的先驱赫尔曼·肯佩尔向柏林专利局申请了一项专利,名字叫"没有轮子的单轨车辆",这是一个基于电磁原理并结合飞机和火车优势的新型车辆,采用的是直线电机技术。他是全世界第一个将磁悬浮列车技术当成一项严肃的科学研究并认真去实施的科学家,完全超越了概念空想阶段。1934 年 8 月 14 日,赫尔曼的专利获得柏林专利局的批准,这项专利为以后德国、日本开辟磁悬浮技术研究新领域提供了借鉴。所以,如今一提及磁悬浮技术的奠基人,毫无疑问就是赫尔曼·肯佩尔。

1969 年,德国制造出第一辆磁悬浮列车,1975 年开始建设磁悬浮试验线路,此后又研发了几种试验车,建设了新的试验线,1993 年实验车创造了时速 450 km 的世界纪录。德国磁悬浮铁路选用常导吸引悬浮、长定子直线同步电机驱动方式。列车"骑"在导轨上,两腿环勾着 T 形导轨,腿上安装有普通导体材料做成的悬浮电磁铁,在导轨底面安装有直线电机的定子。当悬浮电磁铁通电后,与直线电机定子产生吸引力,利用距离传感器监控悬浮间隙,使其保持悬浮 8～10 mm。左右两边也要保持同样的间隙,其办法与悬浮差不多,也是利用控制两侧电磁铁的吸引力来实现的。

德国曾计划从 1995 年开始建设柏林至汉堡的 283 km 磁悬浮铁路,但经过测算,这条铁路将赤字经营,政府因而取消了修建计划。2000 年 6 月,中国上海与德国磁悬浮国际公司就上海磁悬浮列车示范线进行了可行性研究,并决定修建浦东机场至浦东龙阳路 30 km 高速磁悬浮铁路。2001 年 3 月开工,2004 年初投入商业运营,最高时速 430 km。

6.4.2 日本的超导磁悬浮列车

日本的超导磁悬浮铁路的研发可追溯到新干线开通的前两年。1962 年,虽然当时新干线尚未开通,但日本国铁已经把目光投向了更远的将来,他们希望继新干线之后的新一代高速铁路的速度能够达到 500 km/h,用 1 h 左右的时间就把东京和大阪连接起来。要实现这个梦想,日本国铁意识到传统轮轨式铁路在高速化方面的局限性,于是决定抛弃原有的轮轨式铁路,另辟蹊径考虑采用新的铁路方式——采用直线电机驱动的悬浮铁路方式。

日本并没有走德国的磁悬浮技术道路,因为日本地震多,常导磁悬浮间隙为 10 mm,在地震情况下车体和导轨会有碰撞的危险,于是决定把超导磁悬浮铁路作为研发方向，组织进行基础性实验研究，1972年研制出超导磁悬浮试验车辆，悬浮高度是常导磁悬浮的10倍，在200 m长的导轨上成功悬浮运行。该超导磁悬浮技术采用铌钛合金做磁铁线圈绕组，用液氦把线圈冷冻起来，使其温度达到－269 ℃而进入电阻为零的超导状态。给超导线圈通电后，电流会在超导线圈中永远流动下去，并且不会发热。日本的磁悬浮铁路，超导磁铁安装在车体两侧，导轨断面呈"U"字形，两侧安装"8"字形的普通导体材料做成的感应线圈。起动时是靠轮子助跑的，加速到时速100多千米时收起轮子，这时车体两侧的超导磁铁和导轨上的悬浮线圈悬浮中心线出现位差，超导磁铁的磁场就会在悬浮线圈中产生感应电流，把悬浮线圈变成了电磁铁，"8"形线圈的下边极性与超导磁铁形成排斥力，上边极性相对，则产生吸引力，两个力量使车体悬浮，所以浮力大。1974年，日本建设成约7 km长的宫崎试验线，1979年12月创造了时速517 km的磁悬浮列车新纪录。1996年建成山梨试验中心，此后不断刷新纪录，2003年12月2日，日本超导磁悬浮铁路的载人试验速度达到时速581 km。2005年3月，日本超导磁悬浮实用技术评价委员会宣称，日本已掌握了成熟的超导磁悬浮铁路实用技术。但该技术的实施成本更高，实现商业运用还得等待时机。

　　日本第一条正式运营的磁悬浮铁路是名古屋市区通向爱知世博会会场的磁悬浮线路，这条铁路于2005年3月6日正式开通，全长约9 km，中途设有9个站。该磁悬浮列车由3节车厢构成，全程无人驾驶，最高速度为100 km/h，行驶全程需要17 min。整条磁悬浮铁路投资约500亿日元，在2005年爱知世博会期间累计运送1 000万乘客。日本于20世纪90年代初拟规划建设东京至大阪的磁悬浮铁路，并进行了可行性研究，但最终由于造价过高而搁置。

　　2015年4月21日，日本东海旅客铁道公司（JR东海）在山梨县实施了超导磁悬浮列车载人行驶试验，创下了时速603 km的最新纪录。这是人类铁道史上可载人商用运输工具首次突破时速600 km大关。

　　继2016年完成"超导磁悬浮铁路技术开发基本计划"后，为实现维修效率化和提高适应性等开发目标，2017年3月，日本铁道综合技术研究所和JR东海铁路公司根据日本国土交通省的变更计划，又制订了延长6年至2022年度的技术开发计划。该计划以"低费用的高效维修体系检验证""高温超导磁石的长期耐久性检证"和"提高快适性"作为重点课题，持续开展磁悬浮技术及其在既有铁路的应用研究工作。在已完成的"超导磁悬浮铁路技术开发基本计划"中，日本铁路取得了一系列研究成果，主要包括利用稀土类高温超导线材开发了700 kA车载超导线圈，验证了线圈在振动环境中的稳定励磁能力与温升情况；通过地面线圈及超导磁铁的合理设计缩小磁悬浮车辆起浮间隙，减少直线同步电机消耗电力；研究了磁悬浮铁路用推进线圈连接电缆的振动特性评价方法，进而评价推进线圈与连接电缆的耐久性；开发了利用传感器标签与维修用车之间的通信功能监视地面磁悬浮线圈状态的方法，并进行了相关试验。

此外，日本还开展了超导磁悬浮技术在既有线铁路的应用研究，主要包括开发铁路车辆内低频磁场可视化评价系统，采用不同动作温度的磁性填充材料改善磁性热泵式空调的制冷效果，高速车辆直线电机制动机构的小型轻量化研究，超导磁悬浮飞轮蓄电系统可靠性验证，基于超导电缆的铁路车辆无损耗供电试验等。在此次延长至2022年的技术开发计划中，日本铁道综合技术研究所将持续深入开展磁悬浮铁路的基础研究：深化有关地面线图研究，包括磁悬浮铁路地面线圈循环和再生利用方法研究、磁悬浮铁路地面线圈传感器数据采集系统开发等；深化高温超导线圈研发，包括稀土类高温超导线圈的机械振动试验等；车辆运动仿真解析技术和仿真装置研究。

2018年8月23日，日本东海旅客铁道公司（JR东海）公开了磁悬浮中央新干线攻坚地段——南阿尔卑斯隧道的施工现场。2019年11月，日本超高速磁悬浮线的神奈川县车站举行开工典礼。运营商中央铁路公司计划在2027年开始在品川（东京）和名古屋（爱知）之间提供超高速磁悬浮线路的运营服务。

6.4.3 中国高速磁悬浮技术

1. 上海磁悬浮技术

2003年，中国建成了世界上第一条磁悬浮列车示范运营线——浦东龙阳路站到浦东国际机场，即上海磁悬浮交通线路。该工程通过中德技术合作，于2001年3月1日在浦东开工建设，西起上海轨道交通2号线的龙阳路站，东至上海浦东国际机场，全长29.863 km，2002年12月31日实现全线试运行，2003年1月正式商业运行，运营速度一般为430 km/h，部分时段运营速度300 km/h，全程仅需8 min，极大地方便了上海市区与浦东机场的旅客运输。上海磁悬浮列车是"常导磁吸型"磁悬浮列车，利用"异性相吸"原理设计，是一种吸力悬浮系统，利用安装在列车两侧转向架上的悬浮电磁铁，和铺设在轨道上的磁铁，在磁场作用下产生的排斥力使车辆浮起来（利用同名磁极相互排斥）。当列车运行20 s后，提速到100 km/h，4 min后列车达到430 km/h。列车在车厢底部及两侧转向架顶部安装电磁铁，在"工"字轨的上方和上臂部分的下方分别设反作用板和感应钢轨。电磁铁的电流，使电磁铁和轨道间保持1 cm的间隙，使转向架和列车间的吸引力与列车重力相平衡，利用磁铁吸引力将列车悬浮起1 cm，对电磁铁的电流控制精度非常高。此外，一个供电区只能允许一辆列车运行，轨道两侧25 cm处有隔离网，上下两侧有防护设备，曲线半径一般为8 000 m，最小曲线半径为1 300 m，轨道全线两侧50 m范围内装有隔离装置，如图6.5所示。

图6.5　上海浦东磁悬浮列车

2. 中国时速600 km高速磁悬浮

（1）中车四方高速磁悬浮

2019年5月23日，中国时速600 km高速磁悬浮试验样车在青岛下线，标志着中国在高速磁悬浮技术领域实现重大突破。高速磁悬浮列车可以填补航空与高铁客运之间的旅行速度空白，对完善中国立体高速客运交通网具有重大的技术和经济意义。国家重点研发计划"先进轨道交通"重点专项对时速600 km高速磁悬浮交通系统进行了部署，其目的是攻克高速磁悬浮核心技术，全面自主掌握高速磁悬浮设计、制造、调试和试验评估方法，研制具有自主知识产权的时速600 km高速磁悬浮工程化系统，形成中国高速磁悬浮产业化能力。该项目于2016年7月启动，由中国中车组织，中车四方股份公司具体实施，聚集中国高铁、磁悬浮领域优势资源，联合30余家企业、高校、科研院所组成"联合舰队"共同攻关，包括了中国中车企业14家、其他企业30家、院校16所、科研院所5家。项目团队共计1 529人，包括国家重点实验室21个、国家工程研究中心21个、国家工程实验室16个。经过近3年的技术攻关，课题团队成功突破高速磁悬浮系列关键核心技术，车辆、牵引、运控通信等核心子系统研发取得重要阶段性成果。

围绕高速磁悬浮项目，中车四方股份公司目前正在建设高速磁悬浮实验中心、高速磁悬浮试制中心。试验样车作为高速磁悬浮项目研发的重要环节，是高速磁悬浮的"实车级"试验验证平台。通过试验样车，可对高速磁悬浮关键技术及核心系统部件进行验证和优化。试验样车的下线为后续工程化样车的研制打下了技术基础。试验样车如图6.6所示。

图 6.6 时速 600 km 高速磁悬浮试验样车

（2）西南交通大学高速磁悬浮

2021 年 1 月 13 日，具有完全知识产权的高温超导高速磁浮工程化样车机试验线在西南交通大学九里堤校区正式启用，这是中国研发的第二款高速磁悬浮列车。该试验线是世界首条高温超导高速磁浮真车验证线，速度可达 600～800 km/h，其开跑将为陆地交通带来前瞻性、颠覆性变革。

高温超导磁浮列车技术作为革命性的技术创造，诞生于西南交通大学。西南交通大学从 20 世纪 80 年代开始磁浮技术的研制，1997 年获批国家 863 计划项目"高温超导磁悬浮实验车"，正式开展高温超导磁浮车的研究。经过近 40 年的科研攻关，几代人不懈努力，形成了车载高温超导体-永磁轨道相互作用理论，建立起高温超导磁浮电磁热力多场耦合模型，构建了高温超导磁浮车轨耦合动力学模型，揭示了其高速运行动态悬浮特性变化机理，突破了大载重、高速高温超导悬浮技术，掌握了高温超导高速磁浮列车及其运行系统的设计技术，验证并探索了低真空管（隧）道+高温超导磁浮的可行性和优势，在高温超导磁浮基础理论研究和关键技术创新方面已经形成了优势和基础，具备了工程化的条件。该车采用轨抱车安全结构技术、大载重高温超导磁浮技术、长定子永磁同步直线电机、全碳纤维轻量化车体、低阻力头形、电涡流制动与安全导向一体化等新技术和新工艺，如图 6.7 所示。

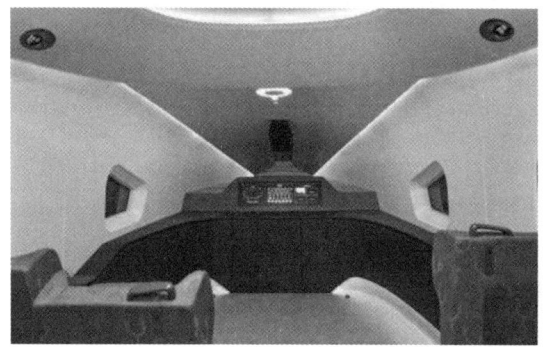

图 6.7　西南交通大学高温超导磁浮样车

　　高温超导磁浮列车技术拥有无源自稳定、结构简单、节能、无化学和噪声污染、安全舒适、运行成本低等优点，适用于多种速度域，尤其适合高速及超高速线路的运行，是面向未来发展、应用前景广阔的新制式轨道交通方式。该技术拟首先在大气环境下实现工程化，预期运行速度目标值大于 600 km/h，可望创造在大气环境下陆地交通的速度新纪录。下一步计划将结合未来真空管道技术，开发填补陆地交通和航空交通速度空白的综合交通系统，将为远期 1 000 km/h 以上速度值的突破奠定基础，从而构建陆地交通运输的全新模式。

6.5　超级高铁

　　制约轮轨交通往更高速度提升主要有轮轨阻力、空气阻力和噪声三大因素，"超级高铁"因有望克服这些因素，而倍受全球目光关注。超级高铁被定位为"下一代交通工具"，它利用磁悬浮技术与地面脱离接触，并在近真空管道线路中运行，以强大的加速能力和高速巡航能力实现超高速运行，具有超高速、高安全、低能耗、噪声小、污染小等特点。因其胶囊形外表，被称为胶囊高铁，也称飞行铁路、飞速铁路（简称"飞铁"），其列车称为飞行列车。此外，高铁车轮因不断与轨道接触，导致旋转部件更换频繁，而超级高铁因磁悬浮设计不会产生摩擦，将大为节省运营成本。

6.5.1 真空管道技术

随着轨轮高铁运行速度的进一步提升，受轮轨关系、弓网关系、运行环境等制约，尤其是我国对环境治理的要求越来越高，对噪声的要求更高。突破轮轨高铁主要关系制约，将低真空管（隧）道磁悬浮式高铁作为未来高铁技术研究方向，是很有意义的。

早在 20 世纪初期，美国学者罗伯特就已提出"真空管道运输"的设想。20 世纪 80 年代，美国机械工程师达里尔·奥斯特致力于研究"真空管道运输"的可行性，并于 1999 年为这一概念申请了专利，于 2010 年成立了 ET3 公司。真空管道运输有望成为未来交通的一个特别选项。作为 21 世纪现代化交通运输，真空管道运输将会怎样发展，颠覆性的技术范式变革是否在将来发生，所有这些都值得观察和期待。

追求高速是轨道交通发展永恒的主题之一，而高速磁悬浮交通则是轨道交通的一种新型制式，也是引领轨道交通技术发展的方向之一。对比当今高铁、磁悬浮和航空等三大远程公共交通方式，三者速度分别为 400 km/h 以下、400～600 km/h 和 800～1 000 km/h；碳排放量依次为 33 g/(km·人)、49 g/(km·人)和 182 g/(km·人)。这些指标显示，高速磁悬浮交通更加绿色。

随着社会经济的快速发展，人们渴望更高的速度。超高速将是 21 世纪地面高速运行的需求，而石油资源的短缺和环保的要求将使航空和公路运输在未来有可能成为一人以享用的奢侈品。目前，稠密大气层中无法超越 400 km/h 的速度警戒线，唯一的途径是改变运输工具所处的介质条件，例如在地面用真空管道创造高空才有的低气压。列车在真空管道中的速度可望达到 400～1 000 km/h。

2013 年，特斯拉（Tesla）创始人、SpaceX 公司 CEO 马斯克提出了超级高铁的理念。当年，马斯克在名为《超级高铁缘起》的白皮书中提出，超级高铁是一种以"真空管道运输"为理论核心设计的交通工具，借助巨型真空管城际运输系统，使用豆荚式乘坐舱（pods）在密封管内运送乘客和货物，时速最高有望达到 750 英里（约 1 220 km）。若得以实现，这种新型交通工具的速度将是当前飞机速度的 1 倍，是高铁速度的 3 倍。

超级高铁又被称为胶囊列车，它能够在一个完全真空的管道中以超音速的速度到达目的地，在行进过程中车舱会全程悬浮在管道中，其理想时速超过 1 200 km。超级高速铁路推进系统使用了与磁悬浮类似的原理，在一个真空的管道中，线圈通电产生磁场，让吊舱悬浮在管道里，从而将摩擦降至最低，以实现最大的推进速度。据称超级高速铁路在行驶中所受的空气阻力只有海平面空气阻力的 1/1 000，相当于在 4.5 万米高空飞行。超级高速铁路是一种以"真空管道运输"为理论基础，集成磁悬浮+低真空等成熟技术的现代交通工具，具有超高速、高安全、低能耗、噪声小、污染小等特点，概念新颖，发展潜力巨大，前景广阔。

真空管道运输有望成为未来交通的一个特别选项。超级高铁概念正在逐步成为现实。真空管道高速交通就是建造一条与外部空气隔绝的管道，将管内抽为真空并密封后，在其上运行磁悬浮列车。由于没有受空气摩擦的阻碍，列车运行可以达到令人瞠目结舌的高速。对于陆地上的高速铁路来说，就是模拟一个高空环境，让高速铁路在这个模拟的环境中运行。

6.5.2 技术性能探析

从理论上看，在真空环境下超级高铁有最高速度，但最高速度不仅与真空度有关，还与悬浮导向系统、牵引系统、轨道系统及运行控制系统等技术相关。

1. 可行性分析

交通工具代表了人类最根本的梦想：突破空间和时间的约束，以最快的速度达到更远的地方。超级高铁作为最快交通工具，拥有许多优势，不但提高了运输效率，而且也降低了环境污染，减少了能量消耗。然而目前的技术水平和经济成本尚不足以使超级高铁投入使用和推广应用。

（1）从理论方面来看，管道运输是目前最为高效和节能的运输方式。真空磁悬浮列车作为世界上最快的交通工具，理论上已验证。超级高铁就是在真空管道中运行的磁悬浮列车。因此，从理论方面来看，构建超级高铁系统是完全可行的。

（2）从应用方面来看，技术难度大，短时间内无法建设超级高铁系统。

（3）从应用方面来看，想要实现 1 000 km/h 以上的真空运输很难，特别是技术、成本和管理等方面。

2. 技术性能

超级高铁拥有诸多优势，或许在未来能够引发交通领域的革命，促进人类社会的进步。但是，在技术层面和成本方面还存在着不少问题，还需要学者们不断去研究和探讨。超级高铁由双向管道和运输舱组成，管道空气抽空后达到真空状态，胶囊形态的运输舱在管道中通过磁铁或电力实现动力加速。在行进过程中车舱会全程悬浮在管道中，其理想速度超过 1 200 km/h。超级高铁列车在运行时，其真空管道内的大气压远低于外界大气压，通过低压环境可以减少空气对磁悬浮列车的阻力，这就解决了一系列空气动力问题，在维持高速的同时实现低耗能、无噪声污染。

3. 推进系统

超级列车的行驶过程包括三个过程：加速、匀速高速行驶、减速到站。超级高铁以空气压缩方式为主，无摩擦运行。起动阶段能在相对低速的情况下将座舱从静止加速到 480 km/h，这需要较大的起动加速度；在直线加速区域能以约 $1g$（9.8 m/s^2）的加速度将运行速度从 480 km/h 加速到 1 220 km/h；超级列车头部的风扇足以提供列车保持 1 220 km/h 速度的力，至于加速和减速过程的力，则由管道壁上的直线电动机来完成，出发时对列车不断加速，快到站时不断减速。

4. 供能系统

太阳能是超级高铁最适合的动力源，超级高铁充分利用管道上方的空间，铺满太阳能电池板。超级高铁在加速时，系统要供电，但在车体减速时，会向系统供电。在隧道内约每 110 km 就会有一个外部线性电动机为列车补充动力。超级高铁一方面采用被动磁悬浮技术，不需要持续供电，大幅降低能耗需求；另一方面，车体在接近真空的管道内悬浮飞行，阻力非常低。所以，整个超级高铁系统耗电量低，仅靠自己的太阳能供电就能维持运营。

5. 安全态势

安全可靠是旅客出行考虑的首要因素。超级高铁系统使用巨大、近乎真空的管道把多个城市相连接，构成一张张超级高铁网络，方便大家快速出行。但超级高铁的安全性如何呢？

（1）主观上的安全性。大多数交通事故和人有关，而超级高铁主要是智能化控制，和人关系不大。如超级高铁与传统列车和飞机不同，它不会出现人为事故，因为它是一个封闭系统，先进的控制保障系统使得其安全程度是其他交通运输方式及工具无法企及的；在真空管道沿线处每隔一定距离还设有安全舱，当超级列车发生故障停止，或是密封舱体失压时，乘客可从安全舱逃离，躲避危险。

（2）客观上的安全性。自然环境对各种交通工具（如汽车、飞机、轮船等）影响较大，但对超级高铁来说，在全封闭系统中运行，不受自然环境影响。如超级高铁与航空行程相比，真空管道运输不受天气因素影响（如不受风力、冰雪、降雨等自然气候影响），不会发生航班延误、取消等情况。

超级高铁是一个非常诱人的概念，但是距离现实还很遥远，因为列车所依托的超高速磁悬浮技术，一直没有实现大范围的推广，真空管道技术，更是没有应用先例。真空管道磁浮系统研发时间不长，当前的研发热点主要集中在真空管道的设计和制造、管道结构特征和优化方法、施工方法方面。显然，超速高铁运行需要统筹解决两个难点。

（1）建设一个管道。若将管道里面的空气排出去形成真空后，理论速度就可以达到速度 6 500 km/h。当然这样做难度太高，若模拟 0.1 个大气压，那至少也可以达到 1 000～2 000 km/h。所谓的真空并非真正的真空，只是将管道的大气压变为正常大气压的 1%。但在大尺度空间的空间中，1% 大气压的真空系统实现起来也并非易事，最先需要解决的就是真空管道技术。因为国内外都没有实现过如此大型的真空系统，使用什么材料、采用什么结构、抽气的方法等技术皆为一片空白。

（2）难以跨越的鸿沟。要想飞机飞行达到 600～1 000 km/h，就需要更先进的推进技术。马斯克测试遇到了同样的困难，理论时速与实际时速相差甚远。这种推进技术更像是电子弹射技术，更重要的是这一速度不能以牺牲乘坐舒适性为代价。

业内认为，真空管道运输许多关键问题仍有待研究解决，包括超高速运行条件下的车轨作用、高速直线电气牵引理论与方法、真空管道系统中的空气动力学、管道可靠密封与高效抽真空问题等。

6.5.3 美国的超级高铁

超级高铁实现超音速行驶的核心是要减少空气阻力和轨道的摩擦力，其基本理念是建造一个真空管道，从而降低列车所受到的空气阻力，同时利用磁悬浮技术减少轨道的摩擦力，实现速度的突破，这是目前在全球范围内得到较多认同的技术理念。超级高铁最高速度可达 1 200 km/h，超过目前飞行速度最快的客机之一——波音 787（最高速度 800~1 000 km/h）。在研究超级高铁的进程中，美国处于较为领先的地位，成立了 SpaceX、HTT、ET3 等多家研发超级高铁的公司，其目标是想在 2030 年实现真空管道运输项目的商业应用。

"科技狂人"马斯克一直没有放弃自己的梦想，数以亿计的资本投入超级高铁项目。2018 年已经出现几项关于其未来的重大声明。"车厢将会在空气被几乎抽干、几乎毫无空气阻力的封闭轨道中移动，就像喷气飞机在极高海拔飞行时一样，轨道中仅存的空气将会被通过空气压缩机抽到车厢的后面，以此推动前进。这让列车可以达到 1 220 km/h 的速度，并且耗能极低。"对于超级高铁的研究，全球范围内的多家公司都表现出高涨的热情。为了实现超级高铁计划，马斯克允许外界提出一些不同的解决方案及管道和胶囊的制作材料等，其主要承接公司有两家，分别是维珍集团直接投资的初创公司 Hyperloop One 和由美国国家航空航天局和波音公司员工组建的众筹公司 Hyperloop Transportation Technologies（HTT）。超级高铁的设计概念图如图 6.8 所示。

图 6.8　超级高铁的设计概念图

超级高铁公司 Hyperloop One 成立于 2014 年，总部位于美国洛杉矶，是根据马斯克提出的超级高速铁路构想而创立的。2016 年 5 月 11 日，在美国拉斯维加斯北部，该公司的超级高铁推进系统首次户外测试成功，3 m 长的实验"滑车"在铺设好的轨道上运行了 2 s，最终速度达到 640 km/h，撞击到 91 m 外的沙堆减速停车。2017 年 7 月 29 日，原型舱在内华达州的沙漠的实际测试中最高速度达到 355 km/h，而其目标是实现 1 200 km/h 以上的速度。若超级高铁完全在地下铺设管道并运行，即可省却费用高昂、程序复杂的征地环节。Hyperloop One 向外界描绘了雄心勃勃的蓝图：超级高铁将在 3 年后形成实际运力，十年后将建成连接全美主要城市的超级高铁网络，美国任何两大城市之间的旅行时间将不超过 4 h。

2020 年 11 月，美国"超级高铁"公司 Virgin Hyperloop 成功进行了首次超高速运输系统载人测试。此次测试在位于美国内华达州拉斯维加斯外沙漠 DevLoop 试验场测试管道上进行，该管道长 500 m，直径 3.3 m，由于管道距离限制了速度提升，此次载人测试的最高时速仅为 172 km，测试用时 15 s。

6.5.4 中国的超级高铁

速度正成为全球高铁技术竞争的焦点，高速磁悬浮轨道交通将成为未来轨道交通技术发展的主攻方向。2004 年，沈志云院士在中国科协举办的院士论坛上做了《真空管道高速交通》的报告，他在会上提出，真空（或低压）管道式地面交通是达到超高速的唯一途径，并认为中国应将目标定位在发展速度 600～1 000 km/h 的超高速地面交通上。"真空管道高速交通技术可能要到 20～30 年以后才能实现，但这项技术对高铁来说是又一次颠覆，从现在起就要开始研究，才能确保中国能在引领高铁时代之后，继续引领后高铁时代"。

将管内抽为低真空，降到 0.1 个大气压以下，这非常困难。西南交通大学正在研究新的隧道结构，希望其能实现需要的气密性，并长期保持低真空状态。在西南交通大学对真空管道磁悬浮列车的展望中，这种低空气阻力、无接触供电、无接触驱动的新型运输方式，瞬时运行速度甚至可高达 1 000 km/h。目前，世界上第一个真空管道磁悬浮列车实验系统已经建成，正加快低真空管道磁悬浮列车和隧道研发。这种新的隧道结构如果实验可行，超级高铁或许将更快走进人们的生活。

世界上时速最快的真空高温超导磁悬浮比例模型车试验线正在成都搭建，试验速度将超过音速，有望达到 1 500 km/h。由西南交通大学承担的"多态耦合轨道交通动模试验平台",是在1 500 m可模拟不同低气压环境的真空管道里,开展不同磁悬浮模式比例模型车运行测试,1 500 km/h只是目标的试验性速度,是否可行尚有待验证,即便在试验线上达到了,能否载人、能否实际应用等问题仍然需要解决。

"磁悬浮+真空管道"创造的低阻运行环境,能有效提升未来高铁的速度。高温超导是指在-196 ℃的氮环境中,特殊材料制成的超导体具有零电阻效应。换句话说,把高温超导体放在永磁轨道上后,可实现列车在低速甚至静止状态上,具有稳定的导向力和悬浮力。成熟的真空技术,加上成型的高温超导磁悬浮技术,二者相结合即是未来"超级高铁"。而"多态耦合轨道交通动模试验平台"则加大了二者结合的基础研究。2018年年底前建成并投入试验测试的全新的试验线是直径4.2 m、长140 m的特制管道,将在低气压环境中测试,实验车车底布满特制的高温超导材料,依靠液氮形成的低温达到超导和磁悬浮效果,悬浮高度10 mm,承重200 kg,测试速度最高可达400 km/h。

超级高铁在开始工程化以前,还有许多基础性研究要做。西南交通大学已经取得小型环形线试验的突破,正在进行大管道(4.2 m直径,140 m长,0.05~5.0标准大气压)中加速到450 km/h的动模风洞试验。已确定在成都市天府新区建设1.5 km管道,进行1 500 km/h超高速的动模风洞试验,研究解决超级高铁一系列关键技术问题,然后才能进行工程化的1 000 km/h示范线建设。从目前的研究阶段来看,超级高铁投入商业化运行还有很长的路要走。

6.6 案例分析:中国高速飞行列车

2017年8月30日,中国航天科工公司在武汉宣布,已启动速度1 000 km/h"高速飞行列车"的研发项目。高速飞行列车项目的落地将按照最大运行速度1 000 km/h、2 000 km/h、4 000 km/h三步走战略逐步实现:第一步通过1 000 km/h运输能力建设区域性城际飞行列车交通网,第二步通过2 000 km/h运输能力建设国家超级城市群飞行列车交通网,第三步通过4 000 km/h运输能力建设"一带一路"飞行列车交通网,最终形成一张继航天、高铁、核电之后的中国新名片。这个设想一旦实现,将改变人类的出行方式。高速飞行列车不仅拉近了城市之间的时空距离,同时其具有不受天气条件影响、不消耗化石能源、可与城市地铁无缝接驳等诸多优点,是未来交通领域的发展趋势和技术制高点。该类型列车的最终目标是实现 4 000 km/h 的运行速度,这比目前中国高铁的最高时速快 10 倍以上,相比民航客机,速度提升 5 倍。该项目结合磁悬浮技术、超音速飞行技术以及真空管道技术的综合方案。飞行列车工程旨在研制高速飞行列车,通过近真空管道线路大幅度减小空气阻力,利用电磁推进技术提供强大的加速能力和高速巡航能力,拟通过商业化、市场化模式,将超音速飞行技术与轨道交通技术相结合,研制新一代交通工具,利用超导磁悬浮技术和真空管道,致力于实现超音速的"近地飞行"。高速飞行列车原理是利用低真空管道大幅度减小空气阻力,实现超高速运行,发车间隔与地铁相当,乘客即上即下,大幅度缩小出行时间。以北京到武汉的地理距离 1 200 km 计算,高速飞行列车建成后,若时速 4 000 km,则仅需大约 18 min 即可完成两地"穿越"。

高速飞行列车系统由五大分系统组成,真空与线路系统搭建列车行驶环境,电磁推进系统实现列车全程精准加减速,列车系统为乘客提供安全舒适的乘坐空间,悬浮导向系统实现列车无接触稳定行驶,运行控制系统实现列车全线路安全可控。中国航天科工公司的"高速飞行列车"最高速度可达 4 000 km/h。虽然这一速度在理论上可以达到,但缺乏实验依据。要实现这个目标速度,起码先要解决三个问题:以低成本获取真空管道以及管道维护,确保高速运动状态下磁悬浮系统的动力稳定性,保证高速运动下的直线驱动效率。高速飞行列车模型如图 6.9 所示。

图 6.9 高速飞行列车模型

中国研发的高速飞行列车采用了航天技术与磁悬浮技术相结合的模式。该模式侧重于其空气动力学方面的优势,运用于高速运动稳定性及气动设计等方面,而非简单的"航天技术+磁悬浮技术"。其核心技术主要如下:

(1)低真空环境配备。超声速外形,全面减少空气阻力,而且超级高铁的空气阻力将降低到传统高铁的 3%。

（2）磁悬浮技术。全速开动的超级高铁将整车悬浮在空中，速度可达 4 000 km/h，整车全部远离地面 20 cm 以上。

高速飞行列车采用自稳定导向，有更高的安全性，不使用化石能源，对外界辐射小，具有更高的环保性，管道隔绝外部环境，能在恶劣天气条件下不间断运行，具有更好的天气适应性。目前，航天科工的高速飞行列车外形尺寸已经基本确定，车身采用新型轻量化防隔热一体化舱段，最大限度减轻车身重量，车长 29.2 m，宽 3 m。2018 年 9 月起，中国飞行列车工程开始展开关键技术攻关，预计不远的将来可完成关键技术攻关并开展系统集成验证。

参考文献

[1] 曲思源. 高速铁路运营安全保障体系及应用[M]. 北京：中国铁道出版社，2018.

[2] 曲思源. 铁路运输组织管理与优化[M]. 北京：中国铁道出版社，2016.

[3] 曲思源. 城际铁路运营组织与管理[M]. 北京：中国铁道出版社，2017.

[4] 佟立本. 高速铁路概论[M]. 5版. 北京：中国铁道出版社，2017.

[5] 曲思源. 高速铁路运营组织与管理系统分析[M]. 北京：北京交通大学出版社，2019.

[6] 钱立新. 图解国外高速铁道[M]. 北京：中国铁道出版社，2010.

[7] 曲思源. 高速铁路运营管理纵横[M]. 成都：西南交通大学出版社，2018.

[8] 才铁军. 中国铁路40年（1978—2018）[M]. 北京：中国言实出版社，2018.

[9] 王雄. 中国智慧：中国高速铁路创新纪实[M]. 郑州：河南文艺出版社，2017.

[10] 杨中平. 新干线纵横谈——日本高速铁路技术[M]. 2版. 北京：中国铁道出版社，2012.

[11] 左辅强，沈中伟. 高铁时代[M]. 北京：科学技术出版社，2012.

[12] 曲思源. 长三角高速铁路运营管理创新与应用[M]. 成都：西南交通大学出版社，2019.

[13] 卢春房. 更高速度轮轨高铁技术探讨[R]. 中国铁路发展论坛，2019.

[14] 傅志寰. 傅志寰自传[M]. 北京：中国铁道出版社，2017.

[15] 徐飞. 中国高速铁路的全球战略价值[J]. 人民论坛·学术前沿，2016（90）.

[16] 王麟，李政. 高铁的前世今生[M]. 北京：中国铁道出版社，2016.

[17] 王勇. 列车运行指挥工作问答[M]. 北京：中国铁道出版社，2017.

[18] 高铁见闻. 大国速度：中国高速铁路崛起之路[M]. 长沙：湖南科学技

术出版社，2016.
- [19] 高铁见闻. 高铁风云录[M]. 长沙：湖南文艺出版社，2015.
- [20] 史俊玲. 国外高速动车技术特点之发展趋势研究[J]. 中国铁路，2016（1）：95-98.
- [21] 中国高速铁路编委会. 中国高速铁路[M]. 北京：中国铁道出版社，2017.
- [22] 兰云飞，仝泽柳，石瑛. 高速铁路概论[M]. 北京：北京交通大学出版社，2016.
- [23] 胡启洲，李香红，曲思源. 高铁简史[M]. 成都：西南交通大学出版社，2018.
- [24] 国家铁路局. 高铁经济学[M]. 北京：中国铁道出版社，2018.
- [25] 路风. 新火[M]. 北京：中国人民大学出版社，2020.
- [26] 曲思源. 高速铁路运营安全风险管控[M]. 上海：科学技术文献出版社，2020.